普通高等学校"十三五"市场营销专业规划教材
郝渊晓 主编

营销策划学教程

MARKETING

主　编：张　鸿
副主编：张　超　常　春　张秋会

·广州·

版权所有　翻印必究

图书在版编目（CIP）数据

营销策划学教程/张鸿主编；张超，常春，张秋会副主编．—广州：中山大学出版社，2016.6

（普通高等学校"十三五"市场营销专业规划教材/郝渊晓主编）

ISBN 978-7-306-05690-0

Ⅰ.①营… Ⅱ.①张… ②张… ③常… ④张… Ⅲ.①营销策划—高等学校—教材 Ⅳ.①F713.50

中国版本图书馆 CIP 数据核字（2016）第 095439 号

出 版 人：王天琪
策划编辑：蔡浩然
责任编辑：蔡浩然
封面设计：林绵华
责任校对：杨文泉
责任技编：何雅涛
出版发行：中山大学出版社
电　　话：编辑部 020-84111996，84113349，84111997，84110779
　　　　　发行部 020-84111998，84111981，84111160
地　　址：广州市新港西路135号
邮　　编：510275　　　　传　真：020-84036565
网　　址：http://www.zsup.com.cn　　E-mail:zdcbs@mail.sysu.edu.cn
印 刷 者：广东虎彩云印刷有限公司
规　　格：787mm×1092mm　1/16　19.375 印张　448 千字
版次印次：2016年6月1版　2021年12月第2次印刷
印　　数：3001～3500 册　　定　价：38.90 元

如发现本书因印装质量影响阅读，请与出版社发行部联系调换

张 鸿 简 介

张鸿，男，汉族，陕西富平县人。现任西安邮电大学经济与管理学院院长、二级教授、陕西省级教学名师、陕西省电子商务协同创新中心首席专家、硕士研究生导师。兼任西安现代经济与管理研究院执行院长、产业经济研究所所长、市场调查策划中心主任。社会兼职主要有：工业和信息化部电信经济专家委员会委员，陕西省决策咨询委员会委员，中国高等院校市场学研究会常务理事，国家自然基金委管理类市场营销学同行评审专家，陕西省经济学会会长，陕西省发展改革研究会副会长。张鸿教授十分注重科学研究，曾主持承担国家社科基金、国家自然基金和省部级科研项目10余项。先后在《经济管理》、《西安交通大学学报》等期刊发表专业论文50多篇。出版专著、教材13本，获省级、市级科研成果奖励12次。张鸿教授擅长营销策划和电子商务，先后主持策划西安小灵通市话市场开拓、陕西省电子商务发展规划、陕西电信客户满意度调研等大型项目10项，倾心策划打造电商"山阳模式"和"铜川照金模式"，取得了良好的经济效益和社会效益。

内 容 提 要

  本书介绍了营销策划、市场调研策划、营销战略策划、产品与品牌策划、价格策划、营销渠道策划、促销策划、广告策划、企业形象策划、顾客满意策划、网络营销策划、营销策划书及其编制等内容，从理论和实践方面对营销策划学进行了阐述和分析。

  本书内容新颖，案例丰富，体现了理论性与实践性的统一，适合普通高等学校的市场营销、工商管理、商务策划等专业的本科生做教材，亦适合企业界的营销、策划、广告等从业人员使用；对希望了解营销策划知识的读者来说，本书也是一本理想的入门读物。

普通高等学校"十三五"市场营销专业规划教材
编写指导委员会

学术顾问	贾生鑫	（中国高等院校市场学研究会首任会长，现顾问，西安交通大学教授）
	李连寿	（中国高等院校市场学研究会原副会长，现顾问，上海海事大学教授、教学督导）
	符国群	（中国高等院校市场学研究会会长，北京大学光华管理学院营销系教授）
主　　任	周　南	（香港城市大学市场营销学系主任、教授，武汉大学长江学者讲座教授）
常务副主任	郝渊晓	（中国高等院校市场学研究会常务理事、副秘书长，西安交通大学经济与金融学院教授）
	张　鸿	（西安邮电大学经济与管理学院院长、教授）
	蔡浩然	（中山大学出版社编审）
副 主 任	王正斌	（西北大学副校长、教授）
	庄贵军	（西安交通大学管理学院市场营销系主任、教授）
	李先国	（中国人民大学商学院教授）
	惠　宁	（西北大学经济管理学院副院长、教授）
	董千里	（长安大学管理学院系主任、教授）
	侯立军	（南京财经大学工商管理学院院长、教授）
	王君萍	（西安石油大学经济管理学院院长、教授）
	马广奇	（陕西科技大学管理学院院长、教授）
	周建民	（广东金融学院系主任、教授）
	靳俊喜	（重庆工商大学教务处处长、教授）
	侯淑霞	（内蒙古财经大学副校长、教授）
	孙国辉	（中央财经大学商学院院长、教授）
	成爱武	（西安工程大学图书馆馆长、教授）
	靳　明	（浙江财经大学《财经论丛》副主编、教授）
	董　原	（兰州商学院工商管理学院院长、教授）
	徐大佑	（贵州财经大学副校长、教授）
	胡其辉	（云南大学经济学院教授）
	秦陇一	（广州大学管理学院教授）
	闫涛蔚	（山东大学威海分校科技处处长、教授）
	周筱莲	（西安财经学院管理学院营销系主任、教授）
	张占东	（河南财经政法大学经贸学院院长、教授）

普通高等学校"十三五"市场营销专业规划教材
编写委员会

主　编　郝渊晓　（中国高等院校市场学研究会常务理事、副秘书长，西安交通大学经济与金融学院教授）

副主编　张　鸿　（西安邮电大学经济与管理学院院长、教授）
　　　　　董　原　（兰州商学院工商管理学院院长、教授）
　　　　　杨树青　（华侨大学工商管理学院教授）
　　　　　费明胜　（五邑大学管理学院教授、博士）
　　　　　蔡继荣　（重庆工商大学商务策划学院教授、博士）
　　　　　邓少灵　（上海海事大学副教授、博士）
　　　　　李雪茹　（西安外国语大学教务处处长、教授）
　　　　　肖祥鸿　（上海海事大学副教授、博士）
　　　　　彭建仿　（重庆工商大学商务策划学院市场营销系主任、教授、博士）
　　　　　李景东　（内蒙古财经大学商务学院实践教学指导中心主任、教授）

委　员

郝渊晓	张　鸿	董　原	杨树青	费明胜	蔡继荣	邓少灵
李雪茹	刘晓红	肖祥鸿	彭建仿	徐樱华	邵燕斐	赵玉龙
李　霞	赵国政	郭　永	邹晓燕	薛　颖	梁俊凤	葛晨霞
常　亮	余　啸	郝思洁	张　媛	何军红	史贤华	王素侠
薛　楠	吴聪治	许惠铭	李竹梅	崔　莹	王文军	刘　仓
李　燕	张芳芳	樊建锋	宋小强	荆　炜	郭晓云	关辉国
赵　彦	周美莉	高　帆	杨丹霞	周　琳	韩小红	周　勇
赵春秀	马晓旭	高　敏	崔文丹	蒋开屏	卢长利	符全胜
祝火生	高维和	赵永全	迟晓英	张晓燕	任声策	甘胜利
李　琳	陈　刚	李景东	张　洁	唐家琳	胡　强	赵春雷
关　青	包迎春	王　磊	张守莉	孙梅红	安　艳	王　丹
张　超	欧晓华	王　群	张成芬	常　春	王红亮	张秋会
李晓鸿	韩黛娜					

总　序

党的"十八大"以来，我国经济发展逐步告别高增长的发展模式，进入经济增长速度换挡期、结构调整阵痛期、刺激政策消化期三期叠加的"新常态"发展阶段，同时将继续"坚定不移地推进经济结构调整、推进经济的转型升级"，努力打造全新的"中国经济的升级版"。随着宏观环境的变化、科学技术的发展，特别是大数据、云计算、电子商务、移动通信技术等广泛应用，出现了诸如微营销、电子商务购物、网络团购等许多新的营销工具，这些新情况需要引起理论界和企业实务界的高度关注。

在这样的大背景下，高校市场营销专业如何培养能够适应未来市场竞争的营销人才，就成为理论工作者必须思考的问题。提高营销人才培养质量，增强学生对市场竞争的应变能力和适应能力，一方面必须进行教学方法改革，注重对学生的能力培养；另一方面要加快教材建设，更新教材内容，吸收前沿理论与知识，总结我国企业营销实践经验，以完善营销学教材体系。

为实现营销人才培养与指导企业实践融合的目标，为适应高校在"十三五"期间市场营销、贸易经济、国际贸易、电子商务、工商管理、物流管理、经济学等专业的教学需要，在中山大学出版社的建议下，由西安交通大学经济与金融学院教授、中国高等院校市场学研究会常务理事及副秘书长、西安现代经济与管理研究院副院长郝渊晓，牵头组织对2009年出版的"普通高等学校'十一五'市场营销专业规划教材"进行全面修订，出版新版的"普通高等学校'十三五'市场营销专业规划教材"。该系列教材一共10本，分别是：《市场营销学》（第2版）、《公共关系学》（第2版）、《消费者行为学》（第2版）、《现代广告学》（第2版）、《商务谈判与推销实务教程》、《分销渠道管理学教程》、《营销策划学教程》、《网络营销学教程》、《市场营销调研学教程》、《国际市场营销学教程》。

本次教材的修订，我们坚持的基本原则和要求是：尽量吸收最新营销理论的前沿知识、方法和工具；更换过时的资料数据，采用最新资料；充实国内外最新案例。本系列教材的编写，汇集了我国30多所高校长期从事营销学教学和研究的专业人员，他们有着丰富的教学及营销实践经验，收集了大量的有价值的营销案例，力图整合国内外已有教材的优点，出版一套能适应营销人才知识更新及能力提升要求的精品教材。

  作为本系列教材的主编，我十分感谢中山大学出版社对教材出版的关心和支持，我也十分感谢每本书的作者为编写教材所付出的艰辛劳动。在教材的编写中，虽然我们尽了最大努力，但由于水平有限，书中难免还有错误和不足之处，恳请同行和读者批评指正。

郝渊晓

2014 年 10 月于西安交通大学经济与金融学院

目 录

第一章 营销策划概述 (1)
第一节 营销策划的概念与特征 (1)
一、营销的概念 (1)
二、策划的概念 (2)
三、营销策划的内涵 (3)
四、营销策划的特征 (4)
第二节 营销策划的基本原理 (7)
一、创新出奇原理 (7)
二、抓纲办事原理 (7)
三、整体制胜原理 (8)
四、发展原理 (8)
五、高段位原理 (8)
六、大整合原理 (8)
七、终点即起点原理 (9)
第三节 营销策划的方法 (9)
一、捆绑法 (9)
二、背景转换法 (10)
三、移植法 (10)
四、重点法 (10)
五、逆向法 (11)
六、组合法 (11)
七、回避法 (11)
八、分解法 (12)
九、实证法 (12)
第四节 营销策划的常用工具 (12)
一、"金三角"策划 (12)
二、OK策划模式 (13)
三、头脑风暴法 (14)
四、鱼骨图 (15)
五、甘特图 (16)
第五节 营销策划的程序 (18)
一、拟定策划计划书 (18)
二、市场调研与问题诊断 (19)

三、方案设计 ……………………………………………………………………（19）
　　四、方案实施 ……………………………………………………………………（20）
　　五、效果测评 ……………………………………………………………………（20）
　案例一　白酒营销策划的蝴蝶效应 …………………………………………………（21）
　案例二　深度分析电影《泰囧》的成功现象 ………………………………………（22）
　本章小结 …………………………………………………………………………………（26）
　关键概念 …………………………………………………………………………………（26）
　思考题 ……………………………………………………………………………………（26）

第二章　市场调研策划 …………………………………………………………………（27）
　第一节　市场调研的概念与类型 ……………………………………………………（27）
　　一、市场调研的概念 ……………………………………………………………（27）
　　二、市场调研的类型 ……………………………………………………………（27）
　第二节　市场调研的内容与方法 ……………………………………………………（28）
　　一、市场调研的内容 ……………………………………………………………（28）
　　二、市场调研的方法 ……………………………………………………………（29）
　第三节　市场调研的程序 ……………………………………………………………（31）
　　一、确定市场调研目标 …………………………………………………………（31）
　　二、调研设计 ……………………………………………………………………（31）
　　三、选择调研方法 ………………………………………………………………（32）
　　四、搜集样本数据 ………………………………………………………………（32）
　　五、分析数据 ……………………………………………………………………（33）
　　六、撰写调研报告 ………………………………………………………………（33）
　　七、跟踪实施 ……………………………………………………………………（33）
　第四节　市场调研报告的撰写与汇报 ………………………………………………（33）
　　一、市场调研报告的撰写 ………………………………………………………（33）
　　二、调研成果的口头汇报 ………………………………………………………（35）
　案例　××（调查主题）市场调研方案 ……………………………………………（36）
　本章小结 …………………………………………………………………………………（37）
　关键概念 …………………………………………………………………………………（37）
　思考题 ……………………………………………………………………………………（37）

第三章　营销战略策划 …………………………………………………………………（38）
　第一节　营销战略概述 ………………………………………………………………（38）
　　一、企业战略的概念 ……………………………………………………………（38）
　　二、营销战略的概念与特征 ……………………………………………………（39）
　第二节　目标市场战略策划的分析工具 ……………………………………………（40）
　　一、PEST 分析模型 ……………………………………………………………（40）

二、波特五力模型 ………………………………………………………… (41)
　　三、战略内部环境分析要素 ……………………………………………… (42)
　　四、SWOT 分析法 ………………………………………………………… (43)
第三节　营销战略的 STP 策划 ………………………………………………… (45)
　　一、市场细分的含义、方法与原则 ……………………………………… (45)
　　二、选择目标市场 ………………………………………………………… (48)
　　三、市场定位 ……………………………………………………………… (51)
第四节　市场竞争战略策划 …………………………………………………… (53)
　　一、进入市场——填补战略与创新战略 ………………………………… (54)
　　二、占领市场——特色战略与取代战略 ………………………………… (55)
　　三、保存市场——回避战略与并存战略 ………………………………… (56)
　　四、离开市场——撤退战略 ……………………………………………… (57)
案例　天猫"光棍节"STP 战略分析 ………………………………………… (58)
本章小结 ………………………………………………………………………… (61)
关键概念 ………………………………………………………………………… (61)
思考题 …………………………………………………………………………… (61)

第四章　产品与品牌策划 ………………………………………………………… (62)
第一节　产品及产品策划 ……………………………………………………… (62)
　　一、产品的概念 …………………………………………………………… (62)
　　二、产品策划的概念 ……………………………………………………… (63)
第二节　产品组合策划 ………………………………………………………… (63)
　　一、产品组合的概念 ……………………………………………………… (63)
　　二、产品组合的评价方法 ………………………………………………… (64)
　　三、产品组合策划 ………………………………………………………… (64)
第三节　产品生命周期策划 …………………………………………………… (65)
　　一、导入期 ………………………………………………………………… (66)
　　二、成长期 ………………………………………………………………… (66)
　　三、成熟期 ………………………………………………………………… (66)
　　四、衰退期 ………………………………………………………………… (67)
第四节　产品品牌及包装策划 ………………………………………………… (68)
　　一、产品品牌策划 ………………………………………………………… (68)
　　二、产品包装策划 ………………………………………………………… (70)
第五节　新产品开发策划 ……………………………………………………… (72)
　　一、新产品的概念与分类 ………………………………………………… (72)
　　二、新产品开发的程序 …………………………………………………… (72)
　　三、新产品的采用与推广 ………………………………………………… (74)
案例一　万家乐"闪电行动"之品牌策划 …………………………………… (75)

案例二　挑战北极冰雪之旅——长城哈弗SUV营销策划……………………(77)
　　本章小结……………………………………………………………………(78)
　　关键概念……………………………………………………………………(78)
　　思考题………………………………………………………………………(78)

第五章　价格策划……………………………………………………………………(79)
　第一节　定价的原则与方法……………………………………………………(79)
　　一、价格策划的概念及原则…………………………………………………(79)
　　二、产品定价方法……………………………………………………………(80)
　第二节　价格策划实务…………………………………………………………(82)
　　一、产品定价程序……………………………………………………………(82)
　　二、产品定价策略……………………………………………………………(83)
　案例一　iPhone 6价格营销策划战略分析……………………………………(87)
　案例二　家乐福和沃尔玛定价策略的对比分析………………………………(88)
　案例三　伟达公司定价策略的失误……………………………………………(93)
　本章小结…………………………………………………………………………(94)
　关键概念…………………………………………………………………………(95)
　思考题……………………………………………………………………………(95)

第六章　营销渠道策划………………………………………………………………(96)
　第一节　营销渠道的基本理论…………………………………………………(96)
　　一、营销渠道的内涵…………………………………………………………(96)
　　二、营销渠道的类型…………………………………………………………(98)
　第二节　营销渠道策划实务……………………………………………………(101)
　　一、营销渠道设计的影响因素………………………………………………(101)
　　二、营销渠道设计程序………………………………………………………(104)
　　三、营销渠道的评估…………………………………………………………(106)
　　四、营销渠道成员的激励与控制……………………………………………(107)
　案例一　中石化的销售渠道重组………………………………………………(109)
　案例二　格力电器渠道求变……………………………………………………(111)
　本章小结…………………………………………………………………………(114)
　关键概念…………………………………………………………………………(115)
　思考题……………………………………………………………………………(115)

第七章　促销策划……………………………………………………………………(116)
　第一节　促销策划概述…………………………………………………………(116)
　　一、促销的概念与特征………………………………………………………(116)
　　二、促销策划的概念与目标…………………………………………………(117)

三、促销活动的形式 ………………………………………………… (118)
　第二节　促销策划实务 ……………………………………………… (119)
　　一、促销工具与促销方法 …………………………………………… (119)
　　二、促销策划的步骤 ………………………………………………… (123)
　案例一　屈臣氏促销活动值得零售连锁企业借鉴 ……………………… (126)
　案例二　欧珀公司的广告促销 …………………………………………… (131)
　本章小结 …………………………………………………………………… (133)
　关键概念 …………………………………………………………………… (134)
　思考题 ……………………………………………………………………… (134)

第八章　广告策划 ……………………………………………………… (135)
　第一节　广告策划概述 ……………………………………………… (135)
　　一、广告的概念、特征与分类 ……………………………………… (135)
　　二、广告策划的内涵 ………………………………………………… (137)
　　三、广告策划的原则 ………………………………………………… (139)
　　四、广告策划的评判标准 …………………………………………… (140)
　第二节　广告策划实务 ……………………………………………… (140)
　　一、广告策划的程序 ………………………………………………… (140)
　　二、广告预算 ………………………………………………………… (144)
　　三、广告媒体的选择 ………………………………………………… (146)
　　四、广告效果测试 …………………………………………………… (149)
　案例一　清扬去屑广告策划 ……………………………………………… (151)
　案例二　贵人鸟《天生运动狂》广告策划 ……………………………… (153)
　本章小结 …………………………………………………………………… (155)
　关键概念 …………………………………………………………………… (155)
　思考题 ……………………………………………………………………… (155)

第九章　公关策划 ……………………………………………………… (156)
　第一节　公关策划概述 ……………………………………………… (156)
　　一、公关策划的概念 ………………………………………………… (156)
　　二、公关策划的原则 ………………………………………………… (156)
　　三、公关策划工具 …………………………………………………… (158)
　第二节　公关策划实务 ……………………………………………… (159)
　　一、公关策划的程序 ………………………………………………… (159)
　　二、公关策划的实施与评估 ………………………………………… (161)
　　三、公关专题活动 …………………………………………………… (164)
　　四、危机公关的处理 ………………………………………………… (167)
　第三节　关系营销策划 ……………………………………………… (172)

一、关系营销的概念 ………………………………………………………… (172)
　　二、关系营销的层次 ………………………………………………………… (172)
　　三、关系营销的实质 ………………………………………………………… (173)
　　四、关系营销策划的过程 …………………………………………………… (174)
　　五、关系营销策划的主要途径 ……………………………………………… (174)
　案例一　百事集团《把乐带回家2013》的公关宣传 ………………………… (175)
　案例二　锦湖轮胎公司危机公关策划方案 …………………………………… (181)
　本章小结 ………………………………………………………………………… (187)
　关键概念 ………………………………………………………………………… (187)
　思考题 …………………………………………………………………………… (187)

第十章　企业形象策划 ………………………………………………………… (188)
　第一节　CI与企业形象 ………………………………………………………… (188)
　　一、CI的概念 ………………………………………………………………… (188)
　　二、企业形象的内容 ………………………………………………………… (188)
　　三、CI与企业形象的区别 …………………………………………………… (189)
　第二节　企业CI策划的内容 …………………………………………………… (190)
　　一、CI的内容 ………………………………………………………………… (190)
　　二、CI的特点 ………………………………………………………………… (191)
　第三节　企业CI策划实务 ……………………………………………………… (192)
　　一、企业CI策划的动机 ……………………………………………………… (192)
　　二、企业CI导入的原则 ……………………………………………………… (193)
　　三、企业CI导入的程序 ……………………………………………………… (193)
　　四、CI手册的编制 …………………………………………………………… (194)
　第四节　文化营销策划 ………………………………………………………… (197)
　　一、文化营销的定义与特点 ………………………………………………… (197)
　　二、文化营销策划的构成与定位 …………………………………………… (199)
　　三、文化营销的策略 ………………………………………………………… (200)
　案例一　361°国际有限公司通过"买一善一"慈善公益营销策划，
　　　　　提升企业形象 ………………………………………………………… (202)
　案例二　麦当劳独特的CI战略 ………………………………………………… (203)
　本章小结 ………………………………………………………………………… (206)
　关键概念 ………………………………………………………………………… (207)
　思考题 …………………………………………………………………………… (207)

第十一章　顾客满意策划 ……………………………………………………… (208)
　第一节　顾客满意概述 ………………………………………………………… (208)
　　一、顾客满意的定义与内容 ………………………………………………… (208)

二、CS 与 CI 的区别 ……………………………………………………… (210)
　第二节　顾客满意策划实务 …………………………………………………… (211)
　　一、顾客满意度指标体系的建立 ………………………………………… (211)
　　二、顾客满意的战略管理 ………………………………………………… (214)
　　三、顾客满意管理中的一些常见误区 …………………………………… (218)
　第三节　服务营销策划 ………………………………………………………… (219)
　　一、服务、服务营销的概念与特征 ……………………………………… (219)
　　二、服务营销策划实务 …………………………………………………… (221)
　案例一　宜家集团的顾客满意策略 …………………………………………… (225)
　案例二　银治公司的"顾客满意战略"策划书 ……………………………… (230)
　本章小结 ………………………………………………………………………… (240)
　关键概念 ………………………………………………………………………… (241)
　思考题 …………………………………………………………………………… (241)

第十二章　网络营销策划 ……………………………………………………… (242)
　第一节　网络营销概述 ………………………………………………………… (242)
　　一、网络营销内涵 ………………………………………………………… (242)
　　二、网络营销对传统营销的冲击 ………………………………………… (243)
　　三、网络营销常用工具 …………………………………………………… (245)
　第二节　网络营销策划理论 …………………………………………………… (246)
　　一、网络营销策划的概念与目标战略 …………………………………… (246)
　　二、网络营销策划的目标类型 …………………………………………… (247)
　　三、网络营销策划的分类 ………………………………………………… (248)
　　四、网络营销策划的层次 ………………………………………………… (249)
　　五、网络营销策划的原则 ………………………………………………… (250)
　　六、网络营销策划的基本步骤 …………………………………………… (251)
　第三节　网络营销策划实务 …………………………………………………… (252)
　　一、营销网站策划 ………………………………………………………… (252)
　　二、市场调研策略策划 …………………………………………………… (254)
　　三、产品策略策划 ………………………………………………………… (255)
　　四、价格策略策划 ………………………………………………………… (256)
　　五、渠道策略策划 ………………………………………………………… (257)
　　六、促销策略策划 ………………………………………………………… (258)
　　七、服务策略策划 ………………………………………………………… (258)
　案例一　网络营销——破茧成蝶之麦包包 …………………………………… (259)
　案例二　澳大利亚昆士兰旅游局网络营销策划"世界上最好的工作" …… (263)
　本章小结 ………………………………………………………………………… (266)
　关键概念 ………………………………………………………………………… (266)

思考题 …………………………………………………………………………（267）

第十三章　营销策划书及其编制 ……………………………………………（268）
　第一节　营销策划书概述 ……………………………………………………（268）
　　一、营销策划书及其构成因素 ………………………………………………（268）
　　二、营销策划书的基本内容及要求 …………………………………………（268）
　第二节　营销策划书的编制 …………………………………………………（270）
　　一、营销策划书的编制原则 …………………………………………………（270）
　　二、营销策划书的格式 ………………………………………………………（271）
　第三节　营销策划书的撰写技巧 ……………………………………………（273）
　　一、寻找理论依据 ……………………………………………………………（273）
　　二、适当举例 …………………………………………………………………（273）
　　三、利用数字说明问题 ………………………………………………………（273）
　　四、运用图表帮助理解 ………………………………………………………（274）
　　五、合理利用版面安排 ………………………………………………………（274）
　　六、注意细节，消灭差错 ……………………………………………………（274）
　案例一　某公司空调自控产品湖南市场营销策划书 ………………………（274）
　案例二　法兰西浴室柜市场营销策划书 ……………………………………（278）
　本章小结 ………………………………………………………………………（287）
　关键概念 ………………………………………………………………………（288）
　思考题 …………………………………………………………………………（288）

主要参考文献 …………………………………………………………………（289）

后记 ……………………………………………………………………………（293）

第一章 营销策划概述

本章学习目标

通过本章的学习,要求学生掌握以下内容:①了解营销与策划的概念以及营销策划的内涵和特征;②了解营销策划的原理、方法和工具;③了解营销策划学科的体系框架。

第一节 营销策划的概念与特征

一、营销的概念

人类在社会历史的发展长河中,不但创造了灿烂的文化,而且创造了发达的经济生活,人们徜徉在社会生活中也会时时刻刻感受到营销的存在。例如,男孩在追求女孩时,出门前刻意地打扮自己,生怕有一点瑕疵损害了自己的形象,这样做的目的就是推销出去自己这个"人",以获得姑娘的认可和接纳。同样,对于非营利性组织(如政府机关),为了树立形象或推行一种观念让广大人民接受,往往也要考虑各种因素,然后采取一定的方式和方法把自己为群众服务的形象推销出去。这中间同样需要相当好的营销策略和技巧。

在现代市场经济条件下,企业处于空前激烈的竞争中,顾客的需求是企业生存和发展的命脉。要不断地创造新产品,不断地创造和开发新的需求,最终满足顾客的需求并将产品售卖出去,必须采取一定的市场营销策略,不仅仅是卖什么就吆喝什么,而是更着力于塑造和宣传企业形象,使企业文化深入人心,从而使消费者接纳企业及其产品。由此可见,营销发展到今天,它已渗透到社会的每个角落,它的理论思想和实践已覆盖了每个个人和组织。

从狭义上讲,营销是指经营销售,在英文中用"Marketing"来表示,通常简称为营销,它随着企业市场实践活动的发展而发展,是市场经济和现代社会化大生产的产物。国际营销学教授菲利普·科特勒指出:"营销是个人和集体通过创造,提供出售,并同别人交换产品和价值,以获得其所需所欲之物的一种社会和管理过程。"[①] 这一概念强调了交换的重要性,从而得到了大多数人的认同。

从广义上讲,营销是指现实生活中一切营销行为和过程,包括了非营利性组织

---

① 菲利普·科特勒:《营销管理》(第11版),上海人民出版社1998年版,第12页。

（政府、机关团体等）和个人的营销活动，他们推销自己的形象、观念或智慧，并通过一定的策划行为来实现。

二、策划的概念

早在原始社会，策划作为人类最古老的活动之一就已存在。当时，人们的主要活动是围捕野兽。在行动之先，要确定围捕的对象、范围、参加的人数、采取的方法、使用的工具，等等。这些策划活动起到了较大的作用，它加速了人类脱离动物界的过程，促进了人类文明的发展。在社会实践中，古人的策划思想充分体现在其著作中。例如，我国古代的《周易》《战国策》《孙子兵法》《吕氏春秋》《三国演义》等都是策划学方面的经典之作，特别是《孙子兵法》，仅仅几千字，却能成为百世兵书，充分显示出策划的重要作用。又如，《吕氏春秋》中"引胜之一策也"的"策"字，《论语·述而》中"好谋而成者也"的"谋"字，以及《汉书·商帝纪》中"运筹帷幄之中，决胜千里之外"的"筹"字，《孙子兵法》中"多算胜，少算不胜"，《论语》中"必也临事而俱，好谋而成也"，《新书·过秦论》中"深谋远虑，行军用兵之道"，等等，都是策划思想的生动体现。而我国历史上诸多著名的案例更是犹如策划星空中的一颗颗璀璨明珠，例如，孙膑的赛马策划使田忌马到成功；诸葛亮的《隆中对》作出了三分天下的策划，使刘皇叔从穷困潦倒到雄居一方，几成霸业；朱升的"高筑墙，广积粮，缓称王"使朱元璋顺利地登上了皇帝宝座，并奠定了明朝强盛的基础。从这些案例的论述和历史事件中我们可以看出，策划作为一门涉及许多学科的综合性科学与艺术，其赖以建立的社会基础是人类的生产斗争、政治斗争、经济斗争、军事战争等实践，没有实践，就无所谓策划了。

那么，到底什么是策划呢？

"策"，在《辞源》中有八个意项，其中"马鞭""杖""简""策书""一种文体""占卜用的耆草"等被用作名词，"以鞭击马"被用作动词，"谋略"则成为最重要、最常用而又广泛流传下来的意项。"划"，在《辞源》中意项不多，基本上与"策"联系起来一同使用。"策划"一词在《辞海》中的解释为"计划、打算"，在《现代汉语词典》中的解释为"筹划、谋划"。由此可见，策划是对将要发生的事情所作的当前决定。从本质上看，它是人类运用脑力的理性行动，是一种思维活动，是人类超前思维和创造思维的最佳结合形式。其结果是要找出事物的因果关系，衡量未来可采取的策略，它是人们认识、分析、判断、推理、预测、构思、想象、设计、运筹、规划的过程，这个过程充满了创造性思维。

通俗地讲，策划是指预先决定做什么、何时做、何地做、何人做、怎样做的问题，是人们为了实现某种目的，而对实现目的的手段、方式和途径进行的提前设计、谋划或安排。

策划是一座跨时空的桥，它把现在和将来有机地结合起来，使人们像在明灯的照亮下从一个坦途走到另一个坦途。然而，我们虽然在古代积累了许多极为丰富的策划方面的知识，但人类真正重视策划，并把策划作为一门科学去研究，还是现代的事情。在我国，最先重视策划的是广告界，如北京广告公司曾于20世纪80年代中期明确提出了

"以策划为主导,以创意为中心"的口号。现在,策划已成为各行各业都十分重视的问题,几乎各个领域、各个方面都能见到策划的踪迹。例如,在政治领域、军事领域、经济领域、科学领域、文化领域,大到联合国、各国政府,小到一个单位、一个人,工作上的、生活上的、战略上的、战术上的,等等。同这种社会现象相适应,许多以策划为主要经营内容的策划企业也就应运而生了。

三、营销策划的内涵

(一)营销策划的概念

营销策划(Marketing Planning)是指企业对将来发生的营销行为进行超前的计划、安排。具体而言,就是为达到预定的市场目标,运用市场营销学、管理学、财务学原理或点子等进行论证并且变为操作实践的全过程。而在这个过程中,营销人员所做的分析、判断、推理、预测、构思、设计、安排、部署等工作,便是营销策划。营销策划包括创意、论证、操作和检验四个方面。创意是策划的灵魂;论证是策划的路标,是对创意进行的可行性论证;操作是策划的核心,它在创意和论证的基础上去实施既定的目标,也就是实施过程;检验则是对策划的评估和总结。企业营销是一种以交换为目的的经营活动,其他组织和个人营销同样也是为了某个既定目的的活动。企业为了实现目的,就必须与市场建立密切的关系,科学地分析市场、顾客以及与之相关的各种因素,在适当的时间、适当的地点,以适当的价格让顾客的需求得到满足。

(二)营销策划的分类

营销策划的内容是相当丰富和广泛的,按照不同的标准,可分为不同的种类。

(1)以策划的对象为标准,营销策划可以分为企业策划、商品策划和服务策划。它们分别是从企业整体、商品的开发与销售、满足顾客需求的角度进行的策划,目的是为了树立良好的企业形象、扩大商品的市场占有率和提高企业信誉度。

(2)以市场发展的程序为标准,营销策划可以分为市场选择策划、市场进入策划、市场渗透策划、市场扩展策划、市场对抗策划、市场防守策划、市场撤退策划。它们主要是根据产品进入市场的不同阶段和竞争对手的不同情况而采取的不同营销策划策略。

以营销策划的目标和要求为标准,营销策划可以分为战略策划、战术策划或者创意策划、经营理念设计策划、营销方案策划等。

对营销策划进行分类研究,便于我们认识营销策划的本质,并根据企业实际需要和策划人的条件,设计出完美的营销方案来。

(三)营销策划的内容体系

本书是以营销策划的目的和要求为标准编排内容体系的。营销策划的目的和要求是最大限度地实现企业的产品或服务的市场价值和企业的社会价值,其中,最大限度指的是资源运用的最大化,使企业有限的资源得到优化配置。市场价值包括企业盈利、市场份额和增长趋势等,社会价值包括对社会贡献程度和在社会认同中的美誉度、忠诚度、满意度等，虽然二者的实现同时统一于各营销策划构成内容之中，但市场价值主要通过产品策划、价格策划、渠道策划、促销策划和广告策划来实现，社会价值则主要通过公关策划、形象策划和顾客满意策划等来实现。与公关策划、形象策划和顾客满意策划相关联的关系营销、文化营销、服务营销也已分化为现代营销的新理念，而网络营销策划则是通过营销渠道的变革引发的对传统营销的整体突破，市场调研策划和营销战略策划构成了企业营销策划的基础和前提。

营销策划内容体系如图1-1所示：

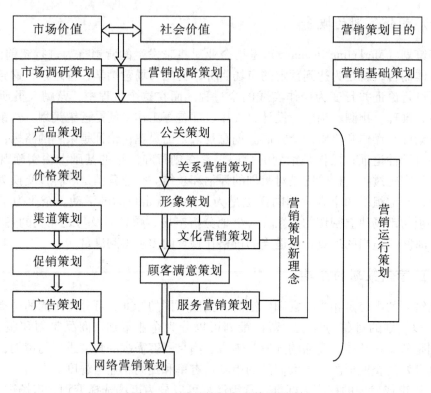

图1-1　营销策划内容体系示意

四、营销策划的特征

（一）主观性

营销策划自始至终都有人脑在参与，它建立在对未来预测的基础上，是客体作用于主体后所形成的主观产物。因此，虽然营销策划所依据的信息是客观的、现实的，但经过人脑的操作，就有了主观的烙印，其主观性具体表现为以下方面。

1. 不同个体对同一事物或信息的认识是有差异的

每个人的生活背景不同，生活实践和阅历各异，再加上气质性格、兴趣爱好、价值取向等的不同，对同一信息作出的判断反应也不同。如同一株花，诗人见了说："梅花香自苦寒来，多么坚强的个性呀！"医生见了说："多么好的药材，行气解郁，镇心祛烦。"画家则说:"多么美丽的造型,繁花似锦。白雪点点。"游客则说:"好美的花,令人心旷神怡。"而一位花匠则会无情地剪去它那横逸的飞枝。

2. **不同的个体,对同一事物或信息的处理也不同**

诗人拿花入诗,医生拿花入药,画家拿花入画,而花匠则拿花当修剪的对象。即使是不同的画家对同一株梅花,也会产生不同的效果,画面色彩和梅花形状各异。因此,不同的策划人员对同一时期同一市场的认识会出现差异,自然也就会产生不同的营销策划方案。

3. **在不同的情况下,同一主体对同一事物或信息有不同的看法**

心情舒畅时看事物顺眼,而不畅时就不顺眼;天气晴朗时,看一座塔是这样的,天气阴暗时则为另一番模样。

4. **在不同的情况下,同一个体对同一事物或信息的处理也会不同**

心情高兴与不高兴时对同一事物的处理肯定不同。同样,同一策划人对同一产品的营销方案在此时与彼时也不完全一致,因为此时与彼时的市场情况和顾客需求已然发生了变化。

(二) 超前性

策划是对未来环境进行判断并对未来作出安排的行为,营销策划则是对未来营销活动进行策划和安排的一种超前行为。营销策划是一种判断,凭借现实世界的各种资料,进行抽象思维,通过一定的逻辑推理和创意,形成对未来的预测。营销策划也是一种安排,营销人员要通过一定的方式将判断诉诸行动,形成具有可操作性的计划方案,使创意这一闪光的火花在安排和计划中发出耀眼的光。因此,企业要想在激烈而近乎残酷的市场竞争中求得生存和发展,就必须以新的营销视角、新的营销观念、新的营销思维,对企业生存和发展的宏观经济环境和微观市场环境进行分析,寻找企业与目标市场顾客群的利益共性,以消费者满意为目标,重新组合和优化配置企业所拥有的和可供开发利用的各种人、财、物,对整体市场营销活动或某一方面的市场营销活动制定策划方案。

(三) 系统性

系统是由若干相互联系和相互制约的要素按一定的方式组成的具有特定功能的有机整体。市场是个系统,营销策划也是一个系统,是由多功能经营活动组成的综合系统。产品、价格、渠道、广告、CI、CS、公共关系等都是构成市场营销活动的子系统。企业要想在市场竞争中获得营销的成功,必须对整体市场营销活动进行全面、系统地设计。

1. **营销策划的系统性表现在时间上,需要一系列的营销活动来支持和完成**

一个活动的结束,必然是下一个活动的开始,各个活动由一个主线——策划目标连在一起,构成营销活动链。而整个营销策划由于有了营销链的存在,而构成一个有机的系统的整体。缺乏这样的活动链的营销策划是不行的,也不会有什么结果。

2. **营销策划的系统性表现为空间上的主体组合**

大的营销活动是需要各种因素配合的,尤其是需要营销要素的立体组合。通过对营销组合的各个要素的整体策划，才能在实践活动中使营销组合形成综合推动力，单一的产品销售模式，即平面的销售模式，已经不适应时代和企业的要求了。时代需要的是系统的主体的营销策划，需要充分发挥既有资源、可利用资源和潜在资源的最大效用，实现企业的近期目标和长远目标。

（四）复杂性

营销策划是一项系统工程，是一项要求投入大量智慧的高难度的脑力劳动和一项非常复杂的智力操作工程。

1. 营销策划需要一定的理论支撑和大量知识的投入

一个优秀的营销策划方案，是经济学、市场学、管理学、商品学、心理学、社会学、文化学、策划学、营销学等多门学科的综合运用和融会贯通，并且能够较灵活地与策划知识结合起来。

2. 要有大量的前沿知识和直接经验运用到营销策划中

营销策划过程是一个动态的过程，需要与当前的形势与环境相适应，而非纸上谈兵。以前的知识和间接经验总是有一定的滞后性，是落后于现实的，照抄照搬是没有创意的，优秀的营销策划来源于现实，来源于对现实大量信息的获取、分析和提炼。这就要求营销策划人员对当前的市场状况应有清楚、全面、系统的认识和理解，集灵活性和原则性于一身，能随时适应变化着的市场。

3. 营销策划需要进行庞杂的信息处理

在着手准备营销策划时，便要积极主动地收集信息。它包括各方面的信息，如政治信息、经济信息、法律信息等，然后对这些信息进行处理，找出有用的进行加工，最后还要检验信息处理结果。这一切都是十分复杂的劳动。

（五）创新性

创新是策划的灵魂，失去了创新性的策划活动就不能称之为策划。我们要构筑新的事业概念，发展新的技术，采用新的管理模式方法，就只有通过创新性的营销策划才能使企业在竞争中脱颖而出。在策划过程中，要求不断创新，通过奇妙的构想、别致的手法、精密的安排达到出奇的效果。如果从营销的角度来谈产品的创新，更多的是指改变旧的思维模式，改变看问题的角度和方法。"可口可乐"在100多年前诞生的时候，是一种治疗头疼的药。当时它的销售并不理想，但后来改变思路，挖掘消费者的深层次消费欲望后，成功地把它当作饮料来卖，致使可口可乐高歌猛进，成就了当今全球饮料市场的霸主地位。

（六）可行性

一个策划无论多么完美，如果得不到贯彻实施，终究是纸上谈兵、画饼充饥。只有企业结合外部环境和自身状况的实际变化，因时因地因人制宜，量力而行，准确定位，作出客观理性的分析和思考，才能够使设计的方案切实可行。

策划的可行性主要表现在以下方面：

1. 利害性分析

利害性分析是指分析策划方案可能产生的利益、效果、危害和风险，综合考虑，全面衡量利害得失。

2. 经济性分析

经济性分析是指分析策划方案是否符合"最大投入产出比"原则。企业进行营销策划的最终目的在于取得经济效益，这就要求在策划方案中有详尽的预算，减少不必要的开支，从而达到企业要求的发展目标。

3. 科学性分析

科学性分析是指要有科学的理论指导，通过实际调查研究、预测，严格按照策划程序进行创造性思维和科学想象而形成分析结果。

4. 合法性分析

合法性分析是指策划方案要符合法律法规和一般惯例的规定。

第二节　营销策划的基本原理

一、创新出奇原理

创新出奇是营销策划的第一大原理。在现代商战中，没有新意的营销策划只能使企业销声匿迹，只有独辟蹊径、创新出奇，才能使事业旺盛。

日本精工集团为开拓澳大利亚市场曾成功地运用创新出奇原理。有一天，澳大利亚某地市民忽然发现无数手表从天而降，手表包装精美、质量优异——从万米高空落下仍运行如常。澳大利亚人将天上掉下的"上帝的礼物"一抢而空。一时间，日本精工手表成为传媒的焦点，迅速地改变了当地人对日本货"价廉不耐用"的不良印象。

二、抓纲办事原理

"抓纲办事"要抓住"闪光点"，"简单易行"。"简单"一方面是指其方案简单，步骤简单、易行，目标通过合理规划而变得易于实现；另一方面是指为实现同样的企业营销总目标，同时存在的几个方案中的最简单的一种，那种冗长繁杂的营销策划方案要舍弃。"易行"是指营销策划方案易于操作执行，否则易使执行者误入迷宫，难辨头绪，使操作者在实施过程中付出巨大的成本。"简单"与"易行"同时具备，乃为至佳方案。

当然，无论"简单"还是"易行"，其前提都必须是"抓纲"，能迅速从千变万化的参变量中找出主导变量——集约化序参量，纲举目张，简洁明了，抓住事物的主要矛盾，提纲挈领。高露洁公司采取了极其高明但又简单得让普通消费者都不必劳神的一项营销方案。此方案是：既然消费者一天不能刷七八遍牙，那么就增加消费者每次消耗的牙膏量。于是他们就将牙膏管的开口加大一圈，每次的用量就比平时增加了一倍，于是，销量就增加了一倍。

三、整体制胜原理

营销策划的整体制胜原理正是要求营销方案能够高屋建瓴，能为企业从多角度、多方位全面系统完整地提供一整套切实可行的、安全系数高的设计。《孙子兵法》云："多算胜，少算不胜。"意即周密详尽、全面系统的策划才有胜算的把握，策划不周，只会招致失败。在营销策划中，也需要营销策划者能时刻站在全局高度，多层次、多角度、长远地为企业发展而精心设计。一个优秀的策划方案是不会计较局部得失的，整体制胜才是它追求的目标。"谁笑到最后才笑得最好"。毛泽东同志在指挥人民解放战争时就重点强调不计较一池一城的得失，要灵活机动，同时我军又要注意寸土必争，以求每个局部都芝麻开花，最后取得人民解放战争的全面胜利。只有全局的胜利才是真正的胜利。

四、发展原理

世上唯一不变的是发展、变化。市场就是战场，形势瞬息万变。政府的法规政策在变、社会文化习惯在变、竞争对手在变、消费者在变、企业自身也在变化，产品在更新换代，质量在步步提高，市场营销的主体和客体都在生生不息地变化着。营销策划既然要求把不断发展变化的企业推向瞬息万变的市场，把不断变化更新的产品投向风云变幻的市场，就必须在策划中遵循营销策划的动态原理。"变则通，通则久"，不变就难以适应当今的市场经济。1963年，柯达公司研制成了"傻瓜相机"，一时引起了世界性的购买狂潮，可就在其相机走俏的时候，柯达公司立即公布了傻瓜相机的专利技术。难道柯达真是傻瓜吗？原来柯达有自己的发展打算：即使不公布技术，其他公司也能研制出来。另一方面，相机是耐用品，可重复使用，而胶片是一次性使用的，于是，柯达借机造势，转行生产高质量的胶片。

五、高段位原理

营销策划的高段位原理是指策划者在进行营销策划时，能够使思维超越时间、空间的限制，把眼光放长远一点，给人们耳目一新的感觉。其实质是智慧能量的段位提升，是创意的升华、营销策划的升华。智慧的能量来源于平日的积累，来源于营销队伍的整体素质。素质与别人不同，起点上也会与别人不同，境界上也能与众人相分伯仲。这样，高水准、高段位的营销方案能在营销活动中一下子震慑住竞争对手，让人觉得就是"高"，就能有效地发挥营销策划的智能、势能，有利于营销策划方案的执行者、操作者事半功倍。相反，那种低级趣味、哗众取宠、不健康的策划内容，妄想占领市场，则会在市场中碰个头破血流。以前市场上有的冰糕、果冻、布丁等小食品用"泡妞"和"小姐傍大款"命名，本来是为了追求"新、奇、怪"，但却忽视了它污染了人们的视觉环境、听觉环境，最终为市场所唾弃。

六、大整合原理

所谓营销策划的大整合原理，就是要求营销策划工作者把营销活动中所涉及的市场和自身的各种元素、各个层次、各种结构、各个功能按照营销创意、营销策划总目标和阶段分目标的主线集约整合起来，内部调整、聚合、扬长避短、避实击虚，以实现1+1>10，1+1>100，1+1>1000……的系统整体功能。整合出效益，整合出奇迹。马铃薯、黄瓜、胡萝卜无甚稀奇，却可以变出一盘"会三丁"来，有时看起来根本不可能实现的东西，一经优劣互补、智能匹配式的整合，就可以将原来的功能放大成千上万倍。比如美国的"阿波罗"登月计划，可以说其单项的技术并没有多大的创新，许多单项技术是日本人、法国人、德国人发明的，成百万个零部件也由"多国部队"制造，但经美国人一整合，攒起来就造出了宇宙飞船，实现了人类跨向月球的千古之梦。

一个合格的营销策划往往把企业营销外部因素，诸如政策、法规、社会习俗、文化背景、宗教、科教、竞争对手、供应商、分销商、辅助产业、消费者等充分考虑进来，发挥它们最大的利用价值；把企业营销的内部的制度因素，诸如企业奖惩制度、职工积极性、产品部门、销售部门、财务部门、人力资源部等调动起来，每位员工在自己岗位上发挥出最佳水平，让策划的每一环节顺畅、可行，达到最小投入而最高产出，充分让投入营销活动中的每一种资源"燃烧发热"。这样，整体所达到的效果将是任何一种简单的促销战略所不能比拟的，它所产生的效益将是可观的。

七、终点即起点原理

市场价值的实现是企业存在和发展的首要目标，任何企业的营销活动都是以获取利润作为出发点的，因此营销策划的最终目标是实现利润回报。利润回报的实现又会推动企业进行新的策划活动，追求新的利润，从而不断地循环，保证企业扩大再生产的完成。现在很多大型的企业专门成立策划部，把销售利润的一部分拿出来作为策划资金，因为他们知道，营销策划是为了更好地赚取更多的利润。

第三节　营销策划的方法

思路决定出路，理念决定命运。对于策划者来说，经验是固定资产，知识是递延资产，信息是流动资产，思维方法是无形资产。产生高水平的决策，其关键在于策划创新，创新的关键在于思维方法。营销策划理念的训练与培养要依靠心、眼和手的统一，通过"心"的欲想（目标管理），通过"眼"的洞察能力训练，通过手的动手能力训练，解决一个个策划难题。

营销策划的方法主要有以下几种。

一、捆绑法

捆绑法，是指用一种联系把自己与具有一定价值的事物合为一体，使价值向自己转移。企业与强者为盟，个人与名人为友，产品与品牌配套，都可以提高自身的知名度和美誉度，从而达到营销的目的。例如，美国一家出版商有一批滞销的书久久不能脱手，便给总统送去一本，并多次征求总统的意见，忙于政务的总统随口应了一句："这本书不错!"这个出版商如获至宝般地大肆宣传:"一本总统先生喜欢的书出售。"于是,这些滞销的书不久就被一抢而空了。不久,这个出版商又送给总统一本书。总统说:"这本书糟透了。"出版商听后大喜,他打出广告:"一本总统讨厌的书出售。"结果,不少人出于好奇争相购买。出版商第三次将书送给总统的时候,总统接受了前两次的教训,不置可否。出版商却大做广告:"一本总统难以下结论的书出售!"居然又一次赚到大钱。

二、背景转换法

背景转换法,是指选择或创建力量更大、影响更大、价值更大的一个背景,借背景帮你工作,制造或寻找更加适合商务行为开展的外界环境,通过外部环境衬托来提升产品地位。例如,一个位于高新科技园以外的企业,仅仅与高新科技园有一站之遥,但是享受不到科技园中企业的优惠政策,更重要的是其品牌威信不能通过科技园来提升。于是该企业老板想把自己的企业迁至科技园内,因此他和园区领导协商,为科技园免费提供一些服务,通过努力,事情办成了,他的企业成了高科技园区的企业,生意也比以前好做了,而且也多了。这是为什么呢?就是因为企业所依托的背景不一样。

三、移植法

移植法,是指把别人的思维方法、别的地方的经营方法、其他事物的规律转移给自己的头脑,作为创新的方法依据。移植法可分为直接移植法和间接移植法。

直接移植法,是指将先进地区的新兴项目或商务形式照搬到后进地区去。照搬本身也是一种策划,尽管它相对时代没有新颖性,但对于策划人自己和策划的实施者是新颖的;当然,把别处的项目抄过来,也有一个改造或改良的问题。有人发现荷兰"小人国"旅游项目很好,它的市场是在国界分割严重的欧洲,时间紧张的游人可以在这里一眼看罢欧洲的风土人情。例如,在改革开放初期,广东深圳是中外游人集中的地方,中国人到这里来学习改革开放,外国人到这里来看一看中国。中国虽然是一个国家,但那时有开放地区和不开放地区,外国人到不了的地方是多数,而中国人当时穷,到不了的地方也是多数,所以,这种情况类似欧洲,这样就可以把荷兰的"小人国"项目原理移植到深圳,结合深圳的实际,开发了"中华民俗文化村""锦绣中华"等旅游项目。

间接移植法,是指将成熟的产业理念原理方法引用于新的产业设计中,本来看起来毫无关系的两件事情,把它们联系起来,用一个事物的规律解决另一个事物的问题。例如,韩国著名的企业家郑周永,他使用的发展方法就是间接移植法。郑周永从土木建筑施工的小伙子出身,筑了几年墙,反复进行同样的工作过程:撒上一层土,踩一踩,再撒土,再踩……多年以后等到他自己的公司成立以后,他发展公司的方法是业务进展一点,就抓一点管理,再抓一段业务,再抓一段管理,内外反复交替,从而取得事业的成功。

四、重点法

重点法,是指用一点突破带动其他。在面对复杂的策划对象时,首先努力寻求突出某一商务环节、某一资产、某项业务等个别线索，也可以说是主动地缩小策划对象，把策划对象首先简单化，然后加以精雕细刻，使一点首先突破，进而把局部策划产生的功效传递给整个原策划对象。重点法在我们的生活中不知不觉地被我们采用着。现在的餐饮服务业，我们可以看到一些酒店在不同的时间会推出一些特价菜、优惠活动等，借此吸引消费者的注意力，可是进酒店之后，顾客消费的不止是特价菜，酒店可以从其他菜品或者饮料中把损失收回。

五、逆向法

逆向法，是指把当前的思维角度、方向、内容、途径、目标等反过来，以寻找解决问题的方法。逆向思维是求新思维的一种典型方法。我们经常说到的反向思维就是逆向法。这些年，房地产项目大，行业大，风险和利润都可观，所以，房地产的咨询比较红火。但是，"远来的和尚好念经"，一家当地背景出身的老板其生意自然失败率就很高。因此，他不得不把生意延长到房屋代理销售。这样一延伸，生意是有了，但问题又出来——需要垫付很多的流动资金，而他只是一个小企业，于是，他反过来想这个问题：有多少销售额，就有多少采购额。从房地产公司的角度看是销售额，从买房屋的客户角度看是采购额，两者的数量是相等的；但是从不同的角度开展经营，其难度是大不相同的。现在把自己的经营方向来个 180 度的大转弯，把对象变了，不再给房地产公司提供咨询、代理，而是给顾客提供咨询、置家服务，这样需要的资金也少。当他在顾客中建立了品牌，房地产商也自然会找上门来。

六、组合法

组合法，是指把不同的商务内容组合为一体，或把不同的商务过程组合为一个完整的商务过程的方法。把两件看似不相关的事物、事件等联系起来，加以组合，从而产生意想不到的效果。这也是一个常用的创新思维方法。如在手机的通话功能基础上，组合上网、照相、摄像等功能，使产品更具有竞争力。这是组合法中常用的功能组合，是产品和服务加值提升的基本途径之一。除了功能组合以外，常用的还有意义组合。企业在做一件事情，最好具有多重意义，一箭多雕，东方不亮西方亮。

七、回避法

回避法，是指不以原策划课题为解决对象，改换问题的内容，重新设立策划课题再加以策划的方法。例如，圆珠笔是欧洲人发明的，在面世之初，一直解决不了漏油的问题，许多科学家在笔尖上作了大量的努力而未果。日本的科学家则采用回避方法，从笔芯着手解决问题。结果日本人把笔芯剪短，降低了油液的压力，自然就解决了漏油的问题。再如，三国时期，周瑜命令诸葛亮在三天之内造箭 10 万，想想都是不可能完成的任务，但是诸葛亮却回避了造箭这个问题，把造箭想成如何借箭，于是成功地完成了任务。

八、分解法

分解法，是指把一点分解成多点，作为策划目标开发决策子环节，进而达到加深认识目标的方法。例如，将概念分解出外延、将大的步骤分解出小的步骤、将人群分解成多个部分、将事务分解成多个方面等。在一些大企业中，一个项目往往需要好多的项目组共同完成，于是在最初的时候项目就要被分解，项目分解到各个小组之后，还要进行细化，以便更好更快地完成。例如，一个企业要达到创建名牌的目标，必须经过一系列的策划方案，一步一步地通过分目标的实现，达到企业的最终目标，而不能一蹴而就。

九、实证法

实证法，是指用实际的、让消费者看得见的功能效果来证实产品的优越性的方法。例如，我们经常可以在电视广告上看到，一些手表厂家在做广告时，为了证实自己的手表防震防水，不用直接说明其防震防水功能，而是让明星戴着手表游泳或者把手表从高楼上扔到地上。其实，消费者花钱买手表不会舍得把它放在水里或者从高处扔下，但是厂家已经"证实"了，它使你相信了。这就是实证的力量。

第四节 营销策划的常用工具

为了提高营销策划质量，保证营销策划工作的有序进行，我们可以借助一些工具外化我们的思维方式和思维过程，监控我们的项目进程。

营销策划的常用工具主要有以下五种。

一、"金三角"策划

金三角策划是一种巧妙运筹"时""势""术"的策划模式，是正确的审时、度势和谋术的策划方法。如图1-2所示。

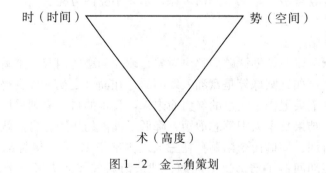

图1-2 金三角策划

时，是指谋略根据形势的发展变化而决定运演的最佳时机。审时需要重点思考三个问题：①在宏观时代背景下，社会发展的趋势是什么？时世对企业是否有利？时代给企业发展带来了什么样的机遇和挑战？②在中观时代背景下，应该如何发现和把握市场机会？如新产品上市、品牌延伸与行业扩张的时机是否成熟？③在微观时代背景下，企业发动的营销战役、举办的促销活动在何时开展最为有利？由此，审时必须从宏观到微观做到顺应时世、把握时机和择定时日，时世要有利、时机应成熟、时日应合适。

势，是指在策划中对组织环境的发展变化，对势的运演是对谋略所处环境、格局和条件的分析。例如，处在有势还是无势位置，处在强势还是弱势位置，处在下滑的"熊"势还是上升的"牛"势，等等。对势的把握要求我们顺应时代潮流，具有敏锐的眼光和灵敏的头脑分清现象和本质，不为假象所迷惑，要从大局和整体着手，看事情想问题要有一定的高度。具体来说，在缺势时要借势造势，在势盛时应趁势出击，在得势时应再上台阶。

术，是指谋略所采用的招数，即计谋、策略、方法和技巧等。术的把握要求我们在遵循基本游戏规则的前提下，先守正后出奇，敢为天下先，为别人所不能，出奇制胜，想别人想不到的，做别人做不到的。谋术的第一要义就是切准市场，掌握规律；其次，应找准概念，升华主题；最后，做到沟通传递，寻求支持。

势、时、术三者是对立统一、相互依存、互为依托的，最佳的策划就是追求三者的完美统一或三者的最佳结合点。

二、OK 策划模式

OK 模式以 OK 模式为基础，构建策划决策体系，使策划决策的思维结构、思维过程变得直观生动，它是由世界商务策划师联合会（WBSA）的史宪文提出并引入的。

OK 策划模式如图 1-3 所示。

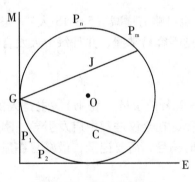

图 1-3　OK 策划模式

E，表示策划决策的基础，它包含着政治、经济、科技、文化四个要素以及决策对象的内部信息，是决策者创新的外部依据。

M，表示决策基因，包含着决策者掌握的经验、知识、信息和思维方法四个要素，体现了策划者的内在决策与创新能力。

O，表示策划者服务的对象，是决策者服务的客体，是策划决策的受益者。

G，表示决策目标，是策划者利用决策点所要达到的最终目的，体现了整个决策过程的期望结果。

P，表示决策点，是支持决策目标的资源，由多个决策点和决策目标组成的逻辑环为决策环。

圆周，由多个决策点连接起来和决策对象构成，表示策划者的整理能力。

J，表示策划者表现出来的判断能力，用以核对各个决策点是否正确，即使局部创新成功，也必须建立在其他方面正确的基础上，才能使整个决策环完整、正确。

C，表示策划者表现出来的创新能力，主要对某一（或多个）决策点在正确的基础上再进一步加强，带动整个决策环进一步优化。

三、头脑风暴法

头脑风暴法（Brain Storming），是指通过集思广益、发挥团体智慧，从各种不同角度找出问题所有原因或构成要素的方法。这是一种集体开发创造性思维的方法。

（一）头脑风暴法的基本程序

1. 确定议题

一个好的头脑风暴法是从对问题准确阐明开始的。因此，必须在会前确定一个目标，使与会者明确通过这次会议需要解决什么问题，并不要限制可能的解决方案的范围。

2. 会前准备

为了使头脑风暴畅谈会的效率较高，效果较好，可在会前做一点准备工作。如收集一些资料预先给大家参考，以便与会者了解与议题有关的背景材料和外界动态。就参与者而言，在开会之前，对于要解决的问题一定要有所了解。

3. 确定人选

一般以 8~12 人为宜，也可略有增减（5~15 人）。与会者人数太少不利于交流信息，激发思维；而人数太多则不容易掌握，并且每个人发言的机会相对减少，也会影响会场气氛。

4. 明确分工

要推定一名主持人，1~2 名记录员（秘书）。主持人的作用是在头脑风暴畅谈会开始时重申讨论的议题和纪律，在会议进程中启发引导、掌握进程、控制时间。记录员应将与会者的所有设想都及时编号，简要记录，最好写在黑板等醒目处，让与会者能够一目了然。

5. 规定纪律

根据头脑风暴法的原则，可规定几条纪律。如要集中注意力积极投入，不消极旁观；不要私下议论，以免影响他人的思考；发言要针对目标，开门见山，不要客套，也不必做过多的解释；与会者之间相互尊重，平等相待，切忌相互褒贬；等等。

（二）头脑风暴法的成功要点

1. 自由畅谈

参加者不应该受任何条条框框限制，放松思想，让思维自由驰骋。参加者从不同角度、不同层次、不同方位大胆地展开想象，尽可能地标新立异、与众不同，提出独创性的想法。

2．延迟评判

头脑风暴，必须坚持当场不对任何设想作出评价的原则。一切评价和判断都要延迟到会议结束以后才能进行。这样做一方面是为了防止评判约束与会者的积极思维，破坏自由畅谈的有利气氛；另一方面是为了集中精力先开发设想，避免把应该在后阶段做的工作提前进行，影响创造性设想的大量产生。

3．禁止批评

绝对禁止批评是头脑风暴法应该遵循的一个重要原则。参加头脑风暴会议的每个人都不得对别人的设想提出批评意见，因为批评对创造性思维无疑会产生抑制作用。同时，发言人的自我批评也在禁止之列。

4．追求数量

头脑风暴会议的目标是获得尽可能多的设想，追求数量是它的首要任务。参加会议的每个人都要抓紧时间多思考，多提设想。至于设想的质量问题，自可留到会后的设想处理阶段去解决。在某种意义上，设想的质量和数量密切相关，产生的设想越多，其中的创造性设想就可能越多。

5．会后的设想处理

通过组织头脑风暴畅谈会，往往能获得大量与议题有关的设想。至此任务只完成了一半。更重要的是对已获得的设想进行整理分析，以便选出有价值的创造性设想来加以开发实施。这个工作就是设想处理。设想处理的方式有两种：一种是专家评审，可聘请有关专家及畅谈会与会者代表若干人承担这项工作。另一种是二次会议评审，即由头脑风暴畅谈会的参加者共同举行第二次会议，集体进行设想的评价处理工作。

四、鱼骨图

鱼骨图分析法是咨询策划人员进行因果分析时经常采用的一种方法，其特点是简捷实用，比较直观。问题的特性总是受到一些因素的影响，我们通过头脑风暴找出这些因素，并将它们与特性值放一起，按相互关联性整理而成的层次分明、条理清楚，并标出重要因素的图形就叫特性要因图。因其形状如鱼骨，所以又叫鱼骨图（如图1-4所示）。

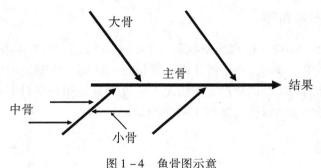

图1-4 鱼骨图示意

鱼骨图有三种类型：①整理问题型鱼骨图，即各要素与特性值间不存在原因关系，而是结构构成关系；②原因型鱼骨图，鱼头在右，特性值通常以"为什么……"来写；③对策型鱼骨图，鱼头在左，特性值通常以"如何提高/改善"来写。

制作鱼骨图按以下两个步骤进行。

（一）分析问题原因/结构

（1）针对问题点，选择层别方法（如人机料法环等）。
（2）按头脑风暴法，分别对各层别类别找出所有可能原因（因素）。
（3）将找出的各要素进行归类、整理，明确其从属关系。
（4）分析选取重要因素。
（5）检查各要素的描述方法，确保语法简明、意思明确。

分析要点如下：①确定大要因（大骨）时，现场作业一般从"人机料法环"着手，管理类问题一般从"人事时地物"层别，应视具体情况决定；②大要因必须用中性词描述（不说明好坏），中、小要因必须使用价值判断（如……不良）；③脑力激荡时，应尽可能多而全地找出所有可能原因，而不仅限于自己能完全掌控或正在执行的内容。对人的原因，宜从行动而非思想态度面着手分析；④中要因跟特性值、小要因跟中要因之间有直接的原因—问题关系，小要因应分析至可以直接下对策；⑤如果某种原因可同时归属于两种或两种以上因素，要以关联性最强者为准，必要时考虑现时到现场看现物，通过相对条件的比较，找出相关性最强的要因归类；⑥选取重要原因时，不要超过七项，且应标识清楚。

（二）鱼骨图绘图过程

（1）填写鱼头（按为什么不好的方式描述），画出主骨。
（2）画出大骨，填写大要因。
（3）画出中骨、小骨，填写中、小要因。
（4）用特殊符号标识重要因素。

绘图要点：应保证大骨与主骨成60度夹角，中骨与主骨平行。

五、甘特图

（一）甘特图的图形

甘特图（Gantt chart），也称为条状图（Bar chart）。是1917年由亨利·甘特开发的。其内在思想简单，基本是一条线条图，横轴表示时间，纵轴表示活动（项目），线条表示整个期间计划和实际的活动完成情况。它直观地表明任务计划在什么时候进行，及实际进展与计划要求的对比（如图1-5所示）。

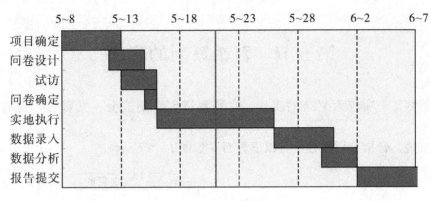

图 1-5 甘特图

(二) 甘特图的优点与局限

甘特图具有简单、醒目和便于编制等特点,在企业管理工作中被广泛应用。甘特图按反映的内容不同,可分为计划图表、负荷图表、机器闲置图表、人员闲置图表和进度表等形式。

(1) 甘特图的优点。图形化概要,通用技术,易于理解;中小型项目一般不超过30项活动;有专业软件支持,无须担心复杂计算和分析。

(2) 甘特图的局限。甘特图仅部分地反映了项目管理的三重约束(时间、成本和范围),因为它主要关注进程管理(时间);软件上存在不足,尽管能够通过项目管理软件描绘出项目活动的内在关系,但是如果关系过多,纷繁芜杂的线图必将增加甘特图的阅读难度。

(三) 绘制甘特图的步骤

(1) 明确项目牵涉的各项活动、项目。项目内容包括名称(包括顺序)、开始时间、工期、任务类型等。

(2) 草拟甘特图。将所有的项目按照开始时间、工期标注到甘特图草图上。

(3) 确定项目活动依赖关系及时序进度。使用草图,按照项目的类型将项目联系起来,并且安排。此步骤将保证在未来计划有所调整的情况下,各项活动仍然能够按照正确的时序进行。也就是确保所有依赖性活动能并且只能在决定性活动完成之后按计划展开。

(4) 计算单项活动任务的工时量。

(5) 确定活动任务的执行人员及适时按需调整工时。

(6) 计算整个项目时间。

第五节　营销策划的程序

营销策划是一项较为复杂的工作，它既要有创意的成分，又要有一定的程序来保证。

一般来说，营销策划的程序有以下方面（如图1-6所示）。

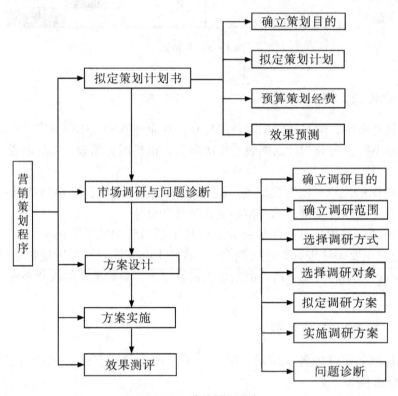

图1-6　营销策划程序

一、拟定策划计划书

（一）确定策划目的

由于各自的情况不同，营销策划的目的也可能有差异性，如经济的、社会公益性的、政治的、文化的、形象的、法律的等，但无论如何，其目的都必须明确。

（二）拟定策划计划

营销策划计划必须以详细的时间表表达出来。计划一般为四个阶段。

（1）准备阶段。这一阶段是策划的前期准备，包括人力、物力、财力及智力准备等,但要确定出营销策划目的,即为什么要进行这次营销策划活动。

(2) 调研和现状分析阶段。这一阶段在于充分搜集材料和信息,并对这些信息进行适当的加工处理。这是策划的基础阶段,影响着整个营销策划的成败,同时也是最易产生创意的阶段。

(3) 设计阶段。根据调研分析所得的信息和创意进行方案设计。

(4) 实施阶段。方案出来以后,要综合考虑各方面的情况,挑选出最佳方案实施,实施阶段的长短,要由方案具体情况而定。

(三) 预算策划经费

每一次营销策划都必须投入一定的资金。投入多少、何时投入、投向何处都需有一个预算,同时,详细、准确的费用预算可以节约成本,以便获得较好的经济效益。

(1) 市场调研费。这是一笔很重要的开支,如果过少,资金不足,就会造成调研资料失真而导致较大的误差。这可根据项目规模的大小和难易程度来予以确定。

(2) 信息搜集费。这主要是指信息检索、资料购置、复印费、打印费、信息咨询费、信息处理费等。

(3) 人力投入费用。

(4) 营销策划费用。

(四) 预测效果

对营销策划可能出现的效果进行预测,以此来辅助决策者进行决策。效果一般分为经济效果和形象效果。

二、市场调研与问题诊断

市场调研主要是在对市场各方面情况的信息进行搜集、分析、研究后,确立调研目的、确立调研范围、选择调研方式、选择调研对象、拟写调研方案和实施调研方案。

问题诊断,是指通过对企业内外环境的把握与分析,针对营销目的,确定问题之所在,然后制定出营销策划方案。

三、方案设计

营销策划方案的设计可按以下五个阶段进行。

(一) 准备阶段

这一阶段要求策划人员汇总调研资料和信息,以文字、图像、表格等形式表现出来。主要人员应对信息进行消化吸收,对比分析。

(二) 酝酿阶段

这一阶段较为复杂、漫长,否定之否定定律在此时运用最多,无数次的决定、再无数次的否定,所以该阶段需要策划人员具有耐心和毅力。

（三）创意策划阶段

这一阶段是在经过分析、推敲的基础上，产生创意。

创意的作用主要有三个：①为了引起别人的注意，吸引更多人的注意；②为了包装信息，把一个很好的信息通过创意包装起来，让别人可以看到、理解并且使用；③为了给别人留下深刻的印象。

创意有三个非常重要的元素：①构思概念；②选择素材，也就是寻找适当的工具来表达概念；③表现手法。相同的素材还会有不同的表现手法，自然也会产生不同的效果。

（四）论证阶段

这一阶段比较重要，一般可采取经验判断、逻辑推理、专家论证及选点试行等方式，对策划内容进行反复论证。

（五）撰写策划书阶段

这一阶段是把营销活动及其行动方案形成文字性材料。策划书因时、因地、因不同企业和不同主题分别撰写。撰写策划书的篇幅、风格没有固定模式，但要遵循写作的一般的规律。

四、方案实施

在此阶段应做好以下两方面的工作。

（一）全面贯彻方案

企业需要全心全意地把经过缜密研究设计出来的方案予以全面贯彻，不能半途而废。

（二）反馈调整方案

方案不是一成不变的，它必须随着市场环境的变化而不断地调整修改。要求营销人员时刻关注市场，搜集方案实施过程中的反馈信息；再根据反馈信息及时调整方案中不适的部分，使之贴近市场和适合市场需要。

五、效果测评

效果测评可分为阶段性测评和终结性测评。阶段性测评是指在方案实施过程中对前一阶段实施的效果进行测评，并为下一阶段提供方向和指导。终结性测评是指在方案实施完毕后，进行总结性测评，以便了解整个方案的实施效果。

这里介绍一种比率统计法来进行效果测评。它适用于具有销售额的营销策划。其公式如下：

$$p = b \cdot k / a \quad (k = a_1 / b_1)$$

式中：a——方案实施前的月平均销售利润
　　　b——方案实施后的月平均销售利润
　　　a1——历史年份与 a 的对应月份的平均销售利润
　　　b1——历史年份与 b 的对应月份的平均销售利润
　　当 p = 1 时，表明方案无效果或效果不明显
　　当 p < 1 时，表明方案产生负效果
　　当 p > 1 时，表明方案产生正效果，且越大越好

以上为营销策划的一般程序，当然它也不是一成不变的，可根据具体情况的不同作出适当的变化。

案例一　白酒营销策划的蝴蝶效应

白酒行业向来是以茅五剑作为市场的航向标的，这三家白酒巨头稍有风吹草动，便在整个行业引发蝴蝶效应。目前的市场上白酒品牌可谓"乱花渐欲迷人眼"，每个省份、每个地区都有自己的特色酒，白酒的市场竞争可谓刀光剑影、险象环生，稍有不慎，从此沦落天涯，无人问津。

一、涨价潮，理由五花八门

从 2010 年 1 月 1 日茅台调高出厂价格以来，以茅台、五粮液、剑南春为代表的高端白酒上演了连续的涨价潮，并且很快扩散到了国内大多数高中档白酒。2011 年春季糖酒会的报道，"提价"成为 2011 年白酒行业的主题词，以甘肃省白酒消费市场为例，2010 年年底记者调查显示，"泸州老窖"部分产品已调价，原价 138 元的泸州老窖"特曲"现价为 148 元，高档的"国窖"售价已从 698 元涨至 788 元。此次白酒涨价潮中，中档酒的涨幅为 5%～10%，高档酒则达 20%～30%。

白酒涨价的理由大多是原材料价格上升、通货膨胀影响等导致成本上升，另外与消费者的消费理念也有一定的关系，认为白酒价格越高档次必定也高的畸形理念，无形中助推了白酒涨价潮。

二、销售渠道复杂，鱼龙混杂

大多数白酒的销售渠道是分级的，除了部分企业采取了较为规范的分销模式之外，大多数企业仅仅限制出厂价，对于终端渠道的管理比较粗放。在某些地区，从成品出厂到消费者手里甚至经过多达五六级中间商，每一级分销商都通过提价的方式获取利润，过多的分销商成为白酒价格上涨的原因之一。

另外一个现象是，即使厂家对白酒的价格实行了限价令，终端分销商通过定量供给、囤积居奇等手段，迫使最终价格出现了大幅的上涨。虽然茅台最近对其分销渠道的进行了扁平化的变革，但是价格控制只能限制其直属的店面和分销商，而对于此外的分

销渠道却无能为力。

三、市场定位复杂

许多低端白酒行业纷纷以各种名义改弦易辙，推出高端产品。高端产品对应高价格。最近几年出现的"明星类"白酒，由于缺乏初期的市场调研和投放效果的测试，初出茅庐便定位高端，想在短期内获得市场的成功，结果在资金、市场等方面很快落下败局，从此一蹶不振。

四、"酒香不怕巷子深"到"宣传无处不在"

为了加大市场宣传力度，白酒企业纷纷在国内国际赛事、会议、庆祝晚会等方面寻求冠名权。一时之间，冠名权成为进入高端市场最有力的宣传工具，企业投入大量的宣传费用和冠名费，但是只有少数企业赚到钵满盆溢，大多数企业并没有获得神奇的效果。

酒类的宣传出现怪现象，第一招是发掘酒文化，包括酒的酿造历程和生产地的文化传承，动辄上溯到汉唐时代，认为酒的文化底蕴越是深厚，就越应该受到市场的欢迎。第二招是宣传酒的窖藏年份，以50年为限，上下不一。虽然酒的窖藏年份越长，酿造的酒越醇香，但是如果能够大批量地生产50年陈酿就有些掩人耳目了。第三招是以适合酿造酒的地理环境为上招，特别是以中国白酒金三角为代表的区域，以其适合的温度、日照、湿度等优越的地理环境为酿酒的上好之地。但是如果酿酒工艺以及后续的服务做得不到位，再好的地理环境也不可能酿出传世经典。

五、斩不断理还乱的贴牌生产

白酒行业的贴牌生产为进入当地市场做好准备，同时，为中低端企业提升企业形象、进入高端产品市场做铺垫。最早进行贴牌生产的是五粮液用过剩的产能生产金六福酒，这和传统的贴牌生产相反，五粮液利用其过剩的生产能力为中小企业生产加工产品。随后，茅台、剑南春、水井坊也纷纷仿效贴牌生产的方式，和目标市场的企业达成贴牌生产的协议，然后推出具有一定原品牌影响力的新品种酒。

当然，成功的贴牌生产也不乏其酒，但大多数的企业在贴牌生产，通过市场培育形成成熟的品牌效应的时候，面临管理经营权利分散的问题，甚至像五粮液这样的大型企业也被众多"子品牌"的市场、质量等问题整得焦头烂额。

（资料来源：www.zy001.cn）

案例二　深度分析电影《泰囧》的成功现象

从2012年跨进2013年的半个月时间内，影视界最热门的话题就是电影《泰囧》所创造的成功神话。《泰囧》自2012年12月12日上映起便一路火爆，刷新了中国电影史上的十项纪录：①公映首日3900万元票房，创下周三开放影片最高票房纪录；②放映当月的15日全国3.3万场排片，破单日排片最高记录；③放映当月15日获9300万元票房，创单日票房最高记录；④放映当月的15日278万观影人次，创下单日观影人数纪录；⑤首周票房破3亿元，第二周票房3.7亿元，第三周票房2.68亿元，连续刷新国产片首周、次周、第三周票房纪录；⑥目前累计票房已破11亿元，创下国产片累计票房最高记录，成为首部票房超十亿的华语电影，并打破《泰坦尼克号3D》9.39亿元票房的纪录；⑦摘得2012年度票房桂冠，成为国产片摘取票房冠军最轻松的影片；⑧投入成本低而票房增速最快，破纪录地刷新了投入与收益的反差比例；⑨破广告投入不多而媒体效应最大、票房增势最快的国产影片的记录；⑩在快速追赶国外大片在国内票房方面也破了记录，有望追平甚至超过《阿凡达》保持的13.912亿元的中国影史最高票房纪录。

面对着电影《泰囧》出乎意料的巨大成功，观众热情相告，媒体热烈报道，网络给力传播，业内人士倾情关注，制片方喜逐颜开，导、演班子一夜红透，令一些大牌导演和制片商羡慕不已。而影视业、文化产业的更多人却从中感受到中国文化产业发展的巨大希望。

现在，在一片片的赞扬声中，在一阵阵的热捧之后，在一声声的贺喜中，我们倒是应该静下心来，对《泰囧》的成功现象，作深度的分析，看看《泰囧》是如何成功的，为何能成功，它的成功对中国影视的发展能有什么启示，它的这一神话般的成功"现象"对于中国文化产业的发展能起什么借鉴作用。总之，知其成功之然，更应知其成功之所以然。

结合媒体的议论和业内人士的看法，我们作了总结、分析和思考，觉得《泰囧》的成功至少有以下一些重要因素：

一、《泰囧》的成功得益于中国文化产业强劲发展的态势

经济社会发展到一定程度，大众的精神需要就提上议事日程，中产阶层的群体在扩大，文化产品的市场在增大，对于文化产品的消费已日益成为生活的重要方面，包括电影在内的文化产业进入了快速发展期，市场需要的引力大，机会很多，在这大背景下，一旦遇上了机遇并抓住了机遇，具备了天时、地利、人和的因素，文化产业公司将喷发出迅猛的发展势头，而电影是文化产业中市场反应非常敏锐的门类产业，是大众非常喜欢的一个艺术门类，一旦被广大观众认定为好作品，好彩头、好势头也就随之而来了，其发展势不可挡。这次，《泰囧》奇迹般的票房腾升势头，连导演徐峥都觉得"有点过分"。现在这事已不仅仅是一个电影，而是变成了一个事件，一个"不寻常"的现象，《泰囧》的成功是撞上了好势头。

二、《泰囧》的成功主要在于了解观众看电影的心态

导演徐峥分析说，影片的成功，主要在于"片子本身对观众诉求点的要求给得很明确、很清晰，因此有了好口碑，然后就是口碑相传，这比所有的宣传和广告都管用。"他总结了以前的经验，以前他拍过《人在囧途》等喜剧片，虽网上点击率挺高，

但没有反映到票房上，其实是没有切中影院观众的诉求点，这次找准了，重视喜剧的"标准类型"，即"有普世价值观、有特别世俗的东西，比如儿子爱妈妈、男人要顾及家庭"等，而近年的国产片里很少有这一类型，观众期待"真喜剧"的饥饿期变得很长，于是有了强烈的期待。徐峥关心普通观众是怎么选择买票的，因为普通观众并不一定是在看电影前先上网、看报纸的评论或推荐再选择去看的，多数的家庭观众选择很简单，就是选好看的，不会太多地去计较制作、特效、艺术性等，广大观众对电影很宽容，他们讨厌的是被欺骗。

之前电影靠明星阵容、宣传炒作把观众引进电影院，观众曾多次上当，这回他们对这些都看淡了。明星人头堆得再多，炒得再热闹，只要内容不好看，观众有了上当的经验，也就不想再进影院去看你的电影了。《泰囧》恰好避开了原来的这些炒作模式。同时，《泰囧》之所以能倍受欢迎，也是因为它是一部尊重观众的喜剧。它表现喜剧冲突，依靠的是误解、悬念以及错位等戏剧冲突，而且还回到了寓教于乐、劝人为善的方式上。相比之前那些依靠演员的装疯卖傻，讲过时的冷笑话的国产烂喜剧以及它们的劣质搞笑法，《泰囧》给人以朴实、真诚的感觉。

这一类型的喜剧，这几年的贺岁档刚好缺乏。前几年冯小刚在贺岁档推出了一部部喜剧，口碑不错，票房也很好，但是，近几年内地的贺岁档却有些变味了，前年的《金陵十三钗》、去年的《1942》等，讲述的是苦难或灾难，去年的《少年派的奇幻漂流》也比较压抑沉闷，这与年终人们期待合家欢喜的贺岁气氛反差太大。既然是贺岁档，观众当然是想在贺岁时光进影院看看有趣的喜剧，以此来放松一下一年辛劳工作的紧张与疲惫心情。《泰囧》以纯正喜剧的面目出现，自然能得到更多观众的支持。

三、《泰囧》的成功得益于在宣传上定位准

据光线传媒宣传人员曹晓北介绍，"徐峥三周时间连跑广州、北京、重庆等11座城市宣传电影，每座城市安排五六家影城，估计再怎么都有上百家媒体的采访吧。"《泰囧》在宣传上着力于让电影"接地气"，直接通过影院让影迷们感受欢乐喜剧。这既能与影院媒体维护好关系，又能近距离接近观众，让观众感觉很亲切。为了争取更多家庭观众，《泰囧》在宣传上也有创新之举，比如，在360上和支付宝上做宣传，制作了好几款预告片，尽力采用一些新的招数来宣传推广。

四、《泰囧》的成功得益于导演的敬业和演员的妙趣配合

导演徐峥很多事情都亲力亲为，许多原来是助手或后勤人员做的事他也做了。例如预告片，他也亲自主持制作。徐峥说，他是误打误撞，一个导演做了制片人的事儿。而且，徐峥以前演过舞台剧，他注重从观众喜欢怎样的舞台剧的角度去思考电影的营销方案及各个环节，琢磨怎么让观众喜欢看。王宝强说，徐峥确确实实很负责任地做导演。对演员角色、对整个剧组，想了很多细节，他做导演比演戏各方面更到位。可见，徐峥导演工作做得到位，是影片成功的十分重要的因素。

此外，演员配合得好也是非常重要的成功因素，徐峥作为剧中的演员，与王宝强、黄渤的三"囧神"可谓是绝妙的组合，这三位都是内地喜剧界的"天王"，而他们又有

自身的特点，徐峥给人的印象是面像憨厚老实却带有小滑头小精明，黄渤则是夸张张扬中有点小贱，而王宝强"傻根"的"二货"形象已深入人心。三人在一个剧中表演，不是为了搞笑而搞笑，不是做作地在搞笑，而是在无形中将笑料包袱抖出来，的确合作得天衣无缝。给观众带来了"能真正让人发笑却又不傻笑"（徐峥语）的喜剧效果，观众当然喜欢。光线影业老板王长田对徐峥非常满意，说他有一种"赌对了"的感觉，首先是"赌对了人"。

五、《泰囧》的成功得益于院线的大力支持

这次《泰囧》确实获得了院线的大力支持，院线对《泰囧》的排片非常密集，有人甚至说是很"恐怖"的排片率。据不完全统计，首日上映排片率是32.51%，13日便上升到了37.1%，15日越过半数达到51.05%，并在12月16日保持高位52.51%，12月17日在50.31%。如此超密集的排片规模在中国影史上实属罕见，而全国平均有50%的排片量，这也是《泰囧》能取得贺岁档票房冠军的极为重要的因素。当然，院线之所以排片这么密集，与《泰囧》的广受观众欢迎，与媒体、网络的热议、夸赞，与上座率高有密切关系，观众喜欢，看电影的人多，院线当然就喜欢排，影片与院线在积极互动中积累优势，互惠互利。

六、《泰囧》的成功还应归功于观众的口口相传和媒体的宣传

《泰囧》满足了广大观众对喜剧片的渴望，形成了影片好口碑，继而促使票房快速提升，并造成了口口相传和媒体热捧的气势。要知道，已形成气势的口碑相传加上媒体的推波助澜，其巨大影响力比任何制片方的广告宣传都管用。俗语说，"众人拾柴火焰高"，自从《泰囧》上映以来，不仅观众热赞，记者热传，而且，众多明星、影评人、业内人士在微博、博客、采访中对《泰囧》进行评论、称赞，这无形中也提升了影片的曝光率和传播率，当身边的所有人都在讨论一部电影时，这部电影就已经成为一个话题甚至是一种现象，于是，滚滚的票房自然跟随而来。

正像徐峥所说的："《泰囧》就是一部规规矩矩的喜剧，它并不完美。"《泰囧》有它的不足，如思想内涵开掘不够深，情节略微有些生硬，煽情有点过于刻意，表现手法创新不够，剧情细节经不起推敲，等等，但谁也不可否认，《泰囧》在中国电影市场上刷新了多项纪录，它提振了国产电影业界的信心，预示着中国电影美好的发展前景。同时，《泰囧》的成功，也给电影的"水军战略"泼了一盆冷水。规规矩矩做电影，未必就不能获得高票房，倒是弄虚作假会失去影迷，失去广大的观众。只有满足观众需要，遵循艺术规律，尊重市场法则，才能获得真正的成功。

徐峥成功获得了一些大牌导演的称赞，冯小刚在微博上表扬徐峥说："买票看了，也乐了，恭喜徐峥赢了票房。我也是打那儿过来的，路还长，再接再厉。"王晶导演说："70年代，楚原的《72家房客》，80年代周星驰的《赌圣》，90年代的《古惑仔》，2010年的《3D肉蒲团》以及今年的《低俗喜剧》都在质量与票房看似不对称下疯狂大爆。只要你能click（点击）中观众的神经，你就会中jackpot（头奖），一月一日内地将迎来首部10亿票房片《泰囧》！"

事实上，《泰囧》如今已破了11亿元的票房，成功的业绩还在继续延伸着！

(资料来源：http://opinion.china.com.cn/opinion_97_62397.html)

本章小结

策划是指对将要发生的事情所作的当前决定。从本质上看，它是人类运用脑力的理性行动，是一种思维活动，是人类超前思维和创造思维的最佳结合形式。其结果是要找出事物的因果关系，衡量未来可采取的策略。

营销策划（Marketing Planning）是指企业对将来发生的营销行为进行超前的计划、安排。具体而言，就是为达到预定的市场目标，运用市场营销学、管理学、财务学原理和 OK 教程将创意或点子等进行论证并且变为操作实践的全过程。营销策划包括创意、论证、操作和检验四个方面。营销策划的目的是最大限度地实现企业的产品或服务的市场价值和企业的社会价值。

营销策划的基本原理包括创新出奇原理、抓纲办事原理、整体制胜原理、发展原理、高段位原理、大整合原理、终点即起点原理等。

营销策划方法包括捆绑法、背景转换法、移植法、重点法、逆向法、组合法、回避法、分解法和实证法等。

营销策划程序包括拟定策划计划、市场调研与问题诊断、营销策划方案的设计、营销策划方案的实施、效果测评五个步骤。

关键概念

营销 策划 营销策划 创新 思维

思考题

(1) 什么是营销策划？
(2) 营销策划原理对你有哪些启示？
(3) 如何理解创新是营销策划的灵魂？
(4) 营销策划的方法有哪些？
(5) 营销策划通常包含哪些步骤？

第二章 市场调研策划

本章学习目标

通过本章的学习,要求学生掌握以下内容:①了解市场调研的概念、类型与内容;②了解市场调研的方法,能够进行问卷设计、调研实施和数据处理;③了解市场调研报告的撰写要求及写作格式。

第一节 市场调研的概念与类型

一、市场调研的概念

市场调研,是指在市场营销观念的指导下,以满足顾客需求为中心,运用科学的方法系统地、客观地收集、记录、整理与分析有关市场营销的信息资料,提出解决问题的建议,为企业营销管理者制定正确的营销决策提供依据。

市场调研扮演着两种重要角色。首先,它是市场情报反馈过程的一部分,向决策者提供关于当前营销组合有效性的信息和进行必要变革的线索,帮助企业了解环境和分析问题。其次,它是探索新的市场机会的基本工具。市场上尚未满足的各种需求便构成了企业发展的市场机会,而且它也是众多企业争夺的焦点。然而,由于市场供求关系和市场环境的不断变化,市场机会往往是稍纵即逝的。在市场调研过程中,企业可以依据掌握的第一手信息把握市场发展的动向,据此评价和修正企业的现行经营策略,从而探索和抓住市场机会。

二、市场调研的类型

根据调研的题目不同和要达到的目的不同,市场调研可分为以下四种主要类型。

(一)探测性调研

探测性调研用于探询所要研究问题的性质及动向。在营销过程中每时每刻都会遇到新情况、新动向、新建议、新问题,而对其性质和代表性又把握不准,从而采取分类记录,进一步围绕这些新情况、建议和问题有针对性地进行调查分析的一类调研形式。如有许多消费者反映企业产品存在这样或者那样的问题,那么一篇调查报告就很容易出来了。这种类型的调查并不提出解决问题的建议,而着重于发现市场上的问题,以及问题产生的原因。

（二）描述性调研

描述性市场调研是一种具体深入的反映调查对象全貌的调研，主要解决"是什么"的问题，它以调研人员已经掌握了有关调查对象的背景知识为前提。描述性调研通常建立在大量的、具有代表性的样本之上，调研方案被预先认定或策划，信息来源也被限定。描述性调研只是从外部联系上找出各种相关因素，并不回答因果关系问题。与探测性调研比较，描述性调研需要事先拟定的计划，需要确定搜集的资料和搜集资料的步骤，需要对某专门问题提出答案。

（三）因果关系调研

因果关系调研主要用于弄清问题产生的原因和结果之间的关系。例如，价格和销售之间的因果关系如何？广告与销售间的因果关系如何？对这些复杂的自变量进行区分，通常有两种情况：一类是企业自己本身可以加以控制的变量，又称为内生变量，如价格、广告支出等。另一类是企业市场环境中不能控制的变量，也称为外生变量，如法律、法规、政策的调整，竞争对手的广告支出与价格让利，等等。因果关系研究的目的在于了解以上这些自变量对某一因变量的关系。因果关系的调研，强调调研方法的科学性。

（四）预测性调研

预测性调研是根据市场调研得到的信息资料，运用科学的方法和模型，对未来一定时期内市场的发展变化所做的一种分析与判断。它还可以对产品总销量及变化趋势作出预测，为企业决策提供依据。

第二节 市场调研的内容与方法

一、市场调研的内容

（一）市场环境调研

市场环境调研主要包括政治法律环境、经济环境、科技环境和社会环境的调研等。

（1）政治法律环境调研。主要是对政府的方针、政策和各种法令、条例，以及外国有关法规与政局变化、政府人事变动、战争、罢工、暴乱等可能影响本企业的诸因素的调研。

（2）经济环境调研。主要是对国民生产总值增长、国民收入分配的地区和社会格局、储蓄与投资变化、私人消费构成、政府消费结构等宏观经济指标进行调研。

（3）科技环境调研。主要是对国际国内新技术、新工艺、新材料的发展速度、变化趋势、应用和推广等情况进行调研。

（4）社会环境调研。主要是了解一个社会的文化、风气、时尚、爱好、习俗、宗教等。

（二）市场需求调研

市场需求调研主要包括市场需求容量、顾客和购买行为的调研。

（1）市场容量调研。主要是指现有和潜在人口变化、收入水平、生活水平、本企业的市场占有率、购买力等。

（2）顾客调研。主要是了解购买本企业产品或服务的团体或个人的情况，如民族、年龄、性别、文化、职业、地区等。

（3）购买行为调研。是调研各阶层顾客的购买欲望、购买动机、习惯爱好、购买习惯、购买时间、购买地点、购买数量、品牌偏好等情况，以及顾客对本企业产品和其他企业提供的同类产品的欢迎程度。

（三）市场供给调研

市场供给调研主要包括：①产品或服务供给总量、供给变化趋势、市场占有率；②消费者对本企业产品或服务的质量、性能、价格、交货期、服务、包装的意识、评价和要求；③本企业产品或服务的市场寿命、消费者对本企业产品或服务更新的态度、现有产品或服务能继续多长时间、有无新产品或服务来代替；④生产资源、技术水平、生产布局与结构，该产品或服务在当地生产和输入的发展趋势；⑤协作伙伴竞争对手的状况，即他们的产品或服务的质量、数量、成本、价格、交货期、技术水平、潜在能力等。

（四）市场行情调研

市场行情调研主要包括：①整个行业市场、地区市场、企业市场的销售状况和销售能力；②主要是商品供给的充足程度、市场空隙、库存状况、市场竞争程度以及竞争对手的策略、手段和实力；③有关企业同类产品的生产、经营、成本、价格、利润的比较；④有关地区、企业产品的差别和供求关系及发展趋势；⑤整个市场价格水平的现状和趋势、最适宜于顾客接受的价格性能与定价策略；⑥新产品定价及价格变动幅度；等等。

（五）市场销售调研

市场销售调研主要包括：①企业产品是自销还是代销，是完全通过自设网点销售，还是部分经由代销网点销售；②代销商的经营能力、社会声誉、目前销售和潜在销量；③委托代销的运输成本、工具、路线、仓库储存能力等；④人员直销和非人员直销各自优劣；⑤采用哪种广告媒体（如电视、广播、报纸、杂志、广告牌）引人注目、效果较好；⑥服务方式的优劣，如成套供应、配件准备、分期付款、免费维修、价格折扣、技术培训，哪种方式最受顾客欢迎；等等。

二、市场调研的方法

（一）文案调查法

文案调查法是以搜集文献信息为主。文案调查法搜集的资料有动态资料和静态资料两类，不是对原始资料的收集。另外，文案调查法可以为实地调查创造条件，可以作为有关部门经常性的市场调查，不受时空限制。

（二）访问调查法

访问调查法又叫询问调查法，是指调查人员采用询问的方式向被调查者了解市场情况的一种方法，它是市场中最常用的、最基本的调查方法。在整个访谈的过程中，调查者和被访问者相互影响，相互作用。常见的访问调查方法有以下两种：

1. 个别面谈法

个别面谈多是无结构的、直接的、一对一的访问，一般由掌握高级访谈技巧的调查人员对调查对象进行深入的访谈，用以调查对象对某一问题的潜在动机、态度和情感，此方法最适合于探测性调研。面谈法的优点是回答率高，在被调查者对问题不愿意作出回答时可以激发被调查者合作，能够完成难以完成的调查任务。调查也具有针对性，可对调查环境和背景进行了解，有利于判断所得资料的可靠性和真实性。

2. 小组座谈法

小组座谈法又叫焦点访谈法，就是挑一组具有代表性的消费者或客户，采用会议的形式，由主持人就某个专题对与会人员进行询问，从而获得对有关问题的深入了解。其优点是资料收集快、效率高、取得资料较为广泛和深入、结构灵活、能够将调查和讨论相结合、可进行科学检测，其缺点是对主持人要求高，并且容易产生误差，资料整理困难，对于隐私和保密的问题不便多谈，受时间限制很难进行深入细致的交流。

（三）信息调查法

信息调查法是指借助新的通信技术或媒体进行调查的一种方式。该方法主要包括电话调查法、电子邮件调查法、网络调查法、网络会议调查法、计算机辅助电话调查法。其中，计算机辅助电话调查法通常在装有计算机辅助电话调查系统的场所内进行，整套软件包括问卷设计子系统、抽样设计子系统、电话调查子系统、项目管理子系统等。计算机辅助电话调查系统除了具备获取市场信息资料速度快、节省调查时间和经费、覆盖面广、被调查者与调查者不受干扰、访问具有一定的隐蔽性等优点之外，还具有录入数据方便、自动分析与生成部分图表和报告、信息量大和可比性强的特点。

（四）其他方法

1. 观察法

观察法是指调研人员到现场或利用仪器跟踪、记录被调查对象的行为痕迹来获取资料的调查方法，其特点在于其描述性，即调研人员只是从侧面观察了解被调查对象的行为表现，而无需直接向被调查对象询问问题并予以回答。

2. 实验法

实验法是指调研人员通过小规模的现场实验，即测算在某些变量（质量、价格、设计、包装、广告等）的值发生改变，而其他变量恒定的条件下，该变量所引起的市场变化。实验法几乎总是因果性的，它一方面可以了解该产品的质量、价格、设计、包装、广告等变量哪些更为用户所喜爱和接受，为企业产品的改善提供参数；另一方面也可以预测企业产品全部投入目标市场后所可能产生的市场效果，使企业确定较为合理的市场预期。

第三节　市场调研的程序

市场调研的程序具体可细分为以下七个步骤。

一、确定市场调研目标

市场调研的目的在于帮助企业准确地作出经营战略和营销决策。在市场调研之前，须先针对企业所面临的市场现状和亟待解决的问题（如产品销量、产品寿命、广告效果等），确定市场调研的目标和范围。一般而言，市场调研的目标主要是进行销售问题、市场机会的识别与界定。

销售问题是指影响产品销售的各种问题，主要来自于企业对市场需求千变万化的不适应性。有些问题决策者们可能觉察到了，也可能是企业其他部门的人员提供的，不管其他人的依据和判断如何，都需要对市场充分调研，认真研究，掌握主动。

市场机会是指已经存在或即将出现的能给公司带来盈利的市场条件，或者说是市场上存在尚未满足的需求或还没有充分满足的市场需求和欲望。大多数市场机会对于企业是平等的，积极寻找市场机会，并对已发现的市场机会作出正确客观的评价和分析，才能把握市场机会，并把市场机会变成企业机会。例如，海尔公司有一次在对山东的经销商进行调研的过程中，听山东的经销商说过这样的话：当地的农民叫我们去修洗衣机的时候，发现该洗衣机的下水管道被泥土堵塞，农民说我们用这个洗衣机洗地瓜时下水管被泥土堵塞了。这件事情被反映上来之后，研发部门就提出，能不能生产一种洗衣机能够洗地瓜。海尔通过研发、调整之后，在洗衣机的下水道上增加一个网，设计两个下水道，就能够既洗衣服又洗地瓜。这样一改进，海尔生产的洗衣机就扩大了销路。

二、调研设计

调研设计是指为了实现调研目标或检验调研假设所要实施的计划。在市场调研中，调研设计是非常重要的一个环节，甚至决定着市场调研的成功与否。一般来说，调研设计需要权衡调研成本和决策信息的质量，所获得的信息越精确、错误越少，成本就越高。另外，需要权衡的是时间限制和调研类型。

调研设计要求按照一定的程序进行，主要有六个步骤：

（1）透彻了解调研计划的主题，根据所需要搜集的资料，决定调查表的具体内容。

（2）根据调查表的具体内容来广泛命题，并根据命题特点和问题形式划分设计问卷（如表2-1所示）。

（3）按照一般人的逻辑思维习惯，确定问题的排列次序。问题的排序可呈现漏斗型的思路，即由浅入深，由一般到专业。先提问一般的、易于回答的问题和有利于调动被调查者兴趣的问题。

（4）审查提出的各个问题，去掉含义不清、倾向性语言和涉及个人隐私的问题。

（5）请少数被调查人对调查表进行小规模的预先试答。

（6）根据测试中反映出的问题，对调查表进一步修正补充，重新设计出正式的调查表，并打印出来。

表2-1 按问题形式划分设计问卷

封闭式问题：列出所有可能的答案，回答者只要从中挑选即可	二分法	问题的答案为二选一
	多项选择法	问题有三个以上的答案备选
	利克特尺度法	每段叙述后附有可由回答者表示同意或不同意程度的尺度表
	语意差异法	尺度表左右用两个意义相反的词汇来形容所衡量的事物，由回答者选择最能代表其感受的位置
	重要性尺度法	衡量某属性的重要性，其尺度从"一点也不重要"到"极其重要"
	等级尺度法	衡量某属性的优劣，其尺度从"很差"到"很好"
	购买意愿尺度法	描述购买者意愿的回答尺度
开放式问题：即由回答者自由作答，较封闭式问题可获得更多的资料	完全非结构化	可由回答者完全自由回答
	词汇联想法	每次提示回答者一个词，请其说出立刻联想到的单词
	语句完成法	每次提示一句未完成的语句，请回答者完成
	故事完成法	提示一个未完成的故事，请回答者完成
	图画完成法	提示一张有两个人的图片，其中一人已说话，请回答者把自己想象成另一个人，将要回答的话填在空白的框里
	主题统觉测验法	提示一张图片，请回答者看图说故事

三、选择调研方法

根据调研的对象、调研目的，选择适当的调研方法，如前文第二节所介绍的文案调查法、访问调查法、信息调查法等，可单独使用某种方法，也可以同时使用多种调查方法。

四、搜集样本数据

确定调研方法后就需要搜集数据。搜集数据几乎都离不开抽样调查，抽样调查最核心的问题是抽样对象的选取。如何抽样，须视调查目的和准确性要求而定。在制定抽样计划前，必须先回答两个问题。首先，必须界定所涉及的总体，也就是将要从中抽取样本的群体。它应该包括所有其观点、行为、偏好、态度等能够产生有助于回答调研问题的信息的人。其次，总体界定后，下一个需要回答的问题是用随机样本还是非随机样本。随机样本的特点是，具备总体每个要素的概率大于零。采用这种样本，调研人员可以估计研究中的抽样误差。非随机样本是指随机样本之外的所有类型的样本，具体来说，任何没有试图完全代表总体各部分的样本都是非随机样本，调研人员无法利用统计方法计算非随机样本的置信度。

五、分析数据

从客户和消费者那里得到的大量第一手资料是分散、零星和杂乱无章的。分析数据的目的是对这些原始资料进行加工整理，去粗取精，去伪存真，解释所搜集的大量数据并且提出调研结论。要检查数据的误差。调研数据产生误差常常是难以避免的，一方面是由于抽样调研属于部分推算全体，在推算结果与全体之间必然产生一定误差；另一方面是由调研设计的不科学，调研对象的主观偏见、回答不认真等原因引发的。

六、撰写调研报告

撰写调研报告是调研工作的最终结果和最终体现，是整个调研过程的关键环节。调研报告主要阐明依据所搜集的资料和数据所得出的结果，以及建立在这种结果基础上的经营思路、可供选择的行动方案和今后进一步探索的重点。

七、跟踪实施

调研结果出来后，重要的是要付诸实施。管理者应该跟踪调研报告的逐条内容，并提出实施建议。是否实施归根到底取决于该调研内容是否符合客观实际并有助于企业的长远发展，而要保证调研结果实施并发挥作用，就必须尽量减少营销调研部门和其他部门之间的冲突。

第四节 市场调研报告的撰写与汇报

一、市场调研报告的撰写

（一）市场调研报告的撰写要求

提供一份完善的市场调研报告是营销研究项目的总结。市场调研报告要以规范的格式对调研过程中所收集的资料进行统计分析并给出结论和建议，以作为各级管理者进行决策时的参考。

1. 要明晰评价调研报告的对象是客户

市场调研报告必须是为客户量身定制的，必须考虑客户的背景、兴趣、所处的环境以及他们懂得如何使用报告。这是评价调研报告的一个基本标准。

2. 市场调研报告的写作标准

（1）完整性。一份完整的报告应当是为客户提供了他们能懂得的所有信息。这意味着撰写报告者必须不断地询问自己在报告中每一个问题是否都能为客户解释清楚，客户能知道怎么去做。这是报告完整性的基本要求。

（2）准确性。在撰写市场调研报告的时候，应注意报告的准确客观，避免给阅读者以任何形式的误解。首先，调研报告要注意用词准确，每个概念都有特定的内涵和外延。在选用词语时，要准确地把握住概念，做到词义相符。其次，调研报告和科研论文一样，讲求的是资料的准确性和逻辑的正确性，不要像文学作品那样用夸张、拟人、借代、比喻等修辞手法，避免使用带有感情色彩的语言。再次，调研报告在时间用语上要注意使用绝对表示法，尽可能避免相对表示法。最后，在使用数字时应该按着国家的规范用法。对于社会经济统计数据，凡是直接取自正规出版物的数字，可以按原有数位的详尽程度引用；凡是取自初级资料而又经过运算的，其结果的数位详尽程度不必超过调查问卷中的数位详尽程度；凡是不同来源数据综合测算的结果，其数位的详尽程度以来源数据中最低的为准。

（3）简洁性。调研研究报告的作者在保证报告完整的前提下必须有选择地采用信息；否则，可能由于报告长篇大论而使人难以接受。如果有些材料与主题无直接关系，就可以省略。

（二）市场调研报告的写作格式

尽管每一篇调研报告会因项目和读者的不同而有不同的写法，但是调研报告的格式有通常的规定，这些常规是在长期商务实践中逐渐形成的。以下列出的写作格式只供调研者在撰写调研报告时参考。

（1）题目。主要包括标题、报告日期、撰写人或报告者。标题一般不写结论性语言，我们可以直接写作《关于×××的调研报告》。

（2）目录。主要包含了报告所分章节及相对应的起始页码。报告中的表格和统计图也要相应编写图表目录。

（3）序言。简要说明调研背景、经过、调研结论、建议事项等。

（4）正文。正文是市场调查分析报告的主要部分。其内容包括：①调查目的。在调查报告正文的开头，调查人员应当指出该项调查的目的和范围，以便阅读者一目了然，准确地理解调查报告所叙述的内容。说明这次调查活动的动机、所要检定的统计假设以及所要了解的问题。②调查方法、步骤、调查对象。对调研过程中所使用的调查研究方法、选取的样板类型与大小、调研得到的研究结果等做非技术性的简短说明。③报告分析。主要对调研情况进行分类和技术分析。另外，还需说明统计方法和数据误差。完美无缺的调研是难以做到的，在报告中将成果加以绝对化、不承认它的局限性和应用前提是不科学的调研态度。所以在调研报告中，撰写人员要注意指出报告的局限性，好让经理人员在决策时有所考虑。④调研结论及建议事项。这是调研报告中最实质性的部分。结论是调查人员在仔细研究和分析所有资料后得出的判断。在撰写建议时，调查人员应持实事求是的观点，以调查结果为基础，并应尽可能简洁、准确地说明建议，便于决策者理解。

(5) 附件。任何一份太详细或太过专业化的材料都不应出现在正文部分,而应统一编入附录。在附录部分,调研报告主要收录调查表或问卷统计表、抽样技术、编码表、参考文献等方面的内容。

二、调研成果的口头汇报

通过口头汇报的方式对调研成果彼此的有效沟通正变得越来越重要,因为这种方式不但可以提纲挈领地向大家传达主旨,让大家共同探讨和认识,而且有助于发现一些不曾预料到的事情并保证及时决策。

(一) 口头汇报的材料准备

口头汇报材料应能简要介绍报告的主要内容及重大的研究成果。国内目前流行的方式是应用 PowerPoint 软件包来为可视化提供媒介。该软件包容许研究员运用各种格式制作幻灯片。然后通过手提电脑或其他多媒体平台投射到屏幕上。口头汇报时应该在很大程度上通过可视化媒介来展示研究成果,图、表等在关键部分应尽可能地被运用,摘要、结论和建议也应尽可能地可视化。

(二) 口头汇报的内容

进行口头汇报,也和书面报告的原则一样,要针对报告对象确定其内容和形式。许多商务调研人员不懂得这一点,总是喜欢向企业管理人员介绍调研中的技术问题,这种做法往往不受欢迎。高层管理人员希望的是在有限的会议时间知道调研的主要发现、结论和建议。如果他们中有人对技术问题感兴趣,可以在会后去阅读书面报告。如果是向商务咨询班子作汇报,则需要在技术问题上有条理地进行阐述。

在口头报告具体内容的准备上,研究人员应该围绕以下几个问题进行:①这些数据的真正含义是什么;②它们有什么冲击性;③我们能从这些数据中获得什么信息;④在现有的信息下,我们需要做什么;⑤如何才能提高对事物本质的认识;⑥什么使类似的信息更加有益。

在口头汇报过程中,报告人要注意以下问题:①切忌照事先写好的发言稿宣读,而应该使用口语化的、简明的词句表达调研成果;②要交待清楚所要讲的几个问题,对于重点内容,则要放慢说话速度,甚至可以重复一遍;③应做好答辩的准备,要充满自信说明问题。

案例 ××（调查主题）市场调研方案

1. 调研目的

随着生活条件的改善，健康和环保日益受到人们的重视。××因其特殊的物理特性，可以在能量激发下释放对人身体有益处的远红外线，同时具有防辐射功能。××还可以净化空气和水质，抗菌、除菌和除臭。为此，公司计划开发以××为原料的产品。

本调研的目的：①调查××产品市场的行业现状、同类产品的竞争状况；②调查××产品的市场购买力及消费者的职业和年龄分布等。

2. 调研内容

（1）行业现状及竞争情况：①行业的政策、法规；②相关产品及服务的市场接受程度；③同类产品的名称、售价、生产厂家及销售情况。

（2）消费者的购买力情况：①消费者对××原料的认识程度；②是否愿意购买相关产品及服务；③愿意花费在相关产品上的开销。

（3）消费者的性别、职业和年龄情况。

3. 调研范围

（1）本地区的各大百货商场及超市。

（2）同类产品的特许经销商。

（3）销售同类产品的分销商。

4. 调研方法

（1）现场问卷调查。到现场请消费者或者经销商填写调查问卷。

（2）网络调查。通过电子邮件和网上调查问卷调查。

（3）观察法。观察各卖场的销售人员如何向消费者介绍和推销同类产品。

（4）访问法。对购买同类产品的消费者进行现场访问，如为什么购买该产品，对该产品有什么意见和建议，等等。

（5）二手资料搜集法。通过对其他同类产品的销售、产品性能、消费环境等进行调查，以及访问产品生产商、经销商网站，广泛地搜集二手资料。

5. 调研对象及样本确定

（1）现场问卷调查：①问卷样本数500份；②调查区域为市内各大百货商场。

（2）网络调查：有针对性地发送电子邮件500封，统计网上调查问卷。

（3）其他方法：对获得的信息进行分类整理。

6. 调研程序及进度安排

（1）2月1日—3日：制定调研计划，确定调查方案。

（2）2月4日—7日：根据调研方案进行调研准备、设计调查问卷、培训调研人员。

（3）2月8日—16日：进行实地调查。

（4）2月17日—22日：汇总调研信息、进行整理分析、形成调研报告。

7. 调研经费预算

(1) 调查问卷及其他文档打印费用：×××元。
(2) 预售产品成本及物流费用：×××元。
(3) 调研人员交通、餐饮费：×××元。

8. 调研团队成员工作分配

(1) 调研总负责人：张××。
(2) 现场问卷调查负责人：李××；现场问卷调查人员：何××。
(3) 网络问卷调查负责人：黄××；网络问卷调查人员：徐××。
(4) 预售现场负责人：王××；预售现场工作人员：宋××。
(5) 调查数据、信息处理负责人：周××；数据信息处理人员：赵××。
(6) 各种文档材料制作、编写：龙××。

(资料来源：http://wenku.baidu.com/view/35db5141c850ad02de804180.html?re=view)

本章小结

市场调研是营销策划的基础，是市场情报反馈过程的一部分，也是探索新的市场机会的基本工具。

市场调研主要分为探测性调研、描述性调研、因果关系调研和预测性调研四种类型。

市场调研的内容包括市场环境调研、市场需求调研、市场供给调研、市场行情调研和市场销售调研。

市场调研主要包括准备调研、组织实施调研、结果处理三大阶段。这三大阶段可以具体细分为以下七个步骤：确定市场调研目标、调研设计、选择调研方法、搜集样本数据、分析数据、撰写调研报告、实施。

市场调研报告要求完整、准确、简洁。调研报告的写作格式一般是由题目、目录、序言、正文、附件等几部分组成。

关键概念

市场调研　调研问卷　调研报告

思考题

(1) 市场调研包括哪些内容？
(2) 设计调研问卷要注意哪些事项？
(3) 试说明调研策划的内容和过程。

第三章 营销战略策划

本章学习目标

通过本章的学习，要求学生掌握以下内容：①了解营销战略的概念和特征；②了解目标市场战略策划的分析工具；③了解战略内部环境、市场细分、目标市场选择、市场定位方面的概念和做法；④了解按照市场成长的不同阶段如何采取不同的市场竞争战略策划。

第一节 营销战略概述

一、企业战略的概念

战略是"战争谋略"的简称。对"战争"这个概念用不着讨论，关键是要把"谋略"搞清楚。谋略首先是一种计谋，但不是一般的计谋，是大计谋，是对整体性、长期性、基本性问题的计谋。因此，战略是对战争全局的筹划和谋略。在我国，《孙子兵法》是我国古代最早对战争进行全局筹划的战略研究著作。毛泽东也在著名的《中国革命战争的战略问题》一文中写道：研究带有全局性的战争指导规律，是战略学的任务；研究带局部性的战争指导规律，是战役学的任务。

"战略"这个概念开始在企业领域使用源于 1965 年美国著名管理学家 Ansoof 发表的《企业战略论》和其后发表的《战略管理论》。所谓企业战略，是指着眼于企业的未来，根据企业外部环境的变化和内部的资源条件，为求得企业生存和长期发展而进行的总体性谋划。它是企业经营思想的体现，是一系列战略性决策的结果，又是制定中长期计划的依据。企业能否作出有企业特色并与企业实际环境相协调的战略决策，是企业能否具备竞争优势和竞争能力的关键，关系到企业的兴衰与成败。企业没有战略就像没有地图而在一个陌生的城市里开车，找不到方向和路径，也像行驶在一条没有航标的河流，随时可能触礁沉没。国内不少企业就有这种"流浪倾向"。这些企业认为，要么顾不上战略策划，要么发展良好不需要战略策划，要么经营困难无法进行战略策划，要么忙于日常事务而没有花足够的时间思考战略问题，等等，这些都是缺乏战略意识的表现。

（一）企业总体战略

企业总体战略包括发展战略、稳定战略和紧缩战略。企业总体战略主要决定企业应该选择哪类经营业务，进入哪些领域，决定和提示了企业的目的和目标，确定企业的重大方针与计划、企业经营业务类型和人文组织类型及企业应对职工、顾客和社会作出的贡献。

(二) 企业基本战略

企业基本战略包括竞争战略、投资战略和不同行业内的经营战略，主要解决企业如何在选定的领域与对手展开有效的竞争。因此，它所研究的主要是如何选择行业与区域市场，企业将为其提供什么样的产品或服务，市场的竞争结构，以及企业将采用什么战略去谋求竞争优势，获取较长期的盈利。

(三) 企业职能战略

企业职能战略是为实现企业总体战略和基本战略，对组织内部各项关键的职能活动作出统筹安排，如营销战略、财务战略、生产战略、人力资源开发战略、研究与开发战略等。企业职能战略是企业战略的一个重要组成部分。

企业战略层次如图3-1所示：

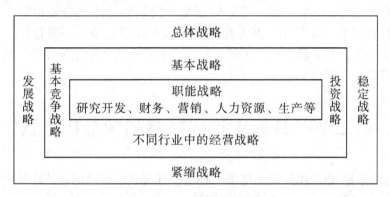

图3-1 企业战略层次

在图3-1中所显示的三种不同层次的企业战略都是企业战略的重要组成部分，而且大层次战略往往包含小层次战略，比如营销战略就在总体战略和基本战略中都有显现。但是它们各自的侧重点和影响范围是不同的，如高层次的战略变动往往会波及低层次的战略，而低层次战略影响的范围相对较小。

二、营销战略的概念与特征

(一) 营销战略的概念

营销战略是指对企业市场营销战略的谋划和规划。营销活动贯穿于企业整个生产经营过程之中，内容广泛，其中，目标市场战略和市场（角色）竞争战略是我们讲解的重点。

(二) 营销战略的特征

1. 全局性

全局性是相对于局部性而言的。由于企业营销活动本身关联着企业的方方面面，营销战略的制定和调整必然涉及并考虑企业的各种资源和条件,因而也事关企业的整体与大局。

2. 长期性

长期性是相对于短期性而言的。企业营销战略是基于外部环境变化和内部资源条件而对未来作出的一个相当长时间内的谋划与安排,对企业的长远发展有重大影响。

3. 基本性

基本性是相对于具体性而言的。由于营销战略更多的是考虑面对未来较长时期的决策,因而不可能对具体的营销活动作出细致的策划,只能是一种"粗线条"的决策和筹划。

4. 计谋性

计谋性是相对于常规性而言的,任何企业营销战略都是关于企业营销问题的计谋而不是常规思路。

5. 竞争性

"企业战略"重在一个"略"字,即谋略。我们要关注"企业战略"中的"略"字,不要光盯着那个"战"字,因为在经济领域不仅是战争,还要合作、双赢。但不论是竞争还是合作,其本质都是为了使企业建立和维持持久的竞争优势。所以,竞争性也是营销战略的一个特点。

第二节 目标市场战略策划的分析工具

目标市场如同企业营销活动的靶子,是企业开展各项营销活动的聚焦点。因此,目标市场战略是市场营销最基本和最重要的战略。目标市场战略策划需要四个分析工具,包括 PEST 分析模型、波特五力模型、战略内部环境分析要素和 SWOT 分析法。

一、PEST 分析模型

PEST 分析模型为战略外部宏观环境分析工具,参见图 3-2。

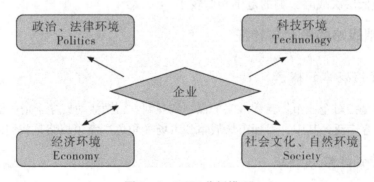

图 3-2 PEST 分析模型

该模型的分析要素如下。

1. 政治、法律环境（Politics）

政治因素常常制约企业的经营行为，尤其是影响企业较长期的投资行为。国家的政治体制、政治的稳定性、国际关系、法律政策体系都是政治因素中对企业有重大影响的内容。

2. 经济环境（Economy）

经济因素主要指国民经济发展的总概况、国际和国内经济形势和经济发展趋势等。具体包括国家和地方经济发展状况、速度、国民经济结构、通货膨胀率大小、市场机制的完善程度、利率水平的高低等。这些既可能形成企业的发展机会，也可能对企业造成威胁。

3. 社会文化、自然环境（Society）

社会文化、自然环境主要包括有关的社会结构、人口、社会风俗和习惯、人的价值观念、宗教信仰、文化传统等。其中，人口环境又主要包括人口总量、增长趋势、老龄化趋势、家庭规模的变化等。对社会的分析，主要是了解和把握社会发展现状及未来趋势对企业的影响。自然环境是人类最基本的活动空间和物质来源，可以说，人类发展的历史就是人与自然关系发展的历史。自然环境的变化与人类活动休戚相关。自然资源的短缺、污染以及人们观念的转变正日益受到企业的关注。

4. 科技环境（Technology）

企业要在竞争中生存和发展，必须对科技环境进行认真的分析和认识，密切关注科技发展的新动向，掌握和研究新技术、新工艺、新材料，保持自己的竞争优势。

二、波特五力模型

战略外部行业环境要素除宏观环境因素外，还包括微观环境的行业结构因素。

行业结构分析是制定企业经营战略最主要的基础。根据美国著名的战略管理学者迈克尔·波特的观点，在一个行业中，存在着五种基本的竞争力量，即潜在的行业新进入者、替代品的威胁、买方讨价还价的能力、供应商讨价还价的能力和现有竞争者之间的竞争。这五种基本竞争力量的状况及综合强度，决定着行业的竞争激烈程度，从而决定着行业中最终的获利潜力以及资本向本行业的流向程度，这一切最终决定着企业保持高收益的能力。这五种基本竞争力量被称为波特五力模型（如图3-3所示）。

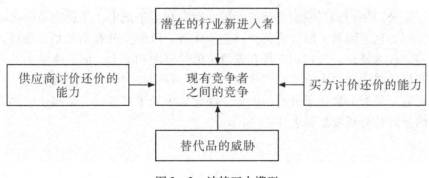

图3-3 波特五力模型

1. 潜在的行业新进入者

潜在的行业新进入者是行业竞争的一种重要力量，这些新进入者大都拥有新的生产能力和某些必需的资源，期待能建立有利的市场地位。一方面，新进入者加入该行业，会带来生产能力的扩大，带来对市场占有率的要求，这必然引起与现有企业的激烈竞争，使产品价格下跌；另一方面，新加入者要获得资源进行生产，从而可能使得行业生产成本升高，这两方面都会导致行业的获利能力下降。

2. 替代品的威胁

某一行业有时常会与另一行业的企业处于竞争的状况，其原因是这些企业的产品具有相互替代的性质。替代产品的价格如果比较低，它投入市场就会使本行业产品的价格上限只能处于较低的水平，这就限制了本行业的收益。本行业与生产替代产品的其他行业进行的竞争，常常需要本行业所有企业采取共同措施和集体行动。

3. 买方讨价还价的能力

买方亦即顾客，买方的竞争力量需要视具体情况而定，但主要由买方所需产品的数量、买方转而购买其他替代产品所需的成本、买方所各自追求的目标三个因素决定。买方可能要求降低购买价格，要求高质量的产品和更多的优质服务，其结果是使得行业的竞争者们相互竞争残杀，导致行业利润下降。

4. 供应商讨价还价的能力

对某一行业来说，供应商竞争力量的强弱，主要取决于供应商行业的市场状况以及他们所提供物品的重要性。供应商的威胁手段主要是提高供应价格和降低相应产品或服务的质量，从而使下游行业利润下降。

5. 现有竞争者之间的竞争

这种竞争力量是企业所面对的最强大的一种力量，这些竞争者根据自己的一整套规划，运用各种手段（包括价格、质量、造型、服务、担保、广告、销售网络、创新等），力图在市场上占据有利地位和争夺更多的消费者。

后来，管理学家弗雷曼建议把"其他利益相关者"加到波特五力模型中去。这些其他利益相关者包括政府、工会、地方社区、借贷人、贸易组织、股东、特殊利益集团等，其中，政府的作用力最大。

三、战略内部环境分析要素

衡量一家公司是否拥有或能否获得所需的资源和竞争能力，是影响公司战略的一个核心因素。因为这些因素可以为公司提供竞争优势，以便充分利用某些市场机会。获取竞争优势的最佳途径是，公司拥有具有竞争价值的资源和能力，而竞争对手没有，并且竞争对手开发的能力要付出沉重的代价或要经历一段很长的时间。经验表明，取得经营成功的公司完全是充分利用了公司的优势，淡化和中和了其资源劣势和技能差距。

战略内部环境分析要素如表3-1所示。

表 3 – 1　战略内部环境分析要素

营销能力	财务能力	组织管理能力
1. 公司信誉 2. 市场份额 3. 产品质量 4. 服务质量 5. 定价效果 6. 分销效果 7. 促销效果 8. 销售能力 9. 创新效果 10. 地理覆盖区域	11. 资金成本/来源 12. 现金流量 13. 资金稳定性	22. 有远见的领导 23. 具有奉献精神的员工 24. 创业导向和企业家精神 25. 弹性/适应能力 26. 共有价值观和企业文化
研发能力	制造能力	其他能力
20. 新产品开发能力 21. 技术创新能力	14. 设备 15 按时交货能力 16. 生产能力 17. 人力资源 18. 规模经济 19. 技术和制造工艺	27. 学习能力 28. 管理能力 29. 创新能力

四、SWOT 分析法

战略环境分析是在分析企业内外部环境的基础上，认清企业发展的事实基础，确定企业优势、劣势、机会与威胁，也是最终确定企业营销战略的基础。战略环境主要运用 SWOT 分析法进行分析。

（一）SWOT 分析法的含义

SWOT 分析法又称为态势分析法，就是将与研究对象密切相关的各种主要内部的优势、劣势、机会和威胁等，通过调查分析列举出来，并依照矩阵形式排列，然后用系统分析的思想，把各种因素相互匹配起来加以分析，从中得出一系列相应的结论。

SWOT 分析法的要素是：S（strengths）代表企业的优势，可以是品牌优势、公关优势、研发优势，也可以是成本优势等；W（weaknesses）代表企业的相对劣势，总结它是为了找出企业的薄弱环节；O（opportunities）代表企业的机会，也就是在市场变动中，哪里隐藏着企业的机会，哪里有可挖的黄金，哪里潜藏着可以进攻的突破点；T（threats）代表企业可能面临的威胁，运用这种方法，可以对研究对象所处的情景进行全面、系统、准确的研究，从而根据研究结果制定相应的发展战略、计划以及对策等。

SWOT 分析法常常被用于制定企业发展战略和分析竞争对手情况，是战略分析中最常用的方法之一（如表 3 – 2 所示）：

表 3-2　SWOT 分析法

企业内部条件	优势 S（Strengths）	劣势 W（Weaknesses）
企业外部环境	机会 O（Opportunities）	威胁 T（Threats）

（二）SWOT 矩阵

SWOT 矩阵有四种战略模式可供选择（如图 3-4 所示）。

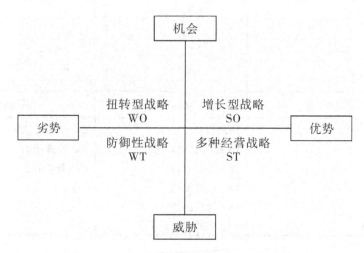

图 3-4　SWOT 矩阵可供选择的四种战略模式

1. SO 战略

这是增长型战略，需积极进取，即以企业的优势去把握与之相应的市场机会。在企业的优势同所出现的市场机会相一致的情况下，SO 战略的胜算把握会较大。

2. ST 战略

这是多种经营战略，需积极防御，即以企业的优势去应对可能出现的市场风险。在这种风险出现时，其他企业有可能无力承受，而被淘汰；企业如果在这方面具有优势，则可能因此而获得成功。为有效规避风险，企业往往采用多种经营的方式。

3. WO 战略

这是扭转型战略，需谨慎进入。面对某种市场机会，企业可能并不具有相应的竞争优势。但如果机会的吸引力足够大，企业也可能依然要去把握。只不过通过 SWOT 分析，了解自身在面对机会时所存在的弱点，就能够对此引起足够重视，并能以适应的策略予以防护。只要准备充分，策略得当，也可能取得成功。

4. WT 战略

这是防御型战略，需谨慎防御。企业高度重视在业务发展中所可能出现的各种风险，并注意到在面对风险时所存在的不足之处。从而能使企业在事先就能做好充分的防范准备，在风险出现时，能从容应对。

第三节　营销战略的 STP 策划

一、市场细分的含义、方法与原则

通过细分市场来正确地选择公司的目标市场和产品定位，是现代营销战略策划的核心，也是战略性市场营销策划的最主要的基础工作，是承接市场机会研究之后，决定企业能否在激烈的市场竞争中得以生存和发展的重要工作。

（一）市场细分的含义与作用

市场细分是根据消费者的消费需求和购买习惯的差异，将整体市场划分为由许多消费需求大致相同的消费者群体所组成的子市场群。这种按照一定标准将整个市场划分开来的活动又被叫作市场分割、市场区隔化。市场细分致力于回答这一问题：我们产品应该面对哪一类或者哪几类消费者？具体来讲，就是每一部分的消费者具有较高程度的同质性，与其他部分的消费者具有较大的异质性，然后选择一个或几个部分作为目标市场，针对消费者的特点采取独特的市场营销战略，以求获得最佳收益的过程。

市场细分具有如下作用：

（1）市场细分有利于企业发现最好的市场机会，提高市场占有率。因为企业通过市场营销研究和市场细分，可以了解各个不同的购买者的需要情况和目前满足的程度，从而发现哪些顾客群的需要没有得到满足或没有充分满足。在满足水平较低的市场部分，就可能存在着最好的市场机会。

（2）确定合适的位置，帮助企业做好市场定位。

（3）市场细分还可以使企业用最少的经营费用取得最大的经营效益，提高营销资源的使用效率。这是因为企业通过市场细分，选择目标市场，就可以有的放矢地采取适当的市场营销措施。

（4）市场细分使营销更加容易。对于一组消费者的需求将会更加容易定义，尤其是他们具有许多共同特征时（例如，寻求相同的利益，具有相同的年龄、性别，等等）。

（5）细分市场还有利于掌握潜在市场的需求，不断开发新产品，开拓新市场。细分的关键则是了解消费者的特点，找出其需求上的差异性。因为需求的差异性是进行市场细分的基础。引起需求差异的因素是很多的，而且对不同的商品，其具体的因素又不尽相同。例如，地理环境，消费者的年龄、性别、受教育程度、家庭收入、心理因素，等等，都会对消费者的需求产生影响，从而造成需求的差异。

（二）市场细分的方法

1. 单一变量法

根据用户的某一种要素进行细分。如儿童玩具可以按照"年龄"细分为：1～3

岁、4～6岁、7～9岁、10～13岁、13岁以上等。

2. 综合变量法

按照影响需求的两种以上因素细分。如可以将年龄、性别、收入三个因素综合起来，将服务市场细分为多个市场。

3. 系列变量法

根据企业营销的需要，按照影响需求的各种因素从大到小排列，由粗到细进行系统细分。

4. 多因素分析法

采用市场细分法，创造性地运用多个变量进行细分标准。

（三）市场细分的依据

消费者市场细分的依据很多，造成消费需求特征多样化的所有因素都可视为市场细分化的依据或标准，称为细分变量。一般认为主要细分依据是地理因素、人口因素、心理因素和行为因素等四大类。

1. 地理因素

以地理因素为依据来划分市场，是一种传统的市场细分。地理因素是指包括洲际、国别、区域、行政省市、城乡、气候条件和其他地理环境等一系列的具体变量。由于地理环境、气候条件、社会风俗和文化传统的影响，同一地区的消费者往往具有相似的消费需求，而不同地区的消费者在需求内容和特点上有明显差异。

2. 人口因素

人口因素是指包括年龄、性别、收入、教育水平、家庭规模、宗教和种族等直接反映消费者自身特点的许多因素。因为人口因素中所包含的这些变量来源于消费者自身，而且较易测得，所以，人口因素一直是消费者市场细分的重要因素。例如，性别细分一直运用于服装、理发、化妆品和杂志领域；以收入水平细分市场是汽车、服装、旅游等行业的长期做法；按年龄将消费者分为青年、中年、老年等不同的消费者群体是食品、娱乐等企业的普遍做法。但是，越来越多的情况是，采用多种人口统计变量来进行综合市场细分。例如，某服装公司以性别、年龄和收入三个变量将市场划分为多个细分层面，每个层面有更细致的描述，如企业可为每月收入在6000元的年轻女性市场提供高档职业女装。

3. 心理因素

消费者的心理因素是指消费者自身的较深层次的因素，包括消费者的生活方式、个性等心理变量。

生活方式是影响消费者的欲望和需求的一个重要因素。人们的生活方式不同，对商品的需求也就不同。一个消费者的生活方式一旦发生变化，就会产生新的需求。因此，越来越多的企业按照消费者不同的生活方式来细分市场，并按照生活方式不同的消费者群体来设计不同的产品和安排市场营销组合。例如，大众汽车公司专为"奉公守法的好公民"式的消费者设计了经济、安全和少污染的汽车；为"玩车族"设计和生产华丽、灵活和外型时髦的车。有些妇女服装的生产者，为"生活朴素"、"崇尚时髦"、

"有男子气度"和"知识型"的妇女分别设计不同风格的服装。

消费者的个性往往影响了其购买决策和购买行为，可以说，消费过程就是他们自觉和不自觉地展示自己性格的过程。为此，营销者越来越注意给他们的产品赋予品牌个性，树立品牌形象，以符合相对应的目标消费者的个性，以求得其目标市场的认同。20世纪50年代后期，福特和雪佛莱汽车就按不同的个性来促销的。福特汽车的购买者被认为是"独立的、感情容易冲动的、男子汉气质的、雄心勃勃和善于适应环境的"，而雪佛莱汽车的购买者被认为是"保守的、节俭的、重视声誉的、较少男子气以及避免极端的"。

4. 行为因素

所谓的行为因素是指和消费者购买行为习惯相关的一些变量，包括购买时机和频率、追求的利益、使用情况和消费者对品牌的忠诚度等。

根据购买者产生需要、购买或使用产品的时机，可将他们区分开来。例如，航空公司专门为度假的顾客提供特别服务，某糖果公司利用某些节日来增加糖果的销量，等等。

按消费者对产品所追求的不同利益，将其归入各个群体，是另一种卓有成效的市场细分方式。企业针对不同的消费者、不同的动机，设计开发不同的产品和品牌，研究制定不同的促销方式方法，或成为专为某一动机服务的市场专家。例如，同样是洗发水，宝洁公司却为不同动机的消费者开发了多个品牌，每一个品牌提供不同的利益，"海飞丝"重在去头屑，"潘婷"重在对头发的营养保健，而"飘柔"则重在使头发光滑柔顺。

使用者的情况可分为非使用者、曾经使用者、潜在使用者、首次使用者和经常使用者几种。一般来说，具有高度市场份额的公司，特别注重将潜在的使用者变为实际使用者，以扩大其市场份额；而较小的公司则设法吸引经常使用者，以维持其市场份额。

消费者对某种产品的使用数量或使用频率也是值得区分的变量。大量使用者的人数虽然占消费者总数的比例不大，但他们所消费的商品数量却在消费总量中占很大比重，少量使用者反之。

在市场中，消费者还可以按他们对产品的热情程度分为热情、肯定、无兴趣、否定和敌视五种不同态度的群体。针对持有这五种不同态度的消费者，企业应当酌情运用不同的营销措施。例如，对敌视本企业产品的消费者，企业应仔细分析原因何在，通过恰当的手段改变其态度。

（四）市场细分的原则

一般来说，市场细分应遵循以下三项原则。

1. 可区分性

可区分性即以某种标准进行细分后的各个子市场范围清晰，其需求程度和购买力水平是可以被度量的，并同其他子市场有明显差异。这里特别要强调的是，所选择的标准必须使细分后的市场是有意义的，细分市场中的特定需求确实存在，且不可替代。这样才可能使企业通过对特定需求的满足来达到对该细分市场的控制。

2. 可进入性

可进入性即以某种标准进行细分后的各个子市场是企业的营销辐射能力能够到达的，消费者能接触到企业的产品和营销努力。可进入性的另一含义就是该市场不存在实力很强的竞争对手，从而使企业进入这一市场相对比较容易。

3. 可盈利性

可盈利性即以某种标准进行细分后的各个子市场拥有足够的潜在需求，能使企业有利可图，实现其利润目标。也就是说，子市场应该是值得企业为之设计专门的有效规划方案的尽可能大的同质消费者群体。

（五）市场细分步骤

1. 依据需求选定产品市场范围

企业一旦决定进入哪一个行业，接着便要考虑选定可能的产品市场范围。产品市场范围应以市场的需求而不是产品特性来确定。企业应明确自己在某行业中的产品市场范围，并以此作为制定市场开拓战略的依据。

2. 列举潜在顾客的需求

选定产品市场范围以后，可以通过头脑风暴法，从地理、人口、心理等方面列出影响产品市场需求和顾客购买行为的各项变数，大致估算一下潜在的顾客有哪些需求，这为以后的深入分析提供了基本资料。

3. 分析潜在顾客的不同需求

企业应依据人口变数对不同的潜在顾客进行抽样调查，向不同的潜在顾客了解，上述需求哪些对他们更为重要？并对所列出的需求变数进行评价，了解顾客的共同需求。

4. 移去潜在顾客的共同需求

企业需要移去各分市场或各顾客群的共同需求。这些共同需求固然很重要，但只能作为设计市场营销组合的参考，不能作为市场细分的基础。

5. 为分市场暂时取名

企业对各分市场剩下的需求，要做进一步分析，并结合各分市场的顾客特点，暂时安排一个名称。

6. 进一步认识各分市场特点

企业还要对每一个分市场顾客需求及其行为做更深入的考察，看看各分市场的特点掌握了哪些，还要了解哪些。以便进一步明确，各分市场有没有必要再作细分，或重新合并。

7. 测量各分市场的大小

企业紧接着应把每个分市场同人口变数结合起来分析，以测量各分市场潜在顾客数量。因为企业进行市场细分是为了寻找获利机会，这又取决于各分市场的销售潜力。

二、选择目标市场

市场细分是实施目标营销的前提，它揭示了企业所面临的细分市场的机会，接下来企业应该对各个细分市场进行评价，并确定具体的细分市场作为服务对象，也就是企业的目标市场。企业在市场细分的基础上，根据自身特长意欲为之服务的那部分顾客群体，是企业决定要进入的那个市场部分。市场细分化的目的在于正确地选择目标市场，如果说市场细分显示了企业所面临的市场机会，目标市场选择则是企业通过评价各种市场机会、决定为多少个细分市场服务的重要营销策略。

（一）评估细分市场的要素

企业在评估各种不同的细分市场时，一般应考虑以下三个要素：

1. 细分市场的规模与发展

企业要提出的第一个问题是：潜在的细分市场是否具有适度规模和发展特征。"适度规模"是个相对的概念。大公司都重视销售量大的市场细分，往往忽视销售量小的市场细分，或者避免与之联系，认为不值得为之苦心经营，同时，小公司也避免进入大的细分市场，因为市场过大则所需投入的资源太多，并且对大公司的吸引力也过于强烈。

2. 细分市场结构的吸引力

细分市场可能具备理想的规模和发展特征，然而从赢利的观点来看，它未必有吸引力。企业应对五个群体对长期赢利的影响作出评估，这五个群体是同行业竞争者、潜在的行业新进入者、替代产品、购买者和供应商。

3. 企业的目标和资源

即使某个细分市场具有一定规模和发展特征，并且其组织结构也有吸引力，企业仍需将其本身的目标和资源与其所在细分市场的情况组合在一起考虑。某些细分市场虽然有较大吸引力，但不符合企业长远目标，因此不得不放弃。

（二）选择目标市场

1. 选择目标市场的影响因素

（1）企业资源。企业所能提供的资源对市场大小具有决定作用。资源多，则市场可以扩大，进攻的细分市场也可以增多；反之，细分市场必须减小。

（2）企业在市场上所处的地位。

（3）策略考虑。比如根据企业长期目标，牺牲短期利益，发展具有潜力的市场以获得较大市场占有率。

（4）市场潜力。如果细分市场潜力大、远景好，应当积极进入；反之，应敬而远之。

2. 目标市场模式

企业在对划分出的各个细分市场进行分析评价后，应该决定进入哪个或者哪几个细分市场，也就是选择目标市场。目标市场的选择可以有以下五种模式：

（1）单一市场集中化。即只选择一个细分市场（如青年市场）进行集中营销。公司可能已具备了在该细分市场获胜必需的条件，可能资金有限，只能在一个细分市场经营。公司通过密集营销，更加了解本市场的需要，便于树立声誉，建立巩固的市场地位。

（2）选择性集中化。即企业有选择地进入几个不同的细分市场，这可以降低企业的经营风险。公司采用此法选择若干个细分市场，其中每个细分市场在客观上都有吸引力，并且符合公司的目标和资源。但在各细分市场之间很少有或者根本没有任何联系，然而每个细分市场都有可能赢利。

（3）产品专业化。即企业同时向几个细分市场销售同一产品，例如，如果企业按照地理位置划分细分市场，同一种产品就可以向不同的细分市场销售，只是在制定市场营销组合策略的时候应该注意不同地区的不同消费特征。

（4）市场专业化。即企业以其所有的不同种类的产品为满足某一特定顾客群的各种需求服务。

（5）完全市场模式。即企业希望为所有的顾客群提供他们所需要的产品，指公司想用各种产品满足各种顾客群体的需求。只有大公司才能采用完全市场覆盖策略。

3. 目标市场营销策略

在目标市场选择好之后，企业必须决定如何为已确定的目标市场设计营销组合，即采取怎样的方式，使自己的营销力量到达并影响目标市场。这时，可以考虑以下不同的营销策略：

（1）无差异市场营销。所谓无差异市场营销，是指将整个市场视作一个整体，不考虑消费者对某种产品需求的差别，它致力于顾客需求的相同之处而忽略不同之处。为此，企业设计一种产品，施行一种营销组合计划来迎合最大多数的购买者。它凭借单一的产品，统一的包装、价格、品牌，广泛的销售渠道和大规模的广告宣传，树立该产品长期稳定的市场形象。可口可乐公司的营销活动就是无差异市场营销的典型例子。面对世界各地的消费者，可口可乐都保持同一的口味、包装，甚至连广告语也统一为"请喝可口可乐"。

无差异市场营销策略曾被当作"制造业中的标准化生产和大批量生产在营销方面的化身"。其最大的优点在于成本的经济性，单一的产品降低了生产、存货和运输的成本，统一的广告促销节约了市场开发费用。这种目标市场覆盖策略的缺点也十分明显。它只停留在大众市场的表层，无法满足消费者各种不同的需要，面对市场的频繁变化显得缺乏弹性。

（2）差异性市场营销。差异性市场营销策略与无差异市场营销截然相反，它充分肯定消费者需求的不同，并针对不同的细分市场分别从事营销活动。企业根据不同的消费者推出多种产品并配合多种促销手段，力图满足各种消费者不同的偏好和需要。

差异性市场营销策略的优点很明显，企业同时为多个细分市场服务，有较高的适应能力和应变能力，经营风险也得到分散和减少；由于针对消费者的特色开展营销，能够更好地满足市场深层次的需求，从而有利于市场的发掘、提高销售总量。这种策略的不足在于目标市场多，经营品种多，管理复杂，成本大，还可能引起企业经营资源和注意力分散，顾此失彼。

（3）集中市场营销。集中市场营销是指企业集中所有力量，在某一细分市场上实行专业生产和销售，力图在该细分市场上拥有较大的市场占有率。企业运用此策略是遵循"与其四面出击，不如一点突破"的原则，例如，德国的大众汽车公司集中于小型汽车市场的开拓和经营,美国的惠普公司专攻高价的计算机市场,都是集中市场营销的成功范例。集中市场营销因为服务对象比较专一,企业对其特定的目标市场有较深刻的了解,可以深入地发掘消费者的潜在需要;企业将其资源集中于较小的范围,进行"精耕细作",有利于形成集聚力量,建立竞争优势,可获得较高的投资收益率。但这种策略风险较大,一旦企业选择的细分市场发生突然变化,如消费者偏好转移或竞争者策略的改变等,企业将缺少回旋余地。

三、市场定位

(一)市场定位的含义

市场定位又称为产品的市场定位,是指对企业的产品(服务)和形象进行设计,使其在目标顾客心目中占有一个独特的位置的行动。这里所指的"位",是产品在消费者感觉中所处的地位,是一个抽象的心理位置的概念。目标市场定位的实质在于对已经确定的目标市场,从产品特征出发进行更深层次的剖析,进而确定企业营销,最终要落实到的具体产品的生产和推销。企业的任务就是创造产品的特色,使之在消费者心目中占据突出的地位,留下鲜明的印象。这种产品形象和特色可以从产品实质和产品形式上表现出来,也可以从消费者心理和消费时尚方面表现出来。

(二)寻求差异化

差异化(Differentiation),是指为使企业的产品与竞争者产品相区分而设计一系列有意义的差异的行动。根据迈克尔·波特的理论,企业的竞争优势来源于成本领先或者差异化。实际上,为了向消费者提供更多的价值,企业产品定位就是从差异化开始的。而与顾客接触的全过程都可以进行差异化,通常可以从以下五个方面着手进行。

1. 产品差异化

实体产品的差异化可以体现在产品的诸多方面:

(1)形式差异。即产品在外观设计、尺寸、形状、结构等方面的新颖别致。例如,对闹钟的外形进行不同的卡通形象设计。

(2)特色。即对产品基本功能的某些增补,率先推出某些有价值的新特色无疑是最有效的竞争手段之一。如为汽车增加"电动驾驶"功能、为某种食品增加防潮包装、为牙刷增加更换提示功能、为台灯增加护眼功能等。

(3)性能质量。即产品的主要特点在运用中可分为低、平均、高和超级等不同的水平。

(4)一致性。即产品的设计和使用与预定标准的吻合程度的高低。一致性高,则意味着买主可能实现预定的性能指标。

(5)耐用性。即产品在自然或苛刻的条件下预期的使用寿命。对于技术更新不快的产品,耐用性高,无疑增加了产品的价值。

(6)可靠性。即在一段时间内产品保持良好状态的可能性。许多企业通过降低产品缺陷,提高可靠性。

(7) 可维修性。即产品一旦出现故障进行维修的容易程度。标准化的零部件、一定的维修支持等，都会使产品更受欢迎。

(8) 风格。即产品给予消费者的视觉和感觉效果。独特的风格往往使产品引人注目，有别于乏味、平淡的产品。

综合以上各个要素，企业应从顾客的要求出发，确定影响产品外观和性能的全部特征的组合，提供一种最强有力的设计使产品（服务）差异化和准确定位。

2．服务差异化

服务差异化是指向目标市场提供与竞争者不同的优质的服务。尤其在难以突出有形产品的差别时，竞争的成功关键常取决于服务的数量和质量。服务差异化日益重要，主要体现在订货方便、交货及时和安全、安装、客户培训与咨询、维修养护等方面。海尔正是依靠其差异化的服务赢得了顾客的肯定和信任；沃尔玛也是通过突出所谓"三米微笑"的服务原则使得回头客越来越多，体现了沃尔玛差异化服务的优势和价值。这些创新性的服务将这些公司与众多同行业竞争者区别开来，在顾客心目中形成强烈的公司、品牌特征和价值区隔。

3．渠道差异化

分销渠道差异化是指采取与同行业竞争对手不同的分销渠道，通过设计分销渠道的覆盖面、建立分销专长和提高效率，企业可以取得渠道差异化优势。分销渠道的差异化可以使企业规避与竞争对手的渠道竞争和冲突，也有利于扩大企业的市场占有率。比如，戴尔在电脑行业率先采用直销形式，区别于该行业绝大多数厂商通过中间商进行分销的模式；欧莱雅美发用品并没有通过常规的大众商场和超市进行销售，而是选取了专业的发廊路线。

4．人员差异化

培养训练有素的人员，是一些企业，尤其是服务性行业中的企业取得强大竞争优势的关键。例如，迪斯尼乐园的雇员都精神饱满、麦当劳的人员都彬彬有礼、IBM 的员工给人以专家形象。

5．形象差异化

形象差异化，即企业实施通常所说的品牌战略和 CI 战略而产生的差异。企业通过强烈的品牌意识、成功的 CI 战略，借助媒体的宣传，使企业在消费者心目中树立起优异的形象，从而对该企业的产品发生偏好，一旦需要，就会毫不犹豫地选择生产这一企业的产品。例如，雀巢公司虽说是国际著名的大公司，却始终以平易近人的姿态宣传自己，一句"味道好极了"让人感到像小鸟入巢般的温馨；如此等等。如果说，企业的产品是以内在的器质服务于顾客的话，那么企业的形象差异化策略就是用自己的外在形象取悦于消费者，形成不同凡响的自身特征，更从一个侧面反映了企业经理人员的智慧。

（三）市场定位的步骤

在市场定位时，通常要进行如下几个方面的程序：

(1) 通过研究顾客对该产品的各种属性的重视程度，分析产品在目标市场上的地位。

(2) 分析产品在营销中的利润。

(3) 分析产品在竞争中的自身优势以及竞争对手产品的特色。

通过上述分析，选定本企业产品的特色和独特形象，利用产品品牌、价格与包装的改变，巩固产品在消费者心中的地位。

(4) 确认潜在的竞争优势。

(5) 准确地选择竞争优势。

(6) 有效、准确地向市场传播企业的定位观念。

(四) 市场定位策略

企业市场定位的最终确定，是基于对企业自身和竞争对手经过客观评价及对消费者的需求有了解而作出的抉择。从理论上讲，企业可选择的市场定位策略主要有以下三种。

1. 避强定位

避强定位是一种避开强有力的竞争对手的市场定位策略。其优点是能够迅速地在市场上站稳脚跟，从而在消费者心中树立起自己的形象和品牌。由于这种定位风险小、市场费用低、成功率高，常常被企业尤其是中小企业所采用。

2. 对抗定位

对抗定位是一种与在市场上占支配地位的市场领先者"对着干"的定位策略。由于这种定位风险较大、费用高，因此采用此定位的企业必须知彼知己，清醒认知自己的实力和对方的差距。这种定位方法可以帮助企业确立宏远目标，激励企业自身奋发上进，一旦成功就可以取得巨大的市场优势。例如，百事可乐与可口可乐、麦当劳与肯德基之间持续不断的竞争都促进了双方的共同进步和共同发展。

3. 重新定位

重新定位是一种对销路少、市场反应差的产品进行的二次定位或再定位的策略。它旨在帮助企业摆脱困境、发现新的成长空间并重新获得增长活力。当然，重新定位也可能会由于产品销售范围的意外扩大而展开，如专为青年人定位设计的某款服装却在中老年消费者中引起较大反响，受到市场认可，该服装就可能因此而重新定位。

第四节 市场竞争战略策划

企业在进行市场分析之后，必须明确自己在同行竞争中所处的位置。根据企业在市场上的竞争地位，可以把企业分为市场领先者、市场挑战者、市场跟随者和市场补缺者四种类型。另外，我们也可以按照市场成长的不同阶段而采取不同的市场竞争战略，制定相应的基本目标、战略重点及其运用条件。

一、进入市场——填补战略与创新战略

(一) 填补战略

填补战略,也叫寻隙战略,即企业将自己的产品定位在目标市场目前的空缺部分。市场的空缺部分指的是市场上尚未被竞争者发觉或占领的那部分需求空档。企业选择填补策略,大都因为该策略能避开竞争,获得进入某一市场的先机,先入为主地建立对自己有利的市场地位。这多是中小企业确定目标市场的战略。由于资源有限,企业必须立足于自身的条件来识别有效的细分市场,而不是跟在其他企业后面亦步亦趋。

填补战略主要包括如下几种情况:

(1) 当老一代产品进入衰退期而新一代产品尚未投入市场时,会出现市场空档,中小企业可发挥大企业不具备的灵活机制乘虚而入,迅速进入大企业尚未涉及的空白领域。

(2) 选择大企业的边缘地带,进入规模经济起点低的市场,如小百货、小五金等领域。由于大企业追求规模经济而留下的狭缝市场广泛存在,中小企业可利用贴近市场、规模小、资源消耗少的特点,集中资金投入,满足这些需求有限但种类多样的市场,同样可求得生存发展的空间。

(3) 发挥中小企业能快速仿制、改良产品的优势,进入临时需求或潜在的市场领域。现实生活中常有一些只得到部分满足或正在孕育的需求,而大多由中小企业扮演革新者的角色。它们能迅速把改良产品以较低价格推出,以满足市场需求,更贴近消费者,以此迅速占领这一狭小的市场阵地。

(4) 发挥中小企业专业化优势,进入与大企业共存的协作市场。大企业的规模扩张必然依赖于众多中小企业的专业化协作,以降低成本、减少风险。中小企业应抓住机遇主动参与协作,通过专业合作,逐步积累经验,由小变大、由弱变强,与大企业携手共创未来市场。

在决定采取填补策略之前必须仔细分析"空缺"的性质和大小,以及企业自身的实力特点,可以从以下方面分析:

(1) 这一空缺为什么存在,是因为竞争对手没有发觉、无暇顾及或是因为这里根本没有潜在的需求,不要低估了你的竞争者,轻易地以为空缺的存在是前两种原因。

(2) 如果确实存在潜在的需求,那么要考虑这一空缺是否有足够大的空间,也就是说,该市场部分中是否存在着潜在的需求,而且这些尚未满足的需求是否有一定规模足以使企业有利可图。

(3) 在得到肯定答案后,企业要思考的第三个问题是自己是否有足够的技术开发能力去为这一市场的空白区域提供恰当的产品。如果企业不具备应有的技术开发和生产能力,再好的机会也只能作罢。这时候,如果明知道自己没有能力却一意孤行,只会造成失败和大量资源的浪费。

(4) 企业还要判断填补这一空位在经济上是否合算。企业是追求利润的经济组织,因此,即使前面几个问题都有令人满意的答案,但获利情况不佳(如因开发产品和启

动市场的成本太高),企业收益无法弥补或弥补后只有微利时,则不应选择填补策略。

(二) 创新战略

企业进入市场也可以采用创新战略,包括产品创新、技术创新、市场创新和营销服务创新。

(1) 产品创新。产品创新包括扩展产品线、增加产品品种、改进产品质量等。企业可依据实力选择单向或双向扩展产品线;增加产品品种是在一条产品线上发展新的型号、式样等;品种多样化可迎合不同消费者的喜好;改进产品质量是在技术创新的基础上,通过增加产品功能、延长产品寿命、减少使用故障、改进售后服务等实现的。

(2) 技术创新。技术创新是把高新技术与中小企业的灵活机制相结合,在新兴产业领域发挥优势的战略,如电子、半导体、生物技术、激光、环保、信息等领域。由于这些领域的技术发展快、生产率增长快、需求弹性强,促使企业必须不断开展技术革新和发明创造,使科技成果迅速转化为生产力。

(3) 市场创新。其策略主要包括:在巩固原有市场的基础上扩大市场的半径;在原有市场上挖掘潜在需求,通过增加产品的新功能、新用途,以新的面貌赢得消费者;用新产品开发新市场。

(4) 营销服务创新。营销服务创新主要包括:①营销观念的更新,体现在营销战略上就是竞争导向、消费者导向、社会导向;②营销方式的更新,由于电脑网络的普及带来了网络营销、无店铺营销、自动服务营销等营销方式的发展,企业对此应充分利用,使之成为新营销方式的突破口;③借鉴国外成功的营销新方法,如重复营销、定制营销、关系营销、绿色营销等,并加以综合应用。

二、占领市场——特色战略与取代战略

(一) 特色战略

企业要在市场站住脚,就必须应对来自各方面的竞争,另辟蹊径,从而形成特色战略。特色战略有以下的特色。

(1) 地理区域特色。企业可利用当地独特的资源,适应当地的营销渠道,提供受当地消费者欢迎的产品,并在服务、维修等方面满足大企业所不能顾及的消费者的需求。不同地理区域的资源种类、分布、丰富度等不同,这些都为企业实施区域特色战略提供了保证。

(2) 文化特色。企业可通过唤起消费者的某种文化意识的特殊需求来锁定目标市场,形成特色优势。例如,内蒙古大草原蓝天绿地的亲切淳朴是许多企业借以发展的主题;民族文化的特色也使许多企业在玩具、民间布艺等产品出口上赢得了国际竞争力。

(3) 技术特色。企业可凭借某种专利技术或技术诀窍,在某一领域处于领先地位,使竞争者难以模仿。

(4) 目标市场特色。这是指专门为某一类型、某一规模或某一特定生活方式的消费者提供产品和服务,如开发迷你型家电、定制小型化产品等,在基本质量得以保证的

前提下，以简便实用、功能较少、价格更低廉为特定消费者提供服务。同一产品，只要赋予特色需求的情感，就会赢得市场。

（二）取代战略

取代策略，是指将竞争对手赶出原来的位置，从而取而代之。这是一种竞争性最强的竞争策略。企业这样定位是准备挑战现有的竞争者，力图从对方手中抢夺市场份额。选用这一策略的企业一般实力都比较雄厚，为扩大自己的市场份额，决心并且有能力和信心击败竞争者。

除对竞争者的优点和弱处有清晰的了解外，采取取代策略的企业还需要具备三个条件：首先，企业推出的产品在质量、功能或其他方面有明显优于现有产品的特点；其次，企业能借助自己强有力的营销力量使消费者认同这些优越之处；最后，企业拥有足够的实力，其资源足以支持这种较量。

三、保存市场——回避战略与并存战略

（一）回避战略

回避战略是指中小企业为了维持生存或转移竞争者的注意力以保存相对实力，谋求长远发展的战略。

（1）联盟战略。联盟战略是指两个或更多的中小企业为实现共同的目标采取联合营销的战略。通过联盟，中小企业可避免在竞争中与对手两败俱伤，或被大企业吃掉，也能够实现双方优势互补、增强竞争实力的目的。联盟的形式和程度应多样化，既有专业划分下的协议性的联盟，又有针对某一产品、某一领域或某一地区的联合行动，还有相互持股，在技术、资金、人才等要素上相互渗透的联盟。

（2）依附式战略。依附式战略是指中小企业以一家大企业为龙头，凭借自身的专业优势为大企业供应零部件或从事某一工序加工，相互依存、共同发展的战略。许多大企业愿意同中小企业形成稳定的分工协作关系，共同开拓市场，如海尔集团、长虹集团都有上百家协作小企业，为其提供辅助或配套生产。依靠大企业的实力，中小企业可突破资金、人才、设备、情报等条件的限制，促进专业技术进步。而通过零部件生产或总体组装各环节，灵活组合生产要素，可形成相对优势的叠加，从而降低生产成本。

（3）转移式战略。转移式战略是指中小企业为保存一定的市场份额，集中精力在较小规模的领域内取得相对优势，而当大企业开始涉足这一领域时，便以各种方式转移目标市场。该战略分为：①地域转移，即经营全国性产品的中小企业，当某地域被攻击则迅速抢占另一地域市场，以新的姿态再次出现；②消费者群转移，即对某些产品按特定要求重新定位，以满足另一消费者群的需求，保持消费者的多元化，以求"东方不亮西方亮"；③产品转移，即选择简单而流行的产品快速生产，集中在小市场上赚取利润，当别的企业注意时，则生产其他产品。

（二）并存策略

并存策略是指企业将自己的产品定位在现有的竞争者产品范围，力争与竞争者产品满足同一个目标市场，服务于相近的顾客群。并存策略不是取代策略，所以并非向竞争对手发动猛烈进攻，而是指一些实力不强的中小企业在产品定位时，跟随现有的大企业产品，力求与对手和平共处。

采用这种策略，企业无须开发新产品（可以仿制现有的产品），免去了大量的研究开发费用；因为现有的产品已经畅销于市场，企业也不必承担产品不为市场接受的风险。企业可在树立自己的品牌上多投入精力。

不过，企业施行并存策略，必须有两个前提条件：一是在企业意欲进入的目标市场区域除现有的产品供给外还有吸纳更多产品的能力；二是企业推出自己品牌的产品时，既注意在各方面能与竞争产品相媲美，又有自己的品牌特色，这样才能拥有使用自身产品的顾客。

四、离开市场——撤退战略

当消费者的爱好发生转移、竞争者大量涌入、产品改良收效甚微和企业处于停滞阶段而难以维持时，应有准备地撤离市场。企业撤离市场的目的是从无法获利的领域或正在衰退的产业中全身而退，转移到适合自身发展又有利润可图的产业中发展。因此，战略性撤退也是一种智慧。

（1）有选择地降低投资。通过减少资源投入以尽量提高企业的短期利润水平。例如，放弃无利的顾客，加强对有利可图的顾客的投资；有目的地缩减供应量，逐步淘汰经营不力的产品；减少营销开支，以最低的成本费用来维持原有经营格局，实现短期收益；等等。

（2）收割战略。减少成本支出，快速回收现金；将产品从市场撤出，只固守小块阵地，待其他竞争者撤离后因供应量减少而使企业得以渡过难关。当然，企业若无力支撑，在条件成熟时应放弃该市场。对于未到衰退期的产品，由于竞争激烈，企业可先在经营不力时主动退出，待环境有所缓和后重新拾遗补缺，再度经营。此战略又称为"再回头"战略，其思路是逆市场潮流，后发制人而取得成效。例如，荷兰乳业巨头菲仕兰在2004年撤出其在中国生产、营销液态奶和乳酸奶的一切项目，并将菲仕兰天津公司的经营权交给中方伙伴。这是继法国达能、意大利帕玛拉特、美国卡夫、英国联合利华等跨国乳业大亨宣布在华失败的第五个案例。除美赞臣、惠氏等个别跨国公司之外，这标志跨国乳业巨头集体无奈地撤离中国市场。事实上，菲仕兰没有完全放弃中国市场。菲仕兰仍在天津子母乳品有限公司持有小部分股权，目的就是为了将来在合适的时机重返中国市场。

（3）放弃战略。当市场已处于衰退状态、产品难以拯救或难以改进时，企业应坚决从市场撤离，寻找新的出路。这意味着企业市场营销战略的全面调整和重新组合。

案例　天猫"光棍节"STP战略分析

2011年，借势"光棍节"，淘宝将其运作为"网络购物狂欢节"。

2012年初，原淘宝商城正式更名"天猫"，脱离淘宝，独立运作，并演变为节庆营销的重头戏，引发电商竞争。天猫"光棍节"的节庆营销在STP战略每个层面都具有自身的特点：按人口身份特点的差异进行市场细分；有选择地根据领域差异进行目标市场确定；根据竞争对手京东的优势进行有针对性的市场定位。

一、STP战略

（一）市场细分（Segmenting Market）分析

市场细分是STP战略的第一步，是指企业根据消费者的一定特征，把原有市场划分成两个或两个以上的可能值得企业为市场提供独立的营销组合服务的子市场（不同的购买群体）。

市场细分按不同的标准可分为不同的类别，就天猫"光棍节"节庆营销而言，市场细分主要体现为顾客身份类别，可分为单身白领、大学生、年轻家庭等三大类别。并据此分别开展一系列营销活动。

（1）针对单身白领顾客。在2013年光棍节的一周前开始，网络视频插播广告闺蜜篇的密集投放，对单身女性白领起到了有针对性的宣传效果。

（2）针对大学生顾客。在2013年光棍节的一周前开始，网络视频插播广告情侣、父女篇的密集投放，以及与知名功夫巨星李连杰合作，吸引大学生追星群体的广泛关注。

（3）针对年轻家庭。在2013年光棍节的一周前开始，网络视频插播广告玩具篇的密集投放，吸引了年轻家庭的关注。

在此基础上，天猫分别在"光棍节"前夕注重活动造势，注重活动促销。光棍节前夕，通过视频类、平面类等网络广告形式，以娱乐化的风格吸引年轻人的注意力。例如，佐丹奴天猫"双十一"视频广告，以创意音乐加情景设置的方式，通过快乐男声诙谐演绎"双十一"来了，让人忍俊不禁；2013年天猫唱响"双十一"活动则以猫的"喵喵叫"声音反衬天猫"双十一"活动带来的惊喜，网络视频插播广告的密集投放，为"双十一"的到来提前造势。

"光棍节"临近，线上线下齐上阵，密集投放预热全网：

（1）线上门户网站密集促销。倒计时3天在优酷、爱奇艺、土豆、腾讯等各大比较权威知名的门户网站将嵌入式预热页面广告以及"双十一"当天的官网首页推荐、宣传介绍广告且进行密集重复投放，为天猫"光棍节"节庆营销在线上互联网进行全面、密集、重复的覆盖预热，增加网民对天猫"光棍节"的了解。

（2）线下传统媒体齐跟进。选择人气指数高和与天猫"光棍节"节庆营销目标受众群相近的浙江卫视进行集中、高频率的天猫"双十一"倒计时电视广告投放,为天猫"光棍节"节庆营销在线下传统权威电视媒体进行集中覆盖预热,并与线上销售宣传相搭配,吸引传统电视受众对天猫"光棍节"的关注。

(3) 抢占社交媒体送红包。与权威社交媒体新浪微博合作,在天猫"光棍节"节庆营销当天举行发送和抢"红包"的活动,以奖励激励天猫"光棍节"节庆营销的目标受众对天猫"光棍节"的关注与商品购买。

(4) "光棍节"当天采取全场五折封顶和全场包邮狂购宣传诱惑的广告策略。天猫集中主打价格策略,以折扣吸引和诱惑天猫"光棍节"的目标受众。

(二) 目标市场(Targeting Market)分析

确定和选择目标市场是STP战略的第二步,其实质是在市场空间定位出目标顾客。由于天猫是一个开放式购物平台,包括600多万职业卖家、5万余商家,还包括代运营、仓储、快递、店铺管理软件、模特等各种环节的公司,涉及多种领域,因此,天猫针对的是领域型目标市场,要根据领域的差异性进行目标市场定位。

天猫"光棍节"节庆营销的领域型目标市场可分为:网店店主、物流(快递公司)、广告代理公司或科技公司等三大类目标市场。

(1) 针对网店店主。天猫"光棍节"节庆营销活动主要表现为:在五折封顶的基础上,根据特色和目标受众需求开展独特的营销,主要以平面、视频、网页展示等形式为主。让网店店主的网店和天猫官网在光棍节当天受到目标受众的关注,达到双赢效果。

(2) 针对物流(快递公司)。天猫提前与快递公司进行商讨(应急方案确定),例如,与圆通、申通、中通、宅急送等物流公司合作,在"双十一"前急聘快递员弥补运力缺口;购买更多的物流运输车应对激增的物流;与快递公司合作商讨在下属网点都特批11月中旬举办亲友日聚会,激励快递员工作斗志,确保天猫"光棍节"当天的货物能够尽可能的、及时的货到付款,让更多的受众获得时间的利益。

(3) 针对广告代理公司或科技公司。天猫与路畅导航科技公司合作共同筹备"双十一",提前组建加班筹备谋划,提升技术数据监管宣传,取得了双赢的良好效果,使得天猫"光棍节"当天巨大膨胀增长的物流数据交易平台得以正常运行。例如,与此对应的还有天猫Style搞笑视频创意广告,用流行神曲《江南Style》的舞蹈及曲风形式改编搭配天猫"光棍节"各领域工作人员的轻松、幽默、活泼的风格演绎,更强化了领域型目标市场的确定及各目标市场领域的紧密合作。

(三) 市场定位(Positioning)分析

市场定位是STP战略的第三步,也是STP的战略核心,是STP战略的最终指向。

竞争对抗型市场定位是天猫市场定位的主要类型。每年的电商大战,从年中618价格战到"光棍节"大战,针对天猫的软肋进行隐性对比,是以京东为代表的电商们的普遍招数。每年的"光棍节",天猫与京东的"猫狗大战"历来是焦点。

2013年光棍节,京东针对天猫"光棍节",提前放价,避开锋芒,促销时间提前一个月。光棍节前夕，京东以"不光低价，快才痛快"的主题，在各地门户网站发布"怎能用慢递"系列网络视频广告，直击天猫第三方物流的软肋。光棍节收官，京东推出延续一个月的"沙漠风暴"大型促销活动，并宣称将会"整体让利10亿元，送5000万礼券"。为配合以上营销，京东使用自营快递，在京东自营物流无法抵达的地区，则转发第三方快递；成立京东商城全资子公司"江苏京东信息技术有限公司"自运营快递。

针对京东的"挑衅"，天猫做了以下工作。

首先，发力快递，重塑消费信心。与顺丰、圆通、中通、宅急送等九大快递公司合作建立"速达"联盟：九大快递公司将针对天猫平台制定多项专属服务，包括即日起开通超过5000多条城市间线路的"次日达"与"1—3日限时达"服务。以此应对京东"怎能用慢递"系列网络视频广告的冲击，弥补自身在第三方物流方面存在的不足，提高目标受众及网店店主对天猫"光棍节"物流快递的信心。

其次，天猫提高网购运营平台的承载规模。代理运营平台的科技公司通过技术提升数据承载规模，以此应对天猫"光棍节"节庆营销当天激增的目标受众访问购买量，防止网购运营平台瘫痪和数据异常，保护和满足目标受众、网店店主双方的利益及需求，提高天猫运营平台运营信心。

最后，天猫在"光棍节"前夕宣布联手东航，在电商业内首次推出包机送快递的新招。以此缩短网购物流渠道的距离和网购物流货到付款时间，保护消费者利益，减轻快递公司和快递员的工作压力，提高天猫"光棍节"节庆营销的物流承载力和目标受众的信赖感。

二、天猫STP战略的成功之处

天猫STP战略最大的创新在于独立运行"光棍节"网购概念，塑造成全民购物狂欢节，直接影响京东、亚马逊、当当、苏宁易购、易迅等电商的跟进，其成功之处表现在以下几个方面。

（1）根据市场中人口因素的身份差异进行有针对性的市场细分，将市场细分为单身白领、大学生、年轻家庭等几个具体的市场。并将"光棍节"单身概念淡化延伸至"双十一"购物的概念，从而引发消费狂欢。

（2）根据目标市场领域的相对性有选择地确定目标市场，确立网店店主、物流（快递公司）、广告代理公司或科技公司几个具体确定的目标市场。并明确各目标市场的职责，让天猫"光棍节"节庆营销活动的各执行部门活动和合作更明确。

（3）根据主要竞争对手京东在"双十一"营销上的优势策略分析，进行了有针对性的独特市场定位和竞争策略应对，强调与客户的合作，注重与目标受众的沟通以及与竞争对手的共同进步和良性竞争。

天猫"光棍节"节庆营销也存在不足，如在市场定位时，面对优势竞争对手京东的挑战（快递、与传统媒体的合作方面），并没有强有力的有针对性的策略实施应对。

（资料来源：http://www.xzbu.com/2/view-6240634.htm）

本章小结

营销战略贯穿于企业整个生产经营过程之中，内容广泛，其中，目标市场战略和市场定位战略是本章的重点。营销战略的特点体现在全局性、长期性、基本性、计谋性和竞争性。

企业营销战略策划包括战略环境分析、市场细分、选择目标市场和市场定位。战略环境分析是在分析企业内外部环境的基础上，确定企业优势、劣势、机会与威胁，这是企业营销战略管理的基础。战略环境主要是运用 SWOT 分析法进行外部环境和内部环境分析。

市场细分是根据消费者的消费需求和购买习惯的差异，将整体市场划分为由许多消费需求大致类同的消费者群体所组成的子市场群，然后进行目标市场选取。目标市场模式包括单一市场集中化、选择性集中化、产品专业化、市场专业化和完全市场模式。市场定位策略包括避强定位、对抗定位与重新定位三种。市场竞争战略包括进入市场——填补战略与创新战略、占领市场——特色战略与取代战略、保存市场——回避战略与并存战略、离开市场——撤退战略。

关键概念

营销战略　市场细分　目标市场　市场定位　市场竞争战略

思考题

（1）如何理解营销战略的概念？
（2）企业如何进行营销战略策划？
（3）市场细分有哪些方法？
（4）目标市场模式有哪些？
（5）市场定位的常用策略与步骤是什么？
（6）企业的市场竞争战略包括哪些方面？

第四章 产品与品牌策划

本章学习目标

通过本章的学习,要求学生掌握以下内容:①了解产品及产品策划的概念;②了解产品组合策划、产品生命周期策划、产品品牌及包装策划、新产品开发策划的方法和步骤。

第一节 产品及产品策划

一、产品的概念

产品是营销活动的中间媒介,只有通过它才能使生产者和消费者双方实现交换的目的。但对于产品的概念,人们却有着不太相同的看法。

狭义的产品,是指生产者通过生产劳动生产出来的、用于满足消费者需要的有形实体。这一概念在生产观念盛行的时代极为流行,但在商品日益丰富、市场竞争日趋激烈的现代社会,狭义的、传统的产品概念已经不能适应时代需要了。因此,应从更为宽泛的意义上来理解产品这一概念。我们认为,产品就是能够提供给市场以引起人们注意,让人们获取、使用或消费,从而能够满足人们某种欲望或需要的一切东西;它可能是一种物质的实体、一种服务、一种意识(如价值观),或者是三者的某种有机结合。概括地说,现代市场营销中的产品就是能满足人的某种欲望和需要,提供给市场、被人们消费和使用的一切物品和劳务。现代产品的定义,对搞好市场营销和新产品开发,都有着重要的意义。它体现了市场营销以市场为中心的观点,把一种产品由一种物质实体扩展到了无形的各种劳务和产品。

以现代观念对产品进行界定,产品的内涵已从有形物品扩大到服务(如美容、咨询)和观念(如环保、公德意识)等;产品的外延也层层拓展,即从其核心利益(基本功能)向实体产品(产品的基本形式)、期望产品(期望的产品属性和条件)、附加产品(附加利益和服务)和潜在产品(产品的未来发展)拓展。

(1)核心利益层。这是指向消费者提供产品的基本效用和利益,也是消费者真正要购买的利益和服务。消费者购买某种产品并非是为了拥有该产品实体,而是为了获得能满足自身某种需要的效用和利益。如洗衣机的核心利益体现在它能让消费者方便、省力、省时地清洗衣物。

(2)实体产品层。实体产品层可称为一般产品层,是产品的基本形式。产品核心功能需要依附一定的实体来实现，主要包括产品的构造外型等。

（3）期望产品层。期望产品层是指消费者购买产品时期望的一整套属性和条件，如对于购买洗衣机的人来说，期望该机器能省时省力地清洗衣物，同时不损坏衣物，洗衣时噪音小，方便进水排水，外型美观，使用安全可靠等。

（4）附加产品层。附加产品层是产品的第四个层次，即伴随着有形和核心产品要提供给顾客的附加服务或利益，主要包括运送、安装、调试、维修、产品保证、零配件供应、技术人员培训等。对消费者而言，所有这些附加物均属于整个产品的重要部分。附加产品来源于对消费者需求的综合性和多层次性的深入研究，要求营销人员必须正视消费者的整体消费体系，但是同时必须注意因附加产品的增加而增加的成本消费者是否愿意承担的问题。

（5）潜在产品层。潜在产品预示着该产品最终可能的所有增加和改变。

以宾馆服务为例，宾馆所提供的核心利益是休息和睡眠，实体产品是房屋、床、被褥等等；期望产品是干净的房屋、床、被褥和安全安静的居住环境，附加产品是电视、上网和优质的服务等；潜在产品是用创新的方法满足客人的这些需求。

二、产品策划的概念

产品策划，是指运用人的高级思维，拓展产品的知名度与美誉度，在消费者心目中树立起良好的形象，达到品牌的可持续发展。

具体来说，也就是如何将产品投放到市场，进而如何在市场中占有一席之地的一系列的思维活动。

产品策划包括：①产品组合策划；②产品生命周期策划；③产品品牌及包装策划；④新产品开发策划。

第二节 产品组合策划

一、产品组合的概念

产品组合（product combination）又称为产品搭配（product assortment），是指某销售者与购买者的一组产品，它包括产品项目的产品线。产品项目是指产品大类中各种不同品种、规格、质量的特定产品，企业产品目录中列出的每一个具体的品种就是一个产品项目。产品线是许多产品项目的集合，这些产品项目之所以组成一条产品线，是因为这些产品项目具有功能相似、用户相同、分销渠道同一、消费相互连带等特点。

具体来说，产品组合是指企业生产经营的全部产品线、产品项目的组合方式，即产品组合的宽度、深度、长度和关联度。

（1）产品组合的宽度。即企业生产经营的产品线的多少。例如，宝洁公司生产清洁剂、牙膏、肥皂、纸尿布及纸巾，有5条产品线，表明产品组合的宽度为5。

（2）产品组合的长度。即企业所有产品线中产品项目的总和。

(3) 产品组合的深度。即指产品线中每一产品有多少品种。例如，宝洁公司的牙膏产品线下的产品项目有三种，佳洁士牙膏是其中一种，佳洁士牙膏有三种规格和两种配方，佳洁士牙膏的深度是6。

(4) 产品的关联度。即各产品线在最终用途、生产条件、分销渠道和其他方面相互关联的程度。产品组合的四个维度为企业制定产品战略提供了依据。

二、产品组合的评价方法

我们可以用三维分析图来分析产品组合是否健全、平衡。在三维空间坐标上，以X，Y，Z三个坐标轴，分别表示市场占有率、销售成长率以及利润率，每一个坐标轴又为高、低两段，这样就能得到八种可能的位置（如图4-1所示）。

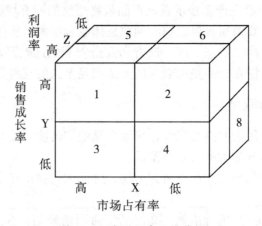

图4-1 产品组合三维分析

如果企业的大多数产品项目或产品线处于1、2、3、4号位置上，就可以认为产品组合已达到最佳状态。因为任何一个产品项目或产品线的利润率、成长率和占有率都有一个由低到高又转为低的变化过程，不能要求所有的产品项目同时达到最好的状态，即使同时达到也是不能持久的。因此，企业所能要求的最佳产品组合必然包括：①目前虽不能获利但有良好发展前途、预期成为未来主要产品的新产品；②目前已达到高利润率、高成长率和高占有率的主要产品；③目前虽仍有较高利润率而销售成长率已趋降低的维持性产品；④已决定淘汰、逐步收缩其投资以减少企业损失的衰退产品。

三、产品组合策划

产品组合策划就是适当地调整产品组合的长度、宽度和相关度。进行产品组合策划主要包括以下方面。

1. 扩大产品组合

(1) 增加产品线的数量。当企业预测现有产品线的销售额和赢利率在未来一段时间可能上升时，就应该考虑增加新的产品线。扩大产品组合的宽度，有利于企业充分利用现有资源，发掘生产潜力，更广泛地满足各类需求，占有更宽的市场面。

增加产品线包括产品线向下、向上和双向延伸。向下延伸即在原有的产品线下面增加一些低档次的产品项目。向上延伸是指原定位于低档产品的企业进入高档产品市场,在原来产品线上增加高档产品。双向延伸是指原定位于市场中端的企业在占据市场优势之后,向产品线的上下两个方向扩展,同时增加高档产品和低档产品。

(2) 提高产品组合相关度。产品组合的相关度越大,产品组合中各产品线的相关程度越高,对于巩固企业在行业中的地位,充分利用现有的生产条件、市场营销条件较为有利。

2. 缩减产品组合

(1) 减少产品线的数量。当市场不景气或能源、原材料供应紧张时,缩减组合中获利小的产品线,可以使企业集中资源,发展获利多的产品。缩减产品组合的宽度,便于企业集中力量,实行专门化生产或经营,更深入地满足某一类需求,容易管理,但风险加大。

(2) 降低产品组合相关度。产品组合的相关度越小,产品线之间的相似性越低,企业所涉及的生产领域或行业广泛,就会加大产品组合管理难度,提高管理费用,对于中小企业应较多选择提高产品组合相容度的方案。

第三节 产品生命周期策划

产品从投入市场到最终退出市场的全过程称为产品的生命周期。该过程一般经历产品的导入期、成长期、成熟期和衰退期四个阶段。产品生命周期四阶段的划分是相对的,在产品生命周期的不同阶段,产品的市场占有率、销售额、利润额是不一样的。产品生命周期形态可分为典型和非典型。其中,典型的产品生命周期要经过导入期、成长期、成熟期和衰退期,呈 S 型曲线(如图 4-2 所示)。非典型形态有"循环—再循环型"、非典型形态的"扇型"、"非循环型"等。

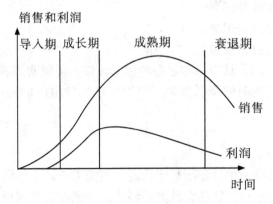

图 4-2 S 型产品生命周期

一、导入期

导入期产品销售量增长较慢,利润额多为负数。在推出新产品时企业可有以下战略供选择。

(1) 快速撇脂战略。即以高价格和高促销水平的方式推出新产品。公司采用高价格是为了在每单位销售中获得尽可能多的毛利。高水平的促销活动加快了市场渗透率。采用这一战略的假定条件是:①潜在市场的大部分人还没有意识到该产品;②知道它的人渴望得到该产品并有能力照价付款;③公司面临着潜在的竞争和想建立品牌偏好。

(2) 缓慢撇脂战略。即以高价格和低促销水平的方式推出新产品。推行高价格是为了尽可能多地回收每单位销售中的毛利,而推行低水平促销是为了降低营销费用。两者结合可望从市场上获取大量利润。采用这一战略的假设条件是:市场的规模有限,大多数的市场已知道这种产品,购买者愿出高价,潜在的竞争并不迫在眼前。

(3) 快速渗透战。即以低价格和高促销水平的方式推出新产品。这一战略期望能给公司带来最快速的市场渗透和最高的市场份额。采用这一战略的假设条件是:市场是大的,市场对该产品不知晓,大多数购买者对价格敏感,潜在竞争很强烈,随着生产规模的扩大和制造经验的积累,公司的单位制造成本会下降。

(4) 缓慢渗透战略。即以低价格和低促销水平推出新产品。低价格将促进市场迅速接受该产品;同时,公司降低促销成本以实现较多的净利润。公司确信市场需求对价格弹性很高,而对促销弹性很小。采用这一战略的假设条件是:市场是大的,市场上该产品的知名度较高,市场对价格相当敏感,有一些潜在的竞争。

二、成长期

当销售量迅速增长,利润由负变正并且迅速上升时,产品进入了成长期。在成长期阶段,企业为了尽可能地维持市场成长而采取下列战略。

(1) 企业改进产品质量和增加新产品的特色和式样。
(2) 企业增加新式样和侧翼产品。
(3) 企业进入新的细分市场。
(4) 企业建立新的分销渠道。
(5) 企业广告的目标,从产品知名度的建立转移到说服购买者接受和购买产品上。
(6) 企业可在适当的时候降低价格,吸引要求低价供应的另一层次的对价格敏感的购买者。

三、成熟期

产品经过快速增长后销售量逐渐趋于稳定,利润增长处于停滞,这说明产品成熟期来临。在成熟阶段,有些企业往往会放弃弱势产品,把资金投入更有获利能力的产品和新产品。事实上,这是一种忽视新产品的低成功率和老产品仍有高潜在力的做法。正确的做法是,企业在这一阶段的营销战略应考虑市场改进、产品改进和营销组合改进等方面。

1. 市场改进

企业通过努力把非使用者转变为该产品的使用者，进入新的细分市场或者争取竞争者的客户等策略扩大品牌使用人数。同时，企业也可以努力使客户更加频繁地使用该产品，或者介绍该产品的其他新用途来提高该产品的使用率。

2. 产品改进

产品改进包括对质量、特色和式样的改进。质量改进是注重产品的特性——它的耐用性、可靠性等；特色改进注重增加产品的新特色——尺寸、重量、材料、附件等，扩大产品的多功能性、安全性和便利性；式样改进注重增加对产品的美学诉求。

3. 营销组合改进

营销组合改进，是指在价格、分销、广告、销售促进、人员推销和服务等方面采取改进措施以刺激销售。

四、衰退期

产品经过成熟期阶段后，产品销售量缓慢下降、利润开始下滑。当销售量加速递减、利润也较快下降时，产品便步入了衰退期。在衰退期，企业可选择以下营销策略。

1. 维持策略

维持策略指继续沿用过去的策略，仍按原来的细分市场、使用相同的分销渠道、定价及促销方式，直到这种产品完全退出市场为止。

2. 转移策略

转移策略指把企业能力和资源转移到最有利的细分市场和销售渠道上，从中获取利润。这样有利于缩短产品退出市场的时间，同时又能为企业创造更多的利润。

3. 收缩策略

收缩策略指大幅度降低促销水平，尽量减少销售和推销费用，以增加目前的利润。这样可能导致产品在市场上的衰退加速，但又能从忠实于这种产品的顾客中得到利润。

4. 放弃策略

放弃策略指对于衰落比较迅速的产品，应该当机立断，放弃经营。可以采取完全放弃的形式，如把产品完全转移出去或立即停止生产，也可以采取逐步形成的方式，使其所占用的资源逐步转向其他的产品。

当产品第一次经历了导入期、成长期、成熟期进入衰退阶段时，又出现了销售的第二次波峰，从而出现第二次循环，就会形成非典型形态中的"循环—再循环型"（见图4-3）。如果在产品进入成熟期，尚没有转入衰退期就进入再次增长高潮，而且从一个高潮走向另一个高潮，出现多次向上增长，从而大大延长了产品生命周期，形成非典型形态中的"扇型"（见图4-4）。这两种形态的出现是由于企业通过有效的营销策划或者发现了新的产品特性、找到了产品新的用途或新的市场，从而推动产品生命周期向前延伸。

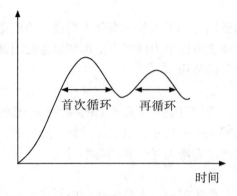 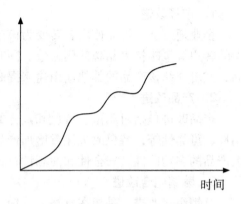

图 4-3 非典型形态的"循环—再循环型"　　图 4-4 非典型形态的"扇型"

第四节 产品品牌及包装策划

一、产品品牌策划

（一）品牌的概念

品牌是现代产品的一个重要组成部分，是企业利益得以顺利实现的重要因素。

品牌（brand）一词来源于古挪威文字 brandr，意思是"烙印"。美国市场营销协会（AMA）对品牌的定义是：品牌是一种名称、术语、标记、符号或图案设计，或是它们的组合运用，其目的是用以识别某个或某群销售者的产品或服务，使之同竞争对手的产品或服务区别开来。

菲利普·科特勒将品牌所表达的意义分为以下六层：

（1）属性。品牌首先代表一种属性。如奔驰的品牌意味着昂贵、做工精湛。

（2）利益。属性需要转化为功能性或情感性的利益，才能为顾客所认同。如昂贵的属性可以转化为情感性利益："奔驰使我觉得受人尊重"。

（3）价值。品牌可以说明生产者的价值。

（4）文化。品牌代表一种企业或民族的文化状态。

（5）个性。品牌可以显示拥有者的个性。

（6）使用者。品牌暗示了购买或使用产品的消费者类型。

消费者感兴趣的是品牌的利益而不是属性，一个品牌最持久的含义是它的价值、文化和个性，它们确定了品牌的基础。

（二）品牌的作用

品牌在现代经济生活中扮演着重要作用：

（1）品牌是企业的一种无形资产。品牌是企业文化的精髓和标识，是营销领域一种难以估量价值的资源。曾有个手握品牌的人得意洋洋地说:"即使我所有的工厂在一夜之间被烧为灰烬,第二天就会有大量的银行来排队等着贷款给我们。"他为何敢"口出狂言"? 就是因为他手中有个 Coca Cola 的牌子,这个牌子给他蕴藏着巨额无形资源。

(2) 品牌有助于企业将自己的产品与竞争者的产品区分开来,吸引忠实的顾客,使其形成购买习惯,从而培养消费者的忠诚。有人做了一个试验:将非常可乐倒进可口可乐的瓶子里招待几位朋友,大家喝了都没说什么,接着他又悄悄地将可口可乐倒进非常可乐的瓶子里请大家喝,于是有人说:这什么味? 嘿,就是不如人家可口可乐。这就是品牌的力量。

(3) 品牌有助于开发新产品,节约新产品投入市场的成本。一种情况是,某企业先推出 A 品牌的产品,然后推出新的、经过改进的 A 品牌的产品。另一种情况是,利用已获成功的品牌名称推出全新产品。

(4) 品牌有助于树立企业形象。当企业建立了一个优秀的产品品牌后,相应地,企业美誉度也会大幅增加,反过来又会推动产品的销售。2004 年的饮料大战中,运动饮料异军突起,如乐百氏的"脉动"、娃哈哈的"激活"、康师傅的"劲跑"、养生堂的"尖叫",这些动感、个性的副品牌都起到了吸引消费者注意、宣传企业形象的目的。

(三) 品牌策划的内容

品牌策划作为产品策划的重要组成部分,一般包括以下内容:

(1) 品牌化。即决定企业生产的产品是否使用品牌。品牌对企业有很多好处,但是建立品牌的成本和责任不容忽视,因此,不是所有的产品都要使用品牌。例如,市场上很难区分的原料产品、地产、地销的小商品或消费者不是凭借产品品牌决定购买的产品,可不使用品牌。

(2) 品牌归属。即决定采用制造商品牌、经销商品牌,还是混合品牌。如果企业决定使用品牌,则面临着使用自己的品牌还是别人品牌的决策。例如,使用特许品牌或中间商品牌,而实力雄厚、生产技术和经营管理水平俱佳的企业,一般都使用自己的品牌。使用其他企业的品牌的优点和缺点都很突出,要结合企业的发展战略来决策。

(3) 使用一个品牌还是多个品牌。即企业在决定使用品牌后,将会面临进一步的选择,对本企业产品使用单一品牌还是不同的品牌。对于不同产品线或同一产品线下的不同产品品牌的选择,有四种策略:①个别品牌策略。即企业在不同的产品线上使用不同的品牌。例如美国宝洁公司生产"飘柔""海飞丝""潘婷"洗发水,"汰渍""碧浪"洗衣粉,"玉兰油"护肤品,"舒肤佳"香皂,等等。这种策略可以使消费者易于识别并选择自己满意的产品,也可以将公司的声誉和个别产品的成败分开,不会因个别产品声誉不佳而影响到其他品牌。②单一品牌策略。即企业所有的产品采用同一品牌。如美国通用电气公司的产品都采用"GE"这个品牌。采用这一策略的好处是可以使公司减少品牌的设计和广告费用,有利于节约新产品投入市场的成本。此外,如果该公司是已经有良好的声誉的公司,则对其产品的销售将大有帮助。③同类统一品牌策略。即对同一产品线的产品采用同一品牌,不同的产品线品牌不同。因为如果公司所生产的产品种类各异且相差很大,就不合适使用同一个家族品牌。如美国的斯威夫特生产肥料和火腿两种截然不同的产品,就分别使用了"Vigoro"和"Premium"两种品牌。这种品牌策略可以兼顾个别品牌和单一品牌的好处。④企业名称与个别品牌并列决定策略。即在不同的产品上使用不同的品牌,但是每一品牌之前冠以企业的名称。如通用汽车公司生产的各种小轿车分别使用"卡迪莱克""雪佛莱""庞蒂克"等品牌,而每个品牌前都另加"GM"字样,以表明是通用汽车公司产品。这种策略可以使产品享受企业已有的信誉,而又各具特色。

(4)品牌延伸。即企业尽量利用已经成功的品牌来推出改进型产品或新产品。品牌延伸策略可以大大降低企业宣传新产品的大量费用,又可使新产品容易被大家所接受。但是,品牌延伸的风险也较大,一旦新产品不能令消费者满意,还可能会影响到消费者对同一品牌的其他产品的消费。

(5)品牌重新定位。无论一种品牌在市场上最初的定位是如何适宜,随着时间的推移,公司都必须重新审视其定位是否准确,并就是否重新定位进行决策。品牌重新定位决策往往是因为以下情况发生了变化:①竞争者推出一个品牌,并将其定位于本公司品牌附近,侵占了本公司品牌的一部分市场定位,造成本公司品牌的市场占有率下降,迫使公司对品牌重新定位。②消费者偏好随着时间推移而发生变化,原来偏好本公司品牌产品的消费者转而喜欢其他公司品牌,导致市场对本公司品牌产品的需求降低,迫使公司对品牌重新定位。

二、产品包装策划

(一)包装的概念

据美国最大的化学工业公司——杜邦公司的调查表明,63%的消费者是根据产品的包装选择产品的。到超级市场购买的家庭主妇,由于受到精美的包装和装潢的吸引,所购物品通常超过其出门时打算购买数量的45%。这就是著名的"杜邦定律"。

包装的概念包括动态和静态两层含义。动态的包装是指产品和产品的容器并将产品盛放或包裹起来的一系列活动,静态的包装是指用来盛放或包裹产品的容器或包装物。简言之,包装就是产品的容器和外部包扎。

产品和它的包装在客户心中是一个整体。产品包装是一项技术性和艺术性很强的工作,包装除了保护商品的功能外,还传递着商品信息,有着识别、便利、美化、增值和促销等功能。正所谓"一个良好的包装就是无声的广告"。

包装功能的实现离不开好的包装设计。一个典型的包装设计包括商标、产品名称、公司名称、厂址、生产日期、保质期、执行标准及产品的规格、等级、主要成分的名称与含量等必要信息,而完成这些则离不开相应的文字、图案、色彩、形状及材料等内容的组合搭配。

(二)包装设计的要求

包装设计应符合以下要求:

（1）造型美观大方，图案生动形象，不落俗套，避免模仿、雷同。尽量采用新材料、新图案、新形状，引人注目。

（2）包装应和商品的价值或质量水平相配合，如贵重的商品、艺术品和化妆品包装要烘托出商品的高雅和艺术性。

（3）包装要能显示出商品的特点和风格。

（4）包装的造型和结构应考虑销售、使用、保管和携带的方便。

（5）包装上的文字应能增加顾客的信任感并指导消费。

（6）包装装潢的色彩、图案要符合消费者的心理要求，不与民族习惯、宗教信仰相抵触。

（三）产品包装策略

包装是产品不可分割的一部分，产品只有包装好后，生产过程才算结束；可选择的产品包装策略如下：

（1）类似包装策略。企业对其各种产品，在包装上采用相近的图案、近似的色彩和共同的特征。采用该策略，可使消费者形成对企业产品的深刻印象，也可降低包装成本，有利于新产品上市。但是如果企业各种产品质量过于悬殊，则会形成负面影响。

（2）等级包装策略。根据产品质量等级不同采取不同的包装，把高、中、低档产品分别按照不同的价值采取相应的包装，使产品的价值与包装相一致。一般产品采用普通包装，优质高档产品采用精美包装。

（3）配套包装策略。配套包装策略也叫综合包装、多种包装策略。将不同类型和规格但是有相互联系的产品置于同一包装中，同时出售。这种包装策略为消费者购买、携带、使用和保管提供了方便，也有利于企业扩大销路，推广新产品。比如，将系列化妆品包装在一起出售，便是典型的配套包装。

（4）赠品包装策略。这是目前国内外比较流行的包装策略，即在包装容器中附赠物品，以吸引消费者购买。例如，许多儿童食品的包装就采用此种策略。而麦当劳之所以成为中国改革开放后最热销的快餐，每到节假日便座无虚席，正是因为吸引用餐者的不仅是卫生、快捷、可口的快餐，还有对小朋友具有较大吸引力的玩具赠品。孩子高兴了，带来了全家的消费，快餐店也用少量免费的赠品换来了丰厚的回报。

（5）改革包装策略。企业根据产品的更新和市场的变化，相应地改革包装设计。假如与同类产品内在质量相似，而销路不畅，有可能就是产品的包装不受欢迎。企业应及时采用新材料、新技术，精心设计新造型，不断改进产品包装，推出有新意的包装设计，可能会创造出优良的销售业绩。

此外，产品包装还可采用复用包装策略、不同容器包装策略等。

第五节　新产品开发策划

一、新产品的概念与分类

（一）新产品的概念

广义的新产品除包含因科学技术在某一领域的重大发现所产生的新产品外，还包括两方面：一是在生产销售方面，只要产品在功能或形态上发生改变，与原来的产品产生差异甚至只是产品从原有市场进入新的市场，都可视为新产品。二是在消费者方面，则是指能进入市场给消费者提供新的利益或新的效用而被消费者认可的产品。例如，企业已经投产了普通洗衣粉，后来又开发出新品——带苹果香味的洗衣粉。这种新产品就是普通洗衣粉的延伸。

（二）新产品的分类

按产品研究开发过程，新产品可分为全新产品、改进型新产品、模仿型新产品、形成系列型新产品、降低成本型新产品和重新定位型新产品。

（1）全新产品。这是指应用新原理、新技术、新材料，具有新结构、新功能的产品。该新产品在全世界首先开发，能开创全新的市场。

（2）改进型新产品。这是指在原有老产品的基础上进行改进，使产品在结构、功能、品质、花色、款式及包装上具有新的特点和新的突破，改进后的新产品，其结构更加合理，功能更加齐全，品质更加优良，能更多地满足消费者不断变化的需要。

（3）模仿型新产品。这是指企业对国内外市场上已有的产品进行模仿生产，称为本企业的新产品。

（4）形成系列型新产品。这是指在原有的产品大类中开发出新的品种、花色、规格等，从而与企业原有产品形成系列，扩大产品的目标市场。

（5）降低成本型新产品。这是指以较低的成本提供同样性能的新产品，主要是指企业利用新科技，改进生产工艺或提高生产效率，削减原产品的成本，但是保持原有功能不变的新产品。

（6）重新定位型新产品。这是指企业的老产品进入新的市场而被称为该市场的新产品。

二、新产品开发的程序

为了保证新产品开发工作有效开展，必须按照一定的科学程序来开发新产品。一个完整、科学的新产品开发过程要经过以下程序。

（一）新产品构思的产生

进行新产品构思是新产品开发的首要阶段。构思是创造性思维，即对新产品进行设想或创意的过程。缺乏好的新产品构思已成为许多行业新产品开发的瓶颈。企业通常可从企业内部和企业外部寻找新产品构思的来源。公司内部人员包括：研究开发人员、市场营销人员、高层管理者及其他部门人员。这些人员与产品的直接接触程度各不相同，但是他们总的共同点便是都熟悉公司业务的某一或某几个方面。对公司提供的产品较外人有更多的了解与关注，因而往往能针对产品的优缺点提出改进和创新产品的构思。企业可寻找的外部构思来源有：顾客、中间商、竞争对手、企业外的研究和发明人员、咨询公司、营销调研公司等。

（二）构思筛选

新产品构思筛选是采用适当的评价系统及科学的评价方法对各种构思进行分析比较，从中把最有希望的构思挑选出来的一个过滤过程。构思筛选要挑选有经验、有见识的人员或新产品开发的主管人员，对每个设想进行甄别，甄别判定的标准是：①与企业的经营目标、产品发展规划是否相符合；②与企业生产、技术、财务能力是否相适应；③与企业的销售能力是否相适应；④与开发的时间是否相适宜。

（三）新产品概念的发展和转化

新产品概念是企业从消费者的角度对产品构思进行的详尽描述，即将新产品构思具体化，描述出产品的性能、具体用途、形状、优点、外形、价格、名称、提供给消费者的利益等，让消费者能一目了然地识别出新产品的特征。任何一种产品构思都可转化为几种产品概念。新产品概念的形成来源于针对新产品构思提出问题的回答：①谁使用该产品；②该产品提供的主要利益是什么；③该产品适用于什么场合。

（四）营销规划

营销规划包括三个部分：①描述目标市场的规模、结构和消费者行为，新产品在目标市场上的定位，市场占有率及前几年的销售额和利润目标等；②对新产品的价格策略、分销策略和第一年的营销预算进行规划；③描述预期的长期销售量和利润目标以及不同时期的营销组合。

（五）商业分析

商业分析主要是评估：①产品销售量的大小能够使企业获得满意的利润；②审查类似产品的销售历史；③了解风险的限度。这其中还包括对新产品概念进行财务方面的分析，即估计销售量、成本和利润，判断它是否满足企业开放新产品的目标。如果销量、成本和利润预期能够符合企业目标，就可以进入产品开发的下一个阶段。

（六）新产品实体开发

新产品实体开发主要解决产品构思能否在技术上和商业上转化为可行产品这一问题。它是通过对新产品实体的设计、试制、测试和鉴定来完成的，是最具挑战性的一个阶段。产品实体开发需要非常敏感的市场研究技术，在研究过程中，研究公司在过程控制、目标用户的定义、抽样设计、研究设计、数据分析直至结果解释的各个阶段，都要求较高，且必须具备特别的分析技术与经验。

（七）新产品试销

新产品市场试销的目的是对新产品正式上市前所做的最后一次测试，且该次测试的评价者是消费者的货币选票。新产品市场试销的首要问题是决定是否试销，并非所有的新产品都要经过试销。如果决定试销，通过将新产品投放到有代表性地区的小范围的目标市场进行测试，企业真正了解该新产品的市场前景，也为新产品是否全面上市提供全面、系统的决策依据，为新产品的改进和市场营销策略的完善提供启示。

（八）商业化

新产品商业化阶段的营销运作，企业应在以下几方面慎重决策：①何时推出新产品，是进入、平行进入还是后期进入；②何地推出新产品；③如何推出新产品，制订详细的新产品上市的营销计划，包括营销组合策略、营销预算、营销活动的组织和控制等。

三、新产品的采用与推广

（一）新产品的采用

新产品的采用过程是潜在消费者认识、试用和采用或拒绝新产品的过程。美国著名营销学者罗杰斯认为潜在消费者从发展到采用需要经历以下四个阶段：

（1）知晓。这是消费者获得有关新产品信息的起点。

（2）兴趣。消费者认识到新产品的存在后，产生了进一步了解甚至占有该产品的愿望，积极通过各种渠道寻求相关信息。

（3）评价。消费者购买新产品进行试用，重新评价对新产品的认识。

（4）采用。试用者试用产品后对新产品表示满意持肯定态度，从而正式购买并长期使用。

以上四个阶段是一个连续的过程，任何一个环节的中断都会影响到消费者的最终认可与采用。营销人员应仔细研究各个阶段的不同特点，采取相应的营销策略，引导消费者尽快完成采用过程的中间阶段。

（二）新产品的推广

新产品的采用者分为创新者、早期采用者、早期多数、晚期多数和落伍者五种类型。五种类型采用者价值导向的不同，导致他们对新产品采用不同的态度，但都对新产品的采用和推广速度起重要作用。除了目标市场消费者，新产品特征也会影响新产品推广的速度。

企业积极推广新产品的策略主要有：

（1）准确判断目标市场消费者，根据消费者对新产品的反应，选择创新者和早期采用者为投入目标。

（2）加大对新产品特点的宣传。新产品的相对优势、相容性、复杂性、可试用性及可传播性将会在很大程度上影响新产品的采用和推广。

（3）准确选择新产品的上市时间。企业投放新产品要考虑到季节因素、节假日因素、竞争者因素等，把握消费者心理，选择合适的投放时间。

（4）准确决定投放地区。一般是先在重点投放地区进行推广，然后再实施覆盖投放策略扩大至其他地区。

案例一 万家乐"闪电行动"之品牌策划

案例背景

众所周知，万家乐在中国燃气热水器行业的市场地位已非常稳固，消费者往往将"万家乐"与"燃气热水器"联系在一起，但他们并不清楚万家乐在灶具方面强大的潜力。从技术角度来看，万家乐同样拥有燃气灶具的先进技术，并成为家用燃气灶国家标准的起草单位；从产品研发能力来看，万家乐拥有近50人的研发队伍，并拥有最先进的产品检测设备，每年新品开发达几十种之多；从生产能力来看，万家乐灶具生产线年生产能力达150万台。

虽然万家乐在灶具方面具有强大的潜力，但近几年市场表现上并不尽如人意，年销售量不及20万台，与其拥有的实力比较而言极不相称。为此，万家乐决定首战突袭灶具市场，将灶具市场作为其战略的突破点，并将此次战役命名为"闪电行动"。

案例分析

一、"闪电行动"之一——产品攻势

是主推形象产品还是推广品牌形象带动产品销售？厂方高层通过对竞争对手成败经验的分析，以及参考类似行业企业的经验（长虹背投彩电成功推广），认为通过产品的挖掘，通过主推产品的宣传，一方面可以直接影响产品销售的增长，另一方面可以通过主产品的形象来提升企业的形象。

经过多方论证后，厂方高层决定推出双高灶具（以下简称"双高"），主要基于以下考虑：

首先，双高特点——高火力、高效率，相比其他产品特点而言更为消费者所关注。调查显示，火力和节能是消费者最关注的因素，以此为独特卖点更容易为消费者所接受。

其次，在技术上双高有很好的支持点：万家乐独有专利技术"双高灶用燃烧器"；其热负荷突破性地达到 4.3kW，这么高的热负荷在行业中非常罕见，其热效率比当时达到市场上热效率最高的灶具还高 10%。

由此产品策略已非常明晰，主推双高灶具，并将其他系列产品整合到双高概念中来。

二、"闪电行动"之二——品牌攻势

首先，以往万家乐灶具产品系列均以型号来代表，不仅生硬、不容易记忆，而且不利于消费者联想、传播。那么，给双高灶具起个什么名字？

双高本身给人比较猛的感觉，因此我们创意名称亦应朝着这个方向努力。通过综合分析并在小范围内进行测试，厂方高层选定"双高火先锋"。双高代表万家乐灶具高火力、高效率的概念；火先锋给人非常猛、非常刚性的感觉。

其次，品牌定位方面，双方应认定是"家用燃气灶国家标准起草单位"。因为万家乐是参加家用燃气灶标准起草单位中唯一的企业，也是燃气具行业唯一获得"中国驰名商标"的企业。在品牌定位上应当高起点、高定位，打"标准"牌。以"标准"制定者的身份，一方面具有极强的排他性，另一方面树立行业领先者的形象，迅速提升万家乐在灶具市场中的地位。

最后，厂方高层决定应该重新启用汪明荃作为形象代言人，理由如下：①调查显示，万家乐品牌的第一提及率高达 90% 以上，万家乐的汪明荃形象和"万家乐，乐万家"的广告语已经深入人心；万家乐在沉寂多年后重新启用汪明荃能使万家乐的品牌形象在短时间内和在较少的广告投放下被迅速唤起，这是启用任何其他的形象代言人所无法实现的。②汪明荃在 25 岁以上的女性中具有良好的形象和美誉度，娱乐圈内圈外的口碑上佳。③重新启用汪明荃会有品牌形象老化的问题。但目前这只是一个短暂的过渡，现阶段启用汪明荃是利远大于弊的最佳选择。④因为早期万家乐与汪明荃所沉积的巨大影响力，万家乐在启用汪明荃的前前后后，可以充分利用事件进行炒作，更可以配合"寻找万家乐老朋友"这样的公关促销活动。老人谱新曲可以收到较好的公关促销效果，这也是启用任何其他的形象代言人所无法达到的以较小的代价获得较大的关注度回报。

因此，万家乐灶具品牌形象最终定格为汪明荃 + "双高火光锋"，背景是熊熊燃烧的烈火。

案例讨论

通过上述案例，我们可以看出万家乐公司产品营销策划的成功点主要有以下方面：

（1）万家乐公司首要目标就是通过树立品牌，培养客户的忠诚度。选定汪明荃作为产品的形象代言人，目的就是将产品推向企业的老客户，并吸引新的顾客。针对企业的目标市场，发动宣传攻势。

（2）从万家乐灶具市场营销策划案例来看，万家乐的灶具产品在市场上具有强大的潜力。所以通过发掘产品的特色,将产品的独特形象信息传给目标市场,吸引目标市场是万家乐再次雄起的有力武器。

案例二 挑战北极冰雪之旅——长城哈弗 SUV 营销策划

案例背景

多年来,长城哈弗 SUV 汽车不仅稳坐中国 SUV 市场的首把交椅,还积极拓展海外业务,在国际市场上积累下深厚的口碑。仅在长城汽车最大海外出口市场俄罗斯,截至 2013 年 9 月底,市场保有量就将近 7 万台,且品牌知名度也在逐步提高,哈弗 SUV 汽车已成为俄罗斯市场上中国汽车品牌的代表。

从 1909 年 4 月 6 日美国探险家皮尔里与他的探险队第一次登上北极点之后,人类对于北极圈的探索就从未停止,征服北极展现的不仅是非比寻常的勇气,更是卓尔不群的实力。作为中国 SUV 领导者,哈弗 SUV 汽车传承不断挑战的品牌精神,利用挑战这次北极冰雪之旅中的表现树立起品牌形象,做了令人信服的品牌营销。

案例描述

2012 年 10 月 2 日,哈弗 SUV 北极冰雪试驾活动在莫斯科正式启动。这标志着以长城哈弗 SUV 为代表的中国汽车,正式开始了为期半月的北极挑战之旅。这次北极冰雪试驾活动以莫斯科为起点,将途经圣彼得堡、赫尔辛基、于韦斯屈莱,穿越俄罗斯、芬兰、挪威三国,跨越近 40 个纬度。从莫斯科一路向北驶往特罗姆瑟的 3500 多公里的行程中,哈弗 SUV 驰骋过畅行无阻的欧洲高速公路,穿梭在层峦叠嶂的山林之间,踏雪域、跨荒漠、渡河流、淌溪水,在温度气候的不断更迭变换中,见证了各色险峻地形,领略了百态迥异风貌,在向世界之极进发的过程中,哈弗 SUV 充分证明了自身的产品性能。需特别强调的是,此次活动用车未经过任何改装,全部为商品车。参与此次北极全程的车辆是柴、汽油四驱哈弗 H5 欧风版。

在历时半月的长途跋涉中,哈弗 H5 绿静 2.0 T 发动机的强大动力支持与卓越的燃油经济性发挥出色,以零故障出色完成征途。绿静 2.0 T 融汇 DOHC 双顶置凸轮轴、VGT 涡轮增压中冷系统、第三代德尔福电控高压共轨系统、EGR 废气再循环及冷却系统等最先进的发动机技术,最大功率 110 kW,310 Nm 的峰值扭矩在转速为 1800～2800 rpm 之间即可充分释放,百公里综合工况仅为 7.0 L 的超低油耗也为车队按既定计划前进做足保障。尽管芬兰道路曲折婉转、地形地势复杂,但哈弗 H5 凭着抗颠簸能力强的非承载式车身、加上专业的 SUV 底盘和可靠的四驱系统,表现出色、驾控自如。征服北极,一颗勇往直前的"芯"不可或缺,而身经百战的历练同样必不可少。哈弗

H5在一路向北的征途中所展示出的高通过性和极强的道路适应能力令人信服。

案例讨论

当今汽车市场竞争日益激烈,产品同质化日趋严重。对于后进入国际汽车市场的企业而言,要在激烈的竞争中占有一席之地,就必须使自己的产品具有特色。企业要加强市场营销,树立产品鲜明的形象,提高产品的品牌度,培养顾客的忠诚度,最终实现企业的目标。通过此次北极冰雪之旅活动,长城哈弗吸引了北欧诸国媒体及消费者的眼球,使得长城哈弗SUV的产品形象在国际上得到了很大的提升,引起了国际及国内消费者对其产品的充分注意,再加上产品的合理价格,极大地提升了企业在国际汽车市场上的竞争力,为企业能够在激烈的市场竞争中获得潜在市场份额埋下了伏笔。

本章小结

产品包括核心产品、一般产品、期望产品、附加产品和潜在产品五个层次。

产品组合是指企业生产经营的全部产品线、产品项目的组合方式,即产品组合的宽度、深度、长度和关联度。

产品从投入市场到最终退出市场的全过程称为产品的生命周期,该过程一般经历产品的导入期、成长期、成熟期和衰退期四个阶段。

品牌是现代产品的一个重要组成部分,主要包括品牌化决策、品牌归属决策、品牌延伸策略、多品牌策略、品牌重新定位等。

按产品研究开发过程,新产品可分为全新产品、模仿型新产品、改进型新产品、形成系列型新产品、降低成本型新产品和重新定位型新产品。一个完整、科学的新产品开发过程要经历八个阶段:构思产生→构思筛选→概念发展和测试→营销规划→商业分析→产品实体开发→试销→商品化。

关键概念

产品 产品组合 产品生命周期 产品品牌 新产品策划

思考题

(1) 现代观念对产品是如何界定的?
(2) 产品组合与产品生命周期有什么含义,它们如何相互影响?
(3) 产品品牌策划包括哪些内容?
(4) 新产品的策划过程包括哪些环节?

第五章 价格策划

本章学习目标

通过本章的学习，要求学生掌握以下内容：①了解价格是营销组合中唯一产生销售收入的因素；②了解价格策划的概念及原则；③了解产品定价的基本方法；④了解基本的产品价格策略。

第一节 定价的原则与方法

一、价格策划的概念及原则

（一）价格策划的概念

价格是营销组合中唯一产生销售收入的因素，其他因素则代表成本。狭义地说，价格是购买产品或服务所支付的货币数目。广义地说，价格是消费者为取得同等价值的产品或服务所愿意支付的货币数目。在现代市场经济条件下，灵活多变的定价策略已经成为一种十分重要的营销手段。

价格策划，是指以消费者需求的经济价值为基础，综合考虑各种影响因素而制定和调整产品价格的过程。

（二）价格策划的原则

1. 目的性原则

订价的总目标是为了赢利。但是，赢利订价并不是唯一的，订价目的必须同时考虑以下三个范畴：

（1）利润。即订价不可低于其投资报酬的最低水准。

（2）竞争。即订价不可太高，以避免竞争厂商产生诱因进而扩充生产量。

（3）市场占有率。即订价尽可能低于主要竞争厂商以扩大市场占有率。

如果我们进一步细分，企业的订价目的包括：①长期利润的最大化；②短期利润的最大化；③销售量的成长；④市场的稳定性；⑤价格领袖地位的维持；⑥排除潜在竞争者进入市场；⑦加速边际厂商退出市场；⑧避免政府或社会团体的干涉；⑨保持通路厂商的忠诚度与进货支持；⑩提升企业的形象与地位；⑪让最终消费者认为合理；⑫创造顾客兴趣与刺激顾客购买；⑬提高其他产品项目的促销效果；⑭加速产品的周转率。

价格策划的方案必须同目的相匹配才能起到真正的作用。例如，如果为了保护原有市场占有率，或原产品失去市场优势，为了清存货物，企业往往采取拼价策略，将竞争者彻底击垮。相反，若企业行销新产品，为了尽快收回投资，就应该用高价吸脂法。策划时既应该注意前期高价投入时机和节奏，又要注意后期跟随者进入市场时降价转移风险的节奏。为了达到长期的赢利目的，企业有时会在短期内牺牲利润，以低利润、零利润，甚至是负利润定价来渗透市场，扩大或巩固市场占有率，以达到阻击竞争对手的目的。

2. 出奇制胜性原则

价格策划应该出奇、新颖，这样在实施时才能先发制人，达到有效目的。利用政策突然发动价格战而出奇制胜在我国家电行业就有典例。20 世纪 90 年代中期，因为政府将取消电视机 1～2 个税种，引起了消费市场价格会跌的预期。当众厂家与消费者尚在等待政府政策出台之际，长虹电视机厂率先降价 30%，当 1 个月后各厂家纷纷降价跟进时，宝贵的时间差已让长虹从一个较好品牌跃升为同行业著名品牌，当年市场销售突破 150 万台，夺取电视销售排行冠军。

3. 适时变动性原则

价格相对稳定性是商家经营的基本原则，变化频率过高的厂家会失去消费者的信任。但是，相对稳定并不是说不能变化，只要时机选择得合适，企业仍然能利用价格因素直接获利或达到排斥竞争者的目的。如果错失良机，就要在后期花费大量的人力、物力和财力才能得到补偿。

4. 区间适应性原则

企业定价有上限和下限的限制，企业的价格变动应该在这个上下限规定的区间里变动，突破这个区间有可能带来意想不到的负作用。如果长期将某一品牌定位在普通价位上，品牌在消费者心中的品位降低会反过来影响该品牌在市场上的销售。此外，价格策划除了要遵循价格本身的区间变化外，还要兼顾价格变化的时间区间，选择一个适宜的时间区间进行价格调整往往会收到意外的好效果。

二、产品定价方法

要根据产品成本、市场需求和竞争状况三要素来选择定价方法，产品定价方法有成本导向定价法、顾客导向定价法和竞争导向定价法三种。

（一）成本导向定价法

成本导向定价法的公式为：

$$价格 = 成本 + 税金 + 利润$$

成本导向定价法是一种以成本为中心的定价方法，也是传统的、运用得较普遍的定价方式，通常是以成本加上一个标准的或固定的利润来决定产品的价格的方法，产品成本是定价的主要依据和最低经济界限。

成本导向定价法具体包括成本加成定价法、投资回报率定价法和损益平衡销售量与目标定价法三种方法。

1. 成本加成定价法

成本加成定价法是指产品的价格由产品的成本加上某一标准比例（或成数）。其计算公式为：

$$单位成本 = 单位变动成本 + 单位固定成本$$
$$= 单位变动成本 + 总固定成本/预计销售量$$
$$成本加成价格 = 单位成本/(1 - 期望的销售利润率)$$

2. 投资回报率定价法

投资回报率定价法是指公司首先确定某一比例为公司的投资回报率，然后据此制定目标价格。其计算公式为：

$$目标定价 = 单位成本 + 投资回报率 \times 资本投资/单位销售$$

3. 损益平衡销售量与目标定价法

损益平衡销售量与目标定价法是指厂商考虑在某一特定的目标定价下，万一出现不能实现预期目标的销售量的情况，以不赔本为前提计算损益平衡销售量进而反推产品定价是否合理的定价方法。其计算公式为：

$$损益平衡销售量 = 固定成本/(价格 - 变动成本)$$

上述这些定价方法的优点在于简单易行，不足之处在于它以卖方的利益为出发点，不利于企业降低成本。其定价基本原则是"将本求利"和"水涨船高"，没有考虑市场需求及竞争因素；加成率是个估计值，缺乏科学性。

（二）顾客导向定价法

顾客导向定价法的公式为：

$$价格 = 需求$$

顾客导向法是以顾客本身的特性及顾客对产品的感受价值，而非产品的成本来决定产品价格的方法。其特点是灵活有效，它运用价格差异，对平均成本相同的同一产品，价格随市场需求的变化而变化，不与成本因素发生直接关系。其基本原则是：①市场需求强大时，适当调高价格；②市场需求强度小时，可适度调低价格。这种定价方法，需要综合考虑成本、产品的生命周期、市场购买能力、顾客心理等因素。

（三）竞争导向定价法

竞争导向定价法的公式是：

$$价格 \leqslant 竞争产品价格$$

竞争导向法是一种根据竞争状况确定价格的定价方法，企业以市场主要竞争者的产品价格为其定价的基准，综合考虑企业与竞争者之间的产品特色，制定具有竞争力的产品价格并随时根据竞争者价格的变动而进行调整。

竞争导向法包括现行价格定价法和投标定价法两种。

1. 现行价格定价法

现行价格定价法（going-rating pricing）是指公司产品的价格与主要竞争者价格或一般市场价格相当，而不太考虑成本或市场需求状况。采用这种定价法的原因在于产品的需求弹性难以衡量，在保证相当利润的基础上，还可避免因恶性竞争破坏行业的和谐。

2. 投标定价法

投标定价法（sealed-bid pricing）是大多数通过投标争取业务的企业通常采取的竞争导向定价法。竞标的目的在于争取合同，因此企业考虑的重点是竞争者会报出何种价格，公司制订的价格应比竞争者的低，而不局限于成本或需求状况。当然，企业必须事先确定一个最低的获利标准来投标：价格低于成本将有损利益；价格高于成本虽然增加了利润但不利于中标。

第二节 价格策划实务

一、产品定价程序

（一）产品定价流程

整个产品定价流程共包括以下八个步骤。

1. 设定策略定价目标

设定策略定价目标反映的是公司在目标市场中的产品定位及企图，是整个策划的第一步。

2. 需求评估

需求评估是指公司在既定定价目标下，根据消费者所能接受的产品价格变动范围，确定最佳的产品价位及其与销售量的关系。需求评估常用的方法是需求曲线及其弹性分析。

3. 成本评估

成本评估是指分析不同销售量下的成本变化关系。

4. 竞争者价格及成本分析

通过竞争者价格及成本的分析，营销人员可估计对手的竞争能力及行动，从而发展公司最有效的营销策略。

5. 决定定价方式

决定定价方式即企业决定采取成本导向法或竞争导向法还是顾客导向法。

6. 制定价格策略

根据不同的市场竞争环境来制定相应的价格策略，如新产品价格策略、产品组合价格策略或者价格调整策略。

7. 确定产品价格

确定产品价格是为了进行销售，除了考虑消费者的反应外，还应照顾各种分销商的需求。

8. 市价调整及修正

企业必须针对市场的实际情况变化不断对市价进行调整及修正。

（二）产品定价的考虑要素

产品定价要考虑以下要素。

1. 定价与产品的关系

产品的质量、性能是制定价格的重要依据。如果策划的产品质量好、功能多、信誉好、包装美，就能把价格定得比一般产品高；相反，价格要低一些。

2. 定价与销售渠道的关系

如果把产品大量批发给中间商，则价格应定得低一些；如果直接销售给消费者，价格就要定得高一些。

3. 定价与促销的关系

产品花费的促销费用高，价格理应定得高一些；否则，价格就可以定得低些。

二、产品定价策略

产品定价策略可以分为新产品价格策略、产品组合定价策略、价格调整策略三类。此外，针对不同的产品和市场情况，还可以实行差别定价。

（一）新产品价格策略

新产品价格策略是在产品生命周期的引进阶段推出新产品时所采用的策略。新产品的定价策略可细分为以下几种。

1. 撇脂定价策略

撇脂定价策略是一种高价格策略，是指在新产品上市初期，产品生命周期的最初阶段，价格定得高，以便在较短的时间内获得最大利润。这种定价策略因类似于从牛奶中撇脂奶油而得名。

从营销策划的角度看，在以下条件下企业可以采取撇脂定价策略：①市场有足够的购买者，他们的需求缺乏弹性，即使把价格定得很高，市场需求不会大量减少。②高价使需求减少一些，单位成本增加一些，但不至于抵消高价所带来的利益。③在高价情况下，仍然独家经营，别无竞争者，有专利保护的产品就是如此。④以较高的价格刺激消费，以提高产品身份，创造高价、优质、名牌形象，开拓市场；由于价格较高，可在短时间内获得较大利润，回收资金也较快，使企业有足够的资金开拓市场；在新产品开发之初，定价较高，当竞争对手大量进入市场时，便于企业主动降价，增强竞争能力，此举符合顾客对价格由高到低的心理。

撇脂定价策略成功的条件是：①有充足的市场需求量，顾客对该产品有很高的需求并愿出高价购买。②市场价格敏感度低，需求弹性小。③在小规模的生产成本下仍有充足利润。④高价短期内不至于吸引更多竞争者。⑤高价格可以树立高品质的产品形象。公司还通过使用专利权、版权、优质名牌产品的声誉、稀缺资源的使用权、最佳分销渠道的优先权等保护形式，阻止提供低价产品的竞争对手的进攻，维持长期利润。

2. 渗透定价策略

渗透定价策略是一种低价格策略，即在新产品投入市场时，企业把它的创新产品价格定得相对较低，目的是在短期内加速市场成长，牺牲高毛利以期获得较高的销售量及市场占有率，进而产生显著的成本经济效益，使成本和价格得以不断降低。

从营销策划角度看，企业采取市场渗透定价须具备以下条件：市场需求显得对价格较为敏感，因此低价会刺激市场需求迅速增长；企业的生产成本和经营费用会随着生产经营经验的增加而下降；低价不会引起实际和潜在的竞争。但是，渗透价格并不意味着绝对的便宜，而是相对于价值来讲比较低。

市场渗透定价策略成功的条件是：①有足够大的市场需求；②消费者对价格高度敏感而不是具有强烈的品牌偏好；③大量生产能产生显著的成本经济效益；④低价策略能有效打击现存及潜在的竞争者。

3. 仿制新产品的定价策略

采用仿制新产品的定价策略的企业要决定其产品质量和价格上的定位：①优质高价；②优质中价；③优质低价；④中质高价；⑤中质中价；⑥中质低价；⑦低质高价；⑧低质中价；⑨低质低价。如果市场领导者正采取优质高价，新来者就应采取其他策略。

4. 满意定价策略

满意定价策略是一种介于撇脂和渗透之间的价格策略。所定的价格比撇脂定价低，而比渗透价格要高，是一种中间价格。这种定价策略由于能使生产者和消费者都比较满意而得名。有时又称为"君子价格"或"温和价格"。

（二）产品组合定价策略

产品组合策略，是指为确定产品组合的整体定价关系所采用的策略。当产品属于产品组合的一部分时，个别产品的定价需考虑产品组合的整体定价关系。产品组合定价应从企业整体利益出发，对有关产品所作的价格进行修订。

产品组合定价策略可细分为以下几种。

1. 产品线定价策略

企业必须适当安排产品线内各个产品之间的价格梯级。若产品线中两个前后连接的产品之间的价格差额小，顾客就会购买先进的产品。此时，若两个产品的成本差额小于价格差额，企业的利润就会增加；反之，价格差额大，顾客就会更多地购买较差的产品。

2. 任选品定价策略

许多企业不仅提供主要产品，还提供某些与主要产品密切关联的选择产品，这些与主要产品密切关联的可任意选择的产品即任选品。最常见的例子，顾客去饭店吃饭，除了饭菜以外，还会点酒水等，在此酒水为任选品。企业为任选品定价常用的有两种方法：①把任选品价格定得较高，靠它赢利多赚钱；②把任选品的价格定得低一些，以此招徕顾客。例如，有的饭店，饭菜的价格定得较低，而酒水的价位定得较高；另一些饭店正好相反，饭菜的价格定得较高，而酒水的价格定得较低。

3. 互补品定价策略

互补品定价策略也叫连带产品定价。许多大企业往往是主要产品定价较低，互补品定价较高。以高价的互补品获取利润,补偿主要产品低价造成的损失。例如,柯达公司给它的照相机制定较低的价格,而它的胶卷定价较高,增强了柯达的市场竞争能力,销售柯达胶卷赚钱,保持原有的利润水平。而不生产胶卷的中小企业,为了获取相同的利润,就只好把照相机的价格定高,其市场竞争能力自然要受影响。

(三)价格调整策略

根据定价目标、选择某种定价方法所制定的价格常常并不就是该产品的最终价格,而只是该产品的基本价格。为了提高产品的竞争力及对顾客的吸引力,还应考虑一些其他的因素,对基本价格进行适当调整。调整价格主要有两种情况:一是市场供求环境发生了变化,企业认为有必要主动调整自己的价格;二是竞争者的价格有所变动,企业不得不被动作出相应反应。价格调整的方向有升有降,调整的时间有长有短,调整的幅度有大有小,调整的方法灵活多样,一切都要以市场为转移。调整也不可能一次就完成,市场环境变化价格就要再调整,直至产品生命周期结束,产品离开市场。

价格调整策略可细分为以下几种。

1. 维持原价策略

维持原价策略通常用于市场环境虽改变,但厂商本身的市场区隔却未受影响时。例如,汽油价格虽调升,但进口车高价位之买气却未受影响,则可维持原价。另外,当厂商考虑有必要变动价格,却又不知道变动幅度应该是多少,或价格变动是否可能损及产品形象或伤害本公司其他产品时,宁可维持原价。

2. 降价策略

厂商采取降价行为的理由有三方面:①当竞争厂商削价求售时,本公司只好降价以防御;②利用经验曲线的效益,在单位成本降低后,随之降低产品价格,以作为掠取市场占有率的攻击性策略,通常技术进步也可能降低产品成本,而使厂商有余地采取降价策略,扩大市场占有率;③供大于求,当市场上供应的同类产品数量大于消费者的需求量时即采取降价策略。

采取降价策略最好能满足如下三个条件:①市场对价格有一定的敏感性,当低价格为刺激顾客购买的先决条件时,低价格会推动市场的成长;②随着生产的积累,产品成本和销售成本不断地下降;③低价格可以阻止现实和潜在的竞争对手的进入,提升行业的准入门槛。

3. 涨价策略

在下列两种情况下,企业往往会考虑涨价:①成本膨胀。这是个全球性的问题。材料、燃料、人工费、运费、科研开发费、广告费等不断上涨,导致企业压低了利润的幅度,因而也引起了公司要定期地提价,提高的价格往往比成本增加的要多。②供不应求。当公司的产品在市场上处于不能满足所有消费者的需要时,可能会涨价。公司在涨价时,应通过一定的渠道让消费者知道涨价的原因,并听取他们的反应,公司的推销人员应帮助顾客找到经济实用的方法。必须考虑的是,涨价之后可能引起需求减弱,因此涨价幅度也须审慎测定。

（四）差别定价策略

1. 实施差别定价策略的前提条件

（1）市场必须可以细分，而且各个细分市场对该产品或服务的需求强度有所不同。

（2）差别定价的产品在各个细分市场之间不能流通。

（3）在差别定价的高价细分市场部分，不存在竞争者削价促销产品的活动。

（4）差别定价所带来的利润必须超过其所带来的管理成本。

（5）这种差别定价不至于招致顾客不满。

（6）差别定价是合法的。

2. 差别定价策略的形式

（1）顾客差别定价。对同样的产品和服务，不同顾客支付不同的数额，如公交公司对成年人和120厘米以下儿童收取不同的费用。

（2）产品差别定价。产品的品种、规格、牌誉和样式不同，制定的价格也不同。自行车、服装款式能吸引人的话，价格会比同类产品高。

（3）地点差别定价。不同地点、区域、场所、位置、方位等可制定不同价格。例如，戏院的包厢收取的费用就高；剧场中间和前面座位票价高，边座和后座价低；飞机前舱票价高于后舱票价。

（4）时间差别定价。不同时期、不同钟点，都可以采用季节性的变动价格。如长途电话在晚间及节假日比平常便宜，旅游区在淡季和旺季也收费不同。

（5）心理差别定价。心理定价策略是一种根据消费者心理所使用的定价策略，是运用心理学的原理，依据不同类型的消费者在购买商品时的不同心理要求来制定价格，以诱导消费者增加购买，扩大企业销量。

心理差别定价的具体策略包括以下几种：①尾数定价策略。在确定零售价格时，以零数结尾，使用户在心理上有一种便宜的感觉，或者是按照风俗习惯的要求，价格尾数取吉利数，也可以促进购买。该策略适用于非名牌和中低档产品。②整数定价策略。与尾数定价策略相反，利用顾客"一分钱一分货"的心理，采用整数定价，该策略适用于高档、名牌产品或者是消费者不太了解的商品。③声望定价策略。主要适用于名牌企业、名牌商店和名牌产品。由于声望和信用高，用户也愿意支付较高的价格购买公司的产品，但是，滥用此法，可能会失去市场。④特价定价策略。这是利用部分顾客追求廉价的心理，企业有意识地将价格定得低一些，达到打开销路或者是扩大销售的目的，如常见的大减价和大拍卖就属于这种策略。该策略主要适用于竞争较为激烈的产品，但滥用此法，会损害企业的形象。

案例一　iPhone 6 价格营销策划战略分析

一、案例背景

2013年，当苹果公司宣布 iPhone 5S 和 5C 的价格时，投资者、分析师甚至一些消费者都感到困惑和失望，苹果公司的股价也应声下跌。外界的批评主要集中在苹果公司的定价策略过于谨慎，以及未能凭借更激进的价格抢夺市场份额。2014年，iPhone 在全球的销量比前一年提高了约15%，苹果公司的股价也超过了苹果公司宣布 iPhone 5S 和 5C 价格前的 2012 年历史最高价的水平。尽管 5C 的销量低于苹果公司的预期，苹果看似保守的定价策略却似乎成效卓著。而 iPhone 6 的定价策略如何，是 iPhone 新品发布之前除了产品性能改进之外最备受关注的问题。

二、案例描述

2014年9月11日，苹果在美国库普迪诺弗林特剧院（Flint Center）举行发布会，正式推出了备受期待的 iPhone 6、iPhone 6 Plus 以及苹果首款可穿戴智能设备 Apple Watch。同时，苹果还在发布会上公布了 iPhone 6 和 iPhone 6 Plus 的两年合约价格。苹果全球市场营销高级副总裁菲尔·席勒（Phil Schiller）在发布会上表示，iPhone 6 Plus 的两年合约价格为 299 美元起，而 iPhone 6 的两年合约价更是低至 199 美元。同时，iPhone 5S 和 iPhone 5C 的合约价则分别被调整为 99 美元和免费。此次发布的 iPhone 6 和 iPhone 6 Plus 扩大了屏幕尺寸、更改了外观，方正的机身四周被打磨圆润，屏幕边缘经过弧化处理。除了这些视觉可见的更新之外，iPhone 6 还发生了一些看不到的变化——机身存储就是其中之一。基础的 16G iPhone 继续保留，但中端的 32G 版则被苹果无情砍掉。在经过 64G 降级、推出 128G 等一系列调整后，iPhone 6 和 iPhone 6 Plus 出现了 16G、64G 和 128G 三种新的排列规格；而且三个版本 iPhone 6 的价格与此前对应位置的 iPhone 完全一致，尽管依旧有人会购买 16G 版本，但毫无疑问，64G iPhone 比以往更有吸引力。新的排列规格下，特别容易使消费者感受到处于中层和顶端位置的 iPhone 比往年更加超值——它们的机身存储提升一倍，但价格却没有任何改变。所以，16G 版 iPhone 6 俨然是一个带有强烈导向性的参照系，而砍掉 32G 的容量之外，就促使人们购买 64G iPhone 6。

三、案例分析

经过分析，我们可以看出 iPhone 6 的价格营销策略有以下几方面：
（1）继续保持溢价定位、明确的产品组合定价规则、高出所有竞争对手的标价的价格战略。iPhone 6 的定价以 5S 价格或略高于 5S 的定价方式确定。
（2）体现价值定位的价格战略。尽管此次发布的 iPhone 6 被描述为更大的屏幕、更高的清晰度、近场通信（NFC）以及健康监测功能等都是科技博客爱猜测的功能。然而，尽管进步显著，这些功能还是体现了 iPhone 6 是一款升级产品，所以它的发布价格略高于 5S。

（3）以促进销售增长并确保赢利目标的定价策略。在 iPhone 6 全系产品中，128G 机型可能会成为高端版本（根据显示屏大小而定），64G 则是中端机型的新标准。此次产品调整最巧妙的地方在于，砍掉 32G iPhone 的同时又保留了 16G，这让苹果的目的变得异常明确——促使用户更多地购买 64G iPhone 6。据分析，iPhone 6 砍掉 32G 版本后，苹果将获得高达 30 亿美元的额外收益。

（资料来源：百度搜索）

案例二　家乐福和沃尔玛定价策略的对比分析

家乐福和沃尔玛在中国的销售业绩比较好，与其出售商品的价格有关。价格是消费者选择购物场所最敏感的因素。低价位是两家超市在中国取得成功的重要因素之一，本文通过对家乐福和沃尔玛的商品价格的较为全面的调查研究，发现家乐福和沃尔玛的成功后面隐藏着高超的定价策略。

一、家乐福和沃尔玛定价策略相同点分析

本文在调查的基础上发现两家超市在定价的时候都着眼于顾客的心理感受，将心理定价策略发挥得淋漓尽致。家乐福和沃尔玛娴熟运用的心理定价策略主要表现在以下几个方面。

（一）低价渗透策略

采取低价渗透策略，努力营造价格低廉的第一印象。第一印象是指人们对某种事物所形成的初步印象，它对于人们认识事物有非常重要的影响。家乐福和沃尔玛都深知这一道理，他们在开业之初实行低价渗透的策略，即超市的商品实行普遍低价，给消费者传达超市商品普遍低价的信号，使消费者形成家乐福、沃尔玛商品价格低廉的第一印象，吸引大量的顾客前来光顾，并通过这些顾客口碑相传，使其知名度迅速上升。

（二）尾数定价策略

尾数定价策略是指在确定零售价格时保留价格尾数，这可以对消费者产生如下的心理效果：首先，可以使消费者产生便宜的心理错觉，例如 9.90 元的拼图，就是比 10 元的拼图好销；其次，可使消费者相信企业是在科学、认真的定价，制定的价格是合理、精确、有根据的；最后，给消费者一种数字寓意吉祥的感觉。如 8 代表发，9 代表最高、最好。

（三）错觉定价策略

错觉定价就是让消费者对价格产生心理错觉，家乐福、沃尔玛主要将这一策略应用于促销之中。消费者一方面希望商品低价出售，另一方面又有"便宜没好货"的心理。这一心理在特价促销中表现得尤为明显。面对这一情况，家乐福、沃尔玛采取"货币错觉策略"。在两家超市经常会看到100元购买110元商品的促销活动。表面看来，这种方案和打九折没有区别，都是让利10%，但仔细分析，会发现100元购买110元商品的促销方案的绝妙之处。打九折，给消费者的直观感觉是在降价，这时"便宜没好货"的心理会影响消费者的购买决定，而"100元购买110元商品"却使消费者觉得自己的货币价值在提高。

（四）整数定价策略

对于一些质量较好的高档商品、耐用消费品以及贵重的礼品和刚上市的新产品，两家超市采用整数定价策略。对于这类商品，要准确地判断其质量极不容易。因此，人们在购买时，见到价格较高且为整数就会认为质量很好。顾客都有"一分钱一分货""价高货才好"的心理，所以如果对于这类商品采取尾数定价策略，消费者就会认为"商品的档次不够高，质量不够好"，反而影响商品的销售。

（五）招徕定价策略

招徕定价策略是指家乐福和沃尔玛利用部分顾客求廉价的心理，特意将某几种商品的价格定得非常低，有时甚至低于成本价以吸引顾客。这些商品为卖场招揽了大批顾客，顾客光临，除了购买降价品外，通常还会顺便购买一些其他商品。所以，虽然作为诱饵的降价商品会给家乐福和沃尔玛带来一定的利益损失，但门店中的商品总体销售额会上升，因此卖场减价损失的利润早已从增加的销售额中得到了补偿。

二、家乐福和沃尔玛定价策略不同点分析

尽管家乐福和沃尔玛的价格相对其他超市来说都很低，但本文通过调查发现两家超市的所谓"低价"还是略有区别的。在价格策略上，沃尔玛坚持"天天低价"原则，通过降低成本，制定低价格，让利给顾客；而家乐福秉承"高低价"的价格原则，降低部分敏感商品的价格吸引顾客，提高销售和营业额。

具体来说，家乐福坚持"低中取低，高中超高"策略，不是所有商品的价格都很低，而是高低结合，至于哪些商品是低价，哪些商品是高价，家乐福是在充分的市场调研的基础上确定的。而沃尔玛的理念是"天天平价"，是一种整体的低价。沃尔玛的"天天平价"不是一种或若干种商品的平价，而是所有商品均以低价销售；不是一时或一段时间的平价，而是一年四季均以低价销售；不是一地或一些地区的平价，而是全球各连锁店均以低价销售。

（一）家乐福独特的"高低价"策略

家乐福独特的"高低价"策略其实是一种价格组合策略，这个策略的主要依据是商品属性。家乐福把商品按其属性分为四种：敏感性商品、非敏感性商品、自有品牌商品和进口商品。对于四种不同属性的商品的定价采取四种不同的策略：敏感性商品超低价，非敏感性商品贡献价，自有品牌商品权变价，进口商品超高价。最终要达到的目的是将提高销售额与获取最大利润整合到最佳平衡点。

下面详细论述家乐福这四种不同的定价策略：

1. 敏感性商品超低价

据有关调查显示，消费者对于某些商品的价格十分敏感，他们甚至十分清楚这些商品在不同的超市的销售价格。这类商品就称为"敏感商品"。"敏感商品"的特点是消费量大，购买频率高。家乐福对于这类商品实行微利甚至是无利销售。家乐福对于敏感商品的确定费了一番功夫，他在全面详细、深入地市场调研的基础上，精心选择10%的敏感商品进行超低价销售，这部分敏感商品的超低价位可以维持和强化其低价形象，从而带动其他非敏感商品的销售，达到所谓以点带面、以小带大的效果。

2. 非敏感性商品贡献价

其实，家乐福实行敏感性商品超低价的策略的目的是要带动这部分非敏感商品的销售，这部分非敏感商品才是家乐福的真正赢利点。这部分非敏感商品分为两部分：一部分称为正常的非敏感商品。这类商品主要指顾客不太敏感，同类商品品种多，消费者很难在短期作出价格的比较。对于这部分商品，家乐福是在成本上加一个利润率，但以不高于市价为原则，毛利率均控制在10%～15%，而市价的毛利率往往在15%～20%。另一部分称为特殊的非敏感性商品。这类商品是在消费者心中有一定地位的名牌商品或能够体现消费者社会地位的商品。对于这类商品，如果将价格定得过低，会使消费者认为商品档次不高或质量不好。对于这部分商品，家乐福的策略是把价钱订高，赚取超额利润。

3. 自有品牌商品权变价

从2003年开始，家乐福开发了许多自有品牌的商品，据商务部数据，截至2004年底，仅在上海地区，已开发和正在销售的自有品牌商品已达450种，占其销售商品总数的3%～4%，拥有150家国内贴牌制造商，销售势头良好。这一切与其高超的定价策略密不可分，对于自有商品，家乐福实行权变价策略。所谓权变价策略，就是家乐福对于自有商品的价格有很大的调节空间，根据市场情况迅速调节价格。

4. 进口商品超高价

在任何一家大型超市，都会有一些进口商品，家乐福也不例外，家乐福的特色是有许多法国进口的葡萄酒。对于这部分商品，家乐福实行超高价策略。实行这一策略是基于进口商品的特性：购买者对于这类商品的价格不关注，关注的是进口商品带来的所谓附加值。

总而言之，家乐福采取的是所谓"低中取低，高中超高"的目标市场细分策略，对不同的细分市场推行差异化的价格营销策略。与其他零售企业相比，家乐福各大卖场中的敏感性商品一直是最低价的，使其在这些商品的价格上具有其他商家难以超越的优势；而家乐福的非敏感性商品的价格是较高的，但这丝毫不影响家乐福的低价形象，"高低结合"策略使家乐福的销售额不断增加，市场份额逐年扩大，竞争力不断增强。

（二）沃尔玛独特的"天天平价"策略

沃尔玛的"天天平价"策略与一般的削价让利有着本质上的区别。

沃尔玛的"天天平价"是把减价作为一种长期的营销战略手段，减价不再是一种短期的促销行为，而是作为整个企业市场定价策略的核心，是整个企业存在的根本，是企业发展的依托。具体说来，沃尔玛的"天天平价"不是一种或若干种商品的平价，而是所有商品均以低价销售；不是一时或一段时间的平价，而是一年四季均以低价销售；不是一地或一些地区的平价，而是全球各连锁店均以低价销售。这样就能通过降低商品价格吸引顾客、拉动销售，进而获得比高价销售更多的利润回报。

沃尔玛的"天天平价"，不仅仅是指商品的价格低廉，更关键的是为顾客提供所谓超值的服务。沃尔玛认为，在降低价格的同时，为顾客提供超值的服务，才是平价的精髓所在。

沃尔玛的"天天平价"策略可细分为以下策略。

1. 数量折扣定价策略

数量折扣是指对购买量大的顾客给予一定的价格折扣。它分为一次性数量折扣和累计数量折扣。一次性数量折扣是指对一次性购买金额达到规定金额标准的顾客给予一定的价格优惠，其目的是鼓励顾客增加每次来卖场的购物量，以便于卖场组织大批量销售；累计数量折扣是指对一定时期内购买金额累积超过规定金额的顾客给予一定的价格优惠，其目的是为了与顾客保持长期稳定的联系。

2. 促销商品定价策略

促销商品定价策略，是指对顾客非常熟悉的一些商品采取暂时性大幅度降价，有时甚至不惜把价格降至成本价格之下。这些商品为卖场招揽了大批顾客，一旦顾客光临，除了购买降价品外，通常还会顺便购买一些其他商品。所以，虽然作为诱饵的降价商品会给沃尔玛带来一定的利益损失，但门店中的商品总体销售额会上升，因此卖场减价损失的利润早已从增加的销售额中得到了补偿。

3. "平价服务"策略

为顾客提供"平价服务"是沃尔玛的最大特色。沃尔玛认为，为顾客提供超值的服务，才是平价的精髓所在。在顾客花费一定的条件下，如能享受到超值服务，实际上就是获得了平价服务。沃尔玛的超值服务具体体现在日落原则、向顾客提供比满意更满意的服务和十步原则三个方面。

沃尔玛的创始人山姆·沃尔顿在给第一家店挂上沃尔玛招牌时，就在招牌的左边写上了"天天平价"，右边写上了"满意服务"。这两句话涵盖了沃尔玛的全部经营哲学。所谓"天天平价"，是指沃尔玛在经营中，坚持"每一种商品都要比其他店铺商品便宜"的原则，提倡低成本、低费用结构、低价格、让利给顾客的经营思想，而"满意服务"是始终坚持在低价格的同时为顾客提供超值服务的经营理念。山姆·沃尔顿坚定不移地贯彻这一经营哲学，以薄利多销和超值服务来赢得利润，并最终创建了有史以来最伟大的零售帝国。

三、家乐福和沃尔玛定价的幕后策略

调查表明，零售企业的采购成本要占到企业运作成本的60%，对采购进行管理是零售企业管理中最有价值的部分。采购中每节省的一元钱都会转化为利润。沃尔玛和家乐福都深知这一点，将精力集中在控制采购成本上，通过降低采购成本来增加企业的利润，实现各自的低价策略。

家乐福的赢利模式是"不赚消费者的钱，而赚厂家的钱"。除了控制供应价格，家乐福还向供应商收取一定数额的进场费。沃尔玛实施"零进场费"政策，供销直通，优化供应链。具体来说，就是在采购的环节上全面压价，减少一切不必要的开支。即直接向生产厂家进货，不通过中间商，节省付给批发商的15%货款的佣金。家乐福、沃尔玛采取不同的方法节约采购成本，为它们实施各自高超的价格策略打下了坚实的基础。

四、对家乐福和沃尔玛定价策略的评析

超市经营的好坏，能否生存下去，其中的一个关键是商品的定价。超市商品的定价是有技巧的，而且定价的优劣可决定超市的命运，家乐福和沃尔玛自从进入中国以来，市场占有份额节节攀升，就是深谙定价之道，并巧妙地将其运用在日常的营销之中。

通过对家乐福和沃尔玛两家超市的定价策略的对比研究得到如下启示：

首先，定价要结合本企业的市场营销目标：家乐福和沃尔玛的市场营销目标都是增加销售额，扩大市场占有率，紧紧围绕营销目标，两家超市采取了低价渗透的策略。

其次，定价要以顾客需求为中心：顾客来超市购物，都有其独特的诉求，因此定价的形式也应该是灵活多样的，以满足顾客的不同需求。

最后，定价要符合企业所在地的文化：不同地区有其独特的文化，当地顾客对于价格可能会有不同的看法，因此定价时要充分进行市场调查，了解当地人们的收入情况、消费习惯等各方面因素，以便因地制宜地制定合理的价格策略。

相比之下，我国的零售企业的定价策略在以下方面显得有些落后和呆板：首先，我国的零售企业制定价格策略往往和自身的营销目标脱节，盲目使用一些所谓流行的定价策略，而没有结合自身的市场目标。其次，定价形式单一，往往只是采用简单的折扣策略；最后，定价时忽视顾客的需求，不进行充分的市场调研就武断地制定一些与顾客需求脱节的价格，因此在发展中问题丛生。国内零售企业在认清自身"短板"的同时，更要深入剖析像沃尔玛和家乐福等顶尖企业的经营精髓，找出差距，完善自身。以上关于两家超市定价策略的详尽分析，希望能对国内零售企业的发展有所帮助。

（资料来源：丁慧、刘雪琴：《家乐福和沃尔玛定价策略对比分析》，载《商场现代化》2007年第9期）

案例三 伟达公司定价策略的失误

一、公司概况

伟达公司是隶属北京市某局的一个中型企业。改革开放以来,在大力发展其他产业、开展多种产品经营的战略思想指导下,从1985年起,经过几年的发展,到1993年已逐步形成了两个饮料厂、三条生产线、十几个产品的格局。伟达公司产品主要以中低档为主,销售方式主要以人员推销为主,并初步建立起以北京地区为主的稳定的销售渠道。但是由于资金、市场、机制等各种因素的影响,企业的生产规模始终没有大幅度的变化,基本维持在2500吨/年的生产能力和销售水平上。

二、推出新项目

1994年,伟达公司经过市场调研发现,本公司产品中最有开发优势的是矿泉水系列产品,而此时北京地区生产矿泉水饮料的企业有100多家,其中规模在1000吨/年以上的有30多家,但没有年产5000吨以上的大规模生产线。同时,北京地区不断有国外以及外埠品牌的矿泉水产品涌入,大都在市场上站稳了脚跟,如百事、EVION等。矿泉水的替代产品也不断涌现并形成规模(如太空水、纯净水)。北京地区饮料产品特别是矿泉水饮料市场竞争非常激烈。矿泉水价格基本维持在1.50元/瓶(以500 ml一瓶计)上下。经过市场调研还认识到,北京作为政治、经济、文化中心,同时作为旅游胜地,每年吸引着国内外众多游客。一方面,每年夏季来京购物、旅游、经商的流动人口形成了矿泉水饮料消费一大市场;另一方面,随着经济的不断发展,人们生活水平逐年提高,对天然矿泉水饮料的需求形成了另一个大市场。据专家预测,今后几年北京地区矿泉水需求量会进一步大幅度提高,预计市场缺口每年在4万~8万吨。基于以上调研结果,伟达公司决定贷款5000万元,全套引进国外一流生产技术与设备,建一条从制瓶、制盖、灌装至装箱的生产线,使年产量增至1.2万吨/年,从而形成华北地区生产规模最大的矿泉水饮料生产基地,以规模优势占领现在和未来市场。

经过两年的努力,伟达公司于1996年底建成了一条国内技术水平最先进、生产能力居全国前列的现代化矿泉水生产线,固定资产投入4500多万元,年产量1.2万吨,产品以中档为主兼营高档产品。这样,伟达公司新生产线的中高档产品与原生产线中低档产品形成了公司产品优势。如按预定规模正常运转,500 ml瓶装水成本也会由0.95元降至0.65元。

三、机遇面前碰壁

1997年对于矿泉水销售来讲是一个难得的好机遇:夏季天气持续高温无雨、香港回归和党的十五大召开等重大事件使北京大型活动频繁,这些都为矿泉水的销售创造了有利的条件。虽然伟达公司亦投资400万元用于广告宣传,并扩大了销售人员队伍,增加了运输车辆,但除了老生产线的产品销量比上一年有所提高外,新生产线产品滞销,造成大量积压。可以说新生产线建立起的资源优势、产品优势等一系列优势均未在新产品中体现出来。

伟达公司在机遇面前失败,原因何在呢?我们认为,伟达公司在对矿泉水产品销售特性没有充分了解和科学预测的基础上盲目定价是失败的主要原因。其主要原因是:矿泉水市场产品品牌多,竞争激烈,其需求价格弹性较大,价格成为矿泉水销售最敏感的因素。定价高,忽视同类产品竞争,促使消费者购买其他品牌的矿泉水,从而减少了消费者购买自己产品的机会与数量。定价应建在对产品销量科学预测的基础上,高价位的策略使相应的市场促销广告也失去了力量。伟达公司虽然投入400万元做广告,让人们认识了其产品,但并没能创造理想的需求。伟达公司的价格制定应针对其产品市场情况,以提高市场占有率为目的,发挥规模优势,以比其他企业更低的价位在大众消费品市场出现,挤掉其他品牌的市场份额以占领市场。经过新生产线的建设,伟达公司已具有了规模优势,产品成本降低,同时新的产品使伟达公司在各细分市场更具竞争优势。高价位产品应在某些细分市场出现,如宾馆、饭店,而不能出现在大众消费市场。

四、启示

伟达公司失败的价格策略失误有以下启示:

首先,在制定价格时要对市场需求进行科学的预测,对自己的产品优势与劣势要有充分的了解,对竞争对手的产品也要有全面的了解,同时要细分市场,对不同市场消费者的承受能力有充分的估计,要从成本、利润、市场、竞争对手等多方面出发,制定自己产品的价格,从而达到提高产品市场占有率、增加产品销量、扩大企业利润的目的。

其次,要将自己的产品很好地推向市场,就必须运用品牌策略,特别是在竞争激烈、品牌众多的市场中,知名度不高的单一品牌不利于市场竞争,要运用组合促销策略,不能单靠人员推销和广告,还要把握机会,重视矿泉水不是稀缺产品的特性,矿泉水的代用品多,其供需交叉弹性较大,采用高价位掠夺利润,人们就会购买其代用品,从而使销量降低,减少收入。

最后,伟达公司制定的价格没有针对市场进行细分,没有考虑消费对象的推广和公共关系等,比如利用重大活动,以捐助或其他形式让利于消费者,以提高企业及品牌的知名度。

总之,企业在激烈的市场竞争中,只有充分了解自己、了解市场,并运用科学的方法,制定行之有效的营销策略,才能在市场角逐中取胜。

(资料来源:郭国庆、李先国主编:《中国人民大学工商管理MBA案例市场营销卷》,中国人民大学出版社1999年版)

本章小结

价格是营销组合中唯一产生销售收入的因素。价格策划是一个以消费者需求的经济价值为基础,综合考虑各种影响因素,确定价格目标、方法与策略,制定和调整产品价格的过程。价格策划应该遵循目的性、出奇制胜性、适时变动性和区间适应性等原则。

根据产品成本、市场需求和竞争状况三要素来选择定价方法，定价可分为成本导向定价法、顾客导向定价法和竞争导向定价法。

整个产品定价流程包括设定策略定价目标、需求评估等八个步骤，基本的产品价格策略可以分为新产品价格策略、产品组合定价策略、价格调整策略和差别定价策略。

关键概念

价格策划　　定价方法　　定价策略

思考题

（1）"价格之决定本身并非理论，而是一种策略问题"。所以，定价策略可以是行销策略的中心策略，你同意吗？

（2）谈谈对下图的理解。

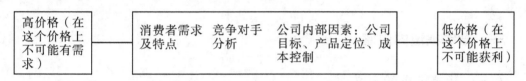

制定价格中的3C模式图

（3）新产品价格策略分为哪几种？

（4）举例说明产品组合定价和差别定价法在现实生活中的应用。

第六章 营销渠道策划

本章学习目标

通过本章的学习，要求学生掌握以下内容：①了解营销渠道的内涵及类型；②了解营销渠道设计的因素与设计程序；③了解如何对营销渠道进行有效的管理和评估。

第一节 营销渠道的基本理论

一、营销渠道的内涵

（一）营销渠道的含义

在商品经济条件下，产品必须通过交换，发生价值形式的运动，使产品从一个所有者转移到另一个所有者，直至消费者手中，这称为商流。伴随着商流还有产品实体的空间移动，称之为物流。商流与物流相结合，使产品从生产者到达消费者手中，便是分销渠道或分配途径，对此环节的规划、协调便是营销策划的主要内容之一——渠道策划。销售渠道的畅通与否，市场分布面的广阔或狭窄，对于企业的竞争能力和发展前景有着重要影响。同时，企业对于销售渠道的选择策略，还会在一定程度上影响企业及其产品的声誉，所以必须在销售渠道的选择和布局上进行认真的决策和策划。

市场营销渠道是营销策略组合中一个重要的组成部分。菲利普·科特勒的最新著作提出：营销渠道（marketing channels）是促使产品或服务顺利地被使用或消费的一整套相互依存的组织。营销渠道也称为贸易渠道（trade channels）或分销渠道（distribution channels）。肯迪夫和斯蒂尔给分销渠道所下的定义是：分销渠道是指"当产品从生产者向最后消费者或产业用户移动时，直接或间接转移所有权所经过的途径"。菲利普·科特勒认为："一条分销渠道是指某种货物或劳务从生产者向消费者移动时，取得这种货物或劳务的所有权或帮助转移其所有权的所有企业和个人。因此，一条分销渠道主要包括商人中间商（因为他们取得所有权）和代理中间商（因为他们帮助转移所有权）。此外，它还包括作为分销渠道的起点和终点的生产者和消费者，但是，它不包括供应商、辅助商等。"严格来讲，营销渠道和分销渠道是两个不同的概念，现在营销渠道和分销渠道两个概念多被混用。

从经济系统的观点来看，市场营销渠道的基本功能在于把自然界提供的不同原料根据人类的需要转换为有意义的货物搭配。市场营销渠道对产品从生产者转移到消费者所必须完成的工作加以组织，其目的在于消除产品（或服务）与使用者之间的差距。

关于营销渠道，有下述几个方面的认识：

（1）营销渠道存在于组织的外部。它不是组织内部机构的一部分，而是由与外部相连的、达到组织营销目的的经营组织构成。所以，营销渠道的管理和控制要比一个企业内部的管理和控制困难得多、复杂得多。

（2）虽然生产者可以直接与消费者进行沟通，完成商品交易活动，实现零渠道运作，但是对于大多数生产者来讲，中间环节的介入是产品分销成功不可缺少的。因此，一条营销渠道多由两个或更多个在产品分销过程中发挥必要功能的机构或个人组成，如批发商、销售代理商、零售商和辅助机构等。

（3）营销渠道中的成员之间存在着竞争和合作的关系，虽然他们的利益关注点不同，但每一个渠道成员都享受着渠道成功的回报和承担失败的风险，都希望通过专业化和合作提高自己的竞争实力。因此，营销渠道存在的基础就是成员之间最低限度的合作，并且只有通过渠道范围内的合作，将渠道中的主要参与者联系在一起，营销和物流配送等经营活动才能高效顺利进行，才能更好地实现企业的分销目标。

根据渠道主要成员以及观察者视角的不同，可以将营销渠道分为以生产制造商为主导、以零售商为主导和以服务提供商为主导的营销渠道。

（二）营销渠道的作用

由于生产者和消费者之间在数量、品种、时间、地点、所有权等方面存在供求矛盾，为了解决这些矛盾并节约社会劳动，大多数产品不是生产者直接提供给消费者，而是要经过一层或多层的中间环节，才能到达消费者手中。在这一过程中，营销渠道是企业实现产品销售的重要因素，也是企业了解和掌握市场需求的重要信息来源。具体地说，由中间商介入而建立起来的产品营销渠道在市场营销中所起的重要作用，表现为以下几个方面。

1. 实现产品从生产者到消费者的转移

产品营销渠道的起点同生产相接，终点同消费相接，产品通过这条渠道源源不断地从生产者流向消费者。对产品生产者来说，产品价值得到了实现，再生产得以继续进行；对消费者来说，获得了消费品，需求得到了满足。

2. 调剂余缺，平衡供需

首先，中间商在实现产品从生产者向消费者转移的过程中，通过产品由零集整和散整为零，即将小批量的产品汇集成大批量，再将大批量的产品分割成许多小批量提供给消费者，从而解决了供需双方在产品数量上的矛盾。

其次，生产者在花色品种、供货的时间和地点上都存在差异，因此中间商会根据不同地区市场的不同需要，把产品分成不同的等级，按产品的不同花色、品种进行分类，有针对性地满足消费者的需要。

最后，对于季节性产品，中间商可以通过汇集、储存、加工以及集散等手段，按季节供应给消费者，达到购销两旺。

3. 简化交易，提高效益

在现实中，由于中间机构自身特有的功能，从而保证产品流通的顺利实现，缩短了产品的销售时间，简化了交易联系，降低了交易次数，降低了流通费用和售价，给整个社会带来了巨大的成本节约，从而提高了产品销售的效率和效益。

4. 传递市场信息和产品信息

中间商一方面能及时为生产者提供有关市场的信息资料；另一方面，能给消费者以消费指导，向消费者传递产品的信息。通过这种信息沟通和反馈，生产者能及时改进自己的产品和营销组合方案，提高自身的竞争能力。

5. 有利于企业开拓市场，增进销售

现代产品社会，生产规模日益集中，这决定了企业市场的辐射面在扩大，即潜在顾客将分布在更广阔的区域内。这样广阔范围内的营销活动，生产企业是很难顾及的。产品交换所体现的"天然属性"，使得专门通过媒介进行交换的商业分销渠道具有市场扩散的作用。

二、营销渠道的类型

（一）直接渠道与间接渠道

按流通环节的多少，可将分销渠道划分为直接渠道与间接渠道；间接渠道又分为一级、二级和三级渠道；直接渠道与间接渠道的区别在于有无中间商。

1. 直接渠道

直接渠道又称作零级渠道，即制造商—消费者。零级渠道（Direct Channel）意味没有中间商参与，产品由生产者直接售给消费者（用户）的渠道类型。直接渠道是产品分销渠道的主要类型。一般大型设备以及技术复杂、需要提供专门服务的产品，企业都采用直接渠道分销；消费品中有部分也采用直接分销类型，诸如鲜活商品等。

2. 间接渠道

间接渠道指生产企业通过中间商环节把产品传送到消费者手中。间接分销渠道是消费品分销的主要类型，工业品中有许多产品诸如化妆品等采用间接分销类型。间接渠道可细分如下：

（1）一级渠道。即制造商—零售商—消费者。一级渠道包括一级中间商。在消费品市场，这个中间商通常是零售商；而在工业品市场，它可以是一个代理商或经销商。

（2）二级渠道。即制造商—批发商—零售商—消费者，多见于消费品分销（或者是制造商—代理商—零售商—消费者，多见于消费品分销。）二级渠道包括两级中间商。消费品二级渠道的典型模式是经由批发和零售两级转手分销。在工业品市场，这两级中间商多是由代理商及批发经销商组成。

（3）三级渠道。即制造商—代理商—批发商—零售商—消费者。三级渠道是包含三级中间商的渠道类型。

可见，零级渠道最短，三级渠道最长。级数更高的营销渠道也还有，但是不多。从生产者的观点看，渠道级数越高，控制也越成问题，制造厂商一般总是和最近的一级中

间商打交道。渠道级数类型见图 6-1。

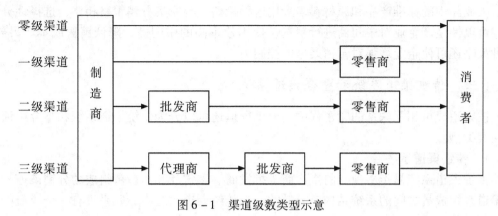

图 6-1 渠道级数类型示意

（二）宽渠道和窄渠道

根据渠道每一层使用同类型中间商的多少，即根据渠道的宽度结构可以划分为宽渠道和窄渠道。分销渠道的宽窄是相对而言的，它取决于渠道的每个环节中使用同类型中间商数目的多少。

1. 宽渠道

企业使用的同类中间商多，产品在市场上的分销面广，称为宽渠道。如一般的日用消费品（毛巾、牙刷、开水瓶等），由多家批发商经销，又转卖给更多的零售商，能大量接触消费者，大批量地销售产品。

2. 窄渠道

企业使用的同类中间商少，分销渠道窄，称为窄渠道，它一般适用于专业性强的产品，或贵重耐用消费品，由一家中间商统包，几家经销。它使生产企业容易控制分销，但市场分销面受到限制。

3. 分销渠道的宽度结构类型

（1）密集型分销渠道。密集型分销渠道是制造商通过尽可能多的批发商、零售商经销其产品，使营销渠道尽可能加宽。消费品中的便利品和工业品中的标准件、通用小工具多采用这种策略，为顾客提供购买上的方便。

（2）独家分销渠道。独家分销渠道是制造商在某一地区市场仅选择一家批发商或零售商经销其产品所形成的渠道。选择独家分销，要求企业在同一地区不再授权其他中间商销售本企业的产品；对所选中间商，企业要求其不再经营与之竞争的产品。独家分销是最极端的形式，是最窄的分销渠道，适用于消费品中的特殊品，尤其是一些名牌产品，以及需要提供特殊服务的产品。独家分销可以使生产企业提高对销售渠道的控制力，刺激中间商努力为本企业服务。但是这种策略对企业来说风险极大，如果中间商选择不当，则有可能失去这一地区的市场份额。

（3）选择性分销渠道。选择性分销渠道是制造商按一定条件选择若干个（一个以上）同类中间商经销产品形成的渠道。它的营销渠道比独家分销宽，比密集分销窄，这是企业较普遍使用的一种策略。它适用于各类商品,尤其是消费品中的选购品、特殊品,工业品中的标准产品和原材料多采用这种策略。与密集分销策略相比,选择性分销策略可以使生产企业对中间商进行精选,使用效率高的中间商,降低销售成本。另外,这种策略还可使企业增强对营销渠道的控制力。

(三)传统渠道系统和整合渠道系统

按渠道成员相互联系的紧密程度,分销渠道还可以分为传统渠道系统和整合渠道系统两大类型。

1. 传统渠道系统

传统渠道系统是指由独立的生产商、批发商、零售商和消费者组成的分销渠道。传统渠道系统成员之间的系统结构是松散的。在传统渠道系统中,几乎没有一个成员能完全控制其他成员。

2. 整合渠道系统

整合渠道系统是指在传统渠道系统中,渠道成员通过不同程度的一体化整合形成的分销渠道。整合渠道系统主要包括:

(1)垂直渠道系统。这是由生产者、批发商和零售商纵向整合组成的统一系统。该渠道成员或属于同一家公司,或将专卖特许权授予其合作成员,或有足够的能力使其他成员合作,因而能控制渠道成员行为,消除某些冲突。

垂直渠道系统有三种主要形式:①公司式垂直渠道系统。即由一家公司拥有和管理若干工厂、批发机构和零售机构,控制渠道的若干层次,甚至整个分销渠道,综合经营生产、批发和零售业务。公司式垂直渠道系统又分为两类:一类是由大工业公司拥有和管理的,采取工商一体化经营方式;一类是由大型零售公司拥有和管理的,采取商工一体化方式。②管理式垂直渠道系统。即通过渠道中某个有实力的成员来协调整个产销通路的渠道系统。③合同式垂直渠道系统。即不同层次的独立的制造商和中间商,以合同为基础建立的联合渠道系统。

(2)水平渠道系统。这是由两家或两家以上的公司横向联合,共同开拓新的营销机会的分销渠道系统。这些公司或因资本、生产技术、营销资源不足导致无力单独开发市场机会,或因惧怕承担风险,或因与其他公司联合可实现最佳协同效益,因而组成共生联合的渠道系统。

(3)多渠道营销系统。这是对同一或不同的细分市场,采用多条渠道的分销体系。市场竞争激烈与企业销售增长的需要,使得企业不得不认真研究消费者行为,更加细化市场,赢得消费者。同时为适应各种不同的细分市场,渠道系统必须实现多元化。它可以使企业增加市场的覆盖面,降低渠道成本,实现顾客的定制化营销。

多渠道营销系统大致有两种形式:一种是制造商通过两条以上的竞争性分销渠道销售同一商标的产品;另一种是制造商通过多条分销渠道销售不同商标的差异性产品。此外,还有一些公司通过产品在销售过程中的服务内容与方式的差异,形成多条渠道以满足不同顾客的需求。

(四) 互联网对营销渠道系统的冲击

电子技术与互联网的发展，给营销渠道带来了深刻的变化。由于市场概念的变化，渠道出现了新的发展，传统渠道的许多职能更多地借助了网络和电子手段，各种业务在信息技术的基础上得到整合，中间商的许多功能将被电子渠道所替代。营销渠道结构发生重大变化，电子商城、电子银行、电子支付及点对点物流配送等，将成为现有营销渠道的有力竞争者。

第二节 营销渠道策划实务

一、营销渠道设计的影响因素

营销渠道设计（Marketing Channel Design），是指对各种备选渠道结构进行评估和选择，从而开发新型的营销渠道或改进现有营销渠道的过程。需要指出的是，广义的营销渠道的设计包括在公司创立之时设计全新的渠道和再设计已存在的渠道。在设计营销渠道时应考虑以下的影响因素。

（一）商品因素

1. 价值大小

一般而言，商品单个价值越小，营销渠道越多，路线越长。反之，单价越高，路线越短，渠道越少。

2. 体积与重量

体积过大或过重的商品应选择直接或中间商较少的间接渠道，较轻、较小的产品，可用较长、较宽渠道。

3. 时尚性

对式样、款式变化快的商品，应多利用直接营销渠道，避免不必要的损失。

4. 技术性和售后服务

具有高度技术性或需要经常服务与保养的商品，营销渠道要短。

5. 产品数量

产品数量大往往要通过中间商销售，以扩大销售面。

6. 产品市场寿命周期

产品在市场寿命周期的不同阶段，对营销渠道的选择是不同的，比如在衰退期的产品就要压缩营销渠道。

7. 新产品

新产品上市，为了较快地把新产品投入市场、占领市场，生产企业应组织推销力量，直接向消费者推销或利用原有营销路线展销，并尽量采用较短渠道。一是销售渠道尚未畅通，企业缺乏选择的自主权；二是短渠道也有利于企业强劲促销，若是已经打开销路的产品，可以考虑用较长渠道。

（二）市场因素

1. 潜在顾客的状况

如果潜在顾客分布面广，市场范围大，就要利用长渠道，广为推销。顾客较为集中，可用较短、较窄渠道；顾客分散，多用较窄渠道与之适应。

2. 市场的地区性

国际市场聚集的地区，营销渠道的结构可以短些，一般地区则采用传统性营销路线，即经批发与零售商销售。

3. 消费者购买习惯

顾客对各类消费品购买习惯，如最易接受的价格、购买场所的偏好、对服务的要求等，均直接影响分销路线。

4. 商品的季节性

具有季节性的商品应采取较长的分销路线，要充分发挥批发商的作用，则渠道更长。

5. 竞争性商品

同类商品一般应采取同样的分销路线，较易占领市场。

6. 销售量的大小

如果一次销售量大，可以直接供货，营销渠道就短；一次销售量少就要多次批售，渠道则会长些。在研究市场因素时，还要注意商品的用途、商品的定位，这对选择营销渠道结构都是重要的。

（三）竞争者因素

一方面，制造商要尽量避免和竞争者使用一样的分销渠道。如果竞争者使用和控制着传统的渠道，制造商就应当使用其他不同的渠道或途径推销其产品；另一方面，由于受消费者的购买习惯的影响，有些产品的制造商不得不使用竞争者所使用的渠道。

消费者的消费习惯影响使用的渠道主要指以下两点：

（1）消费者对不同的消费品有不同的购买习惯，这也会影响分销渠道的选择。消费品中的便利品的消费者很多，而且消费者对这种消费品的购买次数很频繁，希望随时随地买到这种消费品。因此，便利品分销渠道是"较长而宽"的，消费品中特殊品的分销渠道是"较短而窄"的。

（2）消费者一般购买次数多，每次购买数量小。而产业用户一般都是购买次数少、每次购买量大。这就决定了制造商可以把产品直接销售给产业用户。

（四）制造商因素

1. 产品组合情况

如果制造商（公司）的"产品组合"的宽度和深度大（即产品的种类、型号规格多），制造商可能直接销售给各零售商，这种分销渠道是"较短而宽"的；反之，如果制造商的"产品组合"的宽度和深度小（即产品的种类、型号规格少），制造商只能通过批发商、许多零售商转卖给消费者，这种分销渠道是"较长而宽"的。

2. 总体规模和财务能力

如果制造商（公司）为了实现其战略目标，在策略上需要控制分销渠道，就要加强销售力量，使用较短的分销渠道。规模大的制造商有可能随心所欲地挑选最合适的分销渠道和中间商，甚至建立自己的销售力量，自己推销产品，而不通过任何中间商，这种分销渠道是"最短而窄"的；反之，如果制造商（公司）财力薄弱，或者缺乏经营管理销售业务的经验和能力，一般只能通过若干中间商推销其产品，这种分销渠道是"较长而宽"的。

3. 渠道经验

制造商（公司）过去的营销渠道经验会影响渠道的设计，曾通过某种特定类型的中间商销售企业的产品，会逐渐形成渠道偏好。

4. 营销政策

制造商（公司）现行的市场营销政策也会影响渠道的设计。例如，对最后购买者提供快速交货服务的政策，会影响到生产者对中间商所执行的职能、最终经销商的数目与存货水平以及所采用的运输系统的要求。

（五）中间商因素

1. 合作的可能性

中间商普遍愿意合作，企业可利用的中间商较多，营销渠道可长可短、可宽可窄，否则只能使用较短、较窄渠道。

2. 费用

利用中间商分销，要支付一定的费用。若费用较高，企业只能选择较短、较窄的渠道。

3. 服务

中间商能提供较多的高质量服务，企业可选择较长、较宽的渠道。倘若中间商无法提供所需的服务，企业只有使用较短、较窄的渠道。

（六）环境因素和行为因素

渠道的活动属于组织的运作，这就不可避免地受到经济、社会文化、法律、竞争、技术等环境因素的冲击。在这些因素中，有的是直接对渠道的结构造成影响，有的则通过对市场、对顾客产生影响而反映到渠道结构上。例如，计算机网络的发展使得企业可以通过网络直接与异地顾客交易，然后通过当地的中介商送货上门，减少了在各个地区设立门市网点的成本。对顾客而言，通过网络直接与制造商交易也能够获得较低的购买成本。这种电子商务的发展必然将对营销渠道的任务和性质产生重大影响。

近年来，由于公司开始注重对市场长远利益的关注，而不是仅仅满足于对短期效益的追求，因此，渠道的控制和渠道的适应性已逐渐成为渠道设计者们考虑的重要因素。

二、营销渠道设计程序

斯特恩（Stern）等学者总结出"用户导向分销系统"设计模型。将营销渠道战略设计程序划分为五阶段、14个步骤。

（一）当前环境分析阶段

本阶段要求对目前分销渠道的状况、覆盖的市场范围及其对公司的绩效、面临的挑战有一个清晰的认识和准确的把握。

第一步：审视公司渠道现状。通过对公司过去和现在销售渠道的分析，了解公司以往进入市场的步骤；各步骤之间的逻辑联系及后勤、销售职能；公司与外部组织之间的职能分工；现有渠道系统的经济性（成本、折扣、收益、边际利润）。

第二步：了解外界环境对公司渠道决策的影响。渠道设计者有必要认真分析下列因素：行业集中程度、宏观经济指数、当前和未来的技术状况、经济管理体制、市场进入障碍、竞争者行为、最终用户状况（忠诚度、地理分布等）、产品所处的市场生命周期阶段和市场密度与市场秩序。渠道设计和改进始终面临着复杂变化的环境挑战，渠道设计者有必要认真分析。

第三步：收集渠道信息。对公司及竞争者的渠道环节、重要相关群体和渠道有关人员进行调查分析，获取现行渠道运作情况、存在问题及改进意见等方面的资料。

第四步：分析竞争者渠道。分析主要竞争者如何维持自己的地位，如何运用营销策略刺激需求，如何运用营销手段支持渠道成员等。

（二）制定短期的渠道对策阶段

本阶段要根据前面的调研分析结果，把握渠道调整的机会，进行短期"快速反应"式调整。

第五步：评估渠道的近期机会。综合上述资料，进一步分析环境变化，特别要抓住竞争者的渠道策略变化带来的机会。如果发现公司的渠道策略执行中有明显的错误或竞争渠道有显而易见的弱点，就应当果断采取对策，以免错失良机。

第六步：制定近期进攻计划。这是一个将焦点放在短期策略上的计划，即"快速反应"，通常是对原渠道策略的适时、局部调整。

（三）渠道系统优化设计阶段

本阶段要求设计人员"忘掉"以前已有的分销系统，摒弃惯性思维，一切从零开始，进行全新的渠道设计。

第七步：进行终端用户需求定性分析。这一步的关键是了解在服务输出过程中，最终用户想要什么。一般要考察四个因素，即购买数量（除购买潜在价值外，最终消费者希望购买多个还是一个单元的产品）、分销网点（最终用户是否要求就近购买，是否需要信息、技术支持，能否接受远程服务等）、运输和等待时间（最终用户关心的是运输时间还是运输安全性）、产品多样化或专业化（最终消费者愿意选择综合性商店还是专业性商店）。

第八步：最终用户需求定量分析。进一步了解这些服务产出（如地点便利性、低价、产品多样性、专家指导等）对用户的重要程度，并且比较分析这些特定要求对不同细分市场的重要性。

第九步：行业模拟分析。这一步的重点是分析行业内外的类似渠道，剖析具有高效营销渠道的典型公司，发现并吸纳其经验与精华。

第十步：设计出"理想"的渠道系统。建立能最好地满足最终用户需求的"理想"分销渠道模型。首先要收集和充分听取熟悉分销的专家和其他人员的观点，仔细论证渠道，将上述服务产出传递到相应的细分市场需要作出哪些努力，即设置哪些渠道功能才能保证满足客户的期望；其次要确认各分销功能由何种机构承担，才能带来更大的整体效益。

（四）限制条件与鸿沟分析阶段

本阶段要求对拟出的"理想"渠道方案的现实限制条件进行调研分析，并且比较分析"理想"渠道系统同现实渠道系统的差异，为最后选定渠道战略方案提供依据。

第十一步：设计管理限制。这就要求包括对管理者的偏见、管理目标和内外部强制威胁的详尽分析。通过与渠道方案的执行人员进行深入访谈，了解未来的方案能否被认可和执行，综合分析本企业的政策、管理目标、组织结构和文化传统，应当允许管理层对渠道方案提出各种疑问和限制。

第十二步：进行鸿沟分析，分析其差异即鸿沟。这三种系统是"理想的"（用户导向）系统、现有系统和管理"限制"的系统。

（五）渠道战略方案决策阶段

本阶段要根据前面调研分析的结果选择分销战略方案，设计构建最佳渠道系统。

第十三步：选择战略方案。先将目标和限制条件陈述给企业外部人员和内部挑选出来的人，评估其合理性，是否不可改变，以及改变可能带来的损益；接着召开非正式会议，分析、说明管理层的定位和理想定位之间的差距；然后，应当列出宏观环境和竞争机会的制约；最后，综合以上信息和意见，决定达到理想系统所需要对原系统进行重新构建的原则。

第十四步：最佳渠道系统的决策。为确保最佳分销系统的实施，要做好下列工作：

（1）让企业内人员广泛参与，将十四个步骤中的参与意见传递到企业相应的职能部门和各个层级。

（2）甄选一位精力充沛的管理者主持这个变革过程。该管理者必须有权力、可信任、政治经验丰富和坚韧不拔。

（3）尽早确认企业内由谁和哪个团队负责渠道工作。

（4）始终坚持用户导向的工作方法，保持耐心和持久的工作热情。因为向最佳系统变动不是一次可以完成的。

（5）不管"理想的"系统看起来如何不可思议，都要坚信总有设计机制可以完成它。组织业务单位和高级管理层共同策划一个业务案例（确定机会成本、潜在利益、实施选择分销系统所需的资源等）。管理层必须提前批准实施关键过程所需的时间和资源计划。

（6）制定有效计划，保证个人对实施过程负责。包括动员（确定行为、转折点、过程中的相互依赖性）、战术计划和评估（包含成功或失败的指数、偶然事故等）。

（7）明确系统变革管理过程的各个环节，包括演习、沟通和培训方法。

（8）至少安排一位高级管理者承担预检、参与、教练、促进和激励工作。

三、营销渠道的评估

评估营销渠道的实质是从那些看起来似乎合理但又相互排斥的方案中选择最能满足企业长期目标的方案。因此，企业必须对各种可能的分销渠道方案进行评估，找出最优的渠道路线，评估的标准有经济性、可控性和适应性三个，其中，最重要的是经济性标准。

（一）经济性标准评估

1. 财务评估法

影响渠道结构选择的一个最重要的变量是财务。这种决策包括比较使用不同的渠道结构所要求的资本成本，以得出的资本收益来决定最大利润的渠道。并且用于分销的资本同样要与使用这笔资金用于制造经营相比较。除非公司能够获得的收益大于投入的资本成本，而且大于将该笔资金用于制造时的收益，否则，应该考虑由中间商来完成分销功能。

2. 交易成本分析法

交易成本分析法（Transaction Cost Analysis，TCA），最早由威廉姆森（Williamson）提出。交易成本分析法的经济基础是成本最低的结构就是最适当的分销结构。关键就是找出渠道结构对交易成本的影响。交易成本主要是指分销中活动的成本，比如获取信息、进行谈判、监测经营以及其他有关的操作任务的成本。为了达成交易，需要特定交易资产。这些资产是实现分销任务所必需的，包括有形与无形资产。无形资产是指为销售某个产品而需要的专门的知识和销售技巧，销售点的有形展示物品；设备则是有形的交易特定资产。如果需要的特定资产很高，那么，公司就应该倾向选择一个垂直一体化的渠道结构。如果特定交易成本不高（或许这些资产有许多其他用途），那么，制造商就不必担心将它们分配给独立的渠道人员。如果这些独立的渠道人员的索要变得太过分，那么，可以非常容易地将这些资产转给那些索要条件较低的渠道成员。

3. 经验评估法

经验评估法是指依靠管理上的判断和经验来选择渠道结构的方法，包括以下三种：

（1）由菲利浦·科特勒提出的"权重因素法"。它是一种更精确的选择渠道结构的直接定性方法。这种方法使管理者在选择渠道时的判断过程更加结构化和定量化。

这一方法包括五个基本步骤：①明确地列出渠道选择的决策因素；②以百分形式列举每个决策因素的权重，以准确反映它们的相关重要性；③每个渠道选择依据每个决策因素按 1～10 的分数打分；④通过权重（A）与各因素分数（B）相乘得出每个渠道选择的总权重因素分数（总分）；⑤将备选的渠道结构总分排序，获得最高分的渠道选择方案即为最佳选择。

（2）直接定性判定法。使用这种方法时，管理人员根据他们认为比较重要的决策因素对渠道结构选择的变量进行评估。这些因素包括短期与长期的成本以及利润，渠道控制问题，长期增长潜力以及许多其他的因素。进行渠道设计选择时，直接定性判定法是最粗糙但也是最常用的方法。

（3）分销成本比较法。此方法可估计不同的销售渠道的成本及收益，并且通过这些数字对比获得成本低收益大的渠道结构。

（二）可控性标准评估

企业对分销渠道的设计和选择不仅应考虑经济效益，还应该考虑企业能否对其分销渠道实行有效地控制。因为分销渠道是否稳定，对于企业能否维持其市场份额，实现其长远目标是至关重要的。企业对于自销系统是最容易控制的，但由于成本较高、市场覆盖面较窄，不可能完全利用这一系统来进行分销。而利用中间商分销，就应该充分考虑所选择的中间商的可控程度。一般而言，特许经营、独家代理方式比较容易控制，但企业也必须相应作出授予商标、技术、管理模式以及在同一地区不再使用其他中间商的承诺。在这样情况下，中间商的销售能力对企业影响很大，选择时必须十分慎重。如果利用多家中间商在同一地区进行销售，企业利益风险比较小，但对中间商的控制能力就会相应削弱。总之，对分销渠道的控制应讲究适度，企业必须进行全面比较、权衡。

（三）适应性标准评估

如果生产企业同所选择的中间商的合约时间长，而在此期间，其他销售方法如直接邮购更有效，但生产企业不能随便解除合同，这样企业选择分销渠道便缺乏灵活性。因此，生产企业必须考虑选择策略的灵活性，不签订时间过长的合约，除非在经济或控制方面具有十分优越的条件。

四、营销渠道成员的激励与控制

公司在确定了方案并选择了渠道成员后，营销渠道就建立起来了。但这并不意味着公司的工作就结束了。营销渠道是一个制造商的产品流向消费者的渠道，制造商对其管理水平的高低和控制力度的大小，对该产品的市场占有率的提高有至关重要的作用，每一个制造商必须加强这一方面的工作，营销渠道必须作为企业的一项宝贵资源而加以长期地、有效地管理。这就意味着企业必须对渠道的每个成员管理工作，进行必要的激励、评价和控制。此外，随着时间的变化，渠道必须调整以适应新的市场状况和环境变化。

（一）激励渠道成员

中间商作为一个独立经营的商业企业，必然会追求利润。因此，从某种意义上讲，中间商是充当一个顾客的采购代理人，其次才是他的供应商的销售代理。他对顾客希望从他那儿买到的任何产品都感兴趣。所以，如果企业能及时地向中间商提供市场热销的产品，那么中间商就会感到企业对他的重视。而且，出于自身的利益，中间商也会更为热情地投入销售制造商的产品中去。

由于中间商往往是同时为多个制造商经销产品，因此中间商有可能把他的商品编成一个品目组合；他可以把商品像一揽子品种组合那样综合起来出售给单个顾客。由于这样的做法能使他的商品更快地流转，资金更有效地得到使用，所以中间商的销售努力往往主要用于获取这类品种组合的订单，而不是个别的商品品目。如果企业提供这样的产品组合的建议，或能较好地满足中间商所提出的类似要求，那么，企业也能达到激励中间商的目的。同样，由于中间商为多个企业经销产品，因此除非有一定的刺激，中间商不会为所出售的各种品牌分别进行销售记录。有关产品开发、定价、包装或者促销计划的大量信息都被埋没在中间商的非标准记录中，有时他们甚至有意识地对供应商保密。而对企业来说，这些信息是非常宝贵的。因此，企业及时提供必要的业务折扣、销售支持就显得十分重要。它将会给企业带来重要的市场信息。

在与中间商进行合作的谈判时，价格是非常重要的一项内容。有时，企业会为了争到些许小利而雀跃不已，殊不知，这已经埋下了隐患。我们应当给予中间商适当的利润。如果公司锱铢必较，势必会挫伤中间商的积极性。

对中间商进行适当的培训也是一种激励的方式。由于中间商并不是对自己的所有商品都了解得很详细，因此对中间商的销售和维修人员进行适当的培训是非常重要的一环。而中间商出于更快地售出商品的目的，也非常愿意接受企业的这种培训。

（二）评价渠道成员

制造商要想对中间商进行适当的激励，首先需要按一定的标准来评价中间商的表现，并将这种衡量长期化。这些标准可以根据中间商的不同而不同。这种标准往往包含以下几个方面的内容：

（1）中间商的渠道营销能力。这是每一个制造商在选择中间商时首先考虑的问题，也往往是衡量中间商的能力与参与程度的第一个标准；其中，又包括销售额的大小、成长和赢利记录、偿付能力、平均存货水平和交货时间等内容。

（2）中间商的热情参与。这是评价中间商的一个重要标准。一个十分有能力的中间商不积极配合制造商的营销活动，其结果可能比一个普通的中间商积极配合制造商的活动的效果要差许多，甚至可能会危害到制造商目标的实现。衡量中间商参与程度的内容包括对损坏和遗失商品的处理，与公司促销和培训计划的合作情况，以及中间商应向顾客提供的服务，等等。

由于中间商往往经营多种品牌或多种类型的产品，因此我们也可以通过对中间商经销的其他产品进行调查来衡量中间商的能力。如果中间商的经营品种多、总体的销售量大，那么，说明该中间商是十分具有实力的。同时，我们还可以从中了解到自己的产品销量在中间商销售的产品总量中占有多少比例，处于什么样的地位，从而决定对中间商进行的激励着重于哪一个方面。

（三）控制渠道成员

对渠道成员进行激励、评价的目的都是为了更好地对渠道成员进行管理与控制，使渠道能够符合企业的发展目标。

首先，要明确营销渠道的目的是促使商品不断地、更好地向消费者或用户运动，而只有所有渠道成员的目标相一致时，渠道才能很好地运转。所以，控制渠道成员的首要任务是使中间商了解企业的营销目标。

其次，制造商的任务不能仅限于设计一个良好的渠道系统，并推动其运转。由于各个独立的业务实体的利益总不可能一致，因此无论对渠道进行多好的设计，总会有某些冲突存在。尤其是当消费者的购买方式发生变化、市场扩大、新的竞争者兴起和创新的分销战略出现时，这种冲突更为突出，所以渠道结构需要不断改进，以适应市场新的动态。制造商采用较多的，改变渠道结构的方法包括增减个别渠道成员，增减某些特定的市场渠道，或者创立一个全新的方式在所有市场中销售其产品。只有不断适应市场的变化，才能更好地控制好渠道为己所用。

网络也可以并正在被视为一种新兴的渠道，它并非如往昔的渠道一样层次分明，谁是制造商、谁是批发商、谁是零售商在网上是难以分辨的。任何一个渠道成员都有可能设置网页，将商品直接展示在顾客面前、回答顾客提问、进行直接面向消费者的促销活动。这种直接互动与超越时空的电子购物无疑是营销渠道上的革命。所以，所有的营销经理都应该仔细审视企业的渠道营销策略，早日将网络纳入企业的营销渠道。

案例一　中石化的销售渠道重组

中石化是中国最大的一体化能源化工公司，主要从事以下业务：①石油与天然气勘探开发、开采、销售；②石油炼制、石油化工、化纤、化肥及其他化工的生产与产品销售、储运；③石油、天然气管道运输；④石油、天然气、石油产品、石油化工及其他化工产品和其他商品、技术的进出口、代理进出口业务；⑤技术、信息的研究及开发应用。中石化是中国最大的石油产品和主要石化产品生产商和供应商，也是第二大原油生产商。中石化参照国际模式，构筑了公司的架构，建立了规范的法人治理结构，实行集中决策、分级管理和专业化经营的事业部制管理体制。中石化现有全资子公司、控股和参股子公司、分公司等共80余家，包括石油企业、炼油及化工企业、销售企业及科研、外贸等单位，其生产资产和主要市场集中在中国经济最发达、最活跃的东部、南部和中部地区。

1998年之后，中石化销售公司旗下共有29家省级石油公司，其中22家是分驻长城以南各省、负责当地市场开拓和成品油供应的销售公司，7家是作为中国石化销售公司派出机构，负责资源调配，与炼油厂沟通结算的大区公司。这22家销售公司是中央政府为做大做强民族石油工业、实现两大石油集团"上中下游一体化"的战略部署，从各地整建制划入中国石化的。由于历史原因，上划前的销售公司存在人员包袱重、管理环节多、运营效率低、销售网点少、市场调控能力弱等问题；上划后，各销售公司依靠中石化的巨额资金投入和国家给予的加油站建设权、特许经营权，允许中石油、中石化两大集团对社会批发经营单位实行资产重组等优惠政策，进行了大规模的扩张，使其销售网点大幅度增加，市场调控能力也得到一定提升。

1999年以来，中石化为增强市场调控能力，在新建、改建、收购加油站方面累计投入资金400多亿元，其销售网点增加到28000余座，初步建成了覆盖长城以南各省的加油站零售网络，为提高市场调控能力、改善销售结构夯实了基础。如广东石油分公司，2000年以前只有加油站651座，网点占有率仅13.6%；自2000年以来，该公司累计投入资金59.6亿元，新增加油站1430座，网点占有率提升到42.1%。

但是，中石化各销售公司大规模扩张的背后，弊病也是不容忽视的。首先，下属的地市级分公司被赋予过多管理职能，甚至县经营部作为地市公司的派出机构也在管理市场，从而造成管理层次过多、市场反应缓慢的弊病。其次，由于这些公司都是以行政区划为基础设立的，油品配送经常会出现流向冲突的不经济行为，这成为中石化销售公司运营成本居高不下的重要原因。

销售网点大幅度增加使中石化的企业利润上升，更能为中石化旗下的油田企业、炼油厂、化工厂的发展创造有利的市场条件。然而，仅仅依靠增加销售网点数量来实现销量增长的外延型发展战略，并没有从根本上提高企业的竞争力。只有从增加销售网点数量的粗放型增长方式转变为提高单位网点销售业绩的集约型增长方式，提高运营效率、降低运营成本，才能使企业从容应对"入世"后日益加剧的市场竞争。

根据我国"入世"时的承诺，2004年底开放国内成品油零售市场，2007年以前开放国内成品油批发市场；与此同时，中石油、中石化的成品油销售企业——各地石油公司也将失去国家给予的保护性优惠政策。

面对此形势，2004年3月，中石化参照国际通行做法，从改革销售管理体制入手进行渠道的大变革。中心是施行专业化管理和区域公司重组；在管理层次上，将由原来的多级管理变为两级管理。

跨国石油巨头在油品营销管理上的通行做法是以成品油中心库为圆心，划定相应的配送半径，以此为基础成立基本管理单位，它的管辖地域是以油品配送成本最低为原则划定的，不受行政区划的限制。基本管理单位下设片区经理，片区经理管理临近的几个加油站，加油站设站长。这种管理模式不但可以降低运营成本，而且效率很高，可以针对随时变化的市场及时作出反应。

中石化销售渠道重组的总体思路就是按照"区域化、专业化、扁平化"的原则，以优化物流配送和强化成品油市场营销为重点，充分利用现代高科技技术，对物流、零售、直销施行专业化管理，建成"管理层次扁平、业务专业垂直、岗位权责明确、市场反应灵活"的新型经营管理体制。

在管理层次上，由原来的多级管理逐步减少为总部对区域资源配送和市场营销的两级管理;在运行模式上,实行资源配送和市场营销两条线运行。在资源配送这条线中,按照区域经济流向,建立区域配送中心,实行资源统一运作、设施统一管理、物流统一优化、配送统一组织,进一步降低成本,提高赢利空间,增强市场竞争力;在市场营销这条线中,按照专业化分工,零售实行零售管理中心—片区经理—ME—加油站的专业垂直管理,直销实行商业客户中心—客户经理—客户的专业垂直管理,加强市场营销,适应外部市场变化需要。

在实施步骤上,云南石油分公司和广东石油分公司作为先期试点单位的样板,首先,进行管理体制改革,即在这两个公司内部建立省级物流中心,由它对全省范围的物流实行统一管理和运作,实现物流与商流的分离;其次,选择部分地市公司进行跨区域重组,并在区域公司内按照零售中心、商业客户中心、结算中心三条线向下垂直管理到经营网点,撤销县经营部。通过此次改革,省级销售公司的管理职能得到空前强化,与之相对应的,是地市级公司更多地被赋予冲锋陷阵、开拓市场、提高销量的重任。省级公司一方面可以通过专业化业务中心强化其决策中心的地位,使公司的决策更加快速准确到位;另一方面又可以通过省级物流中心合理规划油品流向,即由省级公司物流配送中心安排向加油站、大客户的油品运输供应的调度,它以油库为中心,并制定合理的配送半径,避免造成不必要的损耗。而地市级公司各业务部门只需专注于目标市场的开拓和相应的市场管理工作,通过专业化的分工和区域公司重组,实现了责权分明、贴近市场的目的。

(资料来源:http://course.shufe.edu.cn/course/marketing/allanli/zhongshihua.htm)

案例二 格力电器渠道求变

在家电行业,一直挂在嘴边的说辞是"成也渠道,败也渠道"。

过去数年间,国内空调霸主格力的"区域股份制销售模式"一直是其销售连年持续增长的助推器。2013年1月18日,格力电器发布了2012年度业绩快报,报告期内实现营业总收入1000.84亿元,同比增长19.84%;净利润73.78亿元,同比增长40.88%。

2012年被公认为中国家电行业的"寒冬"之年,而在去年惨淡的市场预期之下,格力竟然不可思议地迈入了千亿俱乐部。格力电器给出的解释是:业绩增长主要得益于坚持自主创新,通过技术、管理升级推动企业转型,另外,通过深化销售渠道管理、做强自主品牌出口,提升公司综合赢利能力。对于格力的强势,业界的共识是,这主要得益于格力抛开家电连锁卖场,通过绑定经销商自建渠道的分销模式。

"未来五年,格力的销售收入将达到2000亿元。"格力电器董事长、总裁董明珠毫不掩饰自己的雄心。不过,这等于从2013年开始,格力每年收入将增加200亿元。

面对2000亿元的销售目标,格力必须作出一些改变才能获得更好的业绩。显然,单纯依靠产品和技术上赢得更多的市场势单力薄,而格力也似乎意识到其赖以生存的渠道必须加强管理。近日，有媒体报道，格力目前在山西正进行着渠道变革，逐步削弱山西格力总经销商的力量，直接成立新的管理公司取代原山西格力总代理，加强与二、三级经销商的合作关系。据悉，实际上，不止山西，格力在国内的很多门店都在升级。

一、利益捆绑

据了解，格力在业内独创的"股份制区域性销售公司"模式，由于将厂商利益进行了有机的捆绑，充分抓住了当时渠道的性格，建成了所谓的"利益共同体"，为其稳步发展提供了强有力的动力支持，被业内人士称为"格力模式"。

耐人寻味的是，董明珠就是"格力模式"的倡议和推行者。这些区域销售公司为格力电器在"空调大战"中屡创佳绩，打下了坚实的基础。现如今一个可以肯定的消息是，格力电器全国各个区域销售公司，大多已经被一家名为"北京盛世恒兴格力国际贸易有限公司"所掌控，并以控股的形式，成为名义上的格力电器在全国的空调销售总代理商。

业内人士指出，多年来，格力渠道模式由于采用和经销商合股的方式，大大保障了经销商的利益，也能挖掘经销商的积极性。但是，这样的模式必然带来问题，就是经销商不好管理，总公司缺乏有效的控制，这在很大程度上也迫使董明珠痛下决心。

一直以来，格力各地销售公司为扩大市场份额、获得销售利润的最大化，在区域市场上往往采取粗放式管理手段，最终伤害的还是格力空调的品牌声誉和整体利益。

目前，格力空调90%的销量来自于自己的专卖店系统，也说明了该模式依然具有很强的生命力。中投顾问家电行业研究员赵慧智说："尽管各地总经销商在格力的成长过程中起到了举足轻重的作用，但随着企业的发展以及市场的变化，这种区域总代理的模式由于层级较多，提高了渠道费用。为了降低成本，减少渠道费用，格力悄然推进渠道改革，削弱扁平化渠道，在增加赢利的同时提升产品价格的市场竞争力。"

家电行业观察人士刘步尘也表示："格力这一轮渠道削弱的初衷是为了加强格力电器对渠道的控制权。"据介绍，在上市公司格力电器之外，格力相关经营管理人员已经借助格力电器的品牌、产品资源，经过十多年的发展和积累，开始培养一个与格力电器同等规模，甚至会随时控制格力电器销售渠道的对手。目前，对于这家盛世恒兴格力国际贸易公司的背景，有几点可以确认的是，上市公司格力电器，甚至是格力电器相关联公司，均未在该公司持股，否则相关信息应当会发公告。

格力直接与散户合作，对于已经或者即将失去厂商支持的格力经销商总代理而言，只能默默抽身撤出。而任何打破利益格局的变化都有可能伤筋动骨，甚至会出现大面积的冲突。但同时我们也应看到，现在格力要掌控销售公司，势必要派出大量的管理人员和销售人员，格力是否能快速建立一只可依赖的营销队伍是关键，稍有不慎，很有可能引起震荡。

值得注意的是，在某种时候，董明珠的性格也决定了格力电器的性格，那就是不屈服。在董明珠实施的任何措施中，都以其强有力的规章制度来保障，换句话说：令行禁止，铁腕政策。以雷厉风行而著称的董明珠，继续实施"铁腕政策"强制招行，它做好了这种变革的准备吗？

二、过河拆桥

近年来，随着空调市场竞争的加剧，价格战持续不断，厂家的利润不断走低。在这种情况下，以渠道为重的格力必须要减少流通环节才能足够获利，因此，此举应是格力向二、三级经销商挺进的一种表现。也就是说，格力想逐步越过各省大的经销商，直接与地区级和县级大的经销商打交道。在操作模式上，其他的品牌只有两道环节，唯独格力有三道环节——中间的销售公司作为一个利益主体，摊去了巨大的一块利润，现在格力是时候把这块利润拿回来了。

多年来，在厂商的合作过程中，随着销售分公司的不断壮大，商家的实力也在增强，其规模和资金实力在这一过程中得到迅速膨胀。虽然格力模式很大程度地保障了经销商的利益，但不可否认的是，能把渠道做得很好的经销商毕竟是少数，对此缺少有效控制必然影响公司的发展。

真正好的销售策略，不仅仅在于能否把货卖出去，把钱赚回来，而且要看生产企业和商家之间能不能通过操作的一致来达到利益的一致。

业界专家直言，维系厂家之间的纽带是利益，经销商是以利益为中心，其实力一旦足够强大，对厂家的政策也就不会言听计从了。因此，随着市场竞争走向纵深，格力必须逐步抛开大的经销商，重心向下转移，直接与二、三级经销商合作。

"目前格力已经实现全国网点的布局，这种模式由于提高了渠道费用，不利于提升格力产品的价格优势而逐渐被格力所抛弃。"赵慧智明确表示。其实，对于格力而言，只要能卖出格力产品的渠道就是好渠道，董明珠自己也明了个中深意。她也曾表示过，今后销售分公司是不留利润的，它得到的只是合理的劳务费用，以及品牌提升带来的价值。作为格力而言，必须要维护其自身利益，特别是格力作为其体制运行过程中隐藏的主人，必然要把握销售分公司的主动权。

在业界看来，经过多年的市场恶战，格力已拥有了较强的品牌拉力，特别在渠道上经营多年，渠道网络非常完善，与下游二、三级经销商关系也非同一般，只要获得了二、三级经销商的支持，拿掉大的经销商不会有大问题。格力是有能力，董明珠也是有信心的。当然，格力也不是要"一刀切"地取消其多年经营的"股份制区域性销售公司"模式，而是要对经销商加强管理，使其"格力模式"能够跟上时代潮流。

在家电产业链上，无论是企业还是经销商，实现共赢是他们合作的前提，这样生意才能长久。不过，今后格力与其下游二、三级经销商的关系能否稳定恐怕也是极大的考验。

三、变革节奏

此次格力渠道变革似乎势在必行，其实除了格力内部自身因素的挤压外，外部因素同样不容忽视。苏宁、国美等家电连锁卖场高调宣布将复制一线城市的布局经验，将渠道下沉至二、三级城市，格力区域经销商在未来城镇化发展背景下同时面临来自连锁渠道商和同行厂商渠道的双重夹击。

据悉，近年来格力在全国各地适时地推出了很多格力盛世恒兴贸易公司，它们有的已经成为格力的全资子公司，而且都开了网上专卖店。在董明珠看来，格力专卖店不应仅仅是个产品销售渠道，还应该成为格力电器实现2000亿元营收的直接贡献者。

"把销售渠道做成了品牌，家电制造企业除格力之外可谓绝无仅有，这是格力专卖店销售力特别强大的原因。"刘步尘说。据悉，已经有一些国际品牌在和格力接触，商讨合作形式。毕竟，它们早就看到了格力渠道的厉害。

随着全国性大连锁最近两年在二、三线市场扩张加速，格力在二、三级城市具有先天优势的专卖店模式，也会逐渐受到全国性连锁发展的冲击。董明珠也认为，格力渠道模式的核心在于"变"，即不断根据现实市场环境的变化而改变，以适应新的形势。"现在我们开店，更注重店员行为、开店标准，以及消费者满足度。"她说。

董明珠此前接受媒体采访时表示："电子商务是方便了消费者，但是从品质保证，后续的服务不一定跟得上，特别是我们这种空调，有很多服务问题，不等于从网上消费不逛街。电子商务是一种模式的资源的增加，但是不能替代，两者会并存。"因此，董明珠似乎并不担心未来电商对家电连锁的冲击。

赵慧智说："格力推进渠道改革，这样一来，格力具有极强的渠道控制能力，格力向家电连锁发展就有了一定的渠道基础。"

据介绍，按照格力的规划，除普通销售门店外，全国每个一线城市都会有其当地销售公司投资建设1~2个店面规模在700~1500平方米的旗舰店，而将来进入格力店面的不一定全是格力的产品，而是把家电产品全部融入进去。格力专卖店将来还会提供装修设计融为一体的服务，在厨具、空调、用水、采暖各方面，为消费者提供一体化设计。

业内人士分析，格力此番渠道变革，符合未来销售"体验店+电子商务"的趋势，并且从格力电器的角度来看，协助经销商做大，能够更好地与经销商进行利益上的捆绑，从而更有效地控制营销渠道。期待这是格力实现2000亿元销售目标的一大王牌。

（资料来源：中国商界）

本章小结

营销渠道是指"当产品从生产者向最后消费者或产业用户移动时，直接或间接转移所有权所经过的途径"。

按照不同的标准，渠道可以划分为直接渠道与间接渠道、宽渠道和窄渠道、传统渠道和整合渠道等。

营销渠道设计应考虑商品因素、市场因素、竞争者因素、制造商因素、中间商因素和环境因素等。

渠道设计过程划分为五阶段共14个步骤。通常渠道评估的标准有三个，即经济性、可控性和适应性，其中，最重要的是经济性标准。

有了一个适用于企业的分销策略和营销渠道体系之后,企业还必须注意对渠道成员的控制、评估和激励。

关键概念

分销渠道　间接渠道　渠道设计　中间商

思考题

(1) 试比较不同渠道类型的优劣势。
(2) 如何设计最佳营销渠道?
(3) 营销渠道的整合与组合存在什么关系?

第七章 促销策划

本章学习目标

通过本章的学习,要求学生掌握以下内容:①了解促销策划的概念、特征及作用;②了解促销的工具及促销策划的步骤。

第一节 促销策划概述

一、促销的概念与特征

(一)促销的概念

促销(sales promotion SP,中文翻译为销售促进,简称促销),是指企业通过直接或间接的方式向消费者传达企业的信息和产品(或服务)信息,以促使其接受和认可企业的产品和服务,进而作出购买决策的活动。促销实质上是一种沟通活动,即营销者(信息提供者或发送者)发出作为刺激消费的各种信息,把信息传递到一个或更多的目标对象(如听众、观众、读者、消费者或用户等),以影响其态度和行为。常用的促销手段有广告、人员推销、网络营销、营业推广和公共关系。企业可根据实际情况及市场、产品等因素选择一种或多种促销手段的组合。

(二)促销的特征与效应

1. 促销的特征

(1)即期效应明显。促销是企业在特定的时间内向消费者提供了特殊的优惠购买条件,因而能给消费者以强烈的激励购买作用;只要方式选择得当,销售效果立竿见影。

(2)形式多样。促销既有能给消费者以实实在在优惠的促销方式,如特价、折扣、优惠券等,也有能激发消费者兴趣和参与热情的奖励活动,如赠送、抽奖、竞赛等。这些方式各具特点和长处,企业可根据实际情况加以选用。

(3)持续时间较短。促销是为某种即期促销目标而专门设计的,通常作短程考虑,有限定的时间和空间,不像广告、公共宣传等作为一种连续、长期的活动出现。

2. 促销的效应

促销既有有利的一面,也有不利的一面。运用得当,销售促进就会发挥积极作用,运用不当,则会对企业产生消极影响。促销的正负效应见表7-1。

表7-1 促销的正负效应

促销的正面效应	促销的负面效应
增加市场销售额	可能降低产品的品牌地位
加快新产品进入市场的步伐	可能提高消费者对价格的敏感程度
抵制竞争对手的促销活动	可能导致消费者对活动麻木不仁
增强其他促销工具的功效	可能减少企业的利润额

(三) 促销的作用

(1) 提供商业信息。通过促销宣传,可以使顾客了解企业生产经营什么产品,有哪些特点,到什么地方购买,购买的条件是什么,等等,从而引起顾客注意,激发其购买欲望,为实现和扩大销售做好舆论准备。

(2) 突出产品特点,提高竞争能力。在激烈的市场竞争中,企业通过促销活动,宣传本企业产品的特点,努力提高产品和企业的知名度,促使顾客加深对本企业产品的了解和喜爱,增强信任感,从而也就提高了企业和产品的竞争力。

(3) 强化企业形象,巩固市场地位。通过促销活动,可以树立良好的企业形象和商品形象,尤其是通过对名、优、特产品的宣传,更能促使顾客对企业产品及企业本身产生好感,从而培养和提高"品牌忠诚度",巩固和扩大市场占有率。

(4) 影响消费,刺激需求,开拓市场。新产品上市之初,顾客对它的性能、用途、作用、特点并不了解,通过促销沟通,引起顾客兴趣,诱导需求,并创造新的需求,从而为新产品打开市场、建立声誉。

二、促销策划的概念与目标

(一) 促销策划的概念

促销策划,是指运用科学的思维方式和创新的精神,在调查研究的基础上,根据企业总体营销战略的要求对某一时期各种产品的促销活动作出总体规划,并为具体产品制订详细又严密的活动计划,包括建立促销目标、设计沟通信息、制定促销方案、选择促销方式等营销决策过程。

促销策划的形式虽然多种多样,但是,促销策划的原则却只有出奇制胜、突出特征和利益诱导三大原则。策划人员在进行促销策划时,究竟选择哪种原则指导策划,要依据本企业的实际情况以及环境的具体情况而定。策划人员策划时应力求促销内容与促销形式(工具、地点、时间、人物、事件等)的巧妙结合,用形式烘托主题,以达到最大的促销目的。另外,在促销策划的步骤上要注意每个环节的衔接,只有这样才能确保促销策划的准确、严密、完整,从而提高策划方案的有效性。销售促进的主要目的是加速商品流通,促进商品销量的增加。

(二) 促销策划的目标

(1) 向市场和消费者介绍新产品,为消费者提供机会,并且促使他们对新产品进行试用,或诱导社会集团接受和购买新产品。

(2) 将同类产品或替代品的消费者吸引到自己产品的一方,特别是在竞争产品与本产品给消费者提供的利益差别微小时,销售促进方式对消费者则更具吸引力。

(3) 使消费者在众多同类产品中选择自己的产品而拒绝其他品牌的产品,从而增加特定品牌产品的消费者数量。

(4) 刺激现有消费者的购买量和消费量的增加。例如,美国比尔斯波利食品公司就曾通过向消费者免费发送食谱和烹调法等材料,使他们掌握更多的使用该公司产品的机会和方法,大大增加了现有消费者对该公司食品的购买量和消费量。

(5) 让更多的消费者了解有关产品的信息,展览会、展销会、消费者使用产品培训班等活动都属于让消费者了解产品信息的范畴。

(6) 增加顾客对零售店的光顾量。

(7) 对于季节性强、需求时间性强的产品,能稳定商品销量的波动。

(8) 增加中间商的库存量。

(9) 抵制和反击竞争对手的进攻,维持原有的市场占有率。

总之,在具体的促销计划制订过程中,公司必须根据实际情况,注意准确地选择切实可行的销售促进目标。

三、促销活动的形式

促销活动的形式包括人员促销和非人员促销两类。

(一) 人员促销

人员促销(personal selling),是指企业促销员直接与顾客接触、洽谈、宣传介绍商品和劳务以实现销售目的的活动过程。这是一种古老的、普遍的但又是最基本的销售方式。人员促销的最大特点是具有直接性。无论是采取销售员面对面地与顾客交谈的形式,还是采取销售员通过电话访问顾客的形式,销售员都在通过自己的声音、形象、动作,或拥有的样品、宣传图片等直接向顾客展示、操作、说明,直接与顾客进行交流。

一般而言,人员推销具备许多区别于其他促销手段的特点,可完成许多其他促销手段所无法实现的目标,是一种具有很强的人性因素的、独特的促销形式,其效果是极其显著的,在众多促销方式中显现出了不可替代的优势。相对而言,人员促销较适合于促销性能复杂的产品。当销售活动需要更多地解决问题和说服工作时,人员促销是最佳选择。说服和解释能力在人员促销活动中尤为重要,它会直接影响促销效果。

(二) 非人员促销

非人员促销又称为间接促销或非人员推销,是指企业通过一定的媒体传递产品等有关信息,以促使消费者产生购买欲望、发生购买行为的一系列促销活动。非人员促销主要适合于消费者数量多、比较分散情况下进行促销。

一般来说,人员促销针对性较强,但影响面较窄,而非人员促销影响面较宽,针对性较差。企业促销时,只有将两者有机结合并加以运用,方能发挥其理想的促销作用。

第二节 促销策划实务

一、促销工具与促销方法

（一）促销工具

按促销类型,促销可分为消费者促销、中间商促销、员工促销和组合促销。其常用的促销工具如表7-2所示。

表7-2 促销工具

促销类型	促销工具
消费者促销	免费试用、有奖销售、赠券、购买奖励、消费者竞赛和抽彩、广告礼品、购买奖励、赞助活动等
中间商促销	订货奖励、推销奖金、销售竞赛、广告费用分担、经销商名录购买折让、免费产品、现金返还、实物奖励、培训及旅游等
员工促销	销售竞赛、达标奖励等
组合促销	弹性运用若干促销工具、促销方法等

（二）促销方法

1. 针对消费者促销的方法

由制造商或其相关厂商,直接对销售对象所推出的活动,以期加速销售对象的购买决策。例如,店内折价券、加值包、特殊陈列方式、降价品等活动,都是消费者在购买地点可以现场参与的活动。它往往被用于鼓励和刺激消费者光顾商店、尝试新产品、增加对商品的购买量、提高购买频率、增加对产品的了解。具体促销方法有以下三种类型。

（1）以提供消费者财务利益为主的促销方法。促销不仅能提供给消费者财务利益,还能通过产品的购买过程,给消费者提供各种心理利益,这种利益的满足也会促使消费者产生购买行为。根据以往学者的经验,常用的促销方法主要有六种:

第一,免费使用产品。对于新产品上市,根据消费者的心理利益,应该让消费者试吃、试用、试穿、试饮,刺激消费者对新产品进行尝试,使消费者亲身感受到产品的性能和质量,这样才能激起他们的购买欲望,创造消费者的重复购买,在产品处于引入阶段增加销量和扩大销售区域。吸引消费者尝试新产品并非最终目的,而引发他们重复购买才是公司真正所期望的。例如 P&G 公司推出的新产品护舒宝卫生巾,是以事业女性为目标市场的。这些女性对卫生巾的品质要求高,较易接受高档商品,而护舒宝卫生巾正是定位在高档次的商品。为了让目标消费者接触新产品,并使新产品顺利打入市场,P&G 公司在香港采取了免费使用的促销方式。然而,精心策划的免费使用装派发计划,在推行期间,行人拒收率高达 70%。所以,尽管是让消费者免费使用,促销策划时也应考虑消费者习惯、心理等诸多因素。

第二,有奖销售。有奖销售是以赠送物品或发放奖品为促销诱因,以刺激消费者购买产品和扩大产品知名度的一种促销方法。

第三,赠券。赠券是一种折价券或有价票券,是在特定时间和地点,对特定商品赠予消费者一定量的现金的方式。消费者若去券面指定商店购买指定商品时,可以以低于正常价的价格购得商品,少付的数额为券面所标数值。它实际上是对消费者的一种价格优惠。赠券具有三个优点:一是公司可通过对赠券发放数量的控制来限制获得赠券者的数量;控制成本上升幅度,使其他未获赠券的消费者仍以正常价购买商品;二是公司可对赠券的发放时间和期限进行自由选择,保证与其他促销手段在促销组合中协调统一,诱发消费者的迅速反应;三是赠券可在产品缺乏吸引力的情况下创造出特性和优势,以激发消费者对该品牌产品的选择需求。赠券通常通过报纸、杂志、邮寄、产品包装、挨户递送、销售点分发等渠道发放。

第四,消费者竞赛和抽彩。其目的是促使消费者参与某特定公司或零售店的交易和宣传活动。前者需要参加者具有一定的能力和技巧;后者则纯粹是靠机遇和运气取胜。这种方法不直接允诺或给予每个参赛者利益和好处,只允诺参赛者均等的取胜机会和可能性,提供给他们一种刺激。抽彩活动实际上是一种随机的、碰运气的游戏,这种方法比消费者竞赛更经常被使用,因为它更具吸引力,更有趣味性和刺激性,且成本相对较低。消费者竞赛和抽彩的奖励往往都是很可观的大奖,它们不仅可使许多消费者参与公司的交易活动和广告活动,而且还可获得中间商的支持。

第五,广告礼品是一种载有广告信息的、免费赠送的小物品,价格不高,但是很实用。广告礼品上应注明品牌、标志、公司名称、地址、联系方式、服务项目,或其他一些简短的广告信息。理想的广告礼品具有较长时间的保存价值和经常性使用的性质,成为一种对消费者的提示物。

第六,购买奖励是公司或中间商为鼓励消费者购买某种商品而提供给他们的免费或优惠价物品。购买奖励分免费提供和优惠价提供两种。免费提供的奖品可以是各种各样具有吸引力且实用的小物品,以优惠价提供的奖品是指消费者只需付奖品的成本价或低于成本价即可得到的物品。奖品的分发形式有邮寄、随产品包装分发、购买即时兑现等。

(2)以提供消费者心理利益为主的促销方法。这类方法包括使用免费样品、免费试用有奖销售附送赠品、自助获赠、集点换物、抽奖游戏与竞赛游戏促销、有奖征集、答卷奖励、竞技比赛、公益赞助文体活动、赞助公益活动、会员制、优惠类会员制、积分类会员制、便利类会员制。例如，公益赞助活动是指厂商赞助某项社会活动，借助该活动产生的良好社会效应进行营销宣传，以获得社会公众的关注与心理上的好感，从而达到传播和提升品牌形象、刺激产品销售的目的。

(3) 以提供消费者服务和利益为主的促销方法。此类常用的促销方法有两种：

第一，销售服务。一是售前服务，即产品销售前企业为吸引顾客购买产品所提供的各种服务。通常形式为企业对潜在顾客实行免费教育培训或导购、咨询，邀请顾客参观产品生产现场并解答疑惑，向顾客提供免费的定制服务以及其他购物便利，提供给消费者性能利益，等等。二是售中服务，即企业在产品销售过程中提供的服务，为使顾客在购买过程中感到满意。服务内容包括免费停车、免费存放、免费咨询、免费安装、免费代为照顾小孩、免费包装、提供良好的购物环境等。三是售后服务，即企业在产品销售以后继续向顾客提供部分服务。服务内容包括：免费送货，免费安装调试，为产品提供保险，免费在国家规定的时间内包退、包换、保修、终身保修，以及开设用户免费投诉电话、定期拜访、定期上门保养产品，定期向用户寄送产品资料和服务资料，等等。

第二，财务激励。一是分期付款，即消费者分若干次付清产品全部款项的方式。帮助消费者解决一次性支付的财务困难，适用于家用电器类商品的销售，实质上是企业向消费者提供首付款以外部分的小额无息商业贷款。顾客必须和企业办理具有法律效力的相关手续以保证贷款的安全，在所有款没有付清之前，产品的全部或部分所有权归企业所有。二是后付款，即消费者在使用产品或服务的一段时间内支付其费用，是为了消费者支付行为提供方便，通常用于周期性或连续性消费项目。其实质是由企业向消费者提供一定时间内一定额度的使用资金，同样也需要通过签订协议来约束购销双方的交易行为。三是银行按揭，即消费者以所购买的商品做抵押向银行贷款支付商品金额，同时和银行签订还款协议，并按照协议还款。款项未付清之前，消费者必须把商品的所有权证抵押给银行，以这样的法律形式来约束还款行为。四是银行卡，其实质是企业向持卡人提供商品或服务的商业信用，然后向持卡人的发卡银行收回货款或费用，再由发卡银行向持卡人办理结算。

2. 针对中间商的促销方法

实施这类销售促进方法的目的在于鼓励和刺激中间商接受和更多地订购、贮存特定品牌产品，并且促使中间商积极主动地推销这种产品，其具体方式有以下六种：

(1) 订货奖励，是产品生产厂家对订货量或贮存量达一定标准的、能够积极主动推销该厂家产品的中间商的奖励。若中间商在完成合同规定的订货量后又进行了超额订货，厂家则适当降低超额部分产品的价格，作为对中间商超额订货的奖励。

(2) 推销奖金，是激励推销员的一种方法。特定产品的生产企业可根据零售店推销员的工作条件和对该企业产品的推销成绩给予他们一定量的奖金以资鼓励。

(3) 销售竞赛，是在与某特定品牌产品有关的分销渠道进行的。比如公司向其产品经销店中对其产品销售成绩最佳的经销店予以奖励。此方法效果短，成本高，有相对连续性。

(4) 公司为了得到中间商的支持与合作，对中间商所需陈列品及必要设备免费供应或提供资助。对经销特定品牌产品成绩显著者起到激励作用，也有助于企业开发新的分销渠道。

（5）有时中间商为其经销的特定品牌产品进行广告宣传时，会提出让产品生产公司分担部分或全部广告费用。要注意的是，在公司与中间商正式达成协议和支付费用前，中间商必须出具广告制作计划或已制作完成和发布的证据。

（6）中间商名录实际上是宣传某种产品的广告，它可以提高中间商的知名度，为中间商招揽更多的顾客，增加销售机会。这种方法还使中间商与公司间的关系加强，间接鼓励和刺激了中间商积极主动推销其产品。

3．针对员工促销的方法

针对经销商展开的活动有一些也可以针对内部员工开展，销售竞赛和达标奖励就经常被采用，通过对销售活动中优秀的员工予以奖励，提高大家工作的积极性和主动性。

4．组合促销

组合促销是指企业为达到特定目的而弹性运用若干促销工具、促销方法，把各种促销方式有机搭配和统筹运用的过程，形成一套针对选定的目标市场的促销策略，它包括"人员推销、商业广告、公关宣传和适时促销"等。组合促销体现了整体决策思想，将各种促销方式有目的、有计划地组合起来，形成整体效果最优的促销决策。

促销组合常用的方法有：①说理教育法，适应于高文化的理智型消费者、工业生产资料产品等；②情感共鸣法、推销员的推广、情感型广告创意，适用于软性商品、情感型消费者等；③新闻焦点法，抓住新闻人物、新闻事件与企业和产品挂钩。

企业在拟订促销组合时，要考虑下列因素：

（1）产品或市场的类型。各种促销工具在消费品市场与工业市场的功效并不相同。例如，消费品公司首先要把最大部分的资金投入广告活动，其次为促销活动、人员推销，最后才是公共关系；工业品公司则首先将大部分的资金花在人员推销上，其次为促销活动、广告、公共关系。一般而言，人员推销通常用于价格昂贵而具风险性的产品或者销售者数目较少而规模较大的市场。

（2）促销的方式。企业在实际促销活动中，是采用一种促销方式还是采用两种或两种以上的促销方式，这就需要选择。如果选择两种或两种以上的方式，就要涉及以哪种方式为主、以哪几种方式为辅的问题。促销策划要通过组合促销来实现。

（3）推式和拉式策略。推式策略指通过分销渠道将产品"推"给最终消费者，也就是制造商直接对其渠道成员做营销活动（基本上是人员推销和商业促销），以诱导他们订货和持有产品以及促销给最终消费者。而在拉式策略下，制造商则直接对最终消费者做营销活动（基本上是广告和促销），以说服他们购买产品。有些小型的工业品公司只采用推式策略，有些采取直接营销的公司则只用拉式策略。大多数的公司则采用推式和拉式策略（见图7-1）。

（4）购买准备阶段。促销工具在各个购买准备阶段的效果不尽相同。广告和公共关系是知晓和了解阶段的主要促销工具。顾客的确信、偏爱、嗜好，主要是受人员推销和广告的影响。最后，生意是否成交主要是受推销员访问和促销手段的影响。而人员推销由于成本很高，应将之集中运用于购买准备阶段的后期。

（5）产品生命周期阶段。在引进阶段，广告与公共关系对于打开知名度最能奏效，

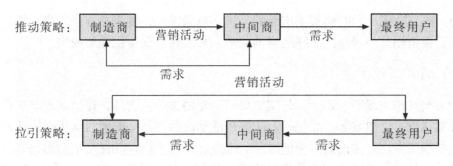

图 7-1 推式和拉式策略示意

促销活动则有助于促使消费者提早试用,人员推销虽然成本相当高,但必须用来争取中间商经销产品。在成长阶段,广告与公共关系仍然维持猛烈的火力,但由于不再极力鼓吹试用,故可减少促销活动。在成熟阶段,促销与广告相比大为增加。购买者已经知道产品的品牌,提醒式的广告即可避免消费者对品牌认识的弱化。在衰退阶段,广告已删减至只剩提醒式广告,公共关系完全停止。

二、促销策划的步骤

一个合适的工作流程,能避免工作的随意性和盲目性,提高工作的效率和效果。一般说来,促销策划必须遵循以下八个步骤。

(一) 确定促销活动的目的、目标

确定促销活动的目的和目标是为整个促销活动确定一个总体构想,为以后的工作计划、方案创意、实施和控制、评估促销效果提供一套标准和依据。没有目的和目标,促销活动就不能做到有的放矢,以后的所有促销活动将会失去方向,成为"失去航标的帆船"。

(二) 进行资料收集和市场研究

"没有调查就没有发言权",调研工作的重要性不言而喻。然而,很多促销方案不是在调查研究的基础上设计的,促销活动的成功和失败就只能靠碰"运气"了。促销活动的市场研究应该着重在三个方面:一是市场促销环境,二是竞争对手的促销策略及促销方案,三是顾客的消费心理、消费行为。促销调研方法一般分为直接调研和间接调研两种。直接调研就是通过实地观察统计、调查问卷、直接访问等方法,收集第一手资料;间接调研一般通过查阅文献、调查报告等方法收集第二手资料。促销调研最终要形成书面的调查报告,为以后的促销创意、方案设计等提供依据。

(三) 进行促销创意

好的促销创意是促销成功的一半,创意对促销的重要性不言而喻。促销策划的关键是要发掘新颖独特的创新思维。要根据企业所处的客观环境、市场态势和自身条件,创造性地进行分析、选择、组合,建立强烈而新颖的诱导刺激措施,使之能迅速吸引顾客

的注意力，唤起并强化顾客购买该产品的动机。总的说来，创意具有新、奇、特、简这四个特点。促销创意一般包括选择适当的促销工具、确定促销主题等内容。

（四）编写促销方案

促销方案又称为促销策划书，是实施促销活动的指导性文件，促销活动必须严格按照促销方案执行。促销方案一般包括：①促销活动的目的；②促销活动主题；③促销活动宣传口号或广告词；④促销活动的时间、地点、日程安排；⑤促销活动的内容；⑥执行促销活动人员；⑦促销活动准备物资清单；⑧促销经费预算；⑨促销活动注意事项；等等。

在制定具体的促销方案时，需要注意以下问题：

（1）确定刺激程度。要使促销取得成功，一定程度的刺激是必要的。一般来讲，刺激程度越高，引起的销售反应也会越大，但也存在边际效应递减的规律，因此，要对以往的促销实践进行分析和总结，结合新环境条件确定适当的刺激程度。

（2）选择对象。对象选择的正确与否会直接影响到促销的最终效果。对象可以是市场中的每一个人，也可以是有选择的某类团体，还应确定哪种对象是促销的主要目标。

（3）选择媒介。选择媒介不仅关系到促销费用的高低，更关系到促销活动的直接效果。传统的促销媒介主要有报纸、电视、收音机、杂志四种。随着网络的发展，互联网也越来越被广泛地应用于促销宣传。

（4）选择时机。选择在什么时间开始促销、持续多长时间效果最好等，也是值得研究的重要问题。持续时间过短，由于无法实现重复购买，很多应获取的利益不能实现；持续时间过长，又会引起开支过大和损失刺激购买的力量，并容易在顾客心目中降低企业产品身价。有关研究表明，每个季度三周左右为最适宜的促销时间。

（5）促销预算的分配。促销预算在各种促销工具和各个产品间的进一步分配，要考虑到各种促销工具的使用范围、频度、各种产品所处的生命周期的不同阶段等多种因素加以平衡和确定。

（6）促销预算的方法。在促销方案中，促销预算应该清晰明了。企业计划在促销方面投入多少费用，需要事先作出预算。常用的促销预算方法有以下几种：

第一，量入为出法。企业在估量了自己所能承担的能力后安排促销预算。这种方法的不足之处在于它完全忽视了促销对销售量的影响，导致年度促销预算的不确定性，给制订长期的市场计划带来困难。

第二，销售百分比法。很多企业以一个特定的销售量或销售额的百分比来安排他们的促销费用。其优点在于它的灵活性，促销费用可以因公司承担能力的差异而变动。另外，可以促使管理层以促销成本、销售价格和单位利润的关系为先决条件进行思考，使竞争的企业在促销方面的花费按销售百分比计算来保持平稳。

第三，竞争对等法。企业按竞争对手的大致费用来决定自己的促销预算。

第四，目标和任务法。企业或营销人员首要要明确自己的特定的目标，确定达到这一目标所必须完成的任务以及估算完成这些任务所需要的费用，来决定促销预算。

（五）促销活动事前测试

促销活动尤其是大型促销活动事前测试是相当必要的，很多促销活动没有试验这样一道程序。促销创意、方案一旦制定，直接拿去市场上操作，一旦失败，损失很难弥补。所以，为了降低促销活动失败所带来的损失，这一程序必不可少。如何进行试验呢？通常的做法是在一个比较小的市场上进行一次短期操作试验，或者是由企业内部一些专家（营销经理、一线市场人员等）对这次促销活动的各个方面的问题进行质疑答辩。

促销活动事前测试的常用方法有：

（1）意见征询。促销活动实施前的意见征询是快速而低成本的方式，多用于小规模促销活动。意见征询的主要方法有随机访谈和集中征求意见两种方式。

（2）对比试验。在小范围内对消费者分组进行促销活动的实施和非促销活动的实施的反应结果对比试验，可对促销活动的效果取得更具体、直接的认知。促销活动试验的地点可选择：①环境条件相似的零售店里进行；②可在零售店外进行对比实验；③可在同一市场内进行对比实验。

此外，对经销商的事先测试也比较重要。经销商对促销活动的接受程度会直接影响促销活动的成败，所以必须在事前即获得经销商的支持。对经销商的促销活动测试主要从意见征询、深入访谈和综合市场分析、交易因素等得出经销商对促销活动策划有价值的信息。对经销商的事前测试，同时也有助于树立经销商对促销活动的了解和信心。

（六）改进完善促销方案

对促销活动试验进行总结，对促销方案不妥或不完善的地方进行修改，或完全放弃促销方案另做促销方案（编写促销活动创意一般在三个左右）。没有效果甚至产生负面影响的促销不搞也罢。

（七）推广实施促销方案

促销活动方案在通过试验、改进完善之后，进入正式推广实施阶段。在这个阶段，要注意严格按照促销方案和预算执行。促销活动负责人的主要职责是监督、指挥、协调和沟通。首先，所有的准备工作必须到位，包括最初的计划工作、设计工作，以及包装材料的分发，配合广告的准备工作和销售点材料；其次，通知现场的销售人员，为个别的区域指定配额，购买或印制特别赠品，预期存货的生产，存放到分销中心准备在特定的日期发放；最后，给零售商的分销工作。

（八）总结评估促销方案

在活动过程中（活动时间长）或完成后，参与促销活动人员要对该次促销活动进行总结、评估。总结评估的主要内容是活动的目的、目标有没有达到？经费预算执行得如何？促销活动组织突发什么事件，如何处理的？是什么原因？如何才能避免问题的出现？促销活动评估总结同样要形成完整的书面报告，为下次进行促销活动做准备。

总结评估促销方案的方法有：

(1) 比较销售额的变动。这是指选取开展促销活动之前、中间与进行促销时的销售量进行比较。一般会出现十分成功、得不偿失、适得其反等几种情况。

第一，十分成功。在采用促销活动后，消费者被吸引前来购买，提高了销售量，取得了预期的效果。该次促销活动不仅在促销期中，而且对公司今后的业绩和发展均有积极影响。

第二，得不偿失。促销活动的开展，对超级市场的经营、营业额的提升没有任何帮助，而且浪费了促销费用。

第三，适得其反。促销活动虽然在进行过程中提升了一定的销售量，但是促销活动结束后，超级市场的销售额不升反降。

(2) 消费者调查法。超级市场可以组织有关人员抽取合适的消费者样本进行调查，向其了解促销活动的效果。例如，调查有多少消费者记得超级市场的促销活动，他们对该活动有何评价，是否从中得到了利益，对他们今后的购物场所选择是否会有影响，等等，从而评估超级市场促销活动的效果。

(3) 促销活动与广告的费用分配比例。可以以此概念划分确定促销活动与广告费用的比例。主要观点如下：

第一，一个产品要获得长期的利润，就必须要有吸引消费者能够签订合同的诉求点，同时要使消费者对本企业的品牌建立持久的忠诚依赖感。

第二，市场占有率在一定程度上反映了价格与价值的认知关系，同时还应让消费者认同商家所订的价格与商品的价值。

第三，消费者对品牌价值的认知来自于两方面。一方面是来自于消费者对产品的满足感，另一方面则来自于消费者在与同类产品相比较后产生的判断差异。

值得注意的是，促销活动可能对销售店、消费者产生的影响。比如发生任何疏忽，都有可能使消费者丧失对企业的信任，这并非一朝一夕所能挽回的。所以进行促销活动时，必须采取适当措施。

案例一　屈臣氏促销活动值得零售连锁企业借鉴

能让都市时尚白领一族以逛屈臣氏商店为乐趣，并在购物后仍然津津乐道，有种"淘宝"后莫名喜悦的感觉，这可谓达到了商家经营的最高境界。经常可以听到"最近比较忙，好久没有去逛屈臣氏了，不知最近又出了什么新玩意"。逛屈臣氏淘宝，竟然在不知不觉中成了时尚消费者一族的必修课。作为城市高收入代表的白领丽人，她们并不吝惜花钱，物质需求向精神享受的过渡，使她们往往陶醉于某种获得小利后成功的喜悦，期望精神上获得满足。屈臣氏正是捕捉了这个微妙的心理细节，成功地策划了一次又一次的促销活动。

屈臣氏的促销活动每次都能让令顾客获得惊喜，在白领丽人的一片"好优惠哟"

"好得意呦""好可爱啊"声中,商品被"洗劫"一空,积累了屈臣氏单店平均年营业额高达 2000 万元的战绩。在屈臣氏工作过的人应该都知道,屈臣氏的促销活动算得上是零售界最复杂的,不但次数频繁,而且流程复杂、内容繁多,每进行一次促销活动更是需要花很多的时间去策划与准备。策划部门、采购部门、行政部门、配送部门、营运部门都围绕着这个主题运作。为超越顾客期望,屈臣氏所有员工都乐此不疲。屈臣氏在促销活动方面的造诣,笔者认为值得零售连锁企业借鉴。

一、屈臣氏促销活动的三个阶段

2004 年 6 月 16 日,屈臣氏中国区提出"我敢发誓,保证低价"承诺,并开始了以此为主题的促销活动,每 15 天一期,从那时起的一段时间里,笔者就一直参与并研究着促销活动带来的顾客反应以及屈臣氏的各店营业额的变化。从笔者所收藏的一大堆"屈臣氏商品促销快讯"中,笔者把屈臣氏的促销活动发展大致分为三个阶段:

(1) 2004 年 6 月以前为第一阶段。在这段时间里,屈臣氏主要以传统节日促销活动为主,屈臣氏非常重视情人节、万圣节、圣诞节、春节等节日,促销主题多式多样。例如,"说吧说你爱我吧"的情人节促销、"圣诞全攻略""真情圣诞真低价"的圣诞节促销、"劲爆礼闹新春"的春节促销,以及以"春之缤纷""秋之野性""冬日减价""10 元促销""SALE 周年庆""加 1 元多一件""全线八折""买一送一""自有品牌商品免费加量 33% 不加价""60 秒疯狂抢购""买就送"等为主题的促销活动。

(2) 第二阶段是在 2004 年 6 月屈臣氏提出"我敢发誓,保证低价"承诺后,以宣传"逾千件货品每日保证低价"为主题,我们发现在此阶段,每期"屈臣氏商品促销快讯"的封面都会有屈臣氏代言人高举右手传达"我敢发誓"信息。到了 2004 年 11 月,屈臣氏作出了宣言调整,提出"真货真低价",并仍然贯彻执行"买贵了差额双倍还"方针,这样一直到 2005 年 6 月"我敢发誓"一周年,屈臣氏一共举行了 30 期的促销推广,屈臣氏的低价策略已经深入人心。

(3) 第三阶段是 2005 年 7 月起,屈臣氏延续特有的促销方式并结合低价方针,淡化了"我敢发誓"的角色,特别是到了 2007 年,促销宣传册上几乎不再出现"我敢发誓"字样,差价补偿策略从"两倍还"到"半倍还"最终不再出现;促销活动更是灵活多变,并逐步推出大型促销活动,如"大奖 POLO 开回家""百事新星大赛""封面领秀""VIP 会员推广"等。至此,屈臣氏促销战略成功转型。

二、屈臣氏促销活动的表现

1. 持之以恒

很多消费者对屈臣氏的促销活动都非常熟悉,他们了解屈臣氏在定期举行什么形式的促销活动,这归功于屈臣氏多年来的坚持,屈臣氏的常规促销活动每年都会定期举行,特别是自有品牌商品的促销,如"全线八折""免费加量""买一送一""任意搭配"等,每年都会定期举办。

2. 丰富多彩

屈臣氏一年 24 期常规促销活动,形式非常独特,与其他零售店的方式完全不一样。

例如，"自有品牌商品免费加量33%""60秒疯狂抢购""买就送"等。屈臣氏促销商品品种繁多，如丝秀发、沐浴新体验、皓齿梦工场、营养街、清亮新视界、知足便利店、小工具课堂、开心美味园等非常多的趣味主题商品，介绍众多的个人护理用品，引导着消费。

3. 权威专业

屈臣氏的促销活动往往都会贯穿一个权威专业的主导线，向消费者传递着自己在专业领域里权威专业的信息，让消费者有更大的信任感。例如，屈臣氏的"健康知己"，为顾客提供日常健康知识咨询；"屈臣氏护肤易""屈臣氏优质生活手册""健与美大赏""屈臣氏自有品牌特刊""畅游必备品"等在向顾客推荐好的产品的同时，邀请业界知名人物与读者分享美容心得和健康知识。

4. 优惠实效

根据国人"实惠才是硬道理"的消费习惯，屈臣氏促销讲究的就是"为消费者提供物超所值"的购物体验，从"我敢发誓"到"冬日减价""10元促销""加1元多一件""全线八折""买一送一""买就送"等，每一次降价幅度都非常大；每期都有的三个"10元超值换购"商品、9个"震撼低价"商品，每次都被消费者抢购一空。

5. 全员重视

屈臣氏全员重视为促销获得成功铺垫了基础。屈臣氏每举办一次促销活动需要做大量的工作：①所有的宣传册、商品、促销主题宣传画、价格指示牌都得更换一新；②店铺的员工要熟悉每次的促销规则，把所有促销商品陈列到位，并按要求将宣传挂画进行摆放；③为了每次促销活动让各个分店都能按总部思路执行，各分店的经理都要去参观样板店，促销开始的第二天，区域经理就马不停蹄地到各个分店巡视促销活动执行情况，随时监督各分店的工作部署。

6. 氛围浓郁

"创造一个友善、充满活力及令人兴奋的购物环境"是屈臣氏卖场布置的精髓。为了创造一个好的促销氛围的目的，屈臣氏从不吝惜布置场地方面成本，每次促销会更换卖场所有的宣传挂画、价格牌、商品快讯和色条（嵌在货架层板前面的彩色纸条）等。

7. 震撼低价

屈臣氏经常推出系列震撼低价商品，这些商品以非常优惠的价格销售，并且规定每个店铺必须陈列在店铺最前面、最显眼的位置，以吸引顾客。

8. 剪角优惠券

在屈臣氏指定促销期内，一次性购物满60元（或者100元），剪下促销宣传海报的剪角，可以抵6元（或者10元）使用，相当于额外再获得九折优惠。另外，购指定的同一商品2件，额外享受九折优惠，例如，买营养水一支要60元，买2支的话，就一共收108元。

9. 赠送礼品

屈臣氏经常会举行一些赠送礼品的促销活动，一种是供应商本身提供的礼品促销活动；另外一种是屈臣氏自己举行的促销活动，如赠送自有品牌试用装，或者购买某系列产品送礼品装，或者是当天前30名顾客赠送礼品一份。

10. VIP会员卡

屈臣氏在2006年9月开始推出自己的会员卡，顾客只需去屈臣氏门店填写申请表格，就可立即办理屈臣氏贵宾卡，办卡时仅收取工本费1元，屈臣氏会每两周推出数十件贵宾独享折扣商品，低至额外八折，每次消费有积分。

11. 销售比赛

"销售比赛"是屈臣氏一项非常成功的促销活动，每期指定一些比赛商品，分各级别店铺（如屈臣氏的店铺根据面积、地点等因素分为A、B、C三个级别）之间进行推销比赛，销售排名在前三名的店铺都将获得奖励，每次参加销售比赛的指定商品的销售业绩都会以奇迹般的速度增长，供货厂家非常乐意参与这样有助于销售的活动。

三、屈臣氏常用的主题促销活动

1. 春之缤纷

这期促销活动一般安排在春节过后的2—3月份，整个促销以绿意浓浓的春天为主题，以展示春色时尚用品为主，屈臣氏的店铺在本期促销期间，布置得一片绿色，宣传牌、POP、物价牌、色条、促销商品都是以春色为主，"炫色春时尚"展示春天时尚用品；"三月浓情关爱女性"展示绿色女性用品为主；"唤醒春之容颜"提供大量春天彩妆系列；"逍遥享春风"推荐系列清醒系列用品，有空气清新用品，有带有薄荷清新气味的用品；"春节健康心选"提供系列有益的保健食品。

2. 水润肌肤心动价

这是针对10—11月份秋天气候干燥的情况主推秋季滋润护肤系列商品，包括"秋季护肤易""健康新动力""秋之魅力""万圣节之夜""护齿小百科""贴身温柔享""天天新欲望"等等。针对秋天的还有另外一个主题"秋之野性"，推出众多秋季应季时尚潮流物品，充分体现时尚潮流魅力。

3. 冬日减价

在每年的12月至次年1月份，屈臣氏举行以冬日产品为主题的促销活动，这个促销活动商品从两个方面做主题：一是针对冬日应季商品促销，展示大量冬季特价商品，"冬季护肤系列"是其中非常重要的主题；二是根据公司部分积压的商品做一个年终清仓，大幅度折价销售。

4. 全线八折

这个促销活动一般以两个主题为核心，第一是屈臣氏自有品牌商品全线八折，店铺会换上所有自有品牌全线八折的宣传标识，促销力度非常大，常用的商品都会多购买一些；第二是夏季的应季商品促销，以"绽放身体的魅力"为主题，推出大量清凉的护肤产品、护齿用品，渲染"炎炎夏日，清凉购物"感觉。

5. SALE周年庆

每年的3—4月份，是屈臣氏的周年庆祝时期，周年庆活动对各系列商品进行全面特价促销，给顾客塑造"惊喜不断"的感觉，"即买即送""独家优惠""美丽加分""健康生活每一天""潮流热浪"全面进行，是一次非常大型的促销。精明的顾客都知道，这是一次"淘宝"的好机会。

6. ￥1，多一件

加多 1 元，就可以获得一件商品。方式有两种，一是加 1 元送同样的商品，譬如一件商品是 20 元，21 元即可买两件；另一种是加 1 元送不同的商品。这个促销活动非常让顾客心动，但是非常容易让顾客产生误会，所以这期促销活动工作量非常大，除了准备大量的 POP、标价牌外，还要打印大量的文字指示，员工要对送同样商品的产品贴"鱼蛋"（小圆标贴）标记。由于近乎买一送一，而且一买是两件，所以商品的订货量非常大。卖场挂满很多黄色圆圈标识，写有"￥1，多一件"字样，非常别致，非常引人注目。

7. 10 元促销

大量 10 元、20 元、30 元商品，大量精选商品震撼出击，冠于"抢购价""惊喜价"等宣传字样，这一招完全捕捉了消费者心理，觉得 10 元、20 元、30 元无所谓，好像非常实惠，一件、两件、三件，不知不觉"满载而归"。

8. 60 秒疯狂抢购

在促销活动期间，每个店铺每周抽出一位幸运购物者（以购物小票及抽奖券为凭），得奖者本人可以在屈臣氏店铺指定时间进行"扫荡"（部分指定商品不参与，如药品），同样商品只能拿一件，60 秒内拿到的商品只需要用 1 元钱购买，商品总金额最高不超过 5000 元。本活动非常刺激，让参与者终生不忘。

9. 红唇明眸魅力

这是一个较小型的专题促销活动，主要是以"艳丽红唇"为主题，与厂商合作推出系列特价名牌唇膏和彩妆，如美宝莲、露华浓、卡姿兰、雅芳、Up2U 等，而且这些都是独家优惠举办。

10. 健与美大赏

这是由屈臣氏自创和举办的健康与美容护肤产品的大赏盛事，从 2000 年开始每年举办一次健与美大赏活动，屈臣氏根据产品受消费者的欢迎程度，在数千种产品中，挑选出各个组别中的最佳产品，有"至尊金奖""银奖""铜奖""最具潜质新产品奖""最佳部门销售奖""最佳品类大奖"等等，并编写印发《健与美群英榜》，给予顾客消费指引。一方面是对获奖品牌及产品的肯定，另一方面也能帮助消费者作出明智的选择，让顾客以最优惠的价格，买到最优质的产品。屈臣氏研究发现，健与美是现代生活的一种追求，在屈臣氏，健与美大赏已经成为时尚消费的风向标。

四、屈臣氏自有品牌商品促销策略

屈臣氏推出护理用品类的自有品牌商品，时间并不是很长，但已深得消费者喜欢，市场占有份额日趋增长，目前数据显示已经超过 20%，其产品推广及促销策略功不可灭。

1. 新品上市促销

有新品上市，屈臣氏都会安排较大篇幅的版面进行宣传，并大规模的发送试用赠品，如 2004 年 10 月推出骨胶原系列护肤品，2005 年 3 月推出的美颜糖果，4 月推出滋养沐浴露系列，11 月推出天然精华护理系列，等等，都会安排所有店铺进行大型促销活动。

2. 宣传专刊

"屈臣氏优质生活手册"是专门针对自有品牌进行宣传的专刊,一年两期,免费发送过顾客,专门介绍自有产品的功能特性,并邀请知名专业人士与消费者分享健与美心得。

3. 店铺陈列

在屈臣氏的店铺中,都会安排几米货架陈列自有品牌商品,长期推广,并有醒目的标识。

4. 促销方法

"自有品牌全线八折""免费加量33%""免费加量50%""一加一更优惠""任意搭配更优惠""购买某系列送赠品"等方式都是屈臣氏对自有品牌产品常用的促销方式,由于自有品牌具有利润空间较大、包装灵活等优势,所以促销幅度都非常大,效果非常明显。

(资料来源:http://wenku.baidu.com/view)

案例二 欧珀公司的广告促销

一、欧珀公司简介

欧珀公司(以下简称欧珀)是一家全球注册,集科研、制造和营销于一体的大型高科技企业,公司主营手机、MP3/MP4播放器、DVD播放机、LCD TV等,产品远销美国、俄罗斯、韩国、东南亚等市场。欧珀公司成立于2004年,生产基地位于广东东莞。公司先后在中国成功推出MP3、MP4播放器,并于2008年5月正式推出手机产品,志在打造手机行业的一流品牌。欧珀投放的广告颇具新意,对其产品促销起到推动作用。

二、欧珀公司广告分析

(一) 欧珀广告在电视等媒体力推产品形象

1. 电视、平面广告

2005年5月12日,欧珀的主题为"我的音乐梦想"广告在央视一、二、三套黄金时间播出,广告中的俊男美女在地铁中相遇,暗藏情愫,在曼妙音乐中展开一段罗曼蒂克的联想。抒情的流行乐、优雅学生气质的装束,再加上漫天飞舞的粉红花瓣、青树和一对璧人,这条广告几乎在短短的十几秒给我们上演了一出韩剧。几乎一夜之间,欧珀的牌子已经家喻户晓。

欧珀首款音乐手机A103,上市以来,颇受时尚潮人的青睐和好评,加上无与伦比的完美音质，让人爱不释手。而发生在雪山上的纯美爱情广告更是家喻户晓。

2008年有BOBO代言的新款欧珀T5手机广告，继续走唯美路线，故事发生在美丽校园的琴房，让人不禁联想到周杰伦的电影《不能说的秘密》。

2. 网络广告

除了电视广告，欧珀也没有忽视网络，在新浪等大的门户网站，消费者都能看到欧珀的身影，按照其利用网络综合提升曝光率的思路看，依然成功了一大半，从banner广告到新闻插页广告，欧珀将网络像电视一样运用得非常到位。而且欧珀·新浪2005网络歌曲排行榜更是搞得轰轰烈烈，网罗了不知道多少网民的眼球。

（二）欧珀广告内容新颖，定位准确

帅气的男主人公（想象为典型的高收入人群）在一片银白的雪地上单独行走，女主人公在电缆车上望向缆车下的冰雪世界，男主人公看着手机上和女主人公的甜蜜片段，开心地对着天空大喊"I Love you！"缆车从天空中划过，女主人公听到风铃的清脆声音，也幸福地看着手机上二人的甜蜜影像。广告语是"倾听你的心声，欧珀手机。"

广告内容分析：

（1）广告类型。初级阶段的电视广告注重产品的形象宣传，目的是提高目标受众的认知度。

（2）广告风格。纯净，唯美，以情动人。

（3）市场定位。欧珀音乐手机定位于高端产品，并且将完美音质作为其独特的卖点，与其他手机构成差异。

（4）广告诉求对象。不同于欧珀MP3/MP4以青春男女为目标消费群体的市场定位，欧珀音乐手机明显将目标消费者群体的年龄段提高了4~7岁，他们有高且稳定的收入，注重生活质量，喜爱音乐。他们处于大学生、青春男女与成熟人的过渡阶段，有活力，却喜欢以一种内敛的方式表现出自己的个性。

（5）广告诉求方式。继承了欧珀的感性路线，但无论是从模特年龄还是背景音乐的配置，都可以看出它将以前欢快明亮的风格转化为一种含蓄、纯净却更加耐人寻味的风格。

（6）广告类型。继承了以爱情为主线的诉求方式。

（7）广告创意点。将完美音质比作爱情的纯净，用冰雪之纯来表达。

这则广告的整体风格并未偏离欧珀产品系列一贯坚持的爱情路线，却通过模特的选择、情节的设置、音乐的更改、广告语的更新等，多方面地在广告诉求对象上完成一个完美的表达，从而改变欧珀MP系列产品目标消费群体的高购买欲望却低购买能力的尴尬局面。个人认为这是一个将公司形象与产品形象完美结合的广告作品。

针对MP3消费人群（如学生和年轻白领）的相关调查显示，欧珀的高端品牌形象已深入人心。一项调查显示，有七八成的被调查者认为欧珀一定是个新的国外品牌，其中六成的人认为是韩国的品牌。

然而，欧珀其实是地地道道的国产品牌。据业内传闻，欧珀品牌实为一家名为高福

利的公司所经营,而高福利则与另一家著名民营家电企业——"步步高"关系密切。也就是说,这个神秘品牌背后的真正力量,很可能就是家电巨头"步步高"。

欧珀的韩系形象,则是企业的刻意为之。为了塑造欧珀的产品形象,其广告导演和演员均是来自韩国,拍摄地也是按照韩国偶像剧的标准进行选择。随着韩流继续升温和越来越多的韩国爱情剧受到中国年轻人的关注,韩国风味无疑是青春气息浓郁的浪漫时尚的代言。

并且,在MP3市场,建立较高端形象的一般都是国外品牌,如苹果(iPad)、三星(yepp),甚至一些入行已久的台资品牌如爱国者"月光宝盒"都未能挤入这个阵营,而中国大陆的品牌大部分更是以价格优势吸引消费者。

在这种情况下,欧珀采用这个品牌形象切入市场无疑是一种使巧力介入高端MP3市场的方式。同时,当然也有与主公司进行品牌区隔的考虑。

定位明确,表现犀利。看来,有"韩味"的欧珀横空出世不是偶然。从整个广告营销计划来看,欧珀从价格、外观设计到渠道制造出的定位错觉,都"别有用心"。

三、小结

欧珀从诞生的那一刻起就注定了不会平凡,从韩系唯美广告到线下狂欢活动,无不展示着欧珀的魅力,通过整合现有传播力量,电视、网络、体验活动、公关活动等传播欧珀的品牌,极大地提高了欧珀的品牌影响力。这也是现代广告传播的大趋势。

(资料来源:中国营销传播网)

本章小结

促销是指企业通过直接或间接的方式向消费者传达企业的信息和产品(或服务)信息,以促使其接受和认可企业的产品和服务,进而作出购买决策的活动。从核心和实质上来看,促销就是企业与中间商、企业与最终用户之间的各种各样的信息沟通。

促销活动的形式包括人员促销和非人员促销两类。促销按针对的对象可分为消费者促销、经销商促销、内部员工促销和组合促销。

针对消费者的促销形式有赠券、购买奖励、消费者竞赛和抽彩、分发免费样品、广告礼品、示范、销售点陈列、展销会和交易会等。

针对经销商的促销形式有订货奖励、推销奖金、销售竞赛、广告费用分担、经销商名录、购买折让、免费产品、现金返还、实物奖励、培训及旅游等。

针对员工促销的形式有销售竞赛、达标奖励等。

组合促销是指企业为达到特定目的而弹性运用若干促销工具、促销方法,把各种促销方式有机搭配和统筹运用的过程,形成一套针对选定的目标市场的促销策略,它包括"人员推销、商业广告、公关宣传和适时促销"等。

促销策划须遵循确定促销活动的目的和目标、进行资料收集和市场研究、进行促销创意,以及对促销方案的编写、试验、改进完善、组织实施和总结评估等步骤。

关键概念

促销　人员促销　促销组合

思考题

（1）促销活动包括哪些？
（2）促销策划的实质是什么？
（3）促销活动的形式如何进行选择？
（4）促销策划包括哪些步骤？

第八章 广告策划

本章学习目标

通过本章的学习，要求学生掌握以下内容：①了解广告策划的概念、内容及原则；②了解广告策划的基本程序；③了解广告预算、广告媒体的选择及广告效果的事后测试。

广告是企业直接对目标消费群和公众进行说服性沟通的主要工具之一。在现代市场经济条件下，广告为企业树立组织形象、传播信息、指导消费提供了一种有效手段。企业想最大限度地提升销售业绩和品牌实力，就需要投放广告，策划出符合市场规律的广告实施方案，才能有效提升企业的销售业绩和品牌实力。

第一节 广告策划概述

一、广告的概念、特征与分类

（一）广告的概念与特征

1. 广告的概念

广告的概念可分为广义和狭义两种。广义的广告即"广而告之"，是指向广大公众传递信息的手段和行为。狭义的广告亦称为商业广告，是指企业为扩大销售获得赢利，以付酬的方式利用各种传播手段向目标市场的广大公众传播商品或服务信息的经济活动。

广告通常包括广告主、广告代理商、广告信息、广告媒介和广告受众五个构成要素：

（1）广告主。广告主是指为推销商品、提供服务或者传达某种观念，自行或委托他人设计、制作、发布广告的组织或者个人。广告主是广告活动的行为主体，广告主对广告的发布具有一定的控制权，同时对自己的广告活动负有法律责任。从传播与沟通的角度来看，广告主是广告信息的来源。

（2）广告代理商。广告代理商是指受广告主委托，负责广告活动的策划与执行的广告经营机构。广告代理商为广告主提供广告的设计、制作、代理等各项服务，在广告主和广告媒介之间扮演沟通桥梁和服务双方的角色。

（3）广告信息。广告信息是指广告的内容及其表达的形式。广告内容主要是由广告主提供的，它可以是关于产品的、关于服务的或是关于某种观念的。广告内容的表达形式是广告内容的组织方式或表达方式。广告代理商是广告信息的加工者。

(4) 广告媒介。广告媒介是指广告信息的载体。广告媒介是联结广告主与广告受众的纽带，是广告信息的传播工具，是广告信息传播的通道。

(5) 广告受众。广告受众是指广告信息的接受者，是广告信息传播的对象。广告受众包括现实的消费者和潜在的消费者。广义而言，凡是看到、听到或接触到广告的人，都可以称之为广告受众。广告受众是指广告信息的归宿。广告受众有被动接受广告信息的一面，也有主动一面，能够有选择地注意、理解和记忆广告信息，甚至拒绝广告信息。

2. 广告的特征

(1) 传播面广。由于传播媒体能大量地复制信息并广泛地进行传播，所以广告的信息覆盖面相当大，可以使企业及其产品在短期内迅速扩大影响。

(2) 间接传播。由于是通过传播媒体进行宣传，广告主同广告的接受者并不直接见面，所以广告的内容和形式对于广告的宣传效果就会产生很大影响。

(3) 媒体效应。由于消费者是通过传播媒体来获得产品和服务信息的，所以媒体本身的声誉、吸引力及其接触的可能性都会对广告信息的传播效果产生正、反两方面的效应。

(4) 经济效益。由于广告对传播媒体的利用是有偿的，所以企业的广告活动就必须重视经济效益，必须对广告费用的投入及其产生的促销效果进行核算和比较。

(二) 广告的分类

广告的分类是指为适应广告决策和策划的需要，按照一定的标准将广告活动划分为不同的类型，亦称广告形态。了解广告的分类，有利于企业围绕其营销目标，恰当地选择广告种类和手法，准确地传达广告信息和主题，合理地进行广告安排和组合。

1. 按广告的内容分类

(1) 商品广告。商品广告以宣传、推销企业的商品（包括有形商品和无形商品）为主旨，主要传递企业产品或服务的品牌、质量、性能、特点等信息的广告。其数量在现代广告中占有较高的比重。

(2) 服务广告。服务广告是宣传企业在销售某类产品时所提供的附加服务项目的广告，如对顾客购买的空调实行免费送货、安装、维修等，以激发消费者购买某产品的欲望。

(3) 公共关系广告。公共关系广告是为增加企业知名度和美誉度，以宣传企业整体形象为主要内容的广告，它既包括直接传递企业宗旨、概况等信息的企业广告（或称声誉广告），也包括企业参与某项社会活动的倡议或响应广告，以及为慈善机构向社会集资、募捐，或配合政府有关部门开展的诸如戒烟、环保、扶贫等方面活动的社会公益广告。

(4) 启示广告。启示广告不含促销信息，而只是传递某些必要的信息，如更名启事、迁址启事等。

2. 按广告的目的分类

（1）显露广告。显露广告以迅速提高知名度为目的，着重突出品牌等简单明了、便于记忆的文字或符号等信息，而对商品和企业则不做具体的介绍。

（2）认知广告。为使受众全面深入地了解，详细介绍其特性、用途、优点的广告，其目的是增加受众对商品的认知度。

（3）竞争广告。与竞争对手的广告等其他促销手段针锋相对、有意识地展开攻击或进行防御，是一种针对性极为明显的广告。如美国百事公司"七喜从来不含咖啡因，也永远不含咖啡因"的宣传则隐含了对可口可乐公司的影射，是极具代表性的竞争性广告。

（4）扩销广告。短时期内为推动销售量的急剧扩大而实施的广告，如有奖或优惠销售的广告等，这类广告的刺激性较强。

3. 按广告的诉求方式分类

（1）感情诉求广告。感情诉求广告通过广告对无生命的商品赋予一定的生动的感性色彩，与消费者对某种情感的追求相吻合，即动之以情，使其在好感和共鸣的基础上采取购买行为。

（2）理性诉求广告。理性诉求广告通过直接或间接的形式科学论证商品的优点，理性地说服受众，即晓之以理，使其在信服的基础上采取购买行为。

除此之外，按照传播的地域范围，可将广告划分为地方性广告、区域性广告、全国性广告和国际性广告；按照媒体方式不同，可将广告划分为报纸广告、杂志广告、广播广告、电视广告、户外广告、POP广告（售点广告）、邮寄广告、其他广告等；按照广告的作用期不同，可划分为即时广告、近期广告和战略广告；按照广告产品的生命周期不同，又可将广告划分为导入期广告、成长期广告、成熟期广告、衰退期广告，等等。

二、广告策划的内涵

（一）广告策划的概念

广告策划，是指根据广告调研、广告主的营销计划和广告目标，制定出一个与市场情况、产品情况、消费者群体相适应的、经济有效的广告计划，从而为广告主的整体经营提供全面服务的活动。

（二）广告策划的类型

从广告策划涉及的广告活动来看，广告策划可以分为以下两种：

（1）单一广告策划。这是指对一个或少数几个有较强针对性和相关性的具体行为和事件所做的广告策划活动。单一广告策划目的明确，内容较为单一，策划活动相对简单。例如，对新产品上市而进行的广告策划活动即属此类。

（2）整体广告策划。这是指为同一目标而做的系统性的、有较大规模的一连串不同的广告活动的策划。整体广告策划针对企业和产品某一时期的全部广告活动进行策划，涉及企业发展的方方面面，内容复杂，策划活动也比较复杂，但它是现代广告活动的必然发展趋势，已为国际上许多大型企业和大的广告公司所采用。

（三）广告策划的内容

广告策划是一项复杂的系统工程，是一个动态的活动。广告策划内容包括以下方面。

1. 广告目标

广告目标是指广告活动要达到的目的。它可以归纳为三种类型：

（1）创牌广告目标。创牌广告多用于新产品上市前或产品刚刚上市时期。目的在于开发新的产品和开拓新市场。在广告宣传中，着重通过产品的性能、特点等方面的宣传，提高消费者对产品商标厂牌的理解度和记忆度，从而提高产品的知名度。

（2）保牌广告目标。这类广告目标主要是巩固已有的市场，在广告宣传中，着重于劝说和诱导消费者如何对已有商品增强好感、信任和信心。

（3）竞争广告目标。竞争广告目标在于提高产品的市场竞争能力。在广告宣传中，把重点放在宣传本产品与同类产品比较的优异之处。

2. 广告对象

广告对象是指广告信息的传播对象，即广告信息的接收者。不同的产品要销售给不同的消费者，所以不同产品广告的诉求点也是不一样的。因此，企业在做广告之前，首先应寻找出现实的和潜在的消费者。针对这些具有不同的年龄、文化、生活背景、经历的消费者，进行有的放矢的广告宣传，这样广告才有意义。

3. 广告媒体策划

广告媒体策划是指对广告媒体的恰当选择。由于不同媒体具有不同的特征，不同的消费者对各种媒体的接触程度也不同，所以企业的广告活动必须对媒体进行策划，目的是能用尽量小的成本取得尽量大的广告效果。广告活动可以使用单一媒体，也可以使用多种媒体组合。

4. 广告时机

广告时机是指对广告发布时机的策划。从宏观上讲，由于产品销售具有时间性，对产品具有促销作用的广告活动也具有了时间性，所以应注意广告时间与其他促销活动的配合。从微观上讲，就是要注意广告的黄金时间段。

5. 广告空间

广告空间是指广告位置与范围的策划。任何一种产品不可能面对一切市场、一切消费者，它的销售在空间上呈现为明显的区域性或地域性。所以广告必须与此相适应，针对不同的空间就应做不同的广告。

6. 广告主题策划

广告主题策划是指对广告主题的选择。广告一般都是选择产品的独特个性部分进行多方面的表现，既给产品定了位，又突出了产品的意义，这样易引起消费者的购买行为，以达到广告目的。

7. 广告策略

广告策略是指实施广告规划的手段和方法，它贯彻在广告活动的全过程。广告策略主要包括广告产品策略、广告市场策略、广告心理策略、广告媒体策略、广告时间策略、广告表现策略。广告策略策划，实质上是对广告具体战术进行的选择。

三、广告策划的原则

广告策划作为一个创造性的思维活动过程，有其自身的规律性，必须遵循以下原则。

（一）信息原则

广告策划者必须建立多层次、多渠道、多角度、多类型的信息网络。从收集信息内容看，应分为环境信息，包括政治和经济形势、市场动态、科学发展状况、产品换代和发展趋势、广告主的广告战略等方面；市场信息，包括市场需求信息和产品供应信息；消费群体信息，包括消费结构、消费习惯、消费态度等方面；竞争对手态势信息，即竞争对手有谁？能力如何？包括竞争对手的资金、技术、产品、人员、管理等。

（二）系统原则

在广告策划活动中，要从系统的概念出发，坚持策划活动的整体性和全局性，注意每一个变量的变化可能引起的其他量的变化及其产生的影响，如广告量的变化会影响销售量、市场占有率、知名度、利润率的变化。

（三）可行性原则

广告策划者应在计划选择之前，对达到策划目标的可能性、可靠性、价值性和效益性等方面作出分析、预测和评估。可行性分析的内容包括决策目标的可行性、实现目标的内外条件的可行性、对各个环节的实施方案之间的相互配合和协调的可行性，以及对社会效益、经济效益的可行性研究。

（四）效益原则

广告策划的任务，就是要使企业产出大于投入。但是除了追求经济效益之外，广告策划应同样注重社会效益，顾大局、识整体。例如，2003年"非典"期间，广州白云山制药厂借大量以"防治病毒，白云山献爱心"为主题的公益广告赢得消费者好评，其股票也逆市飞扬。

（五）优化原则

优化原则是指将广告活动中的各分支系统的目标对象，视为广告策划目标的一部分，以整体最优化为目标，建立可数量化的目标函数；通过调查研究，运用数字或逻辑分析的方法，求出广告目标和广告指标的最优方案；同时重视人的主观能动性，发挥广告策划人才的集体智慧。在广告活动中，强调运用现代科学技术成果和有助决策的方法论来编制广告计划。

四、广告策划的评判标准

一个成功的广告策划，应该紧扣广告目标，充分有效利用内外部资源，并通过创造性劳动而形成市场方案，它所达到的效果应当是全方位的。一个好的广告策划必须做到以下三点。

（一）促进该项商品销售量的增加

广告策划不能过分强调形式，一味追求轰动效应而忽视了对产品本身的销售诉求。此类广告往往滥用"新奇"，虽然也许会给一些消费者留下好印象，但更多的是使消费者不明就里，有云山雾绕之感。这样的策划案显然是不成功的。成功的广告策划能促使商品销售量增加。如国内一著名策划公司给一种减肥用品所策划的媒介表现，就起到了促销的效果。该公司的策划在主要阅读对象是青年女性的晚报上登广告，利用中缝的瘦长，给人以直接的联想，加上非同凡响的文案创意，效果自然不寻常，这种减肥用品的销量当即直线上升。

（二）增强该项商品的知名度、美誉度和顾客的忠诚度

广告策划不能只求实用，忽视社会效应。一个产品的销售信息一旦成为广告，并向社会公开发表，它本身已成了一种公众行为。好的广告策划不仅要注重商业效应，也要注重社会效应，增强商品或企业的知名度、美誉度以及顾客的忠诚度。

（三）反映品牌长期的规划策略，促进品牌的价值提升

企业的运作与品牌的经营是一个长期的过程，而不是短期行为，因而在为一个商品做广告策划时，不仅要着眼于商品目前的销售，同时还要从企业长远发展规划入手，注意商品的品牌价值所起的提升作用。因此，既能有效促进短期销售，又能为品牌和企业的持续发展添砖加瓦，才是一个广告策划的最高境界。

第二节　广告策划实务

一、广告策划的程序

广告策划是企业整体营销活动的重要组成部分，它是按照一定程序，有计划、有步骤地进行的。广告策划的程序如下。

（一）市场调查

在市场调查这一阶段，主要了解企业、产品、市场和消费者的基本情况，并在此基础上开展广告研究和分析，剖析企业的优势、产品的特性和行销记录，分析市场营销资料、竞争状况和企业或产品的市场竞争能力，找出存在的问题，并提出改进意见。对消

费者的需求状况、消费特征和消费动机等进行解剖，找出消费者的需求热点和潜在需求，从而为企业进行产品改造和新产品开发提出咨询意见。同时，还必须对产品市场环境进行详细的了解，研究市场的环境因素对产品市场的影响，分析在产品销售中充分利用环境因素的有利方面突破市场封闭的可能性，为企业对产品的外观、色泽、造型、包装装潢、商标、图案等能唤起消费者的情感联想的因素进行改进而提供意见和建议。

（二）确定广告目标

产品生命周期中的不同阶段对应着的不同的购买对象，随着产品生命周期中购买对象的不同，广告策划具体的广告目标也不同。

1. 导入期

导入期属于产品的发售阶段，需要重视产品知名度调查，购买者的评判调查，经销店的意见调查等。广告策划的任务主要是告知产品品牌及产品的特征。促销手段包括大众媒体广告发布，开展向经销者提供促销物品、分发广告传单，实施店头广告及实地展销等活动。

2. 成长期

成长期的重点在于扩大需求，提升企业知名度，增加销售量，提高利润等。在这一阶段，要以扩大需求、提高消费者喜爱的程度为促销目标。通过抽样调查测量知名度状况及购买状况，开展视听率调查及活动效果调查；促销主题着重实用性、效果性、机能性等，制造大众流行使用氛围。

3. 成熟期

成熟期要尽量扩大需求已不太可能，因此重点应放在回收研究开发费用及市场开拓费用上。在这一阶段，促销目的是延长成熟期、产品差别性再强调，扩大市场占有率。促销主题突出差别性、实利性，开展适应竞争的各种促销活动，如赠奖品；对经销店的再指导也不容忽视，着重在经销店确认本身产品与竞争产品的调查。

4. 衰退期

衰退期阶段，产品已不可能拓展销售量，即使降低价格也无法扩大需求，产品在市场呈现衰退的倾向，企业利益也在下跌。此阶段的促销主题应放在强调产品的实用性上，以求维持或延缓衰退期。

（三）确立广告主题与创意

广告主题是指广告所要表达的中心思想。广告创意是指在广告策划全过程中确立和表达广告主题的创意性思维活动。广告创意贵在创新，只有新的创意、新的格调、新的表现手法才能吸引公众的注意，才能有不同凡响的心理说服力，加深广告影响的深度和广度，给企业带来好的经济价值。广告创意策略有以下五个方面：

1. 目标策略

一个广告只能针对一个品牌、一定范围内的消费者群，才能做到目标明确，针对性强。目标过多、过奢的广告往往会失败。

2. 传达策略

广告的文字、图形避免含糊、过分抽象，否则不利于信息的传达。要讲究广告创意的有效传达。

3. 诉求策略

在有限的版面空间、时间中传播无限多的信息是不可能的，广告创意要诉求的是该商品的主要特征，把主要特征通过简洁、明确、感人的视听觉形象表现出来，使其强化，以达到有效传达的目的。

4. 个性策略

个性策略赋予企业品牌个性，使品牌与众不同，以求在消费者的头脑中留下深刻的印象。

5. 品牌策略

品牌策略把商品品牌的认知列入重要的位置，并强化商品的名称、牌号。对于瞬间即逝的视听媒体广告，通过多样的方式强化，适时出现、适当重复，以强化公众对其品牌的深刻的印象。

（四）制定广告策略

为了将广告主题和广告创意付诸实施，并且取得理想的广告效果，必须对各种媒体、表现方式、地区、时机等进行多方面的研究，制定广告策略。要选择最合适的广告媒体、广告方式、广告的范围及合适的广告时机，从而选择最佳组合方案更好地实现广告目标。

（五）制定广告计划

完整的广告计划一般包括前言、市场分析、广告战略、广告对象、广告地区、广告战术、广告预算及分配、广告效果预测等方面。

1. 前言

广告计划书的前言应详细说明广告计划的任务和目标，必要时还应说明广告主的营销战略。

2. 市场分析

市场分析主要包括四个方面的内容：企业经营情况分析、产品分析、竞争者分析和消费者研究。应该根据产品研究的结论，说明广告主的产品所具备的条件；再根据市场研究的结论与市场中同类商品的情况列表作一一比较，并指出消费者的爱好和偏向。如有可能，提出产品改进和产品开发建议。

3. 广告战略

根据产品定位和市场定位研究的结果和广告层次研究的结论，列明广告策略的重点。说明用什么方法使商品在消费者的心目中建立深刻而难以遗忘的印象；又用什么方法刺激消费者产生购买兴趣；用什么方法改变消费者的使用习惯，使消费者改变品牌偏好，改为使用广告主的商品；用什么方法扩大广告产品的销售对象范围；用什么方法使消费者形成购买习惯。

4. 广告对象

根据定位研究可计算出广告对象有多少人、多少户。根据人口研究结果列出有关人口的分析数字，如人口总数，人口地区分布，人口的年龄、性别、职业、文化程度、阶层、收入等的分布和构成，求出广告诉求对象的数字，说明他们的需求特征、心理特征、生活方式和消费方式等。

5. 广告地区

根据市场定位和产品定位研究结果，决定市场目标，并确定目标市场的选择，说明选择理由和地区分布。

6. 广告战术

根据广告战略中所列的重点，详细说明广告战术实施的具体细节：

（1）在报纸媒介方面，说明选择哪一家或哪几家、选择理由、刊登的日期、次数和版面，并说明每次刊登的面积大小。

（2）在杂志媒介方面，说明选用的媒介单位、选用理由、刊登次数、每一次的面积和刊发日期。

（3）在电视媒介方面，说明选择哪一家电视台、哪一个频道或哪几个频道，分别选择什么时间播放，说明选择的理由、计划播映次数、每次播映的时间长短、广告片的形式和播映日期。

（4）在广播电台媒介方面，说明选用的媒介单位、插播还是专题、播出时间和日期、选用的理由，以及计划播出次数和每次播出时间的长短。

（5）选择其他媒介，如海报、招贴、售点广告、邮寄广告、传单和说明书等，均应说明印制的数量和分发方式、分发日期等内容。

在上述广告媒介应说明促销活动的举办日期、地点、方式、内容及赠品、奖品等，说明举办的理由和主持人。

7. 广告预算及分配

根据广告策略的内容，详细列出媒介选用情况、所需费用（按媒介单位的顺序，分家列出）、每次刊播的价格最好能编成表格。广告预算的确定是广告目标确定之后更为重要的实际工作。它要求广告部门与企业营销部门、财务部门一起确定广告预算总投资，进而对广告费进行具体的预算分配。

8. 广告效果预测

广告效果预测部分主要说明在广告主同意照广告计划实施广告活动的前提下预计可达到的目标。这一目标应以"前言"部分规定的任务为准则。

（六）实施广告决策

在制定广告策划时，确定广告活动实施的步骤、方法，按既定方案一步步实行的过程，必须定期对实施过程进行考核监督。在实施中就要及时调整方案，变换对策，在竞争中取得主动权，从而取得策划的成功。

（七）分析广告效果

在广告策划以及实施的过程中，要及时地进行信息反馈，经常对广告效果进行科学的、准确的分析,以调整广告整体策划。广告效果分析,可在广告前进行,也可在广告后进行。它既有阶段性,又有连续性。

(八)总结报告

一般而言,总结报告包括前言、前段工作总结、主要成绩、存在问题和改进措施与建议等五项内容。

1. 前言

总结报告的前言主要对这次广告的目的和效果做简要介绍。

2. 工作总结

工作总结主要回顾前段工作过程,详细介绍广告宣传活动的规模、范围和影响,概要总结工作成绩和工作经验,并说明是否已达到预定广告目标。

3. 主要成绩

在这一部分,应结合广告活动的过程和广告效果调查的结果,详细介绍此次广告活动在产品创牌、广告创意、产品促销效果和公共关系等各方面的工作成绩,详细介绍产品品牌在消费者中间的印象深刻程度、广告创意的号召力和感染力,介绍产品的销售成绩和公共关系的发展层次。尤其是对新闻单位的报道,应该收集剪报,作为附件存档备查。同时,在这一部分,还应对广告活动中和广告效果调查中所发现的产品的优异特点和广告的优秀特色,予以充分的肯定,对广告成绩作出合理评价。

4. 存在问题

在这一部分主要有总结广告活动本身存在的问题和产品本身存在的问题两方面的内容。在广告活动本身的总结中,应指出广告创意、广告表现和广告表达方式等方面尚不如意之处,以待在今后的工作中加以改进。同时,如果在广告战略和策略等方面存在应予修正的内容,也应指出。另外,根据消费者对产品的反应的测试调查结果,在"存在问题"这一章节,对产品本身存在的问题应该如实评价。如产品的品牌形象是否合适,产品有何质量问题,产品款式外观是否尽如人意,等等,均应一一指出。

5. 改进措施与建议

在这一部分要针对广告活动和广告主产品两方面的问题,提出改进意见和建议,对改进今后的广告活动提出具体的措施,对企业的促销和产品生产提出具体的建议,履行为广告主全面负责的职责。

二、广告预算

(一)广告预算的考虑要素

广告预算是广告计划的核心组成部分,广告计划的实施要依广告预算来支持。广告预算主要包括广告活动中所需的市场调研费、广告设计费、广告制作费、广告媒介使用租金、广告机构办公费与人员工资等项目。

广告预算的制定要考虑以下因素:

1. 产品生命周期阶段

在此阶段，新产品一般需花费大量广告预算以便建立知名度和取得购买者的使用。已建立知名度的品牌所需预算在销售额中所占的比例通常较低。

2. 市场份额

市场份额高的品牌只求维持其市场份额，因此其广告预算在销售中所占的百分比较低。而通过增加市场销售或从竞争者手中夺取份额来提高市场份额，则需要大量的广告费用。

3. 竞争

在一个有很多竞争者和广告开支很大的市场上，一种品牌必须更加大力宣扬，以便高过市场上竞争者的声音使人们听得见。即使市场上一般的广告不是直接对品牌的竞争，也有必要大做广告。

4. 广告频率

广告频率是指把品牌信息传达到客户需要的重复次数，也会决定广告预算的多少。

5. 产品替代性

在同一产品种类中的各种品牌需要做大量广告，以树立有差别的形象。如果品牌可提供独特的利益或特色时，广告也有作用。

6. 不同媒体的选择

就报纸、杂志而言，一般来说，凡是发行范围广、发行量大的，大多数受到广告客户的青睐，广告源源不断，收入不断增长。就广播、电视而言，一般来说，凡是视听率高的节目，企业广告投入就多。

（二）广告预算的制定方法

目前，广告界采用广告预算制定的方法有数十种之多，但常见的有以下七种。

1. 销售额百分比法

销售额百分比法是以一定期限内的销售额的一定比率计算出广告费总额。由于执行标准不一，又可细分为计划销售额百分比法、上年销售额百分比法、两者的综合折中——平均折中销售额百分比法，以及计划销售增加额百分比法四种。

2. 利润百分率法

利润额根据计算方法不同，可分为实现利润和纯利润两种百分率计算法。这种方法在计算上较简便，同时，使广告费和利润直接挂钩，适合于不同产品间的广告费分配。但是对新上市产品不适用，新产品上市要大量做广告，掀起广告攻势，广告开支比例自然就大。

3. 销售单位法

销售单位法以每件产品的广告费分摊来计算广告预算方法。按计划销售数为基数计算，方法简便，特别适合于薄利多销商品。运用这一方法，可掌握各种商品的广告费开支及其变化规律。同时，可方便地掌握广告效果。销售单位法的公式为：

广告预算＝上年广告费/上年产品销售件数×本年产品计划销售件数

4. 目标达成法

目标达成法是根据企业的市场战略和销售目标，具体确立广告的目标，再根据广告目标要求所需要采取的广告战略，制定出广告计划，进行广告预算。这一方法比较科学，尤其对新上市产品发动强力推销是很有益处的，可以灵活地适应市场营销的变化。广告阶段不同，广告攻势强弱不同，费用可自由调整。目标达成法是以广告计划来决定广告预算。广告目标明确也有利于检查广告效果，其公式为：

$$广告费 = 目标人数 \times 平均每人每次广告到达费用 \times 广告次数$$

5. 竞争对抗法

竞争对抗法是根据广告产品的竞争对手的广告费开支来确定本企业的广告预算。在这里，广告主明确地把广告当成进行市场竞争的工具。其具体的计算方法又有两种，一是市场占有率法，一是增减百分比法。

市场占有率法的计算公式为：

$$广告预算 = 对手广告费用 / 对手市场占有率 \times 本企业预期市场占有率$$

增减百分比法的计算公式为：

$$广告预算 = （1 \pm 竞争者广告费增减率） \times 上年广告费$$

请注意，此法费用可能较大，采用时一定要谨慎。

6. 支出可能额法

支出可能额法是根据企业的财政状况可能支出多少广告费来设定预算的方法，适应于财力一般的企业。但是，此法还要考虑到市场供求出现变化时的应变因素。

7. 任意增减法

任意增减法是依据上年或前期广告费作为基数，根据财力和市场需要，对其进行增减，以计算广告预算。此法无科学依据，多为一般小企业或临时性广告开支所采用。此外，其他计算广告预算的方法还有很多，在此限于篇幅，不再详叙。

三、广告媒体的选择

广告媒体的选择，是指选择传播广告信息的广告媒体，包括广告的覆盖面与频率、主要媒体类型、具体媒介工具的选择等。

（一）广告的覆盖面与频率

在一定的预算水平下，要弄清楚广告的覆盖面与频率的成本效益最佳组合是什么。一般而言，当推出新产品、侧翼品牌、扩展著名品牌或追求一个界定不清楚的目标市场时，覆盖面是最重要的；当存在强有力的竞争者、想要传达的信息复杂、购买者阻力高或购买次数频繁时，频率是最重要的。

（二）主要媒体类型

主要媒体类型的选择必须了解各主要媒体在覆盖面与频率以及影响方面的优点与不足（见表 8-1）。

表8-1 各主要媒体的优点与不足

主要媒体	优点	不足
报纸	制作速度快、灵活、及时，区域市场覆盖面大，能广泛地被接受，可信赖性强；广告大小、形状可以满足要求，信息传播对象具有选择性	杂乱，针对性差，信息可能传递给永远的非客户；保存性差，复制质量低，传阅者少；浪费发行量；容易引起竞争对手关注
电视	综合视觉、听觉和动作，富有感染力，能引起高度注意，触及面广；有线电视台可以提供面向当地观众的新机会；能很好地建立形象的一种媒介	制作成本快速攀升；干扰多，瞬间即逝，观众选择性少；大多数广告只有10～30秒，可传送的信息量有限
广播	大众化宣传，区域和人口方面的选择性较强，成本低	只有声音，不像电视那样引人注意，瞬间即逝；听众无法重复所感兴趣的部分
邮寄	接收者有选择性，灵活，具个性化。信息可以充分表达内容；属于"隐蔽"媒介，信息在得到反应之前对竞争者都是隐蔽的	打印和邮寄信件的前置时间长；相对来说成本较高；需要得到并保存好的邮寄名单
杂志	区域、人口可选择性，可信并有一定的权威性；复制率高，保存期长，传阅者多	广告购买前置时间长，有些发行量是浪费的，版面位置无保证；篇幅成本和创意成本较高
户外广告	灵活，费用低，竞争少；广告展示时间长，可获得令人高度注意的知名度	观众没有选择，缺乏创新；很难对准目标市场；广告缺乏动感
网络	实时性、持久性、覆盖范围广泛、信息容量大，视听效果具有综合性；以消费者为导向，一旦消费者选择点击广告条，心理上已经首先认同，有助于后期引导	杂乱，成本逐渐上升，干扰多

(三) 具体媒介工具的选择

如何利用报纸、电视、杂志、广播、网络五大广告媒体工具的特点和长处，扬长避短，进行广告媒体分配，对于企业广告来说是一种十分重要的广告和广告媒体策略；选择分为以下几个步骤。

(1) 要决定使用何种广告媒体，如报纸、杂志、电视或其他。在进行媒介选择时，首先要考虑的问题是广告活动的对象是谁，属于哪一个地区哪一个阶层，用什么方式才能有效地把信息传递到那里。这就是所谓的明确媒介目标，即使用什么媒介。

(2) 决定该媒体中的某种或数种媒体类别，如电视媒体中的综艺节目或晚会，杂志媒体中的文艺类、经济类等。根据广告目标的要求，决定媒介的使用方式和媒体类别，包括使用时间、次数、频度，以及决定各种不同媒介的配合。这些都需要企业在做广告之前对广告媒体特定对象进行发行量、视听率及有关指标进行调查。

（4）决定某种媒体中的特别媒体。因为各种媒体各有特性，而接触媒体的对象、层次不同，因此为了达到充分的传播效果，必须各种媒体组合或交错使用。各种媒体有其特定对象，如果要运用一种以上的媒体，必须考虑每种媒体的预算比例，研究多少用于新闻，多少用于电视、海报；同时也要考虑广告活动时间及时节的配合，如庆典、重要节日的媒体配合等。

我们在进行具体媒体选择时要考虑如下因素。

1. 市场方面的因素

（1）要考虑消费者的属性。人总是依其个人品位来选择适合的媒体，不同教育或职业的消费者，对媒体的接触习惯都不相同，因此要配合消费者的性别、年龄、教育程度、职业及地域性等来决定应用何种媒体。

（2）要考虑商品的特性。各种商品的特性不一样，应该按商品特性来考虑媒体。例如，消费者生活用品广告和工业用品广告的媒体策略完全不同，前者是全体的消费大众，后者是特定的工厂、老板或董事，很显然，千万元的别墅广告和普通中低档公寓广告的媒体使用应当有所不同。

（3）要考虑商品的销售范围。商品的销售范围关系到广告接触者的范围大小，由此才可决定选择何种较经济有效的媒体，以免使用不适当的广告媒体而毫无传播效果。

2. 媒体方面因素

（1）要考虑媒体量的价值。比如报纸的发行量、杂志的发行量、电视的收视率、电台的收听率等。

（2）要考虑媒体的价值。即考虑媒体的接触层次，应仔细分析其类型，以期与产品消费者的类型符合。同时需考虑媒体的特性、优缺点，节目或编辑内容是否与广告效果有关。

（3）要考虑媒体的经济价值。要慎重考虑各媒体的成本费用，不仅要考虑"绝对成本"，即媒体的实际支付费用，同时亦应考虑"相对成本"，如印刷媒体的每天读者数，或电波媒体的每分钟每千人的视听成本。

选择一个最基本的考虑指标就是每千人成本率，即计算某一特定媒体工具接触一千人的平均成本。比如，刊登在某报纸上的整版广告费用为 8800 元人民币，其读者约为 300 万人，则此报纸广告发生的千人成本率是 $8800 \times 1000/3000000 = 2.90$ 元。广告主就可以将不同广告媒体的千人成本率进行排列，从而选择成本比较低的广告媒体。

3. 广告主方面的因素

（1）要考虑广告主销售方法的特征。销售方式究竟以推销员为主还是以零售商为主，还要看用什么样的销售策略，销售策略不同，选择媒体的标准也不同。

（2）要考虑广告主的促销战略。比如计划一个赠送样品的广告活动，就要用能配合赠送活动的媒体。

（3）要考虑广告主活动的基本目的及广告预算的分配额和广告主的经济能力。此外，对于同行竞争者使用广告媒体的情况与战略也应列入媒体考虑范围。

4. 消费者因素

消费者是广告所追求的目标，要想广告产生效果，产品畅销，一定要对消费者人格、影响消费者购买行为模式以及文化、家庭等加以分析研究。只有这样，才能提高广告策划的针对性，做最有效的企划活动。

（1）消费者人格。人的个性差异会影响购买心理。著名心理学家哥汉将人分为三类：①柔顺者。希望别人赞美，符合别人期望，这类人大多用大众化品牌的商品。②积极者。要求最优秀及最大的成就者，常用有领导性品牌的商品。③分离者。要求独立与他人不一致，用比较个性化的商品。

（2）影响消费者购买行为模式。影响消费者行为模式主要有：①消费者个人的决策受到"示范商品"的影响；②消费者的决策过程由"感觉需要"进入"对产品认识"，从而对产品产生好恶；③消费者评估产品价值，形成行为趋向，产生购买行为。

（3）消费者态度。这是指消费者对某件商品、品牌，或公司经由学习而有一致的喜好或不喜欢的反应倾向。广告企划人员通常运用"态度"来预测消费者对其商品的反应。一般地，消费者态度形成原因主要有：①过去对此产品或相关产品的经验；②对产品广告的注意；③亲朋好友所提的劝告与资料；④消费者个人的风格；⑤商品假设能对特定需要的满足。

（4）消费者行为受社会环境影响的因素。这些因素主要有：①文化。文化对人类行为的影响是重大而长远的。②次文化。由于人口的增加使得文化失去一致性，因而形成地区性的次文化；例如，南方风气较开放，北方则较保守。③社会阶层。社会依据财富、技巧、权势来划分成若干阶层，各阶层有不同的生活态度和方式；所以在区隔市场和预测反应时，社会阶层便成为一个重要而独立的因素。④参考团体。这是指个人愿意与之认同，例如，电影明星、歌星、风头人物等的穿着、打扮甚至一举一动会为人们所模仿。⑤面对面的团体。是指一种直接影响到一个人嗜好、意见的团体，包括所有直接接触的小型社会，如家庭、邻居、同学、同事等。目前，社会心理学家实验证实个人行为受小团体影响很大。⑥家庭。家庭对个人态度、行为有相当大的影响，如小孩子使父母更注意购买玩具、糖果等物品；由于人们富裕了，不必精打细算，行动性购买行为增加，因此商品的陈列、包装色彩更趋重要；由于休闲时间增加，因此休闲产品系列如旅行、划船、钓鱼兴起。故而企业营销中要随时掌握环境变化，做最有效的营销策划活动。

四、广告效果测试

广告效果的事后测试虽然不能对已经完成的广告宣传进行修改或补充，但可以全面、准确地对已做的广告活动的效果进行评估。

（一）广告的传播效果

广告的传播效果是指广告能让多少人听到或看到，能让多少人认可、理解所传播的信息以及认可程度（见表 8-2）。

表 8-2 广告的传播效果

传播指标	评估说明
提示知名度	在提示广告内容的情况下，广告接收者是否能回忆起接触过的广告 反映出广告通过媒体传送的"量"是否充足，针对接收者的广告到达率和接触频率是否足够 广告创意是否有冲击力，对建立提示知名度有无帮助
未提示知名度	在未提示广告内容的前提下，广告接收者能否回忆起接触过的广告 反映出一定广告到达率后，接触率是否达到使购买者主动记忆的程度 广告创意的冲击力对购买者主动回忆的帮助程度
第一提及知名度	在未提示状况下，广告接收者首先提及的品牌或产品信息 比较受检验品牌与竞争品牌的记忆强度 评价广告传播频率、媒体行程的安排合理性 与竞争对手比较广告创意的说服力、冲击力对购买者记忆的影响程度
广告理解度	购买者对广告所传达的信息理解的程度如何 评价广告选用媒体的类别、方式是否完整传递广告信息 广告创意对信息的表现是否准确、清楚
品牌的偏好度	购买者对广告品牌的接受喜爱程度 广告创意的诉求是否从购买者的利益出发，迎合购买者的好感 检查媒体目标接受对象是否与广告创意的目标对象相吻合 评价广告品牌购买者的使用经验的正负影响程度
购买意向率	购买者被广告说服并对品牌有偏好后，产生购买意向程度 评价广告是否针对有产品需求的目标对象 与竞争品牌相比，对购买者综合价值的体现程度 评价广告创意对购买者的说服和诱导程度
实际购买率	顾客决定购买本品牌的实际购买率是多少 评价广告媒体投资重点是否与市场购买潜力相吻合

此外，还可以对上述传播指标量化设定分值，然后请被调查者进行打分，各项得分之和就是该广告的实际效果。

（二）广告对销售的效果

广告对销售的效果指广告能帮助促进销售多少产品，即销售量增加多少。评价广告对销售的效果有下列方法：

（1）直接询问法。在销售现场或广告发布结束后，以拦截的直接方式询问购买者，从而统计出真正购买的原因而产生购买的比重。

（2）销量对比法。在条件基本相同的情况下，选择年度时间或测试区域对广告发布前后进行比较，得出广告投入与销量变化的比较值。

（三）广告效果指数

广告播出效果还可以用广告效果指数来衡量，广告效果指数用 AEI 表示。

$$AEI = [A - (A+C) \times B/(B+D)]/(A+B+C+D)$$

其中，A：看过广告而购买的人数；
　　　B：未看过广告而购买的人数；
　　　C：看过广告而未购买的人数；
　　　D：未看过广告而未购买的人数。

例如：某公司在推出新产品的半个月后，做过一次市场调查，合计抽样人数50人，其中，看过广告而购买的人数为12人；

未看广告而购买的人数为7人；

看过广告而未购买的人数为17人；

未看过广告而未购买的人数为14人。

故 AEI = [12 − (12+17) ×7/ (7+14)] /50 = 4.7%

案例一　清扬去屑广告策划

一、市场形势

中国的去屑洗发护发产品市场虽然已经发展得比较成熟，市场已经充斥着各种相关去屑产品，除了专业针对去屑的一些本土品牌和国际品牌外，几乎每个洗发护发品牌都至少有一种去屑产品，其中宝洁公司的去屑品牌海飞丝在市场中占据了主导地位。

在22～60岁的这个年龄段中，仍有超过60%的人被头屑困扰。这一巨大的消费群体，对去屑洗发护发产品的需求非常庞大。面对这一巨大的商业机会，联合利华在2007年3月上市了一个全新的去屑品牌——清扬，来挑战宝洁在中国去屑类产品中的地位，并且在上市后短短的几个月中，很快取得了较好的市场表现，在目标消费群体中，初步建立了专业可信、年轻时尚、具有活力的品牌形象。

上市一年来，作为一个年轻的品牌，清扬的发展仍然面对着以下两方面的挑战。

首先，是来自于强大竞争对手海飞丝之不可动摇的市场地位的挑战。作为第一个进入市场的品牌，海飞丝在消费者心目中拥有先入为主的品牌优势，始终是大多数人默认的专业去屑的老牌子。虽然清扬上市后对去屑市场产生了一定冲击，但是与海飞丝的地位还是差距甚远。清扬仍然要继续挑战现有市场中消费者所了解并信任的品牌（海飞丝）。

其次，是来自于消费者理性选择的挑战。随着市场的发展，消费者在选择产品时也越来越成熟，而且越来越关注产品的功能性和去屑的专业性。对于去屑产品，他们不会轻易地相信品牌及其功能，他们的选择建立在品牌专业性和对产品功效的信任之上。清扬要继续在消费者心目中建立专业性和信任度。

二、广告宣传目标

面对以上的市场情况和竞争格局，清扬广告活动的主要目的如下：

（1）强调"清扬"是一个更加值得信赖的专业去屑品牌，可以取代当前市场主导品牌海飞丝的优势品牌。

（2）驱使消费者重新考虑市场上的消费选择（市场上的去屑品牌，特别是海飞丝），来尝试新"清扬"，由此转换品牌。

（3）加强建立清扬持久去屑的专业性、有效性和可信赖性。

（4）加强清扬的品牌知名度和品牌核心特质——年轻、时尚、自信和专业。

三、目标受众

目标受众是广泛的，年龄在25～35岁的男性和女性白领，有经验且注重外表，但是有头屑烦恼或有头皮问题。调研表明这些人是非常现代、追求进步的一代，他们愿意尝试新的事物，但同时对于自己的选择又非常挑剔、谨慎。

四、广告宣传策略

作为一个敢于挑战传统市场习惯的品牌，广告宣传的作用是要引发消费者对他们目前的去屑洗发露（海飞丝）的专业性和可信度进行重新思考，重新进行选择。而清扬就是最好的选择替代。

传播主张：清扬，真正值得信赖的。为了传达这个主张，通过促使消费者思索为什么他们相信海飞丝这么多年却还有头屑来抗衡海飞丝，从而重新考虑和选择真正值得信赖的产品——清扬。

由此发展的创意概念是："值得信赖的去屑拍档"。通过这个概念来暗示：清扬是唯一一个有效去屑并防止头屑回来的品牌，是真正值得信赖的去屑产品。

五、广告实施

为了实施"值得信赖的去屑拍档"这个概念，以舞蹈作为类比，表达了完美舞蹈拍档是建立在信任之上的，去屑也一样，只有"完美拍档"，才能给你最可靠的信赖。

在广告实施过程中，清扬广告继续用小S代言，借用她被大家公认的大胆、坦率个性，以挑衅的方式，来挑战其他的去屑品牌，从而更可信地传达清扬所要传达的信息。小S的大胆、勇敢、直率、有魅力的形象，已经深为目标消费群接受并喜欢。消费者可以信任小S，也可以信任这个品牌，因为小S就是这样一个敢于对自己不相信的东西提出质问的人。

通过高渗透率的电视媒体，广泛传播创意概念，并有效传达了清扬的挑战：清晰地暗示传统的去屑品牌并不值得信任，证明清扬才是一个真正值得信赖的完美去屑拍档；用小S的直言来增加诉求的可信性，而不是让人感觉是品牌和厂家的自夸。结合电视媒体,通过户外媒体广泛接触消费者,巩固传播创意概念。创意执行,通过一系列与电视广告呼应的平面广告,促使消费者思考,只有完美的去屑拍档(清扬)才能配得上你的信任。

六、广告宣传结果

广告上市6个月后,经调研,清扬情况如下:
(1) 品牌知名度——83%的被测试消费者都知道此品牌。
(2) 去屑有效性——41%的被测试者认为清扬有效去屑。
(3) 品牌认知——被测试者认为清扬是一个很高级的、专业的、可信的、自信的、年轻的、时尚的、有活力的品牌。

(资料来源:www.adcase.org)

案例二 贵人鸟《天生运动狂》广告策划

中国的运动产品领域竞争异常激烈。贵人鸟在强手如林的运动营销市场挖掘自身产品和品牌的独特内涵,向市场传递贵人鸟的声音,并逐步让消费者理解和接受贵人鸟的产品特性。2010年,贵人鸟选择与优酷网合作联手推出中国首部体育类原创网剧《天生运动狂》,开启了中国民族运动品牌与网络视频平台创意广告营销的新篇章。

一、将"运动快乐"理念瞄准年轻群体

互联网的飞速发展使得的网络媒体已经逐步超越传统媒体,成为最受关注的信息来源,也成为广告媒体选择策略的重要选项,其地位日渐提升。贵人鸟针对网络传播的独特优势,在2010年的网络推广上锐意创新。贵人鸟的自我定位是:生活运动必需品。其品牌理念是:运动快乐,主张轻松舒适的休闲和轻量运动理念。贵人鸟消费群体广泛,其中最具有消费能力和运动意愿的精华群体是18~40岁的中青年,这与优酷网的主要用户群体非常吻合。优酷网每个月2.4亿的海量用户群体,也成为贵人鸟品牌的潜在消费群体。在营销方式的选择上,优酷网通过对互联网用户消费行为习惯的长期研究,决定将优酷网出品的原创网剧作为此次广告策划的主战场。

二、原创网剧承载营销目标

贵人鸟希望通过与优酷的合作,达到对目标用户群体的精准覆盖,同时让"运动快乐"的品牌理念深入人心,最终让消费者将生活和运动中所获得的快乐体验与贵人鸟的品牌紧密相连,产生对品牌的自然联想。

优酷网通过深入理解贵人鸟"运动快乐"的品牌理念,采用喜剧+运动+原创+视频的四位一体手段,倾力推出首部国内运动题材爆笑青春网剧《天生运动狂》,以短小精悍的网剧向消费者传递轻松愉快的运动和生活理念。

三、网剧无痕植入贵人鸟元素

在网剧的精准营销和植入营销的方式上,优酷网首先着眼于对剧名的设置,剧名必须直接传达出"运动"主题,点名网剧的主要情节围绕"运动"展开,从而保证网剧所吸引的用户群体符合广告主的定位。其次,网剧整体氛围轻松幽默,以网络上和社会上热传的焦点话题为噱头进行演绎,在提升网络用户观看感受的同时,准确地演绎了贵人鸟"快乐"品牌的独特内涵。

广告策划的最终目标是销售,如何在策划中自然地植入产品宣传,以及设置与目标消费者互动的环节,成为决定成败的关键因素。《天生运动狂》最为成功之处,便在于台词设计和情节安排上,把贵人鸟的产品元素和品牌元素不露痕迹地融入其中。贵人鸟"运动快乐"的理念以台词的形式多次出现,强化用户印象。同时在每集的精彩部分,设置贵人鸟的运动产品作为重要道具现身,体现产品"轻松舒适"的特征。通过对原创网剧《天生运动狂》的尝试,优酷网开创了广告主品牌和产品在植入式营销领域的全新创意角度。

四、网络平台推进品牌互动

在网剧播出的过程中,优酷网友对剧情的评论热情居高不下,评论涉及多个方面,包括对剧中主角的讨论,对热门网络现象在台词里的延伸,对贵人鸟产品的研究,甚至还有对演员运动服饰的搭配。网剧中贵人鸟"运动快乐"的理念所传达的内涵,积极向上的生活理念和乐观开朗的心态,也得到了网友的认可和支持。更为重要的是,优酷网提供的视频互动平台保证了广告主与网友的充分沟通与互动,在保证品牌曝光度的基础上,进一步确保了品牌的黏着度、喜好度,让用户与贵人鸟品牌保持密切、良好的沟通。

五、多重端口构造立体式推广

一个好的创意、一件好的作品,如果想要最终实现传播效果,多方平台的配合作用不可缺少。《天生运动狂》充分利用视频网站的特点,在传播的深度和广度上进行缜密规划,形成了全面多角度立体式传播网络体系。

《天生运动狂》上线之初,优酷网上目标群体所关注的内容板块包括首页的焦点视频、最佳原创视频、热播剧推荐等对该剧展开了大范围的传播,同时配合手机优酷客户端,同步更新网剧的最近进展。在吸引充分关注后,优酷更加致力于对网剧内容的精雕细刻,通过开心网、百度等口碑较好的网站进行种子视频营销的跟进。同期配合一系列时尚运动的新闻话题在媒体端的推广,引发品牌密集型的曝光,进一步提升和巩固消费者对于贵人鸟品牌的认知度。

六、快乐营销缔造贵人鸟广告效果传奇

首部运动系列网剧《天生运动狂》讲述了一群北京白领为了"运动快乐"而发生的种种爆笑故事,剧中添加了大量的网络流行元素,使剧情、台词更加网络化。整部网

剧从年轻群体的工作、生活、运动方式等角度诠释了运动的快乐本质，这与贵人鸟运动快乐的品牌属性有着不约而同的契合度，这也是贵人鸟投资拍摄的初衷。

剧中集合了"话剧女王"马丽、实力派演员李任、"谋女郎"高美仪等众多年轻演员，由青年导演毛小睿执导，8集的剧情都有不同特点的贵人鸟"运动混搭风"服装。传播期间，《天生运动狂》优酷网累计播放量超过8400万次，用户关注度一季度增幅高达16.241%。开播一个月内，《天生运动狂》的搜索总和转载量超过80万次，形成搜索关键词：天生运动狂。

在感受到贵人鸟"运动快乐"这种阳光积极的品牌理念的同时，消费者更深刻地记住了贵人鸟的运动产品，深入了解其产品的优良特性，并主动地进行视频传播，增强品牌曝光率。据统计，网剧第二集刚上线3天，在开心网的转载量就突破了1500次，充分证明了优酷出品在广告宣传方面独特的价值。

对于广告主而言，以优酷出品为代表的原创平台是一种全新的广告营销模式，尝试利用这一渠道实现更加精准的用户群体覆盖，与消费者达成更为直接紧密的互动，准确传达了品牌内涵和产品信息，贵人鸟的运动快乐理念已经逐渐深入人心。贵人鸟与优酷网的合作，是广告主和网络媒体合作进行有效广告策划的成功典范。

（资料来源：穆虹等编著：《广告案例教程》（第2版），机械工业出版社2012年版）

本章小结

广告有广义和狭义之分，按照不同的划分标准，广告也可以有不同的分类。

广告策划是一项复杂的系统工程，是一个动态的活动，包括对广告目标、广告对象、广告媒体、广告时机、广告空间、广告主题、广告策略等的策划。

广告策划的程序为：市场调查—研究产品—确定广告目标—确立广告主题与创意—制定广告策略—制定广告计划书—广告实施—广告效果分析—总结报告。

制定广告预算的方法主要有：销售百分比法、利润百分比法、销售单位法、目标达成法、竞争对抗法、支出可能额法和任意增减法等七种。

广告媒体决策是指选择传播广告信息的广告媒体，包括广告的覆盖面与频率、具体媒介工具的选择等。

关键概念

广告　广告策划　广告预算　广告媒体　广告效果指数

思考题

（1）广告策划包括哪些内容？
（2）试对几大广告媒体进行比较分析。
（3）如何进行广告媒体选择？
（4）如何计算广告效果指数？

第九章 公关策划[①]

本章学习目标

通过本章的学习，要求学生掌握以下内容：①了解公关策划的概念、原则和公关策划的工具；②了解公关策划的程序、实施和评估；③了解关系营销策划的主要途径。

第一节 公关策划概述

一、公关策划的概念

公关（public relations，PR），是指为维护和促进企业形象或某个特定产品所做的努力。公关策划，是指公共关系人员根据组织自身形象的现状和目标要求，分析现有条件，对公关活动的主题、手段、形式和方法等进行构思和设计，制定最佳活动方案的过程。

公关策划的目标是指组织通过公共关系策划和实施达到理想的形象状态和标准。公关策划目的主要有两个：一是促进公共认知，提高企业的美誉度以及公众的信任感、认知度、美誉度、和谐度；二是实现公共利益，提高经济效益。

二、公关策划的原则

公关策划的原则即公关策划的方法论，它从宏观上为公关策划提供了指导和思路。一般而言，公关策划应该遵循如下原则。

（一）创新性原则

公关策划必须具备一定的创意，创新性是公关策划的首要原则，当然也是公关策划最难达到的要求。

原创总是值得尊敬和回味，而模仿总是让人觉得面目可憎。据调查数据显示：在电视台每天铺天盖地的广告中，一般消费者每人最多只能收看3%的广告，看后留下印象的只有1%，能在24小时内被记住的仅有0.05%。在信息爆炸时代，只有那些特征鲜明、富于创意的策划才能抓住人的眼球。

[①] 全称公共关系策划，简称公关策划。

（二）可行性原则

公关策划必须是现实的和可操作的，可行性是公关策划的一个重要原则。它包含了两层含义：

（1）现实的，即从企业或组织的自身条件出发，不是好大喜功和好高骛远。
（2）可以操作的，即可以付诸实施，不是纸上谈兵和坐而论道。

可行性原则首先要求策划者摸清公司或组织的家底，了解公司的运营情况，理解公司的发展战略，并深知公司的危机所在，这样才能"有多大能力办多大事情"。大公司或大组织做小策划并不可怕，但小公司或小组织办大策划则要谨慎，尤其是超越公司或组织财力的策划。要做好财力可行性的分析，主要包括资金来源、费用流向及资金最佳使用方法等三个问题的研究。

（三）适当性原则

公关策划必须适应当地的文化传统、民族情感和心理习惯，符合当地的法律制度、政府政策和行业规范。不适当的公关策划通常会成为无效公关，有时甚至适得其反。

一般而言，公关策划方案最终送交有关部门审批的时候，也正好可以检验其是否违反法律法规与政府政策，但文化传统、民族情感和心理习惯则需要策划者自己认真研究。这又回到了前面所提及的对于策划者要求的论述，要求策划者具有深厚的文化功底和敏锐的感知能力，要求策划者熟悉当地的文化、风土、人情，这一点对于非本地企业尤其重要。

（四）科学性原则

公关策划必须尊重科学规律，策划毕竟不是万能的，企业或组织毕竟要以实力作为生存基础，公关策划也要以实力为前提。要认识到策划就是策划，生产就是生产，经营就是经营，广告就是广告，虽然彼此相关，但应该各司其职，无法相互替代。科学的东西应该是有边界的，公关策划永远无法代替生产。这就要求企业或组织要头脑清晰，明确认识公关策划的职能，踏踏实实地增强公司或组织的实力，这才是根本之道。

（五）真实性原则

公关策划不能弄虚作假，必须告诉公众真相，不能愚弄和欺骗公众。公关之父艾维·李认为，公关的本质就在于"公众必须被告知"。

对此，英国著名公关专家弗兰克·杰弗金斯就公关真实性问题指出：①不能弄虚作假，所发布的新闻要以事实为依据；②不能损害公众的利益；③不能参与不露真名的组织活动；④在未经同意前不能同时为两家竞争对手服务；⑤不但要对现在的客户服务，还要对过去的客户负责。

可见，弗兰克·杰弗金斯把公众摆在了一个很高的位置。企业或组织要践行"顾客就是上帝""公众就是上帝"。告诉公众真相，需要很大的勇气。尤其是当企业或组织面临危机的时候，虽然短时期内的利益可能受到一定程度的损害，但却有利于组织的长期利益。

（六）系统性原则

公关策划是将公共关系当作一个系统工程，通过通盘的考虑公共关系的活动进程，来制定系统的构思与谋划。

具体来说，公关策划的系统性可以从以下几个方面去把握：①公关策划应该是整体思路与细节安排相一致，而不只是画龙点睛或囫囵吞枣；②公关策划应该是短期效益与长远目标相一致，而不是节外生枝或画蛇添足；③公关策划应保持一定的程序性和灵活性，需要循序渐进和未雨绸缪，既要一步一个脚印，又要对可能出现的变数准备相应的备选方案。

公关策划的六大原则，它们作为公关策划方法论层面的观点，虽然不能直接应用于公关策划方案的构思与设计，但可以为公关策划者提供指导。这六大原则是一个统一的整体，缺一不可。

三、公关策划工具

在考虑何时与如何运用公共关系时，管理层必须建立营销目标，选择公关信息和公关媒体，谨慎地执行公关计划，并评估公关效果。

常用的公关策划工具见表9-1。

表9-1 公关策划工具

工具	描述
公开出版物	公司大量依靠各种传播材料去接近和影响其目标市场。它们包括年度报告、小册子、文章、视听材料以及公司的商业信件和刊物。在向目标客户介绍某种产品是什么、如何试用、如何安装方面，小册子往往起到很重要的作用。由公司经理撰写的富有思想和感染力的文章可以引起公众对公司及产品的注意。公司的商业信件和刊物可以树立公司的形象，向目标市场传递重要信息
事件	公司可以通过安排一些特殊的事件来吸引对其新产品和该公司其他事件的注意。这些事件包括记者招待会、讨论会、展览会、竞赛、论坛及周年庆祝活动，以接近目标公众
新闻	公关人员一个重要的任务就是创造对公司、公司产品或服务、公司人员有利的新闻。新闻的编写要基于一定的事实基础之上，要善于构思。一个出色的公关媒体负责人应当清楚，新闻界需要的是有趣而及时的情节，文笔漂亮和能吸引注意力的新闻报道。这需要公关媒体负责人尽可能多地接触新闻编辑人员和记者，以便使公司获得较多较好的新闻报道
演讲	公司负责人应该经常通过宣传工具圆满地回答各种问题，并在各种公开论坛活动和销售会议上演说，以树立公司的正面形象

续表 9-1

工具	描述
公益活动	公司可以向一些公益事业捐赠，以提高其公众信誉，例如向慈善事业捐款、赈灾以及其他公益活动
形象识别	在一个高度交往的社会中，公司必须去努力赢得注意。至少应创造一个公众能迅速辨认的视觉形象。视觉形象可通过公司的广告标志、文件、小册子、招牌、公司模型、名片、支付标志等来传播

第二节　公关策划实务

一、公关策划的程序

公共关系策划程序可分为两个阶段、九个步骤。前一个阶段为公关策划的准备阶段，分为判断形势和目标定位两个步骤；后一个阶段为公关策划实施阶段，分为分析公众、设计主题、策动新闻、选择时机、媒介配伍、预算经费、审定方案七个步骤。

（一）公关策划的准备

1. 判断形势

在公关策划之前，分析企业形象现状及原因，对企业形象以及企业现状进行一定的诊断。从而为企业选择公关活动目标与方法提供有效依据。即在把握组织形象现状及原因分析的基础上，认识组织自身的公共关系状况。

2. 目标定位

公共关系目标是公共关系行为期望达到的成果。它是公共关系活动的方向，也是公共关系活动成功与否的衡量标准。所谓定位，就是"确定位置"，对公共关系策划来说，就是要弄清自己"想干什么"和"想达到什么目的"。公共关系目标是公共关系活动的方向，没有目标或目标不明确就无法制定公共关系的通盘计划，也无法开展公共关系活动。按照公关行为目的为标准，可以将公关目标划分为传播特定公关信息、联络特定公关感情、改变特定公关态度、引发特定公众行为四种。

（二）公关策划的实施

1. 分析公众

目标公众的确定必须建立在公众分析的基础上。①鉴别公众的权利要求。②对公众的各种权利要求进行概括和分析，先找出各类公众权利要求的共同点和共性问题，把满足各类公众的共同权利要求作为设计组织总体形象、策划总体公共活动的基础。③分析各类公众的特殊要求，对带有个性的特殊公众必须采取有针对性的公关活动。

2. 设计主题

公共关系活动的主题是对公共关系活动内容的高度概括，是公共关系活动的主线和灵魂，对整个公共关系活动起着指导作用。公共关系活动主题的表现形式是多种多样的，可以是一句口号，可以是一个陈述或是一种表白。设计一个好的主题，必须考虑公共关系目标、社会组织个性、公众需求心理和审美情趣因素。首先，公共关系活动的主题必须与公共关系目标相一致，并且能准确概括目标；其次，公关主题要适应公众心理的需要，既要富有激情，又要使人感到亲切；再次，公共关系活动的主题表述要做到"新颖、亲切、简明、中肯"，突出活动的特色，使人留下深刻的长久印象；最后，公共关系活动主题的设计要有美感，表述语言要有文采，有语感，甚至不乏幽默。主题设计还要考虑到不同阶段公关目标的特点，使之具有针对性。

3. 策动新闻

所谓策动新闻，即制造新闻，又称为"新闻事件"或"媒介事件"，它是指社会组织为吸引媒介的报道和社会公众的关注，以事实为基础，按照新闻报道工作的规律有意策划的，既对自己有利又使公众受惠的一种宣传活动。

成功地策划新闻要做到以下两点：①要善于发掘由头，寻找结合点。所谓由头，是指一项活动得以开展的依据和价值。由头必须具有新闻价值和情感价值，符合公众利益、组织的总体目标和自身利益。②不落俗套，勇于创新。

4. 选择时机

明智的策划者也总是善于择智而从，见愚而疏，审时度势，因势利导。

（1）选择公关时机的原则。公关时机的原则主要是：①公众的可接受程度。②对社会组织的生存与发展的关系程度。其一，时机的选择要服从整体公关策划，有利于公关目标的实现。其二，时机的选择要尽可能满足公众的需求。

（2）选择公关时机。几种常见的公关时机有组织成立或开业庆典之际、组织推出新的产品或服务之际、组织发展平稳而声誉尚未树起之际、组织出现失误或受到误解之际、组织遇到突发事件之际等。要注意利用或避开重大节日；要注意利用或避开国内外重大事件；不要在同一天或同一段时间里同时开展两项重大的公共关系活动，以免其效果相互抵消；要注意把握公众的心理时机，避免逆反心理。

5. 媒介配伍

（1）媒介配伍原则。媒介配伍既可以根据公共关系的目标定位去配伍，或者根据不同对象进行媒介配伍；也可以根据传播内容进行媒介或者经济条件进行媒介配伍。

（2）媒介配伍的组合形式。其组合形式有报纸与广播搭配，电视与广播搭配，报纸、刊物和户外公共关系广告的搭配；也有电视、广播、售点（POP）和直邮（DM）相搭配以及公共关系活动与广告活动相搭配；还要求大胆使用新媒介、新技巧。

6. 预算经费

首先，公共关系的预算是指按照预定的目标，将完成任务所需要的费用一一开列出来。通过预算还须找出活动的成本，找出全年从事公共关系活动的费用总额，然后估算以组织的实际情况可否承担这笔费用。其次，公关预算应根据公共关系部门的各方面实际情况，确定在有限经费之下开展什么样的活动才合适。编制预算有助于公共关系部门按期"施工",便于组织对公关活动进行监督管理。最后,有了预算,公共关系工作的成效评估就有了成本效益方面的基本依据。公共关系经费预算的内容构成主要包括工作人员的劳务费、管理费用、材料设备费、项目经费开支。

7. 审定方案

审定方案是公共关系策划的最后一项工作。公关人员根据组织的现状,提出各种不同的活动方案,每一个方案都是策划者智慧的结晶,但这些方案未必都适宜,也未必能同时采用。因此,对这些方案进行优化和论证才能选定最终方案。最终方案主要包括方案优化、方案论证和策划报告的书写与审定三个层次的工作。

(1) 方案优化。方案优化就是尽可能地将公关方案完善化、合理化,提高方案合理值,强化方案的可行性,降低活动耗费。通常可采用重点法、转变法、反向增益法、优点综合法等方法进行方案优化。方案优化工作可以从三个方面进行:一是增强方案的目的性;二是增强方案的可行性;三是降低成本耗费。

(2) 方案论证。一般由有关高层领导、专家和实际工作者对方案提出问题,由策划人员进行答辩论证。论证方案应满足系统性、权变性、效益性和可操作性等要求。方案论证主要包括:对目标进行分解,对方案有效性、制约因素和潜在问题进行分析等方面。

(3) 书面报告与方案审定。书面报告的内容分为活动背景介绍、目标定位、公众分析、活动内容与进度、经费使用和方案论证六个部分。

二、公关策划的实施与评估

(一) 公关策划方案的实施

公关策划的实施是指公关方案被审定采用后,将方案所确定的内容和目标付诸实现,变成结果的具体操作过程。这个过程是"公共关系四步工作法"中最复杂、最为多变的一个关键环节。一个方案能否顺利地实施成功,对公共关系活动具有举足轻重的作用。影响方案实施的因素是多方面的,一项公关方案在实施时能否取得预期的效果,应当注意以下几个方面。

1. 有效排除沟通中的障碍

公共关系活动的实施过程实际上是向公众传播信息,与其进行双向沟通的过程。但实施过程往往并不像想象中那么顺利,沟通工具运用不当、传播方式不妥或传播渠道不畅等原因往往使实施效果大打折扣。在沟通过程中,有不少障碍因素如语言障碍、习俗障碍、观念障碍、心理障碍等都会影响组织与公众之间的沟通。公关人员必须考虑到目标公众的语言习惯、习俗、观念以及心理,从而真诚而巧妙地与其沟通,进而实现公共关系的沟通目标。

2. 及时妥善处理突发事件

对公共关系方案的实施干扰最大的莫过于重大的突发事件。这里的突发事件包括两大类:一类是人为的纠纷危机,如公众投诉、新闻媒介的批评报道、竞争对手的陷害等;另一类是不以人的意志为转移的自然灾害,如地震、火灾等。因为突发事件往往是不可预料的，所以总让人猝不及防；而且一旦发生，影响范围大，后果严重，易给组织带来恐慌和混乱。一个组织如果不及时妥善地处理好突发事件，那么公共关系策划方案将毁于一旦，甚至影响到组织的生死存亡。

3．正确选择方案实施时机

正确选择实施时机是提高公关方案成功率的必要条件。那么，在实施公共关系策划方案时，应怎样选择正确的时机呢？首先，要注意利用或避开国内外重大事件。凡同重大节日无关的公关活动应避开节日，以免被节日气氛所冲淡；相反，凡是同重大节日有直接或间接联系的公共关系活动，则可以考虑利用节日为自己烘托扩大活动影响的辐射范围。其次，要注意运用各种固定的特殊时机，如中国的春节，西方的圣诞节、情人节、母亲节等。最后，应注意不应在同一时间内同时进行两项不同的公共关系活动，以免其效果相互抵消。

4．科学控制目标导向和活动进度

在公共关系实施过程中，应经常检查各方面工作的进度，及时发现超前和滞后的情况，搞好协调，掌握工作的进展速度，随时注意反馈信息，使各方工作同步进行和平衡发展，有效推进公共关系活动的进程。

（二）公关策划实施过程中的障碍

1．方案自身的内容障碍

方案自身的内容障碍是指方案中由于目标定位不明确甚至不正确，缺乏操作性，或由于方案制定的活动偏离目标而给实施带来障碍。为了避免这些障碍，在检查过程中，主要考虑内容是否切合实际并且能够实现，具有可行性和可控性；是否体现出了所期望的结果；是否是实施者职权范围内所能完成的；检查完成期限是否合适。

2．实际过程的沟通障碍

这方面的障碍主要有语言、习俗、观念、心理、机构、文化、政治、技术、方法、生理、年龄等。排除沟通障碍的方法可以是选择信息有效的沟通，也可以灵活运用媒介传播。

3．突发事件的干扰

突发事件的干扰主要有人为的恶性突发事件、人为纠纷危机和不以人的意志为转移的自然突变。应付突发事件干扰要采取以下措施：①要以最快速度建立危机控制中心，不断了解危机控制进展情况，同时了解公众意见，把握公众情绪；②邀请公正权威机构帮助，尽快发布有关背景情况，不要发布不准确的消息，及时更正媒介不实报道；③与媒介保持良好关系，确保处理过程中有一系列对社会负责的行为。

（三）公关效果的评估方法

1．个人观察反馈法

这种方法最简单、最常见。具体做法是：企业的主要负责人亲自参加公关活动，现场了解其进展情况和效果，并同公关传播目标相比较，提出评估和改进意见。这种方法的优点是评估反馈迅速，改进意见具体，易于落实。缺点是：很难测出公关传播活动的

长期效果。

2. 舆论调查法

用于评估公关传播活动效果的舆论调查方法有两种：一是比较调查法，即在一次公关活动前后分别进行一次舆论调查，比较先后两次调查的结果，从而分析公关传播活动的效果；二是终结调查法，就是在活动结束时进行一次调查，这种舆论调查的主要目的是确认公关活动在对公众的知识、态度、观念等方面所产生的可度量的效果。

3. 内部及外部检查法

内部检查法是由企业内部人员对公共关系传播活动进行检查和评价。检查的主要内容有：进行的传播工作和取得的成果；目前存在的问题；将来的计划安排；等等。外部检查法是聘请企业外部的专家对本企业公共关系传播活动进行调查和评价，对企业公共关系传播活动及其效果作出较为客观的衡量和评价，并就未来活动提出建议。

4. 民意测验

由盖洛普创立的民意测验法，主要是对问题给予是或不是、知道或不知道的回答，对回答加以计算即可显示出赞同或反对意见或表示无特定意见的人数的比例。民意测验法用于了解公众对公司的态度，并在以后的调查中检验这些态度怎样由于公共关系活动而发生了改变。测验的形式包括通过问卷了解有多大比例的公众已经听到过该公司，或者知道它做什么，由此可以与竞争对手的测验结果相比较。

5. 公众代表座谈会

这是人们比较熟悉、运用比较普遍的一种方法。运用此法应注意：首先，对代表的选择，应尽量选择最有代表性的公众参加；其次，要注意会议议题的确定和表述，议题要明确，表述要清楚，使人有"心领神会"之感；最后，座谈会的组织者应审时度势，善于引导，善于提问。重要的会议应予以录像或录音，以便会后研究。

6. 深度访问

为了了解公众作出某一反映的深层心理和情感原因，公共关系人员可以选择一些对象进行深度访问。这种方法同记者采访新闻人物或与新闻事件有关的人物颇为相似，访问者应受过专门的训练，对怎样提问、先问什么、后问什么，必须很好地把握，只有这样才能获得深层的信息。深度访问获得的资料往往需要访问者本人参与分析研究，因为在访问中许多语境资料是很难用语言描述的，但它们却能深深地留在访问者的印象中，而这些语境资料，对分析、研究整个深度访问获得的资料有着较大的参考价值。

7. 典型对象连续调查

有比较才有鉴别，典型对象连续调查是了解公众态度变化的好办法。连续调查时间多长没有固定的要求，要根据具体情况来定，短则数日，长则五年乃至十年。在这种调查中，调查对象的积极合作是非常重要的。调查者应采取各种有效的办法，与被调查者建立良好的合作关系。

8. 自我评价法

这种方法是指公关人员自己对所在企业的公关活动的看法和评价，一个优秀的公关策划者，必须经常处于清醒的思想状态中，包括对自己言行的反省。自我评估的过程，不但可以产生与众不同的评估效果，而且有助于公关策划人员本身思想及业务素质的提高。

三、公关专题活动

所谓公关专题活动，是指社会组织为了某一明确目的，围绕某一特定主题而精心策划的公共关系活动。公关专题活动是社会组织与广大公众进行沟通，塑造自身良好形象的有效途径。因此，国内外许多组织经常采用公关专题活动的形式来扩大影响，提高声誉。公关专题活动对于改善组织的公关状态有着极为重要的意义，它往往能够使组织集中地、有重点地树立和完善自身的形象，扩大自己的社会影响。成功的公关专题活动，往往使组织形象出现意想不到的飞跃，是塑造组织形象的有力驱动器。公关专题活动的特殊作用对举办它有着特殊的需求。

常见的公关专题活动有以下几种。

（一）庆典活动

庆典活动是围绕重要节日或开幕而举行的庆祝活动，它是提高组织知名度、扩大社会影响的活动，现代企业的经营者都想方设法地、合情合理地利用它。庆典活动主要包括开业庆典、周年纪念庆典和剪彩仪式。庆典活动应该把握好准备工作和仪式过程两个环节。

1. 准备工作

庆典活动的准备工作主要有：①精心拟出邀请宾客的名单；②拟定程序表；③布置场地；④安排接待工作；⑤安排礼仪小姐；⑥准备贵宾留言册；⑦安排接待服务人员；⑧准备馈赠礼品；⑨提前试验音响。

2. 仪式过程

（1）签到。宾客来到后，由专人请他们签到。此时可将有关于产品经营项目及公司全方位说明的资料发给到来的宾客，扩大组织的知名度。

（2）接待。宾客签名后，由接待人员引到备有茶水、饮料的接待室，让他们稍事休息并相互认识。

（3）剪彩。剪彩者穿着端庄整齐的服饰，并保持稳重的姿态，走向彩带，步履稳健，全神贯注，拿剪刀时以微笑向服务人员、礼仪小姐表示谢意；剪彩时，向手拉绸带或托彩花的左右礼仪小姐微笑点头，然后神态庄严地一刀剪断彩带；待剪彩完毕，转身向四周观礼者鼓掌致意。

（4）致辞。由主客双方领导或代表致辞。无论是开幕词、贺词、答谢词均应言简意明、热烈庄重，切忌长篇大论。

（5）节目。典礼完毕，宜安排些气氛热烈的节目，如敲锣打鼓、舞狮子等。在允许燃放鞭炮的地区，还可燃放鞭炮、礼花、礼炮等。

（6）参观、座谈或聚会。主持人宣布仪式结束，即可引导客人参观工程、组织、公司或商店。

（7）赠送纪念品。员工感到主人翁的优越意识，使来宾们有受到尊重的感觉，以此达到感情的交流；还可以进行职工文艺表演，以示庆祝；也可以举行大型促销活动。

（二）记者招待会

记者招待会又叫新闻发布会，是政府、企业、社会团体等把各新闻机构的记者召集在一起，宣布某一有关消息并且让记者就此问题进行提问，然后由召集者回答的一种特殊会议。

1. 记者招待会的准备工作

（1）确定举行记者招待会的必要性。对于一个组织（商家）来说，举行记者招待会是为公布与解释组织的重大新闻。如在新产品的开发、组织首脑或高级管理人员的更换、组织合并、组织创立周年纪念日、重大的人身伤亡事故等事件发生时，都可以举办记者招待会，发布这些消息。

（2）选择举行记者招待会的地点和时间。

（3）拟定邀请记者的范围。

（4）选定记者招待会的主持人、发言人。

（5）准备材料。

（6）组织记者参观的准备。

（7）小型宴请的安排。

（8）会场的布置与安排。

2. 记者招待会的注意事项

（1）会议主持人应充分发挥主持的组织作用，以轻松、富有幽默感的言谈和感染力，活跃整个会议气氛，引导记者踊跃提问。

（2）对于不愿发表和透漏的事项，应婉转地向记者解释，记者一般会尊重组织者的意见。

（3）不要随便打断记者的提问，也不要以各种动作、表情和语言对记者表示不满。

（4）遇到回答不了的问题时，不能简单地说"不清楚""不知道""我不能告诉你"等，应采取灵活而又通情的办法回答。

（5）所发布的消息必须准确无误，若发现错误应及时予以更正。

（三）展览会

1. 展览会的特点

展览会是一种通过实物、文字、图表来展览成果、风貌、特征的宣传形式。其特点有：

（1）直观、形象、生动，能产生强烈效果。

（2）能有效地引起社会公众及新闻媒介注意。

（3）能给组织提供与公众直接双向沟通的机会。

（4）是一种高效率的沟通方法。

（5）在一定的程度上起到了"二传手"的作用。

2. 举办展览会的步骤

（1）确定时间、地点。展销会时间依据展销内容和规模而定。展销会地点可以在室内或露天。室内展览显得较为隆重，且不受天气影响，时间相对不受限制，但布局较复杂费用较大。在露天举办展销的可以是大型机械、农产品等。

（2）确定展销会的内容。其内容可分为综合性产品（商品）或专项产品（商品）展销。综合性产品展销会可容纳多家不同产品进行同时展销；专项展销会即围绕一项专业或一个专题举办的展销。

（3）确定展销会工作人员及责任。①安排好产品介绍人员。产品介绍人员应对展销产品有较全面的了解，还要有一定的语言表达能力，在服务中应着装整齐、仪容端庄、面带微笑、尊重每一位顾客，可以着绶带，绶带上印有厂家名称，也可佩戴标签。②安排团体订货室及工作人员。工作人员应懂得订货知识，并按组织订货的有关规定进行工作；工作中应热情接待客户，主动介绍订货规定及优惠政策。③安排迎宾礼仪小姐。礼仪小姐既要热情迎客，也要做引导工作。④广告及新闻报道。新闻报道工作人员安排展销会的广告制作，他们要策划各种产品及展销会的广告内容及形式，确定新闻发布的内容、时机、范围和形式。⑤领导机构。展销会领导机构应分工明确、责任到位。

（4）确定展销会的费用预算。具体列出展销会的各项费用，进行核算，有计划地分配资金。

（5）公关活动安排。采用一些公关技巧，使展销会办得生动活泼、别具一格。举行展销会开幕式，应邀请有关知名人士出席，并为消费者签名。展销厅最好的位置一般在一楼的入口附近，展销位置不好的组织应设法以一些新奇事物来吸引客人。

（6）做好展销会的效果测定。为了组织有更好的发展，每举办一次活动都应做事后效果测定工作，可采取问卷调查、统计参观人数、销售利润、有奖问答等多种方式来进行该项工作。

（四）社会赞助

1. 社会赞助的一般原则

（1）优先考虑对各种社会福利事业和活动、公共设施及教育事业的赞助。

（2）任何形式的赞助，都不能超过企业的承受能力。

（3）对明显不能满足其要求的征募者，应坦率和诚恳地解释企业的有关政策。

2. 参与社会赞助的步骤

（1）前期研究。赞助之前都应做好深入细致的调查研究，调查组织自身的公共关系状况、经济状况、赞助活动的影响、被赞助者的公共关系状况等。在此基础上，研究赞助项目的必要性、可行性、有效性。

（2）制定计划。赞助计划一般应包括：①赞助的目标、对象、形式；②赞助的财政预算；③为达到最佳赞助效果而选择的赞助主题和传播方式；④赞助活动的具体实施方案。这些都应做到有的放矢，同时应考虑应变方案。赞助计划是赞助研究的具体化，可以做到有的放矢，控制赞助范围，防止赞助规模超过组织承受力等现象的发生。

（3）审核评定。每进行一次具体项目的赞助，都应由赞助委员会对此项目进行详细的分析研究；结合该年度的赞助计划进行逐项的审核评定，确定可行性、赞助的具体方式和款额，以及赞助的时机，以便制定此项赞助的具体实施方案。

(4) 具体实施。应派出专门的公关人员负责各项赞助实施方案的具体落实。

(5) 效果测定。对完成活动的经验加以总结,对活动不理想的应找出原因。赞助活动的效果应由组织自身和专家共同测评,尽可能做到符合客观实际。

四、危机公关的处理

现代社会商战无情,企业随时可能遭遇危机,诸如经营管理不善、市场信息不足、同行竞争、对手的恶意破坏,以及自然灾害、事故,等等。在传媒十分发达的今天,企业发生的危机可以在很短的时间内迅速而广泛地扩散,其负面作用可想而知;稍有不慎,就会对企业形象和品牌信誉造成毁灭性的打击,甚至危及生存。于是,危机公关应运而生。

(一) 危机公关的概念

危机公关是指政府、企业或社会团体从公共关系的角度对突如其来的危机事件进行有效处理。公关危机具有突发性、难以预测性、严重的危害性、舆论的关注性四个特点。

掌握危机处理的原则可以指导我们更顺利地处理危机。这些原则可概括为:

(1) 及时。及时是处理危机的第一原则。

(2) 诚恳。处理危机的基本态度是诚恳,对问题是非分明,是自身的责任绝不推诿。

(3) 准确。准确是处理危机、确定方案、正确判断的前提。

(4) 专门化。处理危机专门化是工作效率的保证。

(5) 积极。积极是赢得时间、争取主动的心理动力。

(二) 化解危机公关的策略

当前面临公关危机时应当果断采取应对策略,以便有效地化解危机或把危机带来的负面效应控制到最低。

化解危机公关的策略主要有以下八个方面。

1. 把危机公关上升到一个战略的高度

当今许多危机公关失利的主要原因是,没有把看起来小型的事件当回事,然而此种态度将导致事件影响与危害不断递增,甚至不可收拾,发展到完全失控的地步,正所谓"千里之堤,溃于蚁穴"。所以正确的做法是当发生公关危机时不管事件大小如何,全都要站在战略的角度高度重视,并谨慎对待,具体处理方式要有整体性、系统性、全面性和连续性。只有这样,才能把危机事件迅速解决从而把危害控制到最低。危机发生后,活动主办方与运营方要由上至下全员参与其中,最高领导尤其要高度重视,只有所有决策都由最高领导亲自颁布或带头执行,才可以确保执行的有效性。

2. 发现问题的本质与根源

许多危机公关人员处理不利的原因多数是只看到了表面现象,哪儿出了问题就抓哪儿,而本质性的根源问题却没有得到解决,最终导致了只治标不治本,按下葫芦起了瓢，不能迅速彻底地解决危机，甚至会导致事态不断地扩大。所以当发生危机时应该先客观全面地了解整个事件，然后冷静地观察问题的核心，找到问题的关键与根源，研读相关法规与规定，把问题完全参透，或聘请专业公关公司把脉支招，从源头解决问题。

3. 比救火的速度更快些

发生公关危机时，反应速度要比救火的速度更快些，因为它比大火烧毁企业的厂房更危险，危机在吞噬的是企业品牌的信誉，速度是危机公关中的第一原则。堤坝出现一条裂缝，立即修补就可解决；假如速度缓慢，几十分钟就可能发生溃坝。当企业发生危机时就像堤坝上的一条裂缝一样，立即上前修补可以避免许多损失，但是因为看似很小的问题，没有引起重视或缺乏危机处理经验等，从而错过了最佳处理时机，结果就会导致事件不断扩大与蔓延。

4. 所有问题一肩挑起

危机事件发生后的第一时间应该把所有质疑的声音与责任都承接下来，不可以含糊其辞，不可以态度暧昧，不可以速度迟慢，然后拿出最负责任的态度与事实行动迅速对事件作出处理。其实很多危机事件发生后，媒体与受众甚至是受害者并不十分关心事件本身，更在意的是责任人的态度。冷漠、傲慢、推诿等态度会增加公众的愤怒，把事件本身严重放大。

5. 沟通，沟通，还是沟通

矛盾的80%来自于缺乏沟通，很多事只要能恰当的沟通都会顺利解决。当发生公关危急时，沟通就是最必要的工作之一。首先要与全体员工进行沟通，让大家了解事件细节，以便配合进行危机公关活动，比如保持一致的口径、一致的行为等。其次要与媒体进行沟通，必须第一时间向媒体提供真实的事件情况及随时提供事件发展情况，因为如果你不主动公布消息，媒体和公众就会去猜测，而猜测推断出的结论往往是负面的。所以，这个时候必须及时坦诚地通过媒体向大众公布信息与事件处理进展，这样可以有效填补此时舆论的"真空期"，因为这个"真空期"你不去填补它，小道消息、猜测，甚至是竞争对手恶意散布的消息就会填满它。而后就是与政府及相关部门进行沟通，得到政府的支持或谅解，甚至是帮助，对控制事态发展有很大的帮助。同时也要对合作伙伴等进行沟通，以免引起误解及不必要的恐慌。

6. 让别人为自己说话

发生危机时若自身没有问题，通常都会急于跳出来反驳，与媒体、受众甚至政府打口水仗，这样的结果往往是即使弄清楚了事实的真相却也失去了公众的好感，更容易导致事件的扩大，拓展到企业诚信问题、社会责任问题等方面，导致有理的事反倒没了理。这时候首先应该以一个积极的态度，对媒体及公众的质问不做过多的言辞；其次要马上请第三方权威部门介入，让权威部门为自己说话，有了证据之后再主动联系媒体，让媒体为自己说话，必要的时候再让消费者为自己说话，但尽量不要在事件还未明朗、大众还存在误解的时候自己去说话。如果自己确实有责任与过失，那就更不要自己出来说过多的话，在稳定了公众情绪后借助媒体与相关部门进行危机公关，博取同情，而后尽快让事件过去。

7. 转移视线

当企业发生公关危机时，在妥善处理后要尽快把公众视线吸引开，否则纠缠下去对企业会十分不利，但这种方式不是推诿责任与瞒天过海，而是在正确采取措施并得到妥善处理后让事件的余震尽快结束。例如，推出新产品、新发明、企业捐助公益事业等相关新闻，以转移大众的视线。

8. 化患为利，从危机中创造商机

当企业发生公关危机事件后，媒体与大众的关注度很高，这时若企业危机公关手法得当，不仅可以化解危机，还可以提高企业或品牌的知名度，树立良好的企业形象，从危机中创造出商机。

因此，企业的全部活动都是与公众息息相关的，平时企业就应当防患于未然，建立完善的危机防范预案机制，设立一条危险线；当企业的一些行为触及这条危险线时立即引起重视，马上处理，通常可以防范绝大部分危机的发生，至少可以把危机控制在最低范围内。有可能的话，企业就应当设立专门负责处理企业危机的危机公关公司部门，以便敏感迅速地作出反应，有效地控制或回避风险。

（三）企业处理危机公关的对策

企业应对公关危机时必须严谨地处理好每一个细节。要采取以下对策。

1. 组织内部对策

（1）迅速成立处理危机事件的专门机构。假如企业已成立危机管理小组，可在该小组的基础上增加部分人员。这个专门小组的领导应由企业负责人担任。行政部公关事务人员必须参加这一机构，汇同各有关职能部门的人员组成一个有权威性、有效率的工作班子。

（2）了解情况，进行诊断。成立专门机构，应迅速而准确地把握事态的发展，判明情况。确定危机事件的类型、特点，确认有关的公众对象。

（3）制定处理危机事件的基本原则、方针、具体的程序与对策。

（4）确定急需援助的部门，共同参加急救。

（5）将制定的处理危机事件的基本原则、方针、程序和对策，通告全体职工，以统一口径，统一思想认识，协同行动。

（6）向传媒人士、社区意见领袖等公布危机事件的真相，表示企业对该事件的态度，通报将要采取的措施。

（7）危机事件若造成伤亡，一方面应立即进行救护工作或进行善后处理，另一方面应立即通知受害者家属，并尽可能提供一切条件，满足受害者家属的探视或其他要求。

（8）如果是由不合格产品引起的危机事件，应不惜代价立即收回不合格产品，或立即组织检修队伍，对不合格产品逐个检验。通知有关部门立即停止出售这类产品。

（9）调查引发危机事件的原因，并对处理工作进行评估。

（10）奖励处理危机事件的有功人员；处罚事件的责任者，并通告有关各方。

2. 对受害者对策

（1）认真了解受害者情况后，诚恳地向他们及其家属道歉，并实事求是地承担相应的责任。

（2）耐心而冷静地听取受害者的意见，包括他们要求赔偿损失的意见。

（3）了解、确认和制定有关赔偿损失的文件规定与处理原则。

（4）避免与受害者和受害者家属发生争辩与纠纷。即使受害者有一定责任，也不要在现场追究。

（5）企业应避免出现为自己辩护的言辞。

（6）向受害者及受害者家属公布补偿方法与标准，并尽快实施。

（7）应由专人负责与受害者及受害者家属谨慎地接触。

（8）给受害者安慰与同情，并尽可能提供其所需的服务，尽最大努力做好善后处理工作。

（9）在处理危机事件的过程中，如果没有特殊情况，不可随便更换负责处理工作的人员。

3. 对新闻媒介对策

（1）向新闻界公布危机事件，公布时如何措辞，采用什么形式，有关信息怎样有计划地披露，等等，应事先达成共识。针对新闻媒体公布企业需要通过权威媒体渠道发布企业最新的信息，知名企业新闻策划机构通常的处理流程是第一时间通过"新闻"的方式，多角度、多层次地为企业、产品或人物进行正面宣传，吸引公众的注意，澄清企业信任危机。消除公关危机对企业形象的影响。精准企业新闻联播，能让信息从"焦点"变为"记忆点"，进而产生"卖点"，无论是短期还是长期都能为企业带来积极的效应和价值。

（2）成立记者接待机构，专人负责发布消息，集中处理与事件有关的新闻采访，向记者提供权威的资料。

（3）为了避免报道失实，向记者提供的资料应尽可能采用书面形式。介绍危机事件的资料简明扼要，避免使用技术术语或难懂的词汇。

（4）主动向新闻界提供真实、准确的消息，公开表明企业的立场和态度，以减少新闻界的猜测，帮助新闻界作出正确的报道。

（5）必须谨慎传播。在事情未完全明了之前，不要对事故的原因、损失以及其他方面的任何可能性进行推测性的报道，不轻易地表示赞成或反对的态度。

（6）对新闻界表示出合作、主动和自信的态度，不可采取隐瞒、搪塞、对抗的态度。对确实不便发表的消息，亦不要简单地"无可奉告"，而应说明理由，求得记者的同情和理解。

（7）不要一边向记者发表敏感言论，一边又强调不要记录。

（8）注意以公众的立场和观点来进行报道，不断向公众提供他们所关心的消息。

（9）除新闻报道外，可在刊登有关事件消息的报刊上发布歉意广告，向公众说明事实真相，向公众道歉并承担责任。

（10）当记者发表了不符合事实真相的报道时，应尽快向该记者的报刊提出更正要求并指明失实的地方；同时，向该刊提供全部与事实有关的资料，派重要发言人接受采访，表明立场，要求公平处理。特别应注意避免与媒体产生敌意。

4. **对上级领导部门对策**

（1）危机事件发生后，应以最快的速度向企业的直属上级部门实事求是地报告，争取他们的援助、支持与关注。

（2）在危机事件的处理过程中，应定期汇报事态发展的状况，求得上级领导部门的指导。

（3）危机事件处理完毕后，应向上级领导部门详细地报告处理的经过、解决方法、事件发生的原因等情况，并提出今后的预防计划和措施。

5. **对客户对策**

（1）危机事件发生后，应尽快如实地向有关客户传达事故发生的消息，并表明企业对该事件的坦诚态度。

（2）以书面的形式通报正在或将要采取的各种对策和措施。

（3）如有必要，还可派人直接与重点大客户面对面地进行沟通、解释。

（4）在事故处理的过程中，定期向各界公众传达处理经过。

（5）事故处理完毕，应用书面形式表示歉意，并向理解和援助的单位表示诚挚的谢意。

6. **对消费者对策**

（1）迅速查明和判断消费者的类型、特征、数量、分布等。

（2）通过不同的传播渠道向消费者分发说明事故概况的书面材料。

（3）听取受到不同程度影响的消费者对事故处理的意见和愿望。

（4）通过不同的渠道公布事故的经过、处理方法和今后的预防措施。

7. **对消费者团体对策**

（1）所有的对策、措施，都应以尊重消费者权益为前提。

（2）热情地接待消费者团体的代表，回答他们的询问、质询。

（3）不隐瞒事故的真相。

（4）及时与消费者团体中的领导以及意见领袖进行沟通、磋商。

（5）通过新闻媒介向外界公布与消费者团体达成的一致意见或处理办法。

8. **对社区居民对策**

（1）社区是企业生存和发展的基地，如果危机事件给社区居民带来了损失，企业应组织人员专门向他们致歉。

（2）根据危机事件的性质，也可派人到社区居民家中分别道歉。

（3）向全国性的报纸和有影响的地方报刊发谢罪广告。谢罪广告对公众认错，表明企业敢于承担社会责任及知错必改的态度。

（4）必要时应向社区居民赔偿经济损失或提供其他补偿。

除上述关系对象外，还应根据具体情况，分别对与事件有关的交通、公安、市政、友邻单位等公众通报情况，回答咨询，巡回解释，调动各方面的力量，协助企业尽快渡过危机，使对企业形象的损害控制在最低限度。

第三节　关系营销策划

公共关系与市场营销有机结合形成的关系市场营销概念，源于20世纪80年代欧洲工业品市场和服务市场的营销实践，最先是由美国营销学者巴巴拉·杰克逊于1985年提出的，菲利普·科特勒在其《营销管理》（第六版）中也有论述，从20世纪80年代起，关系营销在企业界得到了较为广泛的应用，在理论上也得到了更为深入的探讨，影响越来越大。

一、关系营销的概念

关系营销（Relationship Marketing），是指把营销活动看作一个企业与消费者、供应商、分销商、竞争者、政府机构及其他公众发生互动作用的过程，其核心是建立和发展与这些公众的良好关系。

关系营销与传统的交易营销相比较，两者在对待顾客上的不同之处主要在于：

（1）交易营销关注的是一次性交易，而关系营销关注的是如何保持顾客。

（2）交易营销较少强调顾客服务，而关系营销则高度重视顾客服务，通过顾客服务提高顾客满意度，培育顾客忠诚。

（3）交易营销往往只有少量的承诺，关系营销则有充分的顾客承诺。

（4）交易营销认为产品质量应是生产部门所关心的，而关系营销则认为所有部门都应关心质量问题。

（5）交易营销不注重与顾客的长期联系，而关系营销的核心就在于发展与顾客的长期、稳定关系。关系营销不仅将注意力集中于发展和维持与顾客的关系，而且扩大了营销的视野，它涉及的关系包含了企业与其所有利益相关者间所发生的所有关系。

二、关系营销的层次

在关系营销实践中，各关系方的联系程度是由浅到深、由表及里分层次发展起来的，一般可分为五个层次。现仅以商店与顾客的关系为例予以说明。

（一）基础层次

基础层次是指公司、企业与关系方最先接触的表层。如商店的商品被顾客购买后，顾客可能永远不再来这个商店了，仅此一次交易活动的接触，以后再没有什么联系了。

（二）反应式层次

反应式层次是指各关系方在第一次接触后再继续相互传递信息并有所反应，如商店将商品出售给消费者后，主动向消费者征求商品使用后的问题。

（三）责任层次

责任层次是指各关系方相互承担责任，如商店营业员将商品出售给消费者后，不但主动听取顾客意见，而且对商品使用中存在的问题承担责任，让消费者满意。

（四）事前行动层次

事前行动层次是指各关系方经常交流信息，彼此进一步增强了解，使关系一方感到另一方在关心他们的需要，由满意到产生好感甚至忠诚，如商店将商品出售给顾客后，不仅做好售后服务，而且经常将这种产品新的系列或新的性能传递给消费者，这样就加深了商店与顾客的情感关系。

（五）伙伴关系层次

伙伴关系层次是指各关系方之间已建立长期稳定的共生共荣的伙伴关系。公司（企业）与各关系方建立了长期伙伴关系，特别是与原材料供应商建立这种关系营销，就可以采用适时管理，即制造商把供应商看成自己的原材料车间，而供应商又把制造商看成自己忠诚的顾客，这样双方都能得到稳定的利润。任何一方随意改变这种关系都会花费高昂的成本，只有相互为对方提供更多的附加值或服务，才有利于彼此合作和发展。

三、关系营销的实质

关系营销的实质可概括为以下几个方面。

（一）双向沟通

在关系营销中，沟通应该是双向而非单向的。只有广泛的信息交流和信息共享，才可能使企业赢得各个利益相关者的支持与合作。

（二）合作

一般而言，关系有两种基本状态，即对立和合作。只有通过合作才能实现协同，因此合作是"双赢"的基础。

（三）双赢

关系营销旨在通过合作增加关系各方的利益，而不是通过损害其中一方或多方的利益来增加其他各方的利益。

（四）亲密

关系能否得到稳定和发展，情感因素也起着重要作用。因此关系营销不只是要实现物质利益的互惠，还必须让参与各方能从关系中获得情感的需求满足。

（五）控制

关系营销要求建立专门的部门，用以跟踪顾客、分销商、供应商及营销系统中其他参与者的态度，由此了解关系的动态变化，及时采取措施消除关系中的不稳定因素和不利于关系各方利益共同增长因素。此外，通过有效的信息反馈，也有利于企业及时改进产品和服务，更好地满足市场的需求。

四、关系营销策划的过程

关系营销策划的过程一般分为三个阶段。

（一）创立阶段

在这个阶段，一般要经历对顾客关系的识别、接触、销售、反馈四个过程。首先，企业根据网络中大量的数据库，识别潜在顾客群，筛选出值得和必须建立关系的顾客。其次，通常选择几名最大的顾客，那些成长表现特别好的或新行业的发展先驱也可列入，然后根据不同顾客，采取不同方式进行接触建立起交易关系。最后，根据交易结果与信息反馈，重新完善数据库。

（二）维持阶段

在这一阶段，主要是运用协调、沟通等方式，使顾客关系长期化、稳固化；避免矛盾，避免因企业人员升迁、转行等人事变动对顾客关系造成的影响。要注意使顾客有被重视的感觉，让企业更快了解其需求与渴望。通常对筛选出的顾客指派专人负责，明确职责范围。目前正为顾客服务的销售人员，应当接受关系管理的训练，或者由对关系管理更内行的人取代。确定关系经理的工作范围，每一客户由关系经理负责，关系经理应当是所有与其负责客户交易的中心点，而且每位关系经理只能负责处理一个或少数几个关系顾客的事宜。

（三）提升阶段

要使顾客与企业关系不断深化，就要求企业不断用合适的产品与服务来积极维持及满足顾客新的需求，实现其新的价值。可以采用交叉销售和顾客定做的方式，进一步密切二者关系；也可以分别制定长期的和年度的工作计划，经常与关系对象进行联络和沟通，及时进行反馈和追踪，测定长期需求，了解顾客兴趣。

五、关系营销策划的主要途径

不同行业、不同规模的企业可以根据自身的资源、所处市场的竞争状况、销售团队成员的风格等特点，选择不同的实现关系营销策划的途径。关系营销策划的主要途径有以下几种。

（一）向客户提供附加的经济利益

企业向经常使用和购买本企业产品或服务的客户提供额外的利益。例如，国内外众多航空公司向经常乘坐其航班的用户提供的里程奖励计划，中国移动通信公司向其手机用户提供的用户积分奖励计划，等等，就是典型的例子。

（二）向客户提供附加的社会利益

企业的营销人员在工作中要不断地增强对客户所应承担的社会责任。例如，对消费者的选择表示赞赏，向消费者提出使用更好的产品或服务的建议，不回避产品使用中可能出现的问题，勇于承担责任并通过有效的方法解决，等等。又如，中国移动通信公司在各城市机场提供的贵宾服务，HP、ASUS等电脑厂商在主要城市机场内提供的无线上网体验服务，等等。

（三）建立企业与客户之间的结构性纽带

企业可以通过向客户提供更多的服务来建立结构性的关系纽带。比如在流通行业，厂商可以帮助销售网络中的成员特别是一些较小的成员提高其管理水平，合理地确定其进货时间和存货水平，改善商品的陈列或者向销售网络中的成员提供有关市场的研究报告等信息。

（四）强化品质、服务与价格策略

产品的品质、质量等是建立营销关系的基础，因此推行关系营销的途径也少不了从品质、服务及价格等营销组合方面入手。销售人员一定要加强产品的服务性工作，搞好产品的售前、售中与售后服务，不断提高公司的服务水平。另外，要制定合理的价格水平。"互惠互利"是企业进行关系营销的核心，只有客户的利益得到保证，客户才能成为企业的忠实的顾客，企业的关系营销才能真正发挥作用。

案例一　百事集团《把乐带回家2013》的公关宣传

一、项目背景

百事集团是全球最大的食品和饮料公司之一，自进入中国市场30多年来，始终致力于植根中国文化，将百事精神源源不断地融入中国消费者的生活中。

2012年春节之际，百事集团就曾斥巨资打造以"春节回家"为主题的贺岁微电影《把乐带回家》，以契合中国百姓"春节回家团圆"愿望的角度入手，充分利用百事明星资源，借明星之口讲述"回家过年"的亲情故事，通过温暖人心的故事呼唤全天下的儿女能够在春节来临之际"把乐带回家"，与父母共享天伦。明星的强大号召力，加上富于感染力的亲情故事，引发消费者共鸣，掀起了"把乐带回家"的风潮，广受各界好评及认同。

2013年岁末，百事集团再度联合旗下百事可乐、美年达、纯果乐和乐事四大品牌倾力打造百事《把乐带回家2013》微电影，不仅将明星演员的阵容再度升级，更在2012版"春节回家"主题上进一步挖掘深度，将家人之间的亲情之爱升华为陌生人之间的互帮互助，传递"有爱的地方便是家"的大爱温暖主题。在该微电影拍摄过程中，竟上演了一出电影和现实交错的惊险故事：正当古天乐、罗志祥、林志颖、蔡依林、韩庚、杨幂、快乐家族、霍思燕等十五位巨星聚集一堂，携大队人马开往拍摄地长白山时，却遭遇百年难遇的特大暴风雪，大雪封山、冰霜封路、航班取消，百多人的拍摄团队被迫滞留长春长达一周之久。导演及剧组被困长白山、明星及工作人员全体滞留长春，眼看随着时间的推移，明星们的档期已所剩无几，作为《把乐带回家》项目整体公关宣传计划制定者的乐智公关，又将如何把控全国媒体舆论导向，传播"有爱的地方就是家"的大爱温暖主题，再现2012年版《把乐带回家》的辉煌？

二、项目调研

"春节回家"几乎是所有中国人最关心的话题。中国农历年前，轰轰烈烈的春运总能占据最多的媒体版面，成为几乎所有人议论的焦点。中国的春运已经刷新了世界人口的新迁徙记录——火车、汽车、摩托车，尽管交通工具各异，但目标几乎一致——春节回家团圆。据统计，中国每年春运的40天时间里，都会有超过30亿人次出行。这场全球最大规模的人口流动不仅承载着中国人春节团聚的期盼，在春运这个浩大的人口迁徙数字之下，更体现了每一个中国老百姓对家的渴望。而集体回家的道路又是充满了无数的艰难与坎坷，如网络上关于春节买票难、挤车难、没钱回家难、没男友回家难、加班回家难、天气问题回家难等等，各种各样的"回家难"故事引发无数人的共鸣。"回家"是全社会的话题，而"回家难"则成为牵动所有人心情的话题。因为回不去家，多少人失声痛哭；因为回不去家，多少人不得不面对一个孤单、失落的春节。

人的天性中就有猎奇心理，老百姓们原本就对明星们的隐私生活充满好奇，而当这些平日里光鲜靓丽的明星也遭遇到"回家难"的问题时，他们的应变能力及处理方式，也将成为吸引目光的焦点。尤其是，当十多位大牌明星聚集一堂准备拍摄"回家难"的微电影，而剧本中的雪灾场景却突然真实发生时，这些明星们的一举一动着实牵动人心。

三、项目策划

（一）公关目标

"回家"是全中国人的信念，而每一个中国人个体的坎坷回家路都是整个社会的缩影。由此，百事集团决定从"想回家""回家难"这个全社会共同关心的话题中，寻找突破，用打动人心的正能量来激励、鼓舞所有具有"回家"梦想的人。百事将直击"回家"话题，将百事公司始终倡导的大爱正能量与无数中国人的回家渴望交织在一起,将百事的企业责任、社会责任通过2013"把乐带回家"项目全盘展现给所有中国消费者。百事希望与消费者产生更深刻的互动与情感联系,用百事精神鼓励更多人,也希望由更多社会正能量来共同诠释、丰富百事"把乐带回家"的内涵。

(二)公关策略

百事集团联合旗下百事可乐、美年达、纯果乐、乐事四大品牌,携手掀起一场有关"信、望、爱"的风潮,引发全社会大爱接力,将"把乐带回家"的精神持续传递。《把乐带回家2013》微电影不单是一家人亲情的呈现,更是全社会的温暖正能量。"家",不单单是小家,更是全社会这个大家。百事2013"把乐带回家"的主题将进一步升华,从个体到全体,从小家到大家,倡导全社会守望相助,让所有人的春节回家之路走得更顺畅,共同"把乐带回家"。

为能让2013"把乐带回家"的大爱主题更深入人心,百事在2012《把乐带回家》的基础上全面升级开拍《把乐带回家2013》微电影,用明星效应、娱乐话题、新颖手法来大力传播"把乐带回家"的正能量主题。联手古天乐、罗志祥、林志颖、蔡依林、韩庚、杨幂、快乐家族、霍思燕等十五位巨星共同来讲述感人的"回家"故事;并在明星遭遇大雪封路被困之际,实时报道明星与陌生人之间相互救助的大爱故事,借用明星的号召力,全方位诠释"把乐带回家"的故事,引领正能量风潮。

在明星传达"把乐带回家"精神意义的同时,百事集团联合中国扶贫基金会和天猫商城,发起"蓝色心愿—2013温暖回家"公益项目,帮助千位难以回家的普通人温暖回家。同时,百事不遗余力地资助中国妇女联合基金会旗下的"母亲邮包"公益项目。在春节之际,将百事"把乐带回家"的温暖情怀播撒给更多需要帮助与关心的群体,以实际行动实践品牌所倡导的小家变大家、全社会守望相助的精神。

(三)目标公众

目标公众是所有对"回家"具有渴望的中国人。

(四)主要信息

"小家成就大家,有爱的地方便是家,把乐带回家"。直击"回家"话题,由明星讲述"回家过年"的亲情故事,引发消费者共鸣,打造"把乐带回家"风潮。

充分利用明星效应以及娱乐话题,激发消费者对2013百事集团《把乐带回家2013》微电影的期待。

(五)传播策略

以《把乐带回家2013》微电影为核心宣传,结合明星资源、娱乐话题、雪灾事件,通过前期预热埋线、微电影拍摄花絮炒作、明星亲身故事与微电影故事交织宣传、网络舆论热议、主题曲先期炒作、微电影首映发布会、微电影全媒体平台传播等手段进行整合推广。

（六）媒介选择

先期配合品牌"把乐带回家"的大爱主题，针对目标消费群习惯，在主流平面媒体和电视媒体、网络媒体、视频媒体等展开宣传；后期再由"中国好声音"学员为《把乐带回家2013》全新演绎经典名曲《相亲相爱2013》，通过网络、电视、电台等进行打榜宣传，通过音乐类电波媒体这一特定媒体在网络上进行全程覆盖。

通过立体式的各类媒体交错运用及覆盖，结合不同的公关话题事件，选择侧重媒体进行宣传，为《把乐带回家2013》打造一个360度全方位的公关宣传平台。

四、项目执行

（一）第一阶段：百事集团延续2012"回家"主题，众明星加盟《把乐带回家2013》全面升级

以"众明星加盟把乐带回家微电影"作为话题，寻找不同的娱乐爆点进行话题报道，先期引发受众对于微电影的好奇与期待，并为下一阶段的报道预热埋线。

《把乐带回家2013》微电影拍摄前期对相关艺人进行大量资料信息收集后，整理出针对不同艺人的采访提纲，同时对花絮的话题炒作进行设定，将明星与微电影紧密捆绑。

（二）第二阶段：全程关注明星坎坷"回家"经历，引爆《把乐带回家2013》火热期待

对微电影拍摄进行全程跟踪记录，及时报道拍摄中发生的花絮故事。而在拍摄《把乐带回家2013》微电影时，全剧组在长白山遭遇百年难遇的特大暴风雪，大雪封山、冰雪封路、航班取消，百多人的拍摄团队被迫滞留长春长达一周之久。导演及剧组被困长白山、明星及工作人员全体滞留长春。面对突如其来的困难，及时调整公关宣传节奏，将明星们在拍摄"把乐带回家"期间所发生的感人故事记录、整理、挖掘出具有新闻价值的内容，持续报道。

用明星们在拍摄《把乐带回家2013》过程中，守望相助，共同克服困难，不是家人胜似家人的真实故事作为宣传素材，贴近百事微电影的大爱主题，用真实的明星故事与微电影故事交织宣传，使得"把乐带回家"的公关宣传主题更具感染力与说服力，也完美地诠释了"小家成就大家，有爱的地方便是家，把乐带回家"的核心信息。

在网络社交媒体掀起话题风潮，结合众明星效应参与话题，在岁末年初的"回家季"引发公众对家的渴望和共鸣。运用多形式、即时互动的新媒体，引导网友和公众利用视频、图片、文字等多种形式传播"把乐带回家"的大爱主题。

（三）第三阶段："好声音"学员"相亲相爱"唱响《把乐带回家2013》温暖心声

在《把乐带回家2013》正片首映之前，抢先曝光主题曲《相亲相爱》。这首由伊

能静、陶晶莹、姜育恒、温兆伦等歌手于1995年合作推出的老歌曾经温暖过一代人的心灵。而百事决定将这首充满正能量的歌曲重新包装，为《把乐带回家2013》注入一股暖流。

当时，第一届《中国好声音》刚刚鸣金收兵，百事借力节目后期的大热人气，邀请"好声音"人气学员金志文操刀改编，黄鹤、郑虹、大山、李维真、佳宁组合、黄克等十位"好声音"家族成员共同献唱。这也促使该支主题曲成为"好声音"家族在赛季结束后的首度合作呈献给大众的作品，颇受公众关注。

这首全新版本的《相亲相爱》除了带来耳目一新的音乐感受外，更与百事《把乐带回家2013》"家人"主题的故事情节深度契合，令参演该片的众明星们在剧情和主题曲的双重感染下，纷纷打开心扉，畅谈自己真实的"家人"故事。

利用电台、电视、网络等渠道播放这首感人的主题曲，借而对即将首映的《把乐带回家2013》进行造势宣传。

同时针对主题曲的幕后故事、"好声音"学员的深情演绎、"好声音"学员及明星们对歌曲的感受等话题进行全面的报道，将百事"把乐带回家"的主题通过这首《相亲相爱》的主题歌持续传递给受众，为后续《把乐带回家2013》的上映进行情感上的铺垫。

（四）第四阶段：《把乐带回家2013》首映发布会，百事集团携手众星倾情呈现大爱精神

聚焦百事"把乐带回家2013"微电影及"有爱的地方就是家"主题。在北京举行百事集团《把乐带回家2013》首映发布会。现场邀请明星现身讲述"把乐带回家"的大爱故事，分享各自对于守望相助、不是家人胜似家人的情感的理解，紧扣主题，以明星号召力进一步诠释百事"把乐带回家"的精神。

发布会现场，百事集团与民政部、中国扶贫基金会领导共同启动"蓝色心愿——2013温暖回家公益项目"，帮助"回家难"的朋友们顺利回家。百事集团承诺为千人送上"蓝色火车票"，送他们温暖回家。同时，百事也向中国妇女发展基金会的"母亲邮包"项目捐赠2013份邮包，为更多需要帮助的母亲送去"把乐带回家"的温暖祝福。

利用网络、平面、电视等多平台媒体对首映礼进行报道，完美呈现《把乐带回家2013》微电影，以及百事所表达的"把乐带回家"、帮助素不相识的人、小家成就大家、守望相助温暖回家的精神。

发布会后持续通过网络视频媒体、电视媒体对《把乐带回家2013》进行持续传播，让更多受众观看到这一感人的微电影内容。并借助微信、微博等新媒体平台收集网友影评、热议评论等，从中择取网络话题进行二次传播。

（五）第五阶段：用快乐家族秀"把乐带回家"手势，持续传递大爱真情

随后，百事集团再度重推原创"把乐带回家"手势，深度解析家人理念，并借力快乐家族在内地第一高收视娱乐节目《快乐大本营》中予以推广。作为参演《把乐带回家2013》的明星之一，快乐家族在剧里剧外都很好地诠释着"把乐带回家"的精神。

快乐家族在所主持的《快乐大本营》节目中,以自己五个人因在生活中、工作中的互助,由陌生人变为亲如一家的亲人的故事,激励所有的粉丝、观众向陌生人敞开心扉,帮助身边需要帮助的人;在真情故事的情感高潮中,快乐家族五人用"把乐带回家"的手势,既力证五人深厚友情,也以实际行动将"不是家人胜似家人"的真情持续传递。

快乐家族在《快乐大本营》中的倾情呈现,为百事集团《把乐带回家2013》微电影进行了持续的推广,同时也很好地诠释出"把乐带回家"的精神。借由快乐家族的号召力,百事"把乐带回家2013"项目在后续得到了持续、深入的延续性传播。

五、项目评估

(一) 效果综述

百事集团"把乐带回家2013"项目,顺应全民关注的"回家"话题,并成功抓住"回家难"这样一种"全民情绪"创作微电影《把乐带回家2013》。以此作为核心宣传点,传递百事集团所倡导的"小家成就大家,有爱的地方便是家,把乐带回家"正能量,这可谓是一次"接地气"的公关宣传行动。不仅收获了百事忠实消费者们的关注,更引起全社会更广泛的关注,获得所有具有"回家"渴望的人们的共鸣,更倡导一种守望相助的社会正能量,成功彰显百事集团的企业文化与社会责任感。

(二) 现场效果

2013年1月21日下午,百事集团"把乐带回家2013"新闻发布会在北京万达影院隆重举行。发布会当日,韩庚、霍思燕、快乐家族、林志颖、张晨光、邓宁及一系列新生代演员亲临现场,于现场温馨讲述微电影拍摄中的精彩片段:发布会以潘多拉技术的梦幻形式创意开场,播出一段特别版《相亲相爱》MV渐而引出"有爱的地方便是家"的大爱精神,韩庚、霍思燕、快乐家族、林志颖在发布会现场纷纷讲述自己对于《把乐带回家2013》的理解,各位明星更首度敞开心扉,分享自己不为人知的"大爱"故事,使发布会现场紧扣主题。同时,百事集团与妇女发展基金会共同启动"蓝色心愿,母亲邮包"公益活动,共同实现百事年度盛事——把乐带回家!百事集团"把乐带回家2013"新闻发布会当天共接待全国媒体57家,包括通讯社2家、平面媒体25家、网络媒体13家、电视媒体17家;到场媒体总人数共计92人。

(三) 受众反应

百事《把乐带回家2013》微电影获得了极大的成功,网络视频点击量超过3亿次(主要视频网站点击量包括:土豆网2.6亿,腾讯视频336万,搜狐视频589万,爱奇艺368万)。

在搜索引擎网站上,关键字"把乐带回家"被网友热搜,仅百度搜索结果已高达1710000个,谷歌搜索结果也超过115000000个,从online到offline都在疯狂讨论"把乐带回家";微电影预热至正式上线,网友在微博、微信等主要社交网络平台上热烈讨论，微电影中传达的团圆大爱情感引起公众的共鸣，掀起了全民"把乐带回家"的温馨浪潮。

（四）市场反应

《把乐带回家2013》自热映之后引起极大关注，在2013年新年来临之际，各地也自发地为新年夜不能归家的人们准备了"把乐带回家"的温暖行动，为路政建设者送联欢晚会下乡、在各个加油站为赶路者准备年夜饭……因为《把乐带回家》系列电影发起的公益活动受到广泛关注，百事集团还获得了"2012年度社会公益创新奖"。

（五）媒体统计

自2012年12月至2013年3月期间，有关百事集团《把乐带回家2013》的报道总计1218篇，包括新华社及主流平面媒体报道共计104篇（其中超出1/4版面的专题报道共计37篇，占到总发稿量的35%），网络报道共计106篇，电视媒体报道共计66篇（总计时长约292分钟），网络转载942篇，媒体总价值超8000万元，媒体转载率高达438%。

（资料来源：中国营销传播网）

案例二　锦湖轮胎公司危机公关策划方案

一、资料背景

（一）导火索

2011年央视3·15晚会上揭露，锦湖轮胎公司（以下简称锦湖轮胎）在轮胎制造过程中存在违规生产的严重问题。从表面上看，锦湖轮胎生产规章制定了严格的作业标准，然而在实际制造过程中，却大量添加返炼胶；规章是一套而实际操作的却是另一套。在晚会报道过后，一方面，越来越多的消费者反映锦湖轮胎的质量存在安全隐患；另一方面，锦湖轮胎却在3月16日中午，在其官方微博上发布消息，坚称报道"不准确"——"原片胶、返回胶的添加比例是按照重量来进行计算，并非直观的数量比例"。

（二）相关情况

（1）2007年开始，不少锦湖轮胎的车主反映，新买的轮胎跑了几公里就出现"鼓包"和"裂纹"现象。

（2）2009年国家质检总局曾通报锦湖轮胎存在较为严重的鼓包和裂纹现象。

(3) 锦湖轮胎曾在美国市场两次召回有问题的轮胎,其中一次召回轮胎数量高达7万多条。

(三) 企业简介

锦湖轮胎是由韩国八大集团之一的锦湖韩亚集团在中国投资兴建的大型专业轮胎生产企业,如今已具备生产3000万条的能力。锦湖轮胎经过20多年的发展,已经成为中国最大的轮胎生产商,是全球十大轮胎企业之一。在中国,锦湖作为轮胎企业龙头,为北京现代、一汽大众、上海通用、东风标致、长城汽车等众多汽车配备轮胎。锦湖企业积极投身于商业活动,成功赞助各种赛车运动,在国内外商场都赢得良好的声誉。

(四) 事件发展

2011年3月15日,央视3·15晚会上,锦湖轮胎被曝光大量使用废料返炼胶。记者暗访发现,锦湖轮胎(天津)有限公司未按照作业标准比例掺胶,而是使用大量返炼胶。

2011年3月16日,锦湖轮胎发声明澄清称,央视"简单通过视频中添加不同胶料的数量就判定该公司违规操作欠准确"。

2011年3月17日,央视跟进报道,反驳锦湖的澄清声明。对此锦湖轮胎称,公司正配合国家质监部门进行检测,会公布官方声明以做回应。

2011年3月18日,工信部办公厅发布消息,将"积极配合有关监管部门进一步查处"。另有消息称,国家质检总局已吊销锦湖轮胎的3C认证标准,锦湖轮胎如再生产轮胎,要重新通过申请认证。

2011年3月21日,锦湖轮胎正式发布道歉声明,宣布召回所有违规产品。

二、评析锦湖轮胎危机公关所采取的措施

面对危机,锦湖轮胎并不是无作为,企业通过各种形式的危机公关希望扭转不利局面,重新树立企业的形象。但是,从锦湖轮胎所采取的危机公关措施中,并没有起到良好的作用。

(一) 失败原因:错过危机处理的最佳时间

锦湖轮胎被央视曝光后,锦湖轮胎并没有在第一时间稳定消费者的情绪,解答消费者的困惑,导致了消费者越来越多的不满。

锦湖轮胎道歉声明迟缓。2011年3月21日晚,锦湖轮胎中国董事长李汉燮在央视面对全国观众鞠躬道歉发表声明,他表示被报道的工段存在不按照公司标准进行生产的事实,也确认锦湖轮胎经营层和管理层监督人员疏于履行职责的事实,只采取了以下表面的相关措施:

(1) 公司已经向没有尽到管理监督责任的锦湖轮胎(天津)有限公司管理负责人员下达了免职令。

(2) 公司出于对消费者负责的态度,在最短时间内确定锦湖轮胎(天津)有限公

司没有按照公司内部标准生产的产品范围后申请召回。

(3) 公司将通过经销商在内的所有网络，站在消费者的立场上，对于锦湖轮胎所有质量问题进行快速处理。

分析：锦湖轮胎从3月15日被央视曝光，一直到发表声明的21日，之间有一周的时间，锦湖轮胎一直没有作出正面的声明。这一周的时间是危机处理的最佳时间，没有第一时间作出正确恰当的反应，使得危机的处理更加艰难。

(二) 锦湖轮胎虽召回轮胎，但相关细则模糊

锦湖轮胎中国区总裁李汉燮在央视《消费主张》录制现场发布声明时承认，锦湖轮胎在天津工厂的确存在不按照公司内部标准进行生产的事实，对于没有尽到管理监督责任的相关负责人员已经予以免职，特别对没有按照公司内部标准生产的产品，在确定产品范围后申请召回，但对于召回具体时间、具体步骤并没有提及。

分析：不明确的召回、只说不做的举动进一步引起消费者的不满，危机不但没有解决反而进一步加深。

(三) 锦湖轮胎召回再度陷入信任危机

问题所在：
(1) 多种车型备换轮胎无货。
(2) 召回轮胎并非100%更换。
(3) 监测点工具少，效率和质量低。
(4) 锦湖企业遭遇中国标准缺失。

三、锦湖轮胎事件发生后各方的态度

事件发生后，社会各界纷纷作出反应，锦湖轮胎董事长出面道歉并表示将召回不合格的轮胎，相关各大车企态度基本相同，车主反应则比较强烈，相关专家也有不同的意见和看法。

(一) 锦湖轮胎的态度

锦湖轮胎董事长在央视鞠躬道歉，承诺召回轮胎，对天津方面相关负责人免职，尽快处理相关问题，积极配合质检总局进行调查。

分析：锦湖轮胎事后的第一反应虽然比较慢，但态度还是比较诚恳，没有恶化失态的发展。

(二) 相关车企的态度

(1) 长城汽车：新车不使用问题轮胎。长城汽车表示，此次事件他们也不知道具体情况，但长城可以为有需要的车主换轮胎，并且表示长城以后生产的车不采用有问题的锦湖轮胎。

(2) 东风标致：不让车主花冤枉钱。公司可以为车主进行检查、更换锦湖轮胎，

如果轮胎有问题，将不让车主花一分冤枉钱。

（3）一汽大众：将继续关注此事件。由于一汽大众使用的轮胎是由锦湖轮胎南京工厂和长春工厂生产的而并非是出现问题的天津工厂，一汽大众只是表示对此事件会继续关注。

分析：各个车企虽然并没有明确不再使用有锦湖轮胎，但只是一方面再安抚消费者另一方面关注此次事件的进一步发展情况。因此，我们可以理解到锦湖轮胎直接的消费者车企并没有完全放弃自己，所以锦湖轮胎还有和各大车企继续合作的机会。只是各大车企会更加关注锦湖轮胎的质量，在彼此的信任上会产生一定的隔阂。

（三）车主的态度

部分车主表示强烈的不满，要求立即更换轮胎，大部分车主都对锦湖轮胎的安全性产生怀疑。

分析：车主对锦湖轮胎的质量表示担心，对包括各大汽车生产厂家在内的相关企业都产生了信任危机。

（四）专家的看法与建议

（1）锦湖轮胎事件有利于弥补相关制度的空白。
（2）鼓励锦湖轮胎自检。

分析：专家的评价比较客观，没有针对锦湖轮胎或是汽车领域，因此专家的合理化建议不会产生负面影响。

总结：应把握住危机发展的程度，做到对症下药，对于不同的群体应当制定不同的策略来解决问题。对锦湖轮胎的直接顾客——各大车企以及主要消费者——车主的态度和要求必须加以重视，同时也不能忽视媒体舆论方面的作用。

四、锦湖轮胎危机公关应采取的策划方案

危机公关策划方案概述：通过对锦湖轮胎事件的发展过程的分析，我们可以深刻地意识到问题的严重程度，想要继续在中国市场有所作为，锦湖轮胎必须要能确切、有效地整改计划。在进行危机公关中有几项工作是锦湖企业所必须解决的。

（一）立刻明确召回的细则

当所有的目光都注视着，当所有的消费者在等待企业履行承诺，一旦失信，企业的形象将再次受损，那么一切公关措施都将无济于事。所以，在这种情况下，必须明确自己的责任和义务，明确规定具体的召回方针政策。

（二）以良好的态度配合政府的工作

事故的发生再次加重了事件的恶劣程度。此时此刻，政府公共是一个十分重要的救命稻草。作为外企，拥有得天独厚的发展条件，应当寻求政府的帮助，端正自身的态度，积极配合、认真整改。

（三）制定完善的危机应对方案

保证及时有效地解决危机，转危为机，寻求新的发展机遇。

1. 策划方案

以锦湖轮胎发展的始末为依据，通过比较法、系统研究的方法，我们初步确定了一套策划方案。

2. 活动宗旨

转危为机，重塑企业形象。

3. 活动过程分析

（1）直接供货商：汽车生产厂家继续使用订购的锦湖轮胎。

（2）消费群体：消费者进一步了解、加强信任。

4. 各阶段活动

（1）活动启动阶段。

活动一：新闻发布会。召开新闻发布会，再次向消费者表示歉意，表明态度，加强与新闻媒体的沟通。并将在事件发生后期的补救措施提供给媒体。

活动二：在官网启动交流平台。在锦湖轮胎的官网设立交流平台，24小时解答消费者疑问，以真诚的态度重新赢得尊重。

活动三：质量追检活动。在全国各个生产厂进行质量督查，邀请质监局进行跟踪鉴定，并将鉴定结果在主流媒体上公布，追检活动每月一次，持续半年。

（2）加强与汽车生产商的合作。

活动一：免费检测，安全上路。在各个品牌汽车的4S店推出免费检测活动，对汽车轮胎进行监测和更换，保证轮胎的性能，向消费者解答轮胎的安全性能问题。并与消费者签订协议，承诺每月监测一次，一年内出现任何质量问题给予十倍偿还。

活动二："你开车，我送油"活动。面对油价不断上涨的趋势，抓住汽车用户的心理，到4S店参加检测，凡是在一年内使用锦湖轮胎者，每月可获取中石化的50元油券，赠送期限为一年。

活动三：降价的停滞，只为长久的合作。同各大汽车生产商进行谈判，确认双方的信任关系，在原来价格上给予30%的让利，在一年内保证锦湖轮胎使用的数量，稳定市场的占有率。

（3）对客户的承诺。

活动一：在短时间内召回所有的不合格轮胎。对不合格的轮胎进行更换，并承诺在一年内再次发生危险情况，给予十倍赔偿。

活动二：贴心服务，赢得信誉。通过电话预约、登门拜访的形式，对消费者的轮胎进行跟踪监测，常到消费者去的4S店进行全方位的检测。

活动三：网民互动。在新浪微博、天涯论坛等主流媒体设置交流平台，鼓励消费者提出质疑与建议。凡是建议合理者给予一定的物质奖励。

（4）大型市场营销活动。

活动主题：安全行驶，始于"足"下，大型车展活动。

活动目的：增强与生产商的联系，增进与消费者的交流。

活动要求：以锦湖轮胎为主办，各大汽车生产商协助承办。主要是由锦湖轮胎作为主办单位邀请一汽、通用、东风标致等主流汽车生产厂家进行活动，免费为厂家提供销售的平台。

活动地点：天津；

产品供应地：锦湖轮胎天津生产厂。

活动步骤：①召开新闻发布会，由锦湖轮胎总裁在现场致开幕词，并就"3·15"事件再次向消费者表示道歉。②新款车型展示。本次活动最大的吸引点在于为汽车生产厂商提供一个良好的免费的宣传平台，将自己的新款车型推向市场。③在车展举办期间，举办为期两天的赛车比赛。比赛自由参加，统一使用由天津厂生产的锦湖轮胎，在比赛的同时鉴定锦湖轮胎的质量。凡参赛者均可获得不同程度的奖励。④在展厅公开汽车轮胎生产制作过程，让参观者亲身体验汽车轮胎制作的各个环节，了解具体情况，增强了解信任。

（5）承诺赢回信任。

活动时间：2012年3月15日，即锦湖轮胎被央视在3.15晚会揭露质量问题一周年。

活动过程：①3月15日前邀请央视再次对锦湖轮胎的生产流程进行跟踪报道；②由国家质监局进行抽样检测，并将检测结果在广大主流媒体公布；③召开新闻发布会，将锦湖在过去一年中所作的努力，自身的改进以及取得的效果向观众展示，并对质量问题再次做出承诺，发表声明。声明如下：

声　明

尊敬的朋友：

在过去的一年中您过得还好吗？

就在去年的今天，中央电视台经济频道报道了我们天津生产厂锦湖轮胎制作过程中的质量问题。此次事件使公司上下面临巨大压力，我们深知犯下错误的严重后性，再次对消费者表示真诚的歉意。

在过去的一年中，我们做了许多的努力希望可以重新赢回大家的信任，我们郑重地作出如下承诺：①无论何时何地，我们都将严把质量关，把质量作为生产的根本。当您对我们的质量产生怀疑时，希望您可以第一时间同我们取得联系，我们将为您排除一切问题。②随时欢迎消费者、合作伙伴及广大媒体对我们的生产过程进行参观，您有权利了解生产的全部过程。③锦湖轮胎秉承对中国市场负责的原则，积极主动地为中国汽车产业的发展作出贡献，尽我们最大的努力为中国人民服务。④锦湖轮胎郑重承诺绝不允许任何一个存在质量问题的轮胎流入市场，再次产生安全隐患。

请相信我们的承诺，您的支持和信任是我们最大的发展动力。祝您幸福安康！

锦湖轮胎中国公司
2012年3月15日

五、策划方案总结

锦湖轮胎危机产生的特殊时间使其负面影响更为严重，对企业的发展产生了比较严重的影响。利用一年的时间，让锦湖轮胎从失信的道德缺失中走出来，重新赢回市场的信任；为今后的发展消除障碍，重塑企业形象。

面对危机，锦湖轮胎也采取了相应的措施，但存在比较明显的局限性，因此效果并不明显，所以我们希望借助于丰田召回问题车的成功之处制定这样一套长期完整的公关方案。我们深信经过长期的努力锦湖轮胎可以重新赢回属于自己的市场份额。

(资料来源：http://wenku.baidu.com)

本章小结

公关策划，是指公关人员根据组织自身形象的现状和目标要求，分析现有条件，对公关活动的主题、手段、形式和方法等进行构思和设计，制定最佳活动方案的过程。

常用的公关工具有公开出版物、事件、新闻、演讲、公益活动、形象识别等。

公共关系策划可分为两个阶段、九个步骤。策划的前一个阶段为前期准备阶段，包括判断形势和目标定位两个步骤；后一个阶段为实际策划阶段，分为分析公众、设计主题、策动新闻、选择时机、媒介配伍、预算经费、审定方案七个步骤。

危机公关是公共关系学上的概念，是指政府、企业或社会团体从公共关系的角度对突如其来的危机事件进行有效处理。作为公关的危机，它具有突发性、难以预测性、严重的危害性、舆论的关注性四个特点。

所谓关系营销，是指把营销活动看作一个企业与消费者、供应商、分销商、竞争者、政府机构及其他公众发生互动作用的过程，其核心是建立和发展与这些公众的良好关系。

关键概念

公关　危机公关　关系营销

思考题

(1) 举例说明公关策划如何实施。
(2) 企业如何应对危机公关？
(3) 试述关系营销与传统营销的区别。

第十章　企业形象策划

本章学习目标

通过本章的学习，要求学生掌握以下内容：①了解 CI 与企业形象的概念，分清 CI 与企业形象之间的关系；②了解企业 CI 策划的内容；③了解企业 CI 导入的程序及 CI 手册的编制；④了解文化营销策划的定位与策略。

良好的企业形象作为一笔巨额的无形资产，有利于提高企业的社会地位和市场竞争力，增强与消费者长久不衰的亲和力。设计出最符合市场潮流和具有企业自身特色的企业形象，同时运用视觉设计，将企业的理念与特质予以视觉化、规范化和系统化是企业塑造良好形象的必然途径。

第一节　CI 与企业形象

一、CI 的概念

企业形象的确立和提高必须依靠 CI 策划来实现。将 CI 最早应用于企业形象设计的是德国 AEG 电器公司，但美国却是 CI 理论的发源地。早在 20 世纪 30 年代初期，美国著名的设计家雷蒙特·罗维和保罗·兰德等人就提出了 CI 这一用语。CI 是英文 Corporate Identity 的缩写。Corporate，是指一个团体、一个企业；Identity 是指同一、一致、身份、标识等。

CI 是指企业识别，也被称为 CI 战略、CI 系统、CI 策划等。

CIS 即英文 Corporate Identity System 的缩写，一般译为企业识别系统、企业形象识别体系等，日本则把 CIS 延伸为企业形象战略（Corporate Image Strategy）。就是企业采用一贯性的统一形象，运用视觉设计和行为展现将企业的理念及特性视觉化、规范化、系统化，通过各种传播媒介加以扩散，从而塑造独特鲜明的企业形象，使公众（包括企业内部员工与社会大众）对企业产生一致的评价和认同，增强企业的整体竞争力。简单地说，就是将企业经营思想，运用整体视觉识别系统，传达给企业周围的关系者，并使其对企业产生一致的认同感的形象塑造过程。世界众多名牌诸如 IBM、麦当劳、可口可乐、松下、索尼、佳能等，无不借助 CIS 现代经营战略称雄国际。

二、企业形象的内容

企业形象应该包括以下十个方面的内容：

（1）自然状况。企业名称、单位地址、建立时间、企业规模（人员、设备）、经营业绩和主要荣誉。主要是企业固有的总体印象。

（2）厂容厂貌。办公楼与厂房形象，包括样式、颜色与格调；墙壁、地面和天花板的装修；包括办公桌、椅、沙发、茶几、饮具、照相、录音、摄像等文化娱乐与生活设施；还包括各种档次、各种用途的车辆，企业环境主要是指安全保密、清洁卫生与绿化美化。

（3）产品形象。主要是指产品性能、质量、用途、价格、外观、包装、使用价值及观赏价值。

（4）经营理念。主要是指企业精神、企业宗旨、企业口号与企业行为取向，也就是企业文化。

（5）行为规范。主要是指企业的规章制度、广告宣传和公共关系。

（6）视觉识别。视觉识别主要是指企业商标、徽标、标准字、象征图形、吉祥物以及厂（公司、店）旗、厂（公司、店）服、办公用品等等。

（7）领导形象。人们越来越习惯于从领导者的形象形成对企业的认识，习惯于从领导者的品质、作风、胆识中推断企业的发展前景，一个勇于开拓、精通管理、人品高尚的企业领导者，往往象征着企业的生机和活力。

（8）人员形象。人员形象是指企业各类人员的仪表礼仪、服务态度、待人技巧、服务水准和工作效率。一个企业的形象往往是通过其员工的仪表、礼仪来体现的。

（9）管理形象。管理包括的内容很广，一个企业的管理形象好，主要体现在：机构设置合理，人员配备精干，经营决策正确，生产管理有方，销售管理完善，财务管理科学。

（10）美誉度和知名度。所谓美誉度和知名度，就是顾客和社会各界对企业的赞许程度、信任程度、兴趣程度和行动程度。

三、CI 与企业形象的区别

企业导入 CI 的目的是为了塑造良好的企业形象。但是 CI 与企业形象是两个不同的概念。CI 设计的起点是将构成企业形象的要素转化成统一的识别系统，然后再借助于信息传达将其准确、清晰地展示在公众面前，在信息传送者和接受者之间反复的相互作用过程（信息传递与信息回馈）中形成符合 CI 设计的企业形象。可见，"企业"既是 CI 的出发点，同时也是 CI 达成的目标。但是，CI 并不等同于企业形象。

（一）两者的概念在英文中表述不同

企业形象的英文是 Corporate Image，又译为"公司形象"。CI 是英文 Corporate Identity 的缩写，汉语译为"企业识别"。

（二）两者的含义不同

企业形象是指社会公众和企业职工对企业的整体印象和评价，也是企业的表现和特征在公众心目中的反映。这种印象和评价是公众综合认识的结果。CI 则是传达、塑造企业形象的一种工具与手段。

（三）两者的构成要素不同

企业形象要素体现于产品形象、环境形象、职工形象、企业家形象、公共关系形象、社会形象、总体形象之中，也就是说，企业形象是由上述形象要素组成的。企业识别系统要素由理念识别（MI）、行为识别（BI）、视觉识别（VI）构成，这三者相互联系，逐级制约，共同作用，缺一不可。

第二节　企业 CI 策划的内容

尽管 CI 与企业形象有所区别，但 CI 无疑是企业形象中最为重要的方面，以下重点讲解企业 CI 策划。

CI 可以从功能的角度划分为理念、行为、视觉三个识别子系统，它们各自承担着不同的功能。理念识别可以重塑企业理念，改造企业风格，提高企业员工的价值观念，振奋企业精神。行为识别可以改善企业的内外环境，规范企业员工的行为，疏通企业内外部的关系，提高企业的行为档次。视觉识别可以通过对企业外观要素的形式化改造，赋予其反映企业特质的标识，使人们能够通过形象视觉接触而认识企业，扩大企业的知名度。

一、CI 的内容

（一）理念识别

MI（Mind Identity）即理念识别，是指在资讯时代，企业为增强竞争力、提升企业形象而构建的，体现自身个性特征及经营观念的价值观体系。它相当于企业的"心"，是 CI 系统的基本精神所在，也是 CI 系统运行的原动力和实施的基础。

理念识别的定义包含以下三个基本点：

（1）构建企业理念识别的目的是增强企业发展的实力，提升企业形象，参与市场竞争并且赢得胜利。

（2）企业理念识别有两个基本特点：一是体现自身特征，以区别于其他企业；二是广为传播，以使社会公众普遍认同。

（3）企业理念的基本内容是企业经营管理思想、宗旨、精神等一整套观念性因素的综合，构成企业价值观体系。

企业理念系统是企业的基本价值观，是由许多具体特征、发挥不同作用的因素构成的，其主要内容是基本理念、事业领域和经营战略。

（1）企业的基本理念。企业的基本理念主要有企业基本价值观、行为准则、道德规范和员工责任感与荣誉感等。其中，价值观是核心的内容，而行为准则、道德规范是企业基本价值观的外在表现。

(2) 企业的事业领域。事业领域是公司的业务范围、项目，公司只有确定了自己的业务范围之后，才能表明自己存在的价值观。一个业务范围不明确的公司，其形象、营销都往往受到巨大的损失。

(3) 企业的经营战略。企业经营战略是企业理念的重要组成部分，但是随着时代的变化而改变。一个企业的战略方针直接决定企业成败，正确的战略使企业兴旺，错误的战略可能使企业倒闭破产。因此，在企业 CIS 导入过程中一定要有企业特点的 CIS 战略。

（二）行为识别

BI（Behavior Identity）即行为识别，也称行为规范系统，是指企业在其经营理念的指导下所形成的一系列经营管理活动，相当于企业的"手"。行为识别是动态的识别形式，其动力源是理念识别，它规划企业内部的组织、管理、教育以及对社会的一切活动。BI 是通过具体行动来塑造企业形象的，其行为必须从企业内部环境和外部环境入手来传达企业的管理特色。行为识别包括干部教育、员工培训、规章制度、质量管理、行为规范、文娱活动、公关活动、公益活动、品牌推广等方面。

（三）视觉识别

VI（Visual Identity）即视觉识别，也称品牌视觉系统，是指企业识别或品牌识别的视觉化，相当于企业的"脸"。VI 是静态的识别符号，也是具体化、视觉化的传达形式，它主要通过企业或品牌的统一化、标准化、美观化的对内对外展示，传递企业或品牌个性或独特的品牌文化。VI 包括基础要素和应用要素两大部分。①基础要素包括：企业名称、品牌名称、标志、标准字、标准色、辅助色、辅助图形、辅助色带、装饰图案、标志组合、标语组合等；②应用要素包括：办公用品、公关用品、环境展示、专卖展示、路牌招牌、制服饰物、交通工具、广告展示等。

二、CI 的特点

（一）客观性

CI 对企业理念与形象的塑造，不是脱离企业现实的凭空想象和虚构，而是本着实事求是的原则，一切从企业的实际出发，在认真搞好企业形象调查的基础上，构建或重塑企业的理念与形象。更为重要的是，CI 策划的根本着眼点在于改善企业的整体素质。只有改善企业的整体素质，才能从根本上改变企业的外部形象。所以，再好的 CI 也不能代替企业本身的素质改善。

（二）战略性

CI 的战略性特点是由企业的长期发展战略决定的。为了满足企业长期发展战略的需要，CI 活动必须从整个社会和公众的根本利益出发，通过扎扎实实的长远艰苦工作，不断改进、调整和更新企业的形象，把企业形象的塑造活动同企业长远利益结合起来，甚至必要时可以牺牲企业的眼前利益，以求得广大公众的理解和支持。

（三）系统性

CI 是一种系统工程，它是由 MI、BI、VI 三个部分构成的具有特定功能的系统。任何一项 CI 活动都是一定的企业理念和行为标识、视觉标识的统一，只有把企业理念融入企业行为标识和视觉标识之中，才能真正收到 CI 活动的成果。

（四）独特性

CI 是塑造企业个性的战略工程，独特的个性是 CI 的灵魂，是 CI 成败的关键。在当今激烈竞争的市场经济条件下，不同的行业在社会大系统中担负着不同的企业使命，反过来社会对不同行业亦有不同的要求。所以，CI 所塑造的整体企业形象也需因不同行业而确定其优先的形象要素，由此形成最基本的企业个性特征。

（五）竞争性

CI 战略具有竞争性，是因为 CI 为企业竞争奠定了坚实的基础，并使企业能够适应复杂多变、竞争日趋激烈的市场经济环境。所以，CI 堪称当今企业在竞争中获胜的法宝，国际行家称之为"赢的策略"和"长期开拓市场的利器"。

第三节　企业 CI 策划实务

一、企业 CI 策划的动机

企业导入 CI 的目的和原因很多，但是一般情况下都要针对企业面临的实际需要，有针对性地设定 CI 导入目标，实施 CI 战略。企业导入 CI 的动机大致有如下几个方面：

（1）改变企业经营不振的现状，克服经营困难，激活企业组织，振奋企业精神。

（2）改变陈旧、落后的企业形象，树立崭新的企业形象。

（3）变更企业名称，扩大经营范围，实现多角化经营。

（4）转变企业经营方针，重整企业理念，适应"二次创业"需求。

（5）顺应"国际化"潮流，改变不能同国际市场接轨的形象识别系统，适应国际竞争需要。

（6）导入新的市场战略，开发新产品上市，借助 CI 导入迅速打开市场。

（7）强化企业的对外宣传、公共关系和促销活动，改变企业实力强大但形象传播力弱的现状，提升企业实力形象。

（8）实现企业的改组、整顿，提高管理效率。

（9）消除负面影响，克服不利因素，创新企业形象。

二、企业 CI 导入的原则

（1）系统性原则。要使 MI、BI、VI 三者协调和谐，形成一个规范的大系统，起到 1＋1＋1＞3 的作用，整合企业内的隐性形象和企业外的显性形象，从系统整体出发来展示形象。

（2）统一性原则。不仅使 MI、BI、VI 内部各自统一，而且要使整个 CI 形成统一有效的企业识别系统。

（3）差异性原则。创造企业个性，以"异"形成优势，以优势取得成功。

（4）长期性原则。CIS 是企业从"外表"到"灵魂"的革新，具有动态性和适应性，是一项长期工作。

（5）操作性原则。操作性是指应有贯彻理念的具体方法、可具体执行的行为规范、形象直观的视听传达设计，方案的每个环节必须可操作，并对存在问题都有相应解决措施。

三、企业 CI 导入的程序

企业导入 CI 的基本程序主要分为以下五阶段。

（一）准备计划

以公司最高负责人为中心的筹备委员会，先研究 CI 计划，明确公司必须施行 CI 计划的理由，了解 CI 施行的意义和目的。然后，决定 CI 计划的大略范围，一旦决定要施行 CI 计划，就要组织专门委员会，以设计未来计划。在此阶段，必须决定委托哪一家 CI 专业机构或专业公司从事具体 CI 实施工作。

（二）现状分析

现状分析包括企业内部环境和外部环境。关于企业内部环境的分析，必须进行意识调查，与企业最高负责人面谈，和各部门负责人面谈，与员工面谈，企业形象调查视觉识别审查等活动，找出公司目前存在的问题，使 CI 计划的问题明确化。企业外界环境的分析，是指对现代社会的分析、当前市场的分析和其他竞争企业形象的分析等相关分析活动，以掌握本公司在同行业中的地位，并且摸索、探讨公司今后的存在位置。

（三）企业理念和事业领域的确定

根据上述现状的把握，便可进而重新探讨企业理念和事业领域。以企业的经营意志和社会、市场背景为基础，预测 5 年后、10 年后、20 年后的情况，以确定公司的事业领域。同时，将现存的企业理念与现在、未来相对照，据此而构筑出企业活动的方向。

（四）整合企业结构

根据企业理念、事业领域来检讨企业内部结构，也是开始着手改善企业体制的阶段。在外界 CI 专业公司或外部智囊人员的协助下，设定企业内部组织和体制，以及信息传递系统，以形成新的企业体制。

（五）整合行动识别、视觉识别

行动识别是企业结构的整合过程，必须表现出新的企业活动。在员工行动方面，可积极地推行内部促进运动，展开全公司的企业理念的贯彻实施计划，使企业整体的行动统一化。视觉识别是指人人看到的信息传递媒体。换言之，企业在视觉媒体的表现上，也必须加以统一。根据心理学的研究表明，在人摄取外界信息的五个感觉中，视觉感觉获取的信息约占83%，所以应特别注意视觉标识系统的统一，以统一的视觉识别系统，把企业的理念有效地传递给社会公众。设计的统一是传递企业形象的有效武器，它与信息传递的效率化、媒体制作的效率化有密切关系。

四、CI 手册的编制

（一）CI 手册的编制方法

编制 CI 手册是巩固 CI 开发成果的必要手段。CI 手册的编制方法一般有以下几种：

1. 综合编制的方法

综合编制的方法是把基本设计系统和应用设计项目合编在一起，并且以活页式装订，以便于修正替换或增补，国内外不少企业采用这种方法。

2. 基本设计系统和应用设计系统分开编制的方法

依照基本设计系统和应用项目的不同，以活页的形式分编成两册，主要是基于使用的方便。

3. 应用项目分册编制的方法

按不同种类、不同内容的应用项目分别编制，适合于大公司、集团化、联合企业使用。CI 手册的发行，原则上应作为企业的规章或条例进行颁发，由 CI 委员会根据手册的项目和企业相关的管理部门发放。CI 手册应广泛推介和宣传，因为 CI 手册本身就是塑造企业形象的元素。

（二）CI 手册的内容

CI 手册的目录内容如下。

绪论

第一章　基本要素系统

　　一、企业领导的题词或前言

　　二、关于 CI 手册的说明

　　三、CI 设计的目的

　　四、CI 标志（阴、阳）

　　五、标准字体（简体、繁体、中文、英文）

　　六、企业标准色（企业色）

　　七、辅助标准色（部门色）

八、指定书体（中文、英文）

第二章　组合系统

一、基本要素的组合形式

三、横向组合、纵向组合、特殊组合

三、制作图（九宫格法）

四、制作图（比例法）

五、色彩基准（单色）

六、色彩基准（二色以上）

七、禁例

第三章　事物用品

一、序言

二、信纸（中文、英文）、信封（普通、航空）

三、专用信纸、专用信封（中文、英文）

四、名片（中文、英文、社交用、业务用）

五、开窗式信封（根据业务需要）

六、通讯录、办公用品等

七、旗帜、证章、证件、标牌

第四章　业务用品

一、序言

二、一般设计的原则基准

三、表格系统的基本构成

四、各种发票、单据的构成

五、对外用单据的构成

第五章　广告

一、序言

二、基本要素的用法

三、广告设计系统（印刷物）

四、广告设计系统（电视）

五、广告设计系统（路牌、灯箱类）

六、广告设计系统（销售用、POP）

七、组合系统的运用方法

八、色彩系统的处理方法

九、制作系统的基本方法

第六章　商品

一、序言

二、名牌商品的原则

三、与商品有关的基本特征

四、商品和包装设计的基本要素

第七章　导式系统
一、序言
二、主要设施的统一性项（中文、英文）
三、导式系统（标准情报与方向的指示特征）
四、安装的基本原则与标准
五、特殊指示系统

第八章　礼品
一、序言
二、礼品、包装制作的规范
三、基本形式的设计
四、礼品管理条例

第九章　服装
一、序言
二、服装统一的基本原则
三、服装管理的基本原则
四、设计例

第十章　车辆
一、序言
二、车辆统一的基本原则
三、设计例子

注：根据企业不同需要可增加若干章节

第十一章　一般准则
一、序言
二、工作人员行动规范的准则

第十二章　技术性补充说明
一、补充技术的目的与要求
二、色彩管理
三、管理用色标
四、标志的制版稿（按比例由小到大）
五、标准体的制版稿（按比例由小到大）
六、组合形式的制版稿（按比例由小到大）

制作 CI 设计系统时，必须考虑企业主要是采用哪一种媒体来表现日常的企业行动。CI 手册也并非一成不变的，在相对稳定的同时，随着时间发展手册内容可能会删除或变更，在制作时必须考虑内容变动时的处理方法，只有这样，才能适应时间的变化。

第四节 文化营销策划

企业 CI 策划侧重于对企业形象的设计和推广,但企业形象策划要持久、有震撼力必须有文化的支撑。

文化一词源于拉丁文,原意是对土地的耕耘,对作物的培养及人本身的开化与修养。爱德华·泰勒在《原始文化》一书中指出:"文化是一种包括知识、信仰、艺术、道德、法律、习俗,以及任何人作为一名社会成员而获得的能力和习惯在内的繁杂整体。"文化对社会的作用力无所不在,表现在消费生活、品牌经营上,就形成了独具特色的文化营销。

一、文化营销的定义与特点

(一)文化营销的定义

文化营销,是指企业经营者运用文化资源,通过文化理念的设计创造以提升产品及服务的附加值,在满足和创造消费者对真善美的文化需求中实现市场交换的一种营销方式。文化营销实质上是指充分运用文化力量实现企业战略目标的市场营销活动,即在市场调研、环境预测、选择目标市场、市场定位、产品开发、定价、渠道选择、促销、提供服务等营销活动流程中均应主动进行文化渗透,提高文化含量,以文化作媒介与顾客及社会公众构建全新的利益共同体关系。

下面我们对文化营销这一定义做进一步的阐述:

1. 文化资源

文化资源是指从事文化营销活动中所利用或可以利用的各种资源。按性质分为物质文化资源和精神文化资源;按形态可分为传统文化资源、现代文化资源、外国文化资源;按内容则分为自然文化资源、人文社会文化资源。文化资源是文化营销中的原始素材,没有文化资源,营销就不可能进行。文化营销的首要任务就是要识别、选择更适合企业产品和服务特点的文化资源,来开展营销活动。

2. 文化理念

这是指企业在产品设计、市场定位、包装广告、公关形象、促销服务等营销活动中,结合时代精神、消费态势与消费者沟通而构建的一种思想价值观念。文化营销能否有效,主要取决于文化理念的构造能否成功,它是产品服务超越物质效用,获得文化精神附加值的关键。这些文化理念体现的价值沟通,贯穿于整个营销活动的各个环节,成为开展营销的指导思想,是文化营销区别于其他营销活动的本质性特征。

与大多数民族企业一样,张裕公司的诞生也源于创始人张弼士"实业兴邦"的爱国情怀。当时国门已被打开,南洋华侨张弼士毅然回国,在烟台建立张裕葡萄酒厂,成为葡萄酒行业工业作业代替手工作坊的先驱,此举在全国引起极大反响,得到了社会各界的热烈支持。民主革命先驱孙中山、爱国将领张学良先后躬亲张裕公司,并留下了宝贵的题词，江泽民主席的题词文化内涵颇丰："沧浪欲有诗味，酝酿才能芬芳"，也寄托了新一代领导的殷殷关怀与期待，这一切，都与张裕公司的"爱国"理念有关。

3. 真善美的文化价值取向

文化活动作为人类高级的生命活动，其价值追求的终极意义，就是对真善美的追求。

"真"的追求。即求真和求知。求真，要求企业提供给消费者真实的产品和服务及相关的真实信息，即生产货真价实的产品而不是假冒伪劣的产品，传播真实可靠的信息而不是虚假夸大的信息，以实事求是的态度真诚地服务消费者。求知，要求企业为消费者提供相关的文化知识信息，能够扩大他们的视野，满足他们的求知欲望。

"善"的追求。即文化营销的文化理念要始终坚持有益于自然和社会的健康发展，有益于提高消费者的精神境界的原则。自然的和谐、美好的心灵、高尚的道德、良好的信誉、文明的养成，都是文化营销活动中要坚持的文化价值、文化精神。

"美"的追求。即增加产品服务的美学含量，适应并提高消费者的审美水平和审美趣味。消费者对产品和服务的美观、快感、独特性提出越来越高的要求，美学力量也正日益成为市场竞争力。

4. 文化营销与营销文化

文化营销与营销文化是两个易于引起混淆的不同概念。文化营销侧重于文化资源、文化理念在营销中的运用，更强调文化的功能意义。营销文化是营销活动中长期积累和形成的具有稳定性的观念、制度等的结晶和产物，它往往是文化营销的长期结果。与文化营销的文化功能性相比，营销文化更具有长期性、稳定性，它一旦形成，对文化营销以及整个营销活动都具有指导价值。如果说文化营销是在营销活动中对文化的运用，那么营销文化更侧重的是营销活动中文化的生成，两者不应混淆。

（二）文化营销的特点

1. 时代性

文化营销作为一种价值性活动总是反映和渗透着自己的时代精神，体现出时代的新思想新观念。例如，"科技是第一生产力""信誉是企业生命""销售就是服务""市场是企业的第一车间"等等。文化营销只有不断适应追随时代的变化，汲取时代精神的精华，才能把握住社会需求市场机会，才能赢得消费者，否则就会被时代所淘汰。

2. 区域性

文化营销的区域性指在不同的地区、国度因文化差异造成的营销对象、营销方式等的差别，它与民族、宗教、习俗、语言文字等因素有着深刻的关系。例如，东方人把红色作为喜庆色，结婚生子都要穿红衣服、用红被子、吃红鸡蛋和送红礼包，而在德国及瑞典，红色则被视为不祥之物。

3. 开放性

文化营销一方面对其他营销方式能产生强大的文化辐射力，从理念价值的角度提升其他营销方式的品位，如关系营销中亲缘关系、地缘关系、文化习俗关系、业缘关系等的建立都跟"文化"有着深刻的联系。另一方面，它又不断吸收其他营销活动的思想精华保持其创新的活力。例如,文化营销可以吸收绿色营销观念开展绿色文化营销;吸收政治营销观念开展政治文化营销;吸收道德营销观念开展道德文化营销;等等。这种开放性有助于文化营销向纵深拓展,丰富自己的内涵。

4. 导向性

文化营销的导向表现为两个方面:一是用文化理念规范引导营销活动过程,从深层次上同社会以及消费者进行价值沟通。日本本田汽车公司在市场推广中,以"传递安全"为口号进行安全文化的推广传播,在世界35个国家和地区积极开展结合当地情况的安全驾驶普及活动,开设驾驶员培训讲习班等。二是对某种消费观念、消费行为的引导,从而影响消费者消费观念,改变其态度行为以及生活方式或生活习惯。典型的像一次性尿布、速溶咖啡的推广过程。

5. 个性化

文化营销的个性化,是指在开展文化营销活动中产品服务所形成的有助于品牌识别的文化个性。同是香烟品牌,万宝路牌表现出的是西部牛仔的豪放、粗悍,而三五牌烟则是与汽车拉力赛运动相联系,刻画的则是体育运动的形象。

二、文化营销策划的构成与定位

(一) 文化营销策划的构成

1. 产品或服务层面

这一层面上的文化营销就是推出能提高人类生活质量、推动人类物质文明发展的产品或服务,并能引导一种新的、健康的消费观念和消费方式。麦当劳、可口可乐对于消费者来说,其含义已不止于一种快餐、一种饮料,它们蕴含并象征着一种"勇于开拓、不断创新"的美国文化,这种文化是通过产品、品牌等企业要素表现出来的。从另一层面上也可以说是美国文化培育、丰富、造就了麦当劳、可口可乐这些属于全世界的大品牌。

2. 品牌文化层面

品牌有无竞争力,能否成为名牌,并不主要取决于技术物理差异,而在于品牌是否具有丰富的文化内涵。红豆集团的"红豆"服装,其品牌"红豆"就采用了现代文化创意手法,借助人们早已熟悉和热爱的"红豆诗",赋予品牌一种强烈的文化色彩和情感。

3. 企业文化层面

这是指即在营销过程中,将企业优秀的理念文化、行为文化、物质文化、制度文化通过整合有效地传达给社会,以塑造良好的企业形象,反过来又有助于各项营销手段与技巧的顺利实施。其中,理念文化是核心,它包括了一个企业的价值观、企业精神、企业道德。IBM的价值观曾具体化为三原则,即为职工利益、为顾客利益、为股东利益。后来"三原则"又发展成以"尊重个人""竭诚服务""一流主义"为内容的"三信条"。这些成为IBM的核心和灵魂,为公司树立了良好的企业形象。

（二）文化营销策划的定位

1. 适应是进入目标市场的先决条件

消费风俗、道德规范、语言文字和审美标准等都深受消费者文化底色的影响，每一位消费者都是在一定的文化氛围中生活，感染着不同的种族文化和区域文化。文化不同，人们的审美观以及生活方式都有很大差别，从而左右人们的购买和消费行为。

2. 把握目标市场的文化差异

文化差异是营销活动中最重要的，也是最伤脑筋的因素。在营销活动中，避免文化冲突，并非仅仅是被动地适应目标市场的文化习俗，而且还应积极主动地采用文化措施，巧妙使用文化策略，以达到预期的目的。

3. 利用文化变迁寻找营销机会

文化有其变动性，不同时代、不同阶段，文化也就有新的含义。营销工作中利用文化变迁寻找新的营销机会，进而创造新观念和新文化，推动当地文化的前进，更是当今的大趋势。在相同条件下，以非凡的勇气作出非凡的营销举措，创文化之先导的莫过于美国的麦当劳快餐店。不难理解，迎和新奇消费，再加上方便、节省时间，无疑是麦当劳快餐风靡全球的关键所在。

三、文化营销的策略

（一）产品文化营销

在产品策略中文化营销如应用得当，企业可取得事半功倍之效。企业可通过提高员工文化素质，将文化寓于产品设计、生产、经营环节中，创造全方位、高品位的文化氛围，以文化亲和力重整企业内部营销。在产品设计、定位、制作工艺品牌形象、服务等方面都力求文化创新。

1. 提高产品形式层中包装的文化蕴涵

包装不仅有保护产品安全的作用，更是产品的"无声推销员"。企业应在包装设计中强调包装材料、图案设计、色彩与文字说明的统一协调和搭配，突出文化特色与文化韵味，结合目标市场的文化定位，树立独特的产品形象。

2. 在产品附加层中增加各种服务的文化附加值

产品附加层中的各种服务的文化附加值，是指诸如加强员工的职业教育与培训、提高其文化素质、建立消费者数据库、主动对消费者进行购物指导及消费教育，以及加强售前、售中、售后服务的管理等活动。

（二）品牌文化营销

品牌文化营销，是指有利于同竞争对手的品牌和劳务区别开来的名称、名词、标记、符号或设计，或是这些要素的组合及其所代表的利益认知、情感属性、文化传统和个性形象等价值观念的总和。

1. 品牌文化的定位

营销中的首要问题是品牌的文化定位，好的品牌定位将决定品牌今后的文化走向。品牌的文化定位应注重目标消费群体对品牌的利益认知。在竞争的市场环境中确定品牌的文化定位可根据该品牌在当地市场的市场份额来实施。

（1）市场领导者由于品牌在当地市场的领导地位，随时面临品牌挑战者的挑战。其品牌文化定位必须满足：①高质量形象；②鲜明的个性形象；③创新的品牌形象。

（2）市场挑战者品牌在市场上仅次于领导型品牌。由于与领导者之间实力相差不大，有能力向领导型品牌发动攻击，争夺更大的市场份额。其品牌文化定位应具有相当的攻击性和锐意进取性。

（3）追随型品牌的经营者往往着眼于维持当前的目标市场，在产品特性、服务完善等方面来满足目标消费者的需要。追随型品牌在市场竞争中往往成为挑战型品牌夺取市场份额的主要攻击对象。因此，必须通过加强品牌的文化定位来保证品牌不易受到其他品牌的攻击。其品牌的文化定位主要应满足：①低价格的品牌形象；②优质服务的品牌形象。

（4）补缺型品牌主要占领的是经过进一步细分后市场中的专业空间。由于市场份额有限，必须牢牢掌握现有空间。其文化定位的要求更加强烈，必须满足以下品牌定位之一：①完全专业化的品牌形象；②鲜明的特定个性形象及极其专业的服务形象。

2. 品牌文化的提升

品牌文化提升，是指公司运用多种营销手段开展全方位的形象宣传，使品牌形象在消费者心目中的位置更加突出的营销过程。公司必须根据自身产品的特点、市场能力与公司所拥有的资源，实行以下品牌提升的策略。

（1）产品提升策略。公司通过改变产品概念的要素实现品牌形象的提升。产品提升策略要求公司产品发展某种特性上的优势，并能得到消费者的认同，在消费者享受到实在的产品特性带来的利益之后，公司的品牌形象在消费者心目中得到提升。但产品提升策略要求公司千万不要患上"营销近视症"，即公司切忌因为要发展完美无缺的产品而忽视消费者实际需求的变化。

（2）市场提升策略。公司依靠市场营销工作来完成品牌的提升。一般是通过广告宣传和公共关系等营销工具在市场上重新树立品牌的独特卖点或品牌的鲜明个性，并形象生动地传递给顾客，求得顾客的认同。公司在实施市场提升策略时要善于发现品牌的独特之处，并通过夸张的、形象的表现手法强化独特之处，使品牌形象得到提升。

（3）文化提升策略。这是指公司在品牌形象的塑造中注入文化因素来提升品牌。公司在实施文化提升策略时，不仅仅在名称上体现文化，更应在整体品牌形象上实现与文化的融合。

以上三种策略同时实施是可以取得加倍的效果的，但企业应根据品牌原有的形象决定是否应该改变品牌的形象。

（三）企业文化营销

企业文化营销起源于企业文化，是企业最高层次的文化营销战略。

企业文化营销，是指企业根据自身文化内涵的特色，选择恰当方式进行系统的革新和有效的沟通，在消费者心目中树立鲜明个性的企业形象，并以此达到企业经营目标的一种营销战略。

由于企业文化营销是企业经营与创新的核心源泉，因此，它的被关注程度极高。企业文化由外向内可分成外显文化营销（物质文化营销）、行为文化营销、制度文化营销和精神文化营销。这几个层次营销活动的整体策划，就形成了所谓的企业形象设计，如能在企业所利用的广告、公共关系、营业推广或人员推销等手段中渗透中国传统文化，就能体现现代文化，提高产品的软价值；在企业与顾客间建立相互信任与忠诚的情感模式，企业就一定能发现更有利的市场，提高企业的营销能力并在竞争中立于不败之地。

案例一　361°国际有限公司通过"买一善一"慈善公益营销策划，提升企业形象

一、背景资料

361°国际有限公司（以下简称361°）是一家集品牌、研发、设计、生产、经销为一体的综合性体育用品公司。多年来，凭借全球性视野与营销策划，361°的业绩取得突破性发展，2006年11月，361°在"中央电视台2007—2008体育赛事直播合作伙伴"招标中斥巨资击败国际品牌，在奥运前的敏感期打破国际巨头垄断顶级资源的局面，实现了民族品牌对抗国际品牌的一次具有里程碑意义的巨大突破。2008年，361°签约成为CCTV 5主持人及出镜记者服装指定供应商，标志着一种高度整合的体育营销模式的开始。2012年361°联合中国扶贫基金会、天猫商城、新浪等共同发起了361°"买一善一"慈善公益项目，借助这些对外事件交流的重要窗口，全面展示公司积极参与社会公益事业的企业形象。

二、营销策划描述

2012年3月20日《中国贫困山区光脚儿童报告》的发布，让山区孩子"缺鞋穿"的现实展现在社会公众的眼前，同时也让一直坚守社会责任和探索做创新型公益的361°找到了一种更加透明化、可持续进行的公益模式。为了能让善举更好地解决贫困山区儿童的实际需求，为了能让公益活动真正做到一对一传递，361°联合中国扶贫基金会、天猫商城、新浪微等共同发起了361°"买一善一"慈善公益项目，实现一对一的真实爱心传递。

"买一善一"是指消费者每购买一件361°指定的公益专款鞋，就同步以消费者名义向受捐赠的贫困小学生捐出一双适合其尺码的鞋子。该公益项目中，受捐赠小学生的联络地址、鞋子尺码等数据信息，全部来自于扶基会的贫困儿童数据库，为了确保捐赠过程的公正透明，加强对购买、捐赠数据的追踪，同时考虑到消费者购买和捐赠的简易

性,"买一善一"公益项目选择了全国最大的电子商务平台——天猫商城作为"买一善一"项目定制商品的唯一官方购买渠道和捐赠渠道。天猫商城作为商品的售卖与递送的在线电子平台,一方面加快了捐赠物资的物流速度,另一方面也有助于透明公益的执行实施。如此,每一位参与的爱心消费者都能直观地看到自己捐赠鞋子的物流信息,让爱心捐助明明白白。

361°始终相信,公益是爱传递的过程,而不仅仅是捐钱捐物。当全社会所有人团结凝聚为一个整体,便可以协力应对困难与挑战。361°发起的"买一善一"项目是对公益慈善模式的全新思考:由企业做支持,让消费者在购物过程中产生捐助行为,将公益融入每个人的日常生活中。

三、案例讨论

(1) 361°作为一个运动品牌,通过"买一善一"营销策划活动既为社会做了公益性事业又能提升企业形象,还能使企业得到长期可持续性发展。企业形象的长远性决定不完全在于产品本身质量和服务,而是企业能给予消费者真正购买的价值和理由。

(2) 通过"买一善一"活动,361°满足了消费者参与公益事业的需求。

第一,满足了消费者做公益事、做好事的意愿。361°在此公益活动策划中设立公平、透明化流程,让消费者看得见帮助的孩子的信息,让消费者做好事的心理得到放心和满足。项目采取了捐助者的实名制,并通过互联网建立起一对一的关联和监督,任何一对一的客户终端都可以成为购买和捐赠的途径,公众参与起来很方便。在鞋子送达孩子手中后,消费者还会收到受助孩子寄出的回音卡片。这一过程的设立,真正意义上实现了让消费者自己感受到了做了公益事和做了好事。

第二,让更多的消费者体会做公益事、做好事的快乐。本项目接着从购买的人群里挑中一批志愿者真实参与进来,让他们见证鞋子是否真正到达孩子们手上。设立传播平台,开通@"买一善一"新浪微博,让意见领袖通过微博平台直播送鞋子的全程,向大众再次证明鞋子真的送到孩子们手上;当项目有了一定知名度后,随着公益专款鞋渐渐增加,361°天猫公众平台正式上线,通过建立天猫公众平台,使得人人都可以做好事并享受做好事的快乐。

案例二 麦当劳独特的 CI 战略

一、案例背景

麦当劳公司是世界上最大的快餐集团,其著名的 M 型商标赫然闪耀,使人们容易辨认。麦当劳已成为一种全球商品,在世界市场上形成一种快餐文化,其企业形象已在消费者心中扎下了根。

二、案例描述

麦当劳的成功主要归功于它明确独特的 CI 战略。麦当劳快餐主要的品种是汉堡包，而市场上快餐店绝大多数品牌的汉堡包质量较差、供应速度慢、服务人员态度不好且卫生条件差。面对这种情况，麦当劳决策者克罗克为适应顾客需求采取了 CI 战略。具体地说，该战略可细分为以下方面。

（一）明确的企业理念

麦当劳的企业理念是"Q、S、C＋V"，即向顾客提供高质量的产品，快速、准确、友善的优良服务，清洁优雅的环境及做到物有所值。麦当劳几十年把这个理念始终如一地落实到每项工作和员工的行动中去。

1. Q（Quality）即质量，麦当劳制定了一套严格的质量标准

麦当劳要求牛肉原料必须挑选精瘦肉，不能含有内脏，脂肪含量也不得超过 19%。牛肉绞碎后，一律按规定做成直径为 98.5 毫米、厚度为 5.65 毫米、重为 47.32 克的肉饼。马铃薯要贮存一定时间，以调整其淀粉糖的含量，并使用可以调温的炸锅来炸不同含水量的马铃薯。麦当劳的食品达到了标准化，做到了无论国内店还是国外店，所有分店的食品质量和配料都一样。公司还规定了各种操作规程和细节，如"煎汉堡包必须翻动、切勿抛转"等。在保证质量的同时，还竭尽全力以求供应"快"——要在 50 秒内制出一份牛肉饼、一份炸薯条及一杯饮料。

2. S（Service）即服务，麦当劳满足大批出门的旅客有休息和吃饭场所的需要

麦当劳在高速公路两旁和郊区开设了许多分店，在距离店铺不远的地方，装上许多通话器，上面标着醒目的食品名称和价格，使外出游玩和办事的乘客经过时，只需要打开车窗门，向通话器报上所需的食品，车开到店侧小窗口，就能一手交钱一手取货，然后马上驱车赶路。为了让乘客携带方便，不使食品在车上倾倒或溢出来，汉堡包和炸薯条都被装进塑料盒或纸袋，塑料刀、叉、匙、餐巾纸、吸管等也用纸袋包好，随同食物一起交给顾客。如此周到的服务，使这种生意几乎被麦当劳一家独揽了。在麦当劳餐厅内就餐，还会受到微笑服务。"微笑"是麦当劳的特色，所有店员都面带微笑，让顾客觉得很有亲切感。

3. C（Clean）即清洁，麦当劳对员工作了行为规范

该行为规范明文规定：①男士必须每天刮胡子、修指甲，保持口腔清洁，经常洗澡，工作人员不留长发；②女士要带发网；③顾客一走便要清理桌面，丢落在客人脚下的纸片要马上捡起来。员工逐渐对这些规定形成认同，并养成良好的卫生习惯，做到窗明、地洁、桌面净。顾客在这样一个环境中就餐，也都习惯于在离开前自觉将盛放食品的纸盒、纸杯等扔到店内专设的垃圾箱内。

4. V（Value）即价值，强调麦当劳提供更有价值的高品质物品给顾客的企业理念

现代社会逐渐形成高品质的需求水准，而且消费者喜好也趋于多样化。如果企业只提供一种模式的商品，消费者很快就会失去新鲜感。虽然麦当劳已经很成功，但仍然需要适应社会环境和需求的变化，所以麦当劳企业开始强调 V，意即要附加新价值。

（二）严格统一的行为规范

为了使企业理念"Q、S、C+V"（质量、服务、清洁+价值）能够在连锁店贯彻执行，保持企业稳定，每项工作都做到标准化、规范化，"小到洗手有程序，大到管理有手册"，克罗克指派麦当劳的主管用了几个月的时间，针对几乎每一项工作细节，反复、认真地观察研究，写出了营运手册。该手册被加盟者奉为神明，逐条加以遵循。与此同时，麦当劳还制定出了一套考核加盟者的办法，使一切都有章可循。

麦当劳的行为规范包括如下几个方面：

1. 麦当劳营运训练手册（Q&T manual）

麦当劳营运训练手册极为详细地叙述了麦当劳的方针、政策，以及餐厅各项工作的运作程序、步骤和方法。30多年来，麦当劳公司不断地丰富和完善营运训练手册，使它成为指导麦当劳公司运作的指导原则。

2. 岗位工作检查表（SOC）

麦当劳公司把餐厅服务系统的工作分成20多个工作站，如煎肉、烘包、调理、品质管理、大堂等，每个工作站都有一套SOC（Station Observation Checklist，岗位工作检查表）。按照SOC的详尽规定，员工进入麦当劳后将按照操作流程逐项实习，表现突出者晋升为训练员，然后由训练员负责训练新员工，训练员中表现好的可以晋升到管理组。也就是说，从最基层的实践培养起，台阶式的逐级提升。

3. 袖珍品质参考手册（Pocket Guide）

麦当劳公司的管理人员每人分到了一本袖珍品质参考手册，手册中详尽地说明各种半成品的接货温度、保鲜期、成品制作温度、制作时间、原料配比、保存期等与产品品质有关的各种数据。

4. 管理发展手册（MDP）

麦当劳公司是依靠餐厅经理和员工把企业的经营理念（Q、S、C+V）传递给顾客的，该公司对餐厅经理和员工的培训极为重视，所以经理都从员工做起，也就是说没有当过战士不能当指挥员。经理必须高标准地掌握所有岗位操作并通过SOC考评。MDP是麦当劳公司专门为餐厅经理设计的一套手册，一共四本。手册采用单元式结构，循序渐进。管理发展手册中介绍各种麦当劳管理办法，也布置大量作业。与管理发展手册相配合的还有一套经理训练课程。

（三）麦当劳的企业标志

麦当劳（McDonald's）取其英文名称的第一个字母M为标志，标准色采用金黄色，标志用寓意和象征图形相结合的方法，M既是公司英文名称的第一个字母，又设计成象征双臂打开的黄金双拱门，表示欢乐和美味，象征着麦当劳以"Q、S、C+V"像磁石一般不断把顾客吸进这座欢乐之门。

麦当劳叔叔是麦当劳的吉祥物，他亲切幽默，象征着祥和、友爱和欢乐，象征着麦当劳叔叔永远是顾客的朋友和社区的一份子，他时时刻刻为儿童和社区的发展贡献自己的一份力量。

总之，麦当劳识别标志——金黄色双拱门"M"——简捷、醒目，麦当劳叔叔的形象喜庆、友善、可爱、可亲，这首先从视觉识别上、心理上吸引了顾客，给人们留下深刻而良好的印象。

三、案例讨论

麦当劳是世界上食品餐饮业的杰出代表之一，也是导入 CI 战略取得巨大成功的典范。它的成功给了我们如下启示。

（一）以正确的企业理念为灵魂和核心

麦当劳公司几十年如一日，自始至终恪守克罗克首创的"Q、S、C＋V"的企业经营理念，把它誉为最高信条，渗透到每个经理和员工的心中，使麦当劳区别于其他快餐行业。

（二）规范化的行为识别

行为是理念的体现。麦当劳的创始人克罗克在提出明确理念的同时，又创造性地制定出一系列规范化的规章制度，并编制成手册，使经理和员工有所遵循，而不会各行其是，以保证"Q、S、C＋V"理念能够落实在员工的行动之中。

（三）有特色的视觉识别形象

麦当劳兄弟参与设计的双拱门的餐厅造型与店名 McDonald's（麦当劳）的第一个字母极其相似。金黄色的微缩双拱门形作为麦当劳快餐店的招牌和商标图案，不但极具个性特色，而且有很强的穿透力和震撼力，成为麦当劳"一绝"。

尽管麦当劳快餐店是分散的、多点经营的，但克罗克在连锁店中运用统一理念、统一行为规范、统一视觉识别，使各连锁店保持一致性，增强了企业的整体实力，并注意运用广告、公关手段进行传播，从而提高了企业的知名度、美誉度，树立了麦当劳优良的企业形象，充分体现了 CI 的战略作用和威力。麦当劳的形象策划堪称世界一流，它的迅速发展也得力于形象策划，使它在剧烈的竞争中脱颖而出，成为世界最大的汉堡包快餐连锁企业。

本章小结

CI 是指"企业识别"，它是将企业经营思想，运用整体视觉识别系统，传达给企业周围的关系者，包括企业内部员工与社会大众，并使其对企业产生一致的认同感的形象塑造过程。

CI 从功能的角度可以划分为理念、行为、视觉三个识别子系统。

CI 并不等同于企业形象。

企业导入 CI 计划的基本程序包括准备计划、现状分析、企业理念与事业领域的确定、整合企业结构、整合行动识别与视觉识别五个阶段。

文化营销实质上是指运用文化力量实现企业战略目标的市场营销活动。

关键概念

企业形象　CI 策划　文化营销

思考题

（1）VI、BI 和 CI 各是什么含义，它们之间是什么关系？
（2）形象策划是如何实现的？
（3）文化营销如何能够提高企业形象？

第十一章 顾客满意策划

本章学习目标

通过本章的学习,要求学生掌握以下内容:①了解顾客满意的概念,认识顾客满意与服务营销的重要性;②了解 CS 与 CI 的区别;③了解顾客满意度指标体系的建立原则与步骤;④了解顾客满意管理和服务营销策划工作。

当前市场的竞争主要表现为对顾客的全面争夺,而是否拥有顾客,取决于企业与顾客的关系,取决于顾客对企业产品和服务的满意程度。顾客满意程度越高,企业产品的市场占有率就越大,企业的效益就越好。著名的管理学家都十分重视提供给顾客满意服务。彼得·德鲁克指出:"营销的目的在于充分认识及了解顾客,使产品或服务能适应顾客需要。"菲利普·科特勒认为:"市场营销是指在可赢利的情况下提供给顾客满意。"

第一节 顾客满意概述

一、顾客满意的定义与内容

(一)顾客满意的定义

所谓"顾客",是一个相对广义的概念,可以理解为受产品或过程影响的任何个人或群体,它不仅指企业产品销售和服务的对象,而且指企业整个经营活动中不可缺少的合作伙伴。

一般来说,有两类基本的顾客群,即外部的顾客与内部的顾客。外部顾客是企业产品的消费群体,如产品或服务的购买者与使用者、为卖而买的中间商、为进一步加工而买的制造商与原始设备制造商等。内部顾客,是指那些在组织内部的顾客。组织中的每一个人都扮演着三个角色,即供应商、加工者和顾客。每个人都会从某处接受某物,对之做某些加工,然后传递给第三方。内部顾客的要求能否得到满足直接影响着对外部顾客的服务。

顾客满意(Customer Satisfaction,CS)并没有统一的定义。从认知和心理过程来讲,有两类观点:一是顾客满意是顾客实际感知效果同比较标准之间不一致产生的认知结果,二是顾客满意是顾客对于所得与所失权衡后的心理情感状态。在具体生活实践中,顾客满意可视为既包含了认知成分又包括了情感成分的综合体。

目前较为流行的顾客满意定义,是指顾客通过对一个产品或一项服务的感知效果与期望效果相比较后,所形成的愉悦或失望的心理状态。这种心理状态有三个基本情况:①当感知效果低于期望效果时,顾客会感到不满意,甚至会产生抱怨和投诉;②当感知效果与期望效果相当时,顾客就会感到一般;③当感知效果高过期望效果时,顾客会感到较满意或很满意。

从具体的交易和体验频次而言,顾客满意可以分为特定交易顾客满意(Transaction-specific Customer Satisfaction)和累积顾客满意(Cumulative Customer Satisfaction)两类。特定交易顾客满意是指顾客对一次某产品或某服务的具体感受和评价。累积顾客满意是指顾客基于对某产品或服务多次消费经历和类似经验而形成的总体感受和评价。相比于特定交易顾客满意,累积顾客满意更合理和更有效。

(二)顾客满意的内容

从横向层面,顾客满意的基本内容包括以下方面:

1. 理念满意

理念满意是指企业经营理念给予顾客的心理满足状态。主要通过经营宗旨、经营哲学、企业文化理念、服务价值观等内容来体现以顾客为中心的思想,从而实现顾客心理满意。

2. 行为满意

行为满意是指企业整个经营活动过程中的行为表现给予顾客的心理满意状态。主要通过行为机制满意、行为规则满意、行为模式满意等来体现服务顾客的精神实质,以此达到顾客心理满意。

3. 视听满意

视听满意是企业通过视觉和听觉服务给予顾客的心理满足状态。主要通过企业名称、商品标志、色彩、文字、音像等外在形象内容来满足顾客的视觉和听觉的需要,并以此带给顾客心理满意。

4. 产品满意

产品满意是企业产品有效满足顾客需求而给予顾客满意的心理状态。主要有产品设计满意、功能满意、材质满意、包装满意、价格满意等内容。

5. 服务满意

服务满意是指企业提供产品售前、售中、售后,以及产品生命周期不同阶段采取的服务措施给予顾客满意的心理状态。主要有效果满意、方便性满意、情绪满意和保障系统满意等。

从纵向层面上,顾客满意的基本内容包括以下方面:

1. 物质满意层次

物质满意层次是指顾客对企业产品整体所产生的满意状况。

2. 精神满意层次

精神满意层次是指顾客对企业的产品给他们带来的精神上的享受、心理上的愉悦、价值观念的实现、身份的变化等方面的满意状况。

3. 社会满意层次

社会满意层次是指顾客在对企业的产品和服务进行消费的过程中所体验到的对社会利益的维护，主要指顾客整体（社会公众）的社会满意。它要求企业的产品和服务在消费过程中，要具有维护社会整体利益的道德价值、政治价值和生态价值的功能。

物质满意是核心层的满意，产品或服务设计、功能、质量、材质等满意，是顾客满意中最基础的层次；精神满意是对产品形式层和外延层的满意，如产品的外观、色彩、装潢品位和服务等；社会满意是顾客体验到的社会利益维护程度，表现为产品或服务的道德价值、政治价值和生态价值层面的满意。

二、CS 与 CI 的区别

与 CS 相对的概念是产生较早的 CI 即企业识别。

CI 是企业有意识、有计划地将自己企业的各种特征向社会公众主动地展示与传播，使公众在市场环境中对某一个特定的企业有一个标准化、差别化的印象和认识，以便更好地识别并留下良好的印象。近年来，企业纷纷利用 CI 为自己在市场竞争中脱颖而出而竭尽全力。实践表明，CI 对企业营销与公共关系建设有非常直接的作用。但是，随着经济的发展及人们对市场认识的深化，CI 局限性也逐渐暴露出来。人们开始认识到，CI 是商品推销时代的产物，CI 的运作带有明显的商品推销时代特点，即企业按照自我理解和自我设计向市场和顾客宣传自己；CS 则是要求企业自觉适应市场，服从市场。于是，在 CI 的基础上产生了 CS。

CS 战略与 CI 战略有着根本的区别。两者之所以根本不同，是因为 CS 是针对 CI 战略中存在的问题，并试图解决这些问题而形成的。因此，可以说 CS 战略是对 CI 战略的根本性修正，这是时代变化的必然要求，也是适者生存法则的必然结果（如表 11-1 所示）。

表 11-1 CI 战略与 CS 战略的比较

	CI 战 略	CS 战 略
价值观	以企业为中心	以顾客为中心
企业理念	以企业利益为重	以客为尊
战略指导思想	企业主导、从内向外的思维方式	顾客主导、从外向内的思维方式
战略目的	提高企业业绩	达成顾客满意
战略关键	识别	情感
战略核心	名牌战略（产品）	高品质服务（服务）
战略方法	CI 战略及方法	CS 战略及方法

第二节 顾客满意策划实务

一、顾客满意度指标体系的建立

（一）顾客满意度的定义与指标

顾客满意度，是指顾客对所购买的商品和服务的满意程度和能够期待他们未来继续购买的可能性。顾客满意度指标（CSI）体系是用以测量顾客满意程度的一组项目因素，是明确顾客满意度调查结果及进一步分析的重要工具。国际上用得比较多的满意度指标一般采用5段式或7段式，如表11-2所示。

表11-2 国际上采用的满意度指标

7段式	5段式
非常满意	满　意
满　意	
稍微满意	稍微满意
无所谓	无所谓
稍微不满意	稍微不满意
不满意	不满意
非常不满意	

（二）顾客满意度指标体系的建立原则

建立顾客满意度指标体系是顾客满意度测评的核心部分，在很大程度上决定了测评结果的有效性、可靠性。顾客满意度测评指标体系的建立原则主要有：

1．准确把握顾客需求

建立的顾客满意度测评指标体系必须是顾客认为重要的，"由顾客来确定顾客满意度测评指标体系"是设定测评指标体系的基本要求。

2．测评指标必须能够控制

顾客满意度测评会使顾客产生新的期望，促使企业采取改进措施。但是，如果企业在很大程度上还不能采取行动加以改进，就应该暂不采取此测评指标。

3．测评指标必须是可测量的

顾客满意度测评的结果是一个量化值，因此设定的测评指标必须是可以统计、测量的。

4．测评指标必须具有代表性

由于顾客对产品或服务需求结构的强度要求不同，而产品或服务又由许多部分组成,每个组成部分又有许多属性,如果产品或服务的某个组成部分属性不符合顾客要求时,顾客都会作出否定的评价,产生不满意感。因此,组织应根据顾客需求结构及产品或服务的特点,选择那些既能全面反映顾客满意状况又有代表性的项目,作为顾客满意度的评价指标。

(三)顾客满意度指标体系的建立步骤

顾客满意度指标体系的建立主要可以分为四个步骤(见图11-1),其中,第2个步骤和第3个、第4个步骤有所交叉。

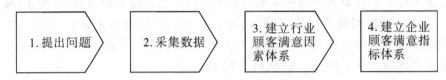

图11-1 建立顾客满意度指标体系的步骤

1. 提出问题

进行顾客满意度指标体系建设的第一步,就是要明确影响顾客满意度的因素有哪些,同时还必须考虑如何将这些因素获得与量化,即包括对下面几个问题的回答:

(1)影响购买和使用的顾客满意因素有哪些?

(2)在这些满意因素中,哪些因素能为成为满意指标?

(3)每一个满意指标对购买和使用的影响程度如何?

(4)上述数据可以从哪些渠道获得?

(5)应该采用何种方式采集数据?

(6)采集数据时应注意哪些问题?

2. 采集数据

采集数据的方法有很多种,建立不同的顾客满意度指标体系所侧重的采集方法不同。在顾客满意度指标体系建立过程中采用的方法主要包括五种:

(1)二手资料收集。二手资料大多通过公开发行刊物、网络、调查公司获得,故二手资料具有透明性等缺点,亦即二手资料在资料的详细程度和资料的有用程度方面不具备优势,但是它毕竟可以作为我们深度调查前的一种重要的参考。

(2)内部访谈。内部访谈是对二手资料的确认和对二手资料的重要补充。通过内部访谈,可以了解企业经营者对所要进行的项目的大致想法,同时内部访谈也是发现企业问题的最佳途径。

(3)问卷调查。问卷调查是一种最常用的数据收集方式。问卷中包含了很多问题和陈述,需要被调查者根据预设的表格选择该问题的相应答案,同时也允许被调查者以开放的方式回答问题,从而能够更详细地说明他们的想法。

(4)深度访谈。深度访谈是针对某一论点进行一对一的交谈(或2~3个人),在交谈过程中提出一系列探究性问题,用以探知被访问者对某事的看法,或作出某种行为的原因。在通常情况下,在实施访谈之前设计好一个详细的讨论提纲,使讨论的问题具有针对性。

(5) 焦点访谈。焦点访谈就是一名主持人引导更多人（顾客）对某一主题或观念进行深入的讨论。焦点访谈通常避免直截了当的讨论问题，而是以间接的提问激发与会者自发的讨论，可以激发与会者的灵感，让其在一个"感觉安全"的环境下畅所欲言，从中发现重要的信息。

3. 建立行业顾客满意因素体系

通过分析、整理收集到的二手资料和内部（外部）访谈所获得信息，对各类信息的属性有了充分分解，初步建立起行业顾客满意因素体系。建立起来的行业顾客满意因素体系包含了几乎所有可能影响顾客满意指数的指标，多数都以三级或四级指标的形式表现出来（如表11-3所示）。

表11-3 销售行业顾客满意因素体系

一级指标	二级指标	三级指标	四级指标
顾客满意度指数	产品价值方面	货品质量评价	货品款式评价、价格水平、货品的安全情况、货品种类是否齐全等
		环境价值方面	购物环境舒适情况、场地清洁状况、陈列货品整齐状况、浏览货品是否方便、休息场所的要求等

行业顾客满意因素体系包括的因素很广，往往包含一些不重要的因素，同时还存在一些因素具有相同含义的现象，需要从中遴选出适合特定企业的因素组成顾客满意度指标体系。

4. 建立企业顾客满意指标体系

在建立企业顾客满意指标体系的过程中，首先在行业顾客满意因素体系中剔除与其他因素高度相关的因素，使剩余的因素保持相对独立。例如，有两个顾客满意因素分别是"货品种类是否齐全"和"是否能够购买到您需要的货品"，这两个指标的相关程度较高，只能选择一个作为满意指标。其次，要在行业顾客满意因素体系中剔除对顾客满意度指数影响较小的因素。为了避免它们对其他重要因素的干扰，同时也从成本角度考虑，将他们剔除，仅保留与顾客满意度指数有较强相关关系的因素作为满意指标。最后，确定不同的因素对顾客满意度指数的影响程度也是建立企业顾客满意度指标体系的重要环节。例如，耐用消费品售后服务是一个非常重要的因素，但有关快速消费品售后服务的重要程度又变得非常小，其影响程度称之为权重。相同的因素，在不同的指标体系中的权重是完全不同的。只有赋予不同的因素以适当的权重，才能客观、真实地反映出顾客满意度指数。权重的确定一般也是根据专家讨论或顾客意见汇总的结果，常用的方法包括层次分析法、主观赋权法、客观赋权法等。

剔除不需要的因素后，将剩余的因素按照行业顾客满意因素体系的框架归纳起来，同一级按照权重的不同排定次序，初步形成了顾客满意指标体系。在一个完整的顾客满意度指标体系中，一般还包括一些辅助指标和相对指标，辅助指标包括顾客的行为意向，如顾客重复购买倾向、顾客忠诚度等；相对指标一般指横向对比指标，如主要竞争对手的满意度，行业领导者的满意度等。加上特定辅助指标和相对指标后，就形成了一个完善的顾客满意指标（CSI）体系。

二、顾客满意的战略管理

（一）衡量创造价值的顾客

1. 顾客对满意的感受有不同标准

顾客满意，是指顾客对某一事项已满足其需求和期望的程度的意见，也是顾客在消费后感受到满足的一种心理体验。美国著名的市场营销学专家菲利普·科特勒指出："满意是指一个人通过对一个产品和服务的可感知的效果与他的期望值相比较后所形成的感觉状态。"因此，满意水平是可感知效果和期望值之间的差异函数。顾客满意取决于顾客所理解的商品（或服务）利益与其期望价值进行的比较。顾客可以经历三种不同的满意度中的一种。如果效果低于期望，顾客就会不满意。如果可感知效果与期望所匹配，顾客就满意。如果可感知效果超过期望，顾客就会高度满意、高兴或欣喜。例如，一个人购买了售价为9元钱的物品，用后感觉该物品能值15元，那么，他就很满意；如用后感觉能值9元钱，那么他就满意；如用后感觉只能值5元钱，那么他就不满意。顾客对于某商品（或服务）的期望值，主要来自于过去的经验、朋友和伙伴的意见、广告宣传所表达的承诺等。

2. 企业未必要追求顾客满意最大化

在大多数经营成功的公司中，有一些是将期望和可感知效果相对应的。这些公司执意追求全面顾客满意（TCS）。例如，施乐公司保证"全面满意"，它保证在顾客购后三年内，如有任何不满意，公司将为其更换相同或类似产品，一切费用由公司承担。日本本田公司的广告称："我们顾客之所以这样满意的理由之一是我们不满意。"日本丰田公司的经理在描绘其凌志汽车的成功时说："我们公司的目标是超越满足顾客。我们的目标是使顾客愉悦。"这是更高级的探索和成功营销者的秘密。取悦顾客比在媒介上做广告更有广告效果。那么，是否企业就应该追求顾客满意的最大化呢？

根据顾客对于企业的价值，可以将顾客划分为三类：最有价值顾客（Most Valuable Customer）、最具增长性顾客（Most Grow-able Customer）和负值顾客（Below Zero Customer）。企业应当视最有价值顾客和最具增长性顾客为"上帝"，而对负值顾客则需要根据具体情况采取不同策略，甚至不惜舍弃负值顾客。因为负值顾客给企业带来不了任何价值，只会耗用企业资源。对企业来说，将大部分营销预算花在那些只创造公司20%利润的80%的顾客身上，无疑也是一种浪费或是效率低下。事实上，无论是一对一营销还是顾客关系管理技术等现代营销思想已经以一种"顾客分类管理"的方式"不公平"地对待了"三六九等"不同级别的"上帝"。

要识别核心顾客，管理人员必须回答以下三个问题：①哪些顾客对本企业最忠诚，最能使本企业赢利？管理人员应识别消费数额高、付款及时、不需要多少服务、愿意与本企业保持长期关系的顾客。②哪些顾客最重视本企业的产品和服务？哪些顾客认为本企业最能满足他们的需要？③哪些顾客更值得本企业重视？任何企业都不可能满足所有顾客的需要。企业应尽力留住重要的顾客。

3. 灵活运用规则：80/20 规则与 80/20/30 的规则

80/20 法则是意大利经济学家帕累托在 1897 年发现的。一百年之后的 1997 年，理查德·考奇推出了《80/20 法则》一书，详尽地解释了这条实用的法则。《80/20 法则》指出：在因和果、投入和产出、努力和收获之间，本来就存在着不平衡的关系。典型的情况是：80% 的收获来自 20% 的努力；80% 的销售额来自 20% 的顾客；80% 的利润来自 20% 的顾客。谢登（Sherden）把它修改为 80/20/30，其含义是在顶部 20% 的顾客创造了公司 80% 的利润，而其中的一半被 30% 的没有赢利的顾客所消耗。因此，它不但帮助企业获取、保持客户，提升客户价值，更重要的是帮助企业识别有价值的客户。

运用 80/20 法则的营销策略的核心是在对顾客价值进行全面分析的基础上，对顾客进行细分，根据顾客重要程度合理分配营销力量。其成功的关键是确定带来 80% 利润的 20% 的顾客在哪里并且留住他们，然后，赋予这 20% 的客户和产品最高的优先级，将目标的大部分先分解下去，目标分解越精细，执行效率与效果往往会更好。在营销过程中，企业不仅要对顾客进行"量"的分析，而且还要进行"质"的分析。有些关键顾客，或许他们的购买量并不大，不能直接为企业创造大量的利润，却可以产生较大的影响，如国内颇具实力的名人或较具修养的高品质顾客群等。

（二）培养顾客忠诚

1. 顾客忠诚概念

顾客忠诚包括内部顾客忠诚和外部顾客忠诚两个方面。

（1）内部顾客忠诚。内部顾客忠诚通常指的是内部员工忠诚。内部员工忠诚度可以用自愿离职率来表示，该指标与员工忠诚度负相关。一般来说，忠诚的员工往往具有较强的进取心、工作责任心和创新能力，他们重视自己的工作、热爱企业，关心企业的发展；工作中兢兢业业，恪守职责，能够认真贯彻实施企业制定的目标，具有较强的忠诚心和献身精神。企业增强竞争力的关键就是要塑造一支忠诚的员工队伍，通过这个桥梁传递企业的形象，表达企业的思想和品质，扩大企业的影响力和知名度，形成一定的品牌效应，进而培育一支忠诚而稳定的外部顾客群，提升企业的销售业绩和市场份额。因此，内部员工顾客满意和忠诚是外部顾客满意和忠诚的前提条件。

（2）外部顾客忠诚。外部顾客忠诚的内涵包括：①愿意再度购买；②向同一企业购买其他产品或服务；③愿意将此企业推荐给其他人；④拒绝采用其他竞争者的同性质产品（或服务）。若缺少一项或部分项，都不能表明外部顾客是忠诚的。

外部忠诚顾客的形成是一个过程，在不同阶段有着不同的管理策略和侧重点：①起始阶段。在起始阶段，顾客对产品甚至企业都不熟悉，缺乏信任感，多半抱有一种尝鲜的心理，此时，企业除了在产品或服务的质量及性能上有保障之外，还应有更多的情感投资，以期获得顾客的好感，形成一定的满意度。②强化阶段。虽然大量事实证明顾客满意是顾客忠诚的必要而非充分条件，满意的顾客并非一定忠诚，但忠诚顾客往往都是从满意顾客中逐步形成的，特别是在一些竞争程度相当高的行业中，顾客满意度与其忠诚度有很强的正相关关系。一般而言，只有顾客对企业产品和服务的满意程度达到一定水平时，才会有忠诚于企业的意愿。当这种满意程度得到进一步提升时，才会产生忠于企业的行为。

在具体实践中，外部顾客忠诚往往被定义为在一定时期内重复购买的行为，可以用购买频率来衡量。为了培养外部顾客忠诚度，企业可以对那些达到一定购买频率的外部顾客给予特别关注和奖励，建立企业与外部顾客之间以下的特定关系：①个性化超值服务。企业可以通过对于购买频率高的外部顾客给予个性化超值服务来增强顾客满意度和忠诚度。例如，医药公司帮助医院管理存货、订货、购入以及商品的堆放等个性化服务；旅店可对常客提供高级别住宿等个性化服务，航空公司给予常客优先候机、额外携带行李等超值服务等。②会员制度。利用顾客信息数据库，建立外部顾客忠诚档案库，实施会员制度。外部顾客一次购买或购买一定数量，或者缴纳一定费用就自动成为企业会员。按照一定等级，企业可选择适当时机发放优惠卡、优惠券、优先权证等给予顾客奖励，或者向会员定期免费发放有关产品或服务的有关说明书、杂志、文章、生日贺卡或礼物等来创造联络机会，或者择机邀请会员参加一些游艺活动来加深情感联系。

2. 保持顾客比吸引顾客更重要

企业存在的目的不仅仅是为了得到顾客，更为重要的是保持顾客，在不断提高顾客满意度的基础上建立顾客忠诚，是企业营销的一项根本性的战略任务。长期以来，在生产观念和产品观念的影响下，业务人员关心的往往是产品或服务的销售，他们把销售的重点集中在争夺新顾客上。其实，与新顾客相比，老顾客会给企业带来更多的利益。精明的企业在努力创造新顾客的同时，会想方设法将顾客的满意度转化为持久的忠诚度，像对待新顾客一样重视老顾客的利益，把与顾客建立长期关系作为目标。老顾客不仅可以给企业带来间接的经济效益，而且相对于新顾客来说，忠诚的老顾客不会因为竞争对手的诱惑而轻易离开。所以，大量忠诚的老顾客是企业长期稳定发展的基石。在一定意义上，企业最宝贵的资产不是产品或服务，而是顾客。

（三）追踪顾客满意

即使今天满意的顾客也不意味着永远满意。顾客忠诚度是顾客满意度的直接体现，它能够降低企业留住顾客的成本，而且使企业服务他们的成本比服务新顾客低，因为他们比新顾客更了解企业，忠诚的顾客对企业更具成本效益，而且行为更可靠，有利于提高企业的效率，加快企业的市场价值实现。

1. 建立投诉和建议制度

企业即使全力以赴，也多多少少仍会有不满意的顾客。顾客的抱怨若不能得到有效的处理，就有可能会对企业的经营造成严重的后果或影响。特别是高技术产品在其市场投放初期，由于技术上的不确定性，面临着顾客反馈信息、不断改进产品性能的任务，因而建立与顾客密切的联系，倾听顾客的心声，加强双方的交流便显得尤为重要。建立有效的投诉和建议制度，可以使顾客方便地发表意见，提出投诉，并使他们所关心的问题得到迅速的解决。有些以顾客为导向的公司，诸如宝洁公司、通用电器公司、惠普公司等，都开设了800免费电话的"顾客热线"，既为顾客投诉、提建议提供了方便，也为公司带来了大量新的创意。

2. 顾客满意调查

企业主要是通过顾客满意度的衡量，掌握顾客满意度变化的方向，并以此来调整和改进企业的营销工作。顾客满意调查的核心是确定产品和服务在多大程度上满足了顾客的欲望和需求。就其调研目标来说，应该达到以下四个目标：

（1）确定导致顾客满意的关键绩效因素。

（2）评估公司的满意度指标及主要竞争者的满意度指标。

（3）判断轻重缓急，采取正确行动。

（4）控制全过程。

3. 伴装购物者收集顾客满意情况

收集顾客满意情况的另一个有效途径是花钱雇一些人，装扮成顾客，报告他们在购买公司及其竞争产品的过程中所发现的优点和缺点。这些伴装购物者甚至可以故意提出一些问题，以测试公司的销售人员能否适当处理。所以，一个伴装购物者可以对产品表示不满，以试验企业如何处理这些抱怨。公司不仅应该雇佣伴装购物者，经理们还应经常走出他们的办公室，进入他们不熟悉的公司以及竞争者的实际销售环境以亲身体验顾客所受到的待遇。经理们也可以采用另一种方法来做这件事，他们可以打电话给自己的公司，提出各种不同的问题和抱怨，看他们的雇员如何处理这样的电话。

4. 流失顾客原因分析

对顾客流失的状况进行监控，分析使顾客流失的根本原因，企业可以发现其经营管理活动中真正需要改进的环节，有时甚至可以把流失的顾客吸引回来，并建立更为牢固的顾客关系。造成顾客流失的原因是复杂多样的，我们可以从主观与客观两个方面加以分析。

（1）主观原因。从根本上看，顾客不满意是导致顾客流失的根本原因。这种不满意主要表现在以下几方面：①产品因素。诸如产品质量低劣或不稳定，品种单一或不全，样式单调或陈旧，产品附加值低，价格缺乏弹性，产品销售渠道不畅，广告宣传虚假，售后服务滞后，投诉处理效率低，产品缺乏创新等。②服务因素。诸如服务环境脏，服务秩序乱，服务态度差，服务能力弱，服务效率低，服务设施落后，服务流程繁琐，服务项目不全，服务环节欠缺，服务数量不足，服务渠道不畅，服务缺乏个性化与创新化，收费不尽合理等。③员工因素。诸如仪表不整，言行不一，缺乏诚意与尊重，缺乏责任心与事业感，知识面窄，能力不强，整体素质差等。④企业形象因素。诸如对产品形象、服务形象、员工形象、企业的生活与生产环境形象、企业标识、企业精神、企业文化、企业责任、企业信誉的不满等。

（2）导致顾客流失的客观原因。这方面可以从以下四个因素中寻找：①顾客因素。例如顾客往往对产品或服务期望太高，而实际的消费体验比较差，所以心理不平衡，产生了不满情绪。当然，由于顾客消费的多样化、多层次化、复杂多变性和非理性化，因此顾客在消费时，并不承诺放弃尝试其他企业的产品或服务。另外，由于购买力的提高，其需求与期望也会发生相应转移，他可以把货币投放在他认为有价值的产品或服务上。②竞争者因素。竞争者通过正当手段或不正当手段建立了某种竞争优势，挖走或吸引走了本企业顾客。③社会因素。诸如社会政治、经济、法律、科技、教育、文化等方面的政策对顾客的购买心理与购买行为的影响。④其他因素。诸如战争、季节、时令、自然灾害等因素而使顾客流失。

针对顾客流失的情况，着眼于当前的应急性措施，重点抓好两项工作：访问流失的顾客，正确处理顾客投诉；提高解决顾客投诉问题的效率，争取把流失的顾客找回来。着眼于长远的永久性措施，应该树立顾客满意 CS 理念、提供令顾客满意的产品和服务、维持和提升企业形象、制定措施，改进企业工作中的缺陷，预防问题再发生。

三、顾客满意管理中的一些常见误区

（一）顾客满意是企业经营成功的法宝

有的企业以为只要推出的产品或服务符合顾客的需求，顾客满意了，财源就会滚滚而来。殊不知，企业经营取得成功要靠市场认可的产品和服务质量水准，以及与竞争对手的对比优势。顾客满意仅仅是顾客最起码的要求，是企业在市场竞争上角逐的必要条件，而非充分条件。

（二）顾客满意就是要不惜一切代价让顾客高兴

有的企业认为让顾客满意就是要不惜一切代价让顾客高兴，如一醉汉到商店闹事，员工忍气吞声。这种做法当然不值得提倡，因为让顾客满意的需求是其合理的需求，不是无理甚至不合法的需求。如果涉及员工的个人安全，采取防卫措施还是很有必要的。企业及员工与顾客交易过程当中，双方是平等的。如果企业要求员工不惜一切代价取悦顾客，这样不仅会导致企业成本增加，还会降低员工的地位，牺牲员工的利益，最终影响企业的发展。因此，企业在让顾客满意时，也应根据实际情况对顾客说"不"，不能不惜一切代价地满足顾客的要求。

（三）顾客满意是要让每一名顾客都满意

许多企业设法提高所有顾客的满意程度，试图令所有顾客都达到完全满意，这种做法是不正确的。事实上，每个顾客对企业的价值贡献是不同的，这要求企业在开展经营活动的过程中做到如下方面：①应该差别对待不同顾客的满意度，不要幻想留住所有顾客；②企业应特别重视能让企业赢利的顾客，不要一味将资源用在所谓的大顾客身上，必要时应剔除一些服务成本太高的顾客；③不要盲目开发新顾客，应坚持以最忠诚的顾客为标准去寻找新顾客，分析企业现有忠诚顾客，找出这些顾客的共同特点，并据此寻找最合适的顾客。

（四）顾客满意等同于顾客忠诚

顾客满意只是顾客在特定时间对于产品与服务质量感知超越期望时的心理状态，顾客忠诚表示顾客有持续购买行为。毫无疑问，满意的顾客更有可能成为忠诚顾客，忠诚

顾客通常对产品也是极为满意的。但是，使顾客满意不一定能获得顾客的忠诚，满意度不断增加并不代表顾客对你的忠诚度也在增加，顾客满意策划战略的最高目标是提升顾客的忠诚度而不是满意度。

第三节 服务营销策划

要在顾客满意的基础上实现顾客忠诚，单靠良好的产品是不够的，还需要以细致完善的服务作为补充。服务营销起因于企业对消费者需求的深刻认识，是企业市场营销观的质的飞跃。随着社会分工的发展、科学技术的进步，以及人们生活水平和质量的提高，服务营销在企业营销管理中的地位和作用日益重要。

一、服务、服务营销的概念与特征

（一）服务的概念与特征

1. 服务的概念

所谓服务，营销学者一般是从区别于有形的实物产品的角度来进行研究和界定的。菲利普·科特勒把服务定义为"一方提供给另一方的不可感知且不导致任何所有权转移的活动或利益"。美国市场营销学会则将服务定义为"主要为不可感知却使欲望获得满足的活动，而这种活动并不需要与其他的产品或服务的出售联系在一起"。

在综合各种不同服务的定义和分析"服务"真正本质的基础上，我们认为，服务是一种涉及某些无形因素的活动、过程和结果，它包括与顾客或他们拥有的财产间的互动过程和结果，并且不会造成所有权的转移。在此定义中，服务不仅是一种活动，而且是一个过程，还是某种结果。例如，个人电脑的维修服务，它既包括维修人员检查和修理计算机的活动和过程，又包括这一活动和过程的结果——顾客得到完全或部分恢复正常的计算机。

2. 服务的特征

与有形产品相比，服务具有以下共同特征：

（1）不可感知性。这是服务最为显著的一个特征，它可以从三个不同的层次来理解。首先，服务的很多元素看不见，摸不着，无形无质。其次，顾客在购买服务之前，往往不能肯定他能得到什么样的服务。因为大多数服务都非常抽象，很难描述。最后，顾客在接受服务后通常很难察觉或立即感受到服务的利益，也难以对服务的质量作出客观的评价。"不可感知性"大体上可被认为是服务产品的最基本特征。其他特征都是从这一特征派生出来的。

（2）不可分离性。服务的生产过程与消费过程是同时进行的，也就是说，服务人员向顾客提供服务时，也正是顾客消费服务的时刻，二者在时间上不可分离。服务的这一特性表明，顾客只有而且必须加入服务的生产过程才能最终消费到服务。例如，只有在顾客在场时，理发师才能完成理发的服务过程。

(3) 差异性。差异性是指服务无法像有形产品那样实现标准化,每次服务带给顾客的效用、顾客感知的服务质量都可能存在差异。这主要体现在三个方面:①由于服务人员的原因,如心理状态、服务技能、努力程度等,即使同一服务人员提供的服务在质量上也可能会有差异。②由于顾客的原因,如知识水平、爱好等,也直接影响服务的质量和效果。例如,同是去旅游,有人乐而忘返,有人败兴而归。③由于服务人员与顾客间相互作用的原因,在服务的不同次数的购买和消费过程中,即使是同一服务人员向同一顾客提供的服务也可能会存在差异。

(4) 不可贮存性。产品是有形的,因而可以贮存,而且有较长的使用寿命;服务则无法贮存。理发、外科手术、酒店住宿、旅游、现场文艺晚会以及其他任何服务,都无法在某一年生产并贮存,然后在下一年进行销售或消费。

(5) 缺乏所有权。缺乏所有权是指在服务的生产和消费过程中不涉及任何东西的所有权转移。既然服务是无形的又不可贮存,服务产品在交易完成后便消失了,消费者并没有实质性地拥有服务产品。以银行取款为例,通过银行的服务,顾客手里拿到了钱,但并没有引起任何所有权的转移,这些钱本来就是顾客自己的,只不过是"借"给银行一段时间而已。

(二) 服务营销的概念与特征

1. 服务营销的概念

服务产品的特殊性决定了其销售过程及消费行为等都必然与有形产品的销售过程和消费行为有很大的区别。

服务营销就是指有效地开展无形服务的营销活动,其研究的内容不仅包括纯粹无形服务的营销过程,也包括与有形产品组合起来向消费者提供的无形服务部分的营销活动。

现实经济生活中的服务可以区分为两大类:一种是服务产品,产品为顾客创造和提供的核心利益主要来自无形的服务;另一种是功能服务,产品的核心利益主要来自形成的成分,无形的服务只是满足顾客的非主要需求。

与服务的这种区分相一致,服务营销的研究形成了两大类,即服务产品的营销和顾客服务营销。服务产品营销的本质是研究如何促进作为产品的服务的交换;顾客服务营销的本质则是研究如何利用服务作为一种营销工具促进有形产品的交换。但是,无论是服务产品营销,还是顾客服务营销,服务营销的核心理念都是顾客满意和顾客忠诚,通过取得顾客的满意和忠诚来促进相互有利的交换,最终实现营销绩效的改进和企业的长期成长。

2. 服务营销的特征

由于服务的特征,服务营销具有一系列不同于产品营销的特征:

(1) 服务营销以提供无形服务为目标。由于服务是无形的,顾客很难感知和判断其质量和效果,他们将更多地根据服务设施和环境等有形线索来进行判断。因此,有形展示成了服务营销的一个重要工具。

(2) 服务的不可分离性决定了服务产品的消费与服务产品的提供是同时进行的,

也就是服务的消费者会直接参与服务的生产过程,并与服务提供者密切配合。顾客直接参与服务的生产过程及其在这一过程同服务人员的沟通和互动行为,向传统的营销理论和产品质量管理理论提出了挑战。

(3) 由于大多数服务的无形性以及生产与消费的同时进行,从而使服务具有不可运输不可贮藏的特征。它使服务供需管理不可能像有形商品那样采取时空转移(存储和运输)的办法解决产品供需在时空上分布不平衡的问题,调节供需矛盾,实现供需平衡。

(4) 服务的差异性导致同一服务者提供的同种服务会因其精力和心情状态等不同而有较大的差异,同时消费者对服务本身的要求也参差不齐,这就使得服务营销工作稳定性差。差异性易使顾客对企业及其提供的服务产生"形象混淆"。对于同一个企业,透过两家不同的分支机构所提供的服务,可能出现一个分支机构的服务水平明显优于另一个的情形。前者的顾客确实会认为该企业的服务质量很好,而另一个分支机构的顾客则可能认为整个企业的服务都质量低劣。这种形象的混淆将对服务产品的推广产生严重的负面影响。

(5) 由于服务不具有实体特征,因而不能运输,从而使得服务的分销具有不同于有形产品的特点。对大多数服务来说,要么顾客必须到生产设施所在地,要么生产设施必须运到顾客所在地。后一种情况,如教师、律师、会计师和球队的"服务能力",可以运到需要他们的地方。专家的咨询报告、税务文书、保险单等这些服务的产品形式,也都可以运输。虽然如此,表述这些文件意义的实际服务却不能运输。

(6) 服务的所有权缺位特征决定了在服务的生产和消费过程中不涉及任何实体的所有权转移。服务不能贮存或运输的特性也给大规模地生产和销售服务带来了限制,所以服务企业要获得规模经济的效益就必须比制造企业付出更多的努力。

二、服务营销策划实务

(一) 服务细分与目标市场定位

由于影响人们需求的因素是多种多样的,服务需求具有明显的个性化和多样化特征。根据传统的行业概念划分是服务细分最常见的一种方法,如将服务业区分为洗理业、交通运输业、咨询业等。这种分类方法无疑有其合理性。但从营销角度看,则显得过于简单。下面介绍几种分类方法。

1. 根据服务作用的直接对象和有形性程度

根据服务作用的直接对象和有形性程度,将服务区分为四类:①卫生保健、美容、客运、餐饮等属于直接作用于人体的服务;②货运、修理、仓储、洗衣等属于直接作用于物品的服务;③公关、广告、广播、管理咨询、教育等属于直接作用于人类意识的服务;④会计、数据处理、数据传输、证券投资等则属于直接作用于无形资产的服务。在这四种不同类型服务的生产过程中,要求顾客参与的程度是不一样的(见表11-4)。

表 11 -4　服务的分类

服务行为的性质	服务直接的接受对象	
	人	物
可视行为	直接作用于人体的服务	直接作用于物品的服务
不可视行为	直接作用于人类意识的服务	直接作用于无形资产的服务

2．根据顾客在服务提供过程中的参考程度

根据顾客在服务提供过程中不同的参与程度，将服务区分为高接触性服务、中接触性服务和低接触性服务三类。电影院、公共交通部门、学校等所提供的服务属于高接触性服务，在这类服务提供的全过程或绝大部分时间内，顾客需要参与其中，否则就无法享受服务。房地产经纪人、律师等所提供的服务则属于中接触性服务，顾客只需部分参与到服务提供的过程之中。信息传递则属于低接触性服务，服务的完成主要依靠仪器设备完成，顾客与服务提供者之间的直接接触则较少。

3．根据服务提供手段的不同

根据服务提供手段的不同，可将服务分为以机器设备为基础的服务和以人为基础的服务。以机器设备为基础的服务如自动售货服务，以人为基础的服务如会计服务等；以人为基础的服务则又可进一步分为非熟练工人、熟练工人及专门职业人员提供的服务。

4．根据服务需求者的类型

根据服务需求者的类型不同，可将服务区分为个人服务和组织服务。医疗机构在提供医疗服务的过程中，往往会区分个人客户和组织客户，提供不同的营销组合。

服务细分及目标市场定位与制造品的市场细分及定位有很多相似之处。在服务营销过程中，同样可以借助于人口因素（年龄、性别、收入、民族、职业、宗教信仰）、地理因素（国家、地区）、心理因素、行为因素（知识、态度、使用方式）等来进行市场细分。但是，在应用上述因素对服务市场进行细分并进行目标市场定位时，必须要认识到一点差异。在服务产品提供过程中，服务提供者需具备更强的按照顾客需要提供满足的能力，服务现场往往同时有多位顾客，这就要求保证目标顾客之间的相容性，避免需求差异巨大的顾客在同一空间和同一时间所可能产生的相互干扰。

（二）服务营销组合策略

一般而言，企业在制定服务营销组合策略的过程中必须要考虑七个 P：除传统的营销 4P 外，还包括人（people）、过程（process）以及有形展示（physical evidence）。

1．传统的 4P

传统的 4P 中值得注意的问题如下：

（1）服务营销中的竞争同样服从一个基本准则。这个基本准则是指在不同企业向市场提供的价值相当的情况下，谁能以较低的价格向顾客提供这种价值，谁就能赢得顾客；而当不同企业向顾客收取的价格相当的情况下，谁能向顾客提供更大的价值，谁就能赢得顾客。因此，合理的定价是服务营销过程中一个十分重要的问题。合理的价格不仅能吸引消费者，而且还有可能成为无形服务差别化策略的重要手段。但是，值得注意的是,由于不同顾客对同类服务的需求经常存在着差异,服务营销中的定价往往面临着标准成本难以准确衡量的困难,从而加大了定价的难度。

(2) 服务产品同样需要向市场推广。市场竞争越是激烈,就越是需要采取有力的推广措施。而当企业推出一种新型服务时,更需要通过宣传促使顾客理解、接受服务新品种。与有形产品的促销宣传一样,服务产品的促销宣传也应当借助于广告、公共关系、营业推广及人员推销等手段。这些措施与有形产品营销,在性质上是完全相同的。但值得注意的是,由于服务是无形的,消费者要准确把握服务质量的优劣存在相当困难,有些服务在使用后仍无法对质量优劣作出评价,因此,在消费决策过程中,其他消费者对某企业所提供的服务的"口碑"(Word of Mouth,WM)往往起着十分关键的作用。

(3) 服务营销中的渠道。这是指将服务从其生产者手中送达消费者手中的通道。在考虑渠道决策时,必须考虑到服务的不可存储性及不可分离性等特征所产生的影响。由于服务无法存储和运输,其生产、销售和消费很可能在同一空间完成,为使更多的目标市场顾客能获得满意的服务,在不可能进行大规模生产和销售的情况下,企业就必须要根据服务的具体特点,进行科学的网点决策,并要保证不同网点所提供的服务质量的统一。

2. 人(people)

在服务产品提供的过程中,人(服务企业的员工)是一个不可或缺的因素,对于那些要依靠员工直接提供的服务,如餐饮服务、医疗服务等来说,员工因素就显得更为重要。一方面,高素质、符合有关要求的员工的参与是服务提供的一个必不可少的条件;另一方面,员工服务的态度和水平也是决定顾客对企业所提供服务的满意程度的关键因素之一。考虑到人的因素在服务营销中的重要性,服务业的营销实际上由三种类型组成(见图11-2)。

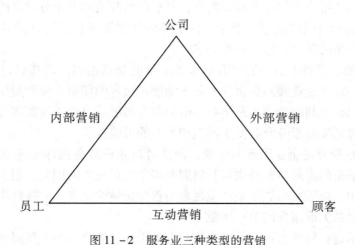

图 11-2 服务业三种类型的营销

图 11-2 中,外部营销包括企业服务提供的准备、服务定价、促销、分销等内容;内部营销则指企业培训员工及为促使员工更好地向顾客提供服务所进行的其他各项工

作；互动营销则主要强调员工向顾客提供服务的技能；员工因素在服务营销中起着重要作用。在服务营销组合中，处理好人的因素，就要求企业必须根据服务的特点和服务过程的需要，合理进行企业内部人力资源组合，合理调配好一线队伍和后勤工作人员。以一线员工为"顾客"，以向顾客提供一流的服务为目的，开展好企业内部营销工作。

3. 过程（process）

向顾客提供服务的过程也是一个价值增值过程。在服务营销过程中，服务的提供者不仅要明确拟向哪些目标顾客提供服务，提供哪些服务，而且要明确怎样提供目标顾客所需要的服务，也即合理设计服务提供的过程。

服务营销在提供过程的设计涉及以下几方面的问题：

（1）服务应当以怎样的次序、步骤提供？在什么时间、什么地点提供？应当以怎样的速度向顾客提供？

（2）在最终向目标顾客提供服务的过程中，本企业究竟担当什么职责？是由本企业来完成整个过程的工作，还是将部分工作发包给其他企业来完成？

（3）在服务提供过程中，服务提供人员与顾客之间如何进行接触？是由服务人员上门提供服务，还是吸引顾客前来购买服务？

（4）以怎样的方式提供服务？是根据各个顾客的要求提供个性化的服务，还是向大批顾客提供标准化的服务？

（5）如何评价并不断改进服务提供过程？例如，主要由顾客来评价，还是由管理人员评价？或是员工之间相互评价？

4. 有形展示（physical evidence）

服务是无形的，在服务消费决策中，消费者往往根据其能够感知的有形因素的状况来判断无形服务的质量，从而作出是否消费的决策。通过有形因素向消费者展示无形服务的特点、层次等，即服务营销中的有形展示。

作为服务营销组合中的一项重要内容，有形展示起着如下十分重要的作用：

（1）有形展示可以通过感官刺激，向消费者提供服务信息，让消费者感受到无形服务能够为其带来的利益，激发消费需求。

（2）有形展示有助于引导消费者对服务质量的合理期望。消费者对企业服务不满的重要原因之一在于企业实际提供的服务不能满足顾客的期望。而消费期望不能得到很好的满足将会对企业利益产生不利影响。恰当的有形展示有助于使顾客建立对企业服务的恰当期望，降低实际服务利益低于其期望利益的可能性。

（3）影响消费者对企业服务的印象。消费者对企业服务的印象建立在多种因素基础之上。服务消费的实际体验是决定其对服务印象的最重要的因素。但在决定消费者印象的若干因素中，由于有形展示是消费过程中首先接触的要素，它往往决定了消费者对企业及其所提供的无形服务的第一印象。

对有形展示进行科学管理，关键在于合理地设计、组合各种有形要素。一切可向外界传达企业服务特色的有形要素，都构成服务营销中的有形展示。在服务营销过程中，能够为企业所控制、并会为消费者重视的有形线索主要包括三个方面：一是服务的物质环境，如服务场所的设计及其整洁程度、企业形象标识、服务设备的档次、服务人员的形象等。二是信息沟通，即沟通本企业与外界的所有宣传，如企业对外的广告宣传、外界对本企业服务质量和形象的评论等。三是价格。消费心理学表明，当消费者缺乏必要的专业知识来评价产品质量的优劣时，价格往往成为其判断质量优劣的重要指标，这也就是所谓的"按质论价心理"。科学进行服务的有形展示，要求企业能够根据目标市场需求的特点和本企业服务的特点，对上述各有形性因素进行合理的设计，并保证各种有形因素传达的信息的统一。

案例一 宜家集团的顾客满意策略

一、宜家集团简介

瑞典宜家集团（以下简称宜家）是全球最大的家居用品零售企业，也是世界500强企业，宜家1943年创建于瑞典，是全球"最有价值的50个品牌"之一，是当今世界上最大的家居用品零售商，经营业务涵盖零售、采购、物流中心和产品配送中心等，遍及50多个国家和地区，品牌价值超过100亿美元。到2013年8月份，宜家共拥有135000名员工，在全世界40个国家和地区建立了349家宜家家居商场，其中在26个国家中有305家商场属于宜家自有商场，2013财政年度销售额为279亿欧元。

宜家的理想：为大众创造更美好的日常生活。

宜家的商业理念：提供种类繁多、美观实用和老百姓买得起的家居用品。

宜家用品的功能定位：从植物和客厅家居用品到玩具和整个厨房，你需要的一切。

宜家用品的风格：浪漫主义者与简约主义者都能找到自己需要的东西，充满阳光和新鲜的空气，却又不失内敛与本真。

二、宜家在构建顾客满意中的做法

（一）提高产品价值

1. 产品设计重视顾客需求

平板包装设计：家具的平板包装是宜家的首创。绝大部分的宜家产品都被设计成可分拆运输的结构。外包装是平板式，这样可以充分利用运输工具的空间。

2. 简约、人性化的设计

宜家除木制家具外，还有陶土、金属、玻璃、硬纸等制品。

宜家的产品简约、精美、时尚、温馨，搭配丰富的色彩，不矫揉造作。

3. 产品设计推陈出新频率高、引领时代潮流

宜家有一种"四季被"，属三被合一，一层是温凉舒适的夏季被，一层是中暖度的春秋被，顾客也可以把两层放在一起，那就是温暖的冬季被。

4. 产品系列广泛

宜家产品系列广泛，共有 10000 多种产品供顾客选择。基本上，任何品位的顾客都可以在宜家买到家居所需的家居产品。

首先是广泛的功能。顾客无须往返于不同的专卖店去购买家居用品。在宜家可以找到从客厅家具、玩具、煎锅到餐具刀叉，从办公家具到绿色植物的所有物品，在宜家可以找到所有实用的家居用品，顾客不必在各个家居店之间东奔西走。

其次是风格范围广泛。不同品位的人在这里都能找到自己的所爱。但宜家的产品也不是无所不包，宜家没有过于极端或过于夸张的产品。宜家提供的是为创造舒适的家居环境所需要的产品。

最后是通过适当协调，可同时实现广泛的功能和风格。无论顾客喜欢哪种风格，都会有一款扶手椅与书柜相配，有一款书柜与新的折叠桌相配，有一款新的折叠桌与扶手椅相配。因此，宜家的"系列广泛"有着多层含义。

（二）提高服务价值

1. 精心入微的商品导购信息

宜家的商店没有"销售人员"，只有"服务人员"。他们不允许主动向顾客促销某件产品，不会像其他家具店的店员一样，你一进门就对着你喋喋不休。宜家精心为每件商品制定"导购信息"，有关产品的价格、功能、使用规则、购买程序等几乎所有的信息都一应俱全。即使是一只小小的灯泡，宜家也可以将其特点完全展示出来。宜家将每一个细节都考虑进去，来指导消费者快速作出购买决定。如果顾客不放心，那不要紧，宜家的《商场指南》里写着："请放心，您有 14 天的时间可以考虑是否退换。"

2. 信息透明化

在宜家，商品测试是夺人眼球的一道风景线。在厨房用品区，宜家出售的橱柜从摆进卖场的第一天就开始接受测试器的测试，橱柜的柜门和抽屉不停地开、关着，数码计数器显示了门及抽屉可承受开关的次数。

如果顾客不懂怎样挑选地毯，宜家会用漫画的形式告知：用这样简单的方法来挑选我们的地毯：一是把地毯翻开来看它的背面；二是把地毯展开来看它的里面；三是把地毯折起看它鼓起来的样子；四是把地毯卷起看它团起来的样子。

对于组装比较复杂的家具，宜家则在卖场里反复放映录像和使用挂图解释如何组装该家具。

总之，宜家希望在没有服务人员帮助的情况下，顾客也能轻松地"自学成才"。

3. 客户服务

（1）送货上门。送货服务只收取合理的费用。在宜家，运费从未被加进您购买家具的售价中。只要需要，宜家就会提供服务。

（2）付款方式。在宜家商场内，您可以用您喜欢的方式付款，宜家接受现金、转账支票及有银联、VISA 和 MASTER 标记的储蓄卡、借记卡及信用卡。

（3）组装服务。宜家的家具都采用平板包装，内含指示说明和宜家的特殊工具，所以您可以放心自行组装。如果您需要帮忙，宜家也乐意提供上门服务。

（4）退换货政策。只要包装和货品没有损坏，并保持出售时的状态，您可在60天内带上原始发票或收银条及信用卡收据和完整的货品，前往购物商场更换等值货品或退款。

（5）宜家餐厅/咖啡厅。在宜家购物是一种享受，可有时也挺累的。所以当您想休息一下，喝上一杯冰凉的冷饮或是吃点什么的话，宜家餐厅是个不错的选择。伴着优美的音乐饱餐一顿瑞典特色食品或精选中餐定会令您精力恢复，身心愉悦。

（6）小食品屋。别忘了宜家还在收银台外面设有小食品屋。

（7）儿童服务。带上孩子来购物，感觉很不同。那是因为车库近在咫尺，为带着全家人驾车来商场的您提供了方便。宜家为孩子们专门开设了由专人看护的儿童乐园。孩子们可以在商场内任意玩耍。宜家餐厅和咖啡厅为孩子们准备了儿童餐、高脚凳和奶瓶加温设施。卫生间内还设有婴儿尿布更换设施。

（8）布料加工服务。宜家为顾客提供指定式样的窗帘、靠垫套和桌布的布料加工服务。

（三）提高企业形象价值

宜家的营销策略之一是通过对于环保的重视来提升企业形象：

20世纪90年代开始，宜家开始有计划地参与环境保护事宜，涉及的方面包括材料和产品、森林、供货商、运输、商场环境等。

1990年，制定宜家第一个环境保护政策。

1991年，开始履行关于热带林木使用的严格规定。

1992年，禁止在宜家产品及其生产过程中使用对高空大气中的臭氧层有害的CFCs和HCFCs。

1995年采用严格标准，控制偶氮染料的使用。

1998年宜家按照环境标准评审宜家在欧洲的所有运载设备。

2000年为了推动林业的可持续发展，宜家在瑞典出资支持了一项林业专业研究。

以上这些措施为宜家赢得了良好的社会声誉和品牌形象。

（四）降低生产成本

在宜家创始人倡导的企业文化中，浪费被认为是"致命的罪过"。所以，宜家一切以降低成本为核心，从设计、生产、运输到销售的每一个环节都不遗余力地降低生产成本。

1. "模块"式设计

宜家用"简单"来降低顾客让渡成本，用"美"来提高顾客让渡价值，采用以"模块"为导向的研发设计体系，把低成本与高效率结为一体。这样设计的成本和产品的成本都能得到降低。

2. 与顾客合作打造低价格

宜家把顾客也看作合作伙伴：顾客翻看产品目录，光顾宜家自选商场，挑选家具并自己在自选仓库提货。由于大多数货品采用平板包装，可方便顾客将其运送回家并独立进行组装。

3. 平板包装策略降低成本

在储运方面,宜家采用平板包装,以降低家具在储运过程中的损坏率及占用仓库的空间;更主要的,平板包装大大降低了产品的运输成本,使得在全世界范围内进行生产的规模化布局生产成为可能。

4. 不断采用新材料、新技术来提高产品性能并降低价格。

以近乎完美的奥格拉椅子为例:起初,奥格拉椅子用木材生产,随着市场变化,其价格变得太高,遂采用平板包装降低成本;当平板包装也不能满足低成本要求时,改用复合塑料替代木材。后来,更将一种新技术引入了家具行业——通过将气体注入复合塑料,节省材料并降低重量,并且能够更快地生产产品。

(五)为顾客创建温馨、娱乐的购物体验

1. 卖场的人性化布局

宜家的卖场设计有着其标准规范,进入商场后,地板上有箭头指引顾客按最佳顺序逛完整个商场。

主通道旁边为展示区,展示区的深度不会超过4米,以保证顾客不会走太长的距离。展示区按照客厅、饭厅、工作室、卧室、厨房、儿童用品和餐厅的顺序排列。这种顺序是从顾客习惯出发制定的,客厅最为重要,饭厅是人们处理日常事务的地方,家庭办公室紧随其后,卧室是最后一个大型家具区——这种展示方法有利于给客户一个装饰效果的整体展示;同时还有利于连带购买;有很多东西,同时又为顾客降低了购物时间成本。

在宜家的展示区中,有一个个分隔开来的展示单元,分别展示了在不同功能区中如何搭配不同家具的独特效果。在宜家饭厅示范室,你会看到一张餐桌,几把竹椅,餐桌上摆放着高脚玻璃杯、咖啡壶、闪闪发亮的刀叉、精美的瓷盘,以及鲜花和果蔬;而在卧室示范室,被子、床单、枕头和抱枕在大床上展示它们的效果,灯光也和家中一样柔和、浪漫。这些示范室内往往集中了宜家家居所贩卖的大部分商品品种,摆放有序,就像一个真"家"那样设施齐全、温馨迷人。

2. 鼓励顾客体验

生动化的展示不仅仅是给人看的,宜家还鼓励、引导顾客进行随意全面的体验,比如拉开抽屉、打开柜门、在地毯上走走、试一试床和沙发是否坚固等等。有很多国内家具店动辄在沙发、席梦思床上标出"样品勿坐"的警告,往往担心顾客将其弄坏或者弄脏等。

在宜家,所有能坐的商品,顾客无一不可坐上去试试感觉。宜家出售的一些沙发、餐椅的展示处还特意提示顾客:"请坐上去!感觉一下它是多么的舒服!"宜家告诉你,质量是经得起考验的,同时还向你销售一种消费观念:一定要体验过,作出的决策才是最好的。

3. 卖场人性化服务

顾客在逛宜家时,累了可以在床或者沙发上休息,饿了宜家餐厅有美味实惠的瑞典

食品和适合本地顾客口味的中国食品,在北欧淳朴浪漫的音乐环境中,顾客心情渐归平静,回归自然。而宜家洗手间的水永远比五星级酒店的水更温暖,一年四季都是舒适的温度,宜家对顾客的感受贯穿于每个细节,美好的环境叫人不忍离去。这样的购物体验,使每个顾客都不会感到疲惫或者厌烦,经常光顾的结果就是习惯消费,而停留时间越长和购买数量之间是成正比的。宜家就这样用"春风化雨"的方式俘获了每位光顾者的心。

4. 独具特色的DIY

宜家倡导"我们做一些,你来做一些,宜家为你省一些"的理念。所以,宜家采用自选方式,以减少商店的服务人员。而且服务人员不主动向顾客推销,除非顾客要求店员帮助,否则宜家店员不会打扰,以便让顾客静心浏览、体验、轻松、自在地逛商场、挑选家具、自己提货。

顾客可以选择付费送货,但一般是自己搬回家,不像中国的其他家具店,可以送货上门。另外,家具运送到家后,顾客还要自己花费数小时动手组装,因为宜家销售的多是散件。

5. 宜家人性化便民销售策略

宜家雨伞的价格在下雨天会打折,同一把伞,平时19元,下雨天9.90元。晴天的时候以原价出售,下雨的时候打折出售,是宜家一贯的营销策略,全世界的宜家都是一样。这一人性化的亲民策略,为的是方便没有带伞的顾客。至于如何判定是否下雨,宜家方面说以结账时的情况为准,无论雨势大小,都以优惠价出售。

6. 休闲式的娱乐购物

休闲式的娱乐购物是宜家的一大特色。立体式的逼真展示,无人打扰的购物范围,自由自在的随心体验,还有体贴入微的配套服务,一切都让人感觉像家里一样放松、惬意。实际上,很多来宜家的人不是纯粹来购物的,他们已经习惯性地把它当作一个休闲的地方,顾客在这个环境中会不知不觉被"宜家文化"所感染。宜家文化让顾客体会到:原来厨房可以如此整洁大方、井然有序,客厅可以如此色彩缤纷、功能丰富,卧室可以如此温馨无比、风情万种。顾客在宜家不但可以买到称心如意的家具或家居用品,更重要的是也学会了色彩可以这样搭配,杂物可以那样收纳,等等,许多生活常识和装饰灵感在这里悄然迸发。久而久之,宜家成为家居的代名词。

宜家已不仅仅是一个家具销售商,它更出售一种生活方式、一种家居文化——不奢华、不夸张,在简单之中体现品质和品位,以科技照顾生活的每个细节,正如其广告语所说的——"好生活,宜家有办法"。宜家倡导的这种简约实用、有品位的生活方式,迎合了现代大多数人的一致追求,最终使得宜家自然而然融入越来越多人的生活,并升华为中产阶级的一种文化符号。

对于本土企业来说,宜家给我们带来了不少有益的启示,而其核心就是"以人为本",一切以满足人的本性和需求出发。

案例二 银冶公司的"顾客满意战略"策划书

银冶公司是一家经销燃气具、热水器为主体的具有一定规模和品牌影响的企业。银冶公司认为,当前市场的竞争主要表现为对顾客的全面争夺,而是否拥有顾客取决于企业与顾客的关系,取决于顾客对企业产品和服务的满意程度。顾客满意程度越高,企业的市场占有率就越大。为此,银冶公司特制定"顾客满意战略"策划书如下。

一、服务宗旨

(一) 说明

服务宗旨是实现企业理念的最重要组成部分之一,它与企业宗旨一脉相承,是可以同一化的。

服务宗旨也是企业一切服务宣传和行为的指南。

(二) 内容

一切为了顾客更满意。

二、服务口号

(一) 说明

服务口号是服务宗旨的生动化、形象化,它与企业理念的部分内容息息相关、血肉相连,有一种既能对内又能对外的激励作用。

(二) 内容

(1) 顾客是最重要的。
(2) 服务无止境。
(3) 宁失千金,不失寸誉。
(4) 专卖名牌货,只做真诚人。
(5) 每一位来者都是我们的贵宾。
(6) 只有顾客的满意,没有服务的满足。
(7) 对顾客我们永远心存感激。

(三) 运用

(1) 专卖店店内、门口的布置。
(2) 某些广告宣传品上的运用。
(3) 公司办公室室内的布置。

三、服务观念

（一）说明

（1）服务观念是支撑服务宗旨和服务口号的梁柱。

（2）如果没有先进的、优秀的服务观念作指南，员工的服务态度和行为必然是消极的，再好再完美的服务措施也是得不到很好执行的。

（3）服务观念主要是对内的，是用作员工学习资料的，这种强化员工服务观念的学习应该长期坚持不懈地进行下去，直到这些观念深入全体员工的心灵，化为他们自觉的行动。

（二）内容

（1）无论进店的人是否购买，无论购买金额的大小，都是我们的嘉宾。
（2）产品售出只是完成了任务的一半，真正的销售是从交易完成之后开始的。
（3）最大的市场竞争力是我们的服务技能、真诚和热情。
（4）个人的一言一行，都代表企业的形象、影响公司的声誉。
（5）让顾客满意只是服务的一般境界，让顾客感动才是服务的最高境界。
（6）顾客的需求与欲望是无限的，对顾客的服务也是无限的。

（三）更新

为了更新服务观念，有以下的事情可做：
（1）请有关专家就服务观念更新讲一堂课，听时作笔记，听完后要讨论。
（2）每个员工对公司新的服务观念都应该倒背如流，铭记在心。
（3）围绕新的服务观念定期组织一些相关的文章进行学习、讨论（请参见策划书附件）。
（4）可组织公司内部成员进行一次以"更新服务观念"为题的自我演讲会，每人发表 10 分钟左右的演讲，由有关专家给予评分发奖。
（5）对服务出色的员工进行及时有效的、方式新颖的表扬和奖励。
（还有不少方法需要在实践中创造。）

（四）实现

树立服务导向观念、实现服务观念更新的最大风险是口是心非，如果管理层和员工嘴上大谈顾客最重要、服务无止境但又缺乏实施服务战略的具体行动，这种高谈阔论就无法取信于人。

四、服务原则

（一）说明

（1）服务原则也可称为服务要素，它是服务宗旨、服务口号、服务观念的进一步延伸与规范化。

（2）一个企业实际服务水平的高低，总的说来，就要看它对服务原则理解和执行水准的高低了。

（二）内容

（1）对顾客有亲人般的感情。
（2）实行售前、售中、售后的全方位服务。
（3）不断发现和补充新的服务细节。
（4）努力做到超过顾客的服务期望。

五、服务规范

（一）说明

（1）服务规范是一个企业——特别是营销性企业能否获得市场成功的最重要的考核标准之一，也是企业最终能否发展成一个名牌企业的最重要前提之一。

（2）服务规范的内容极为丰富，它包括服务环境、作风、技能、礼仪……它能让服务宗旨、服务口号、服务观念、服务原则变得有声有色、有血有肉，并一一落到实处。

（3）服务规范是"顾客满意战略"中最困难、最复杂的部分，也是最精彩、最有魅力的部分；服务规范的制定不可能是一劳永逸的，在以后的营业实践中有所增加和调整是完全正常的。

（4）有关服务规范的细节补充部分请参阅策划书附件。

（二）专卖店环境

服务环境已经成了优质服务的一个有机组成部分，成了企业形象的一个无形的展示台。

（1）银冶专卖店应改变为卖产品而卖产品的纯商业化设计，注入人性化、温馨化因素，以方便、取悦顾客为主要标准。

（2）特别要注意店外第一观感（现代感、科技感、新潮感）和入店第一印象（温和的、家庭的印象）的设计。

（3）改变传统的显得暗淡的店堂色彩，注意柔和流畅的线条，商品陈列上向第一流的名牌商店学习，特别要注意增设便民、促销方面的设施。

（4）银冶的企业理念、服务宗旨、服务口号等应在环境中得到恰当的展示。

（5）商品价格标签书写要规范、美观。

（6）店员的着装整齐、舒适、有鲜明特色，以商店拥挤时顾客也能一眼识别出来为标志。

（7）店内、店门口的清洁卫生应该是本街区的第一流的，若条件许可可进行适当的盆栽绿化。

（三）专卖店经理

连锁性的专卖商店中但凡经营得特别杰出的，都是因为拥有一名能干的经理，他除了营业技能出色之外，更应具有一种良好的领导作风：

（1）善于与人交流，对下属进行示范，赞扬和鼓励不绝于口，而且对下属下指示时，以面对面的交谈为主。

（2）通过自己的以身作则、循循善诱去启发和诱导员工，而不是以武断命令、动辄惩罚去驱使员工。

（四）营业员的六种能力

营业员的形象已不再是点头哈腰、对人态度好就够了。换句话说，营业员在谈生意的过程中，既要充分体现服务的宗旨——一切为了顾客更满意，又要完成交易——实现企业的赢利目标，这并不是一件容易的事，没有相当的能力是办不好的。

据有关资料介绍，那些正在不断取得优秀成绩的高级营业员至少具有以下六种能力，虽然这六种能力的获得不可能是一朝一夕的功夫，但经过不懈努力直到完全拥有这六种能力应该成为每一个银冶营业员追求的目标。这六种能力是：

（1）能深刻洞察人性的能力。营业活动是社会上志同道合之人的一种营生，缺乏洞察人性的能力就很难取得成绩。顾客的价值观如何？思想方法和行动方式如何？属于哪类交往类型？……营业员要善于将他们分类。具体说来，就是对人要有强烈的好奇心，要有开展人际关系的能力。

（2）收集信息的能力。营业活动同时也是一种收集和运用信息的作业，必须具备这种能力。收集信息的能力越高，也就越能探听出顾客的信息并经过活用而建立联系。

（3）卓越的解决问题的能力。营业员的活动也是一种不断解决逐次发生问题的作业，他要能引导出顾客所求的真正需要，解决顾客的问题，也要能够有效使用专业知识和技术，能够对具体的方案提出咨询意见。

（4）建立共同感性认识的能力。营业活动一方面是一种技术，但最终落实为人性问题，因此，要求具有能同对方建立共同感性认识的素质。主要是对顾客的嗜好和生活方式有共同感性认识，对社会变化和流行事物敏感，同时又有平易近人的品格，能站在对方的立场上看问题，获得顾客的好评。

（5）与人打交道的能力。这是一种根据顾客个性而采用的一种柔软的对应方法（这种能力主要来自于细心的培训和经验的累积），可以说是营业员和顾客之间保持良好信任关系和密切接触的营业能力。

（6）掌握商品知识的能力。营业员向顾客推销的最终是商品，无论应酬话讲得多么好听，无论顾客的心理状态掌握得多么好，如果不能对商品做恰到好处的说明，生意最后还是做不成。营业员满怀信心的行为来源于有丰富的商品知识，而丰富的商品知识又是同顾客的深切信任相联系的。所以对营业员来说，掌握丰富的商品知识是绝对必要的。

（五）营业员的五种功能

激烈的市场竞争，对营业员的功能要求越来越高，那种有人买货就卖，卖后一概不管的传统经营方式已经落伍了。一个能适应现代商业竞争的营业员至少需要具备以下五种功能：

(1) 保持与开辟市场的功能。首先保持同已有顾客的良好关系，其次要及时发展新的顾客，开辟新的市场。

(2) 传达信息的功能。这是指把企业的企业理念、服务宗旨等以及企业要向市场提供的内容很好地传达给顾客。

(3) 援助顾客购买的功能。这是指咨询推销功能，对顾客的愿望参加议论，促进顾客下决心购买。

(4) 服务功能。为了保证使顾客经常满意，要对已有顾客开展经常性或特定性的追随访问活动。

(5) 完成签订合同功能。要发挥上述各种功能，及时准确签订售货合同，提高营业收入。

（六）营业中的注意事项

(1) 行为动作文明。员工之间，早晨见面互相问候、服务时互相帮助、下班时互相道别。员工在岗时，站立、走动、拿取物品等的行为动作都要文明规范，不可将手插在衣袋里，或抱着胳膊，或倒背着手。切不可随地吐痰或当着客人面大声说笑、掏耳朵、挖鼻孔、剔牙齿等。在平时，尤其是有客人在场时，服务人员之间应该互相尊重、互相使用敬语。

(2) 周到细致地介绍商品。除介绍产品的质量、性能、价格、设计、效用、材料和构造外，还要视情况介绍重量、尺寸、种类和色彩等等。从广义上说，还要介绍有关商品的信息与条件、交货期、售后服务、保用期。进一步还可介绍其他公司产品与本公司产品的不同点、相同点、商品使用注意事项等等。

(3) 问话不要太急。服务员可将视线关注客人，但不要开门见山一个劲儿地追问："您想买点什么？""这个怎么样？""我能为您做点什么？"要多细心、多关照、多建议、多提供方便，不要以各种方式催促客人。

(4) 不能冷落任何一位。要有来者都是客、一视同仁的意识。业务繁忙时，要注意接一待二照顾三，对正在接待的客人，耐心细致。对其他等候的客人可轻轻向其点头致意，并说："对不起，请您稍等一会儿好吗？"要知道，冷落任何一位客人都是失礼的行为，无论是有意还是无意的，都是如此。

(5) 不可失礼。服务人员在推销商品的过程中，应始终面带微笑，始终保持和颜悦色的态度，不计较客人要求的多变；不计较客人挑选的次数；不计较客人言语的轻重；不计较客人态度的好坏；不因客人一时不理解而急躁；不因客人提出一个无法接受的条件而生气；不因争论价格而怒形于色，应做到"买卖不成人情在"，商品费了半天劲未能推销出去也决不可失礼。

(6) 注意语言。在推销商品中，服务人员要切记：有伤客人自尊心的话不讲，有碍客人尊严的话不讲；埋怨、责备客人的话不讲；讽刺、挖苦客人的话不讲；粗话、无理的话不讲，不符合文明礼仪的话不讲，说话既要说明问题，又要注意词句文雅有礼。

(7) 缩短通话时间。接听电话时要有礼貌，不能旁若无人，不能在接听电话时不管时间长短而置客人于不顾，应尽量缩短通话时间，并向客人点头致歉。

(8) 不可驱赶顾客。即使已临近关门时间，而商场内尚有客人，也不可提前清扫地面、整理柜台，以免使客人有被驱赶之感。

(9) 提供超常服务。对少数顾客的一些特殊的、个别的、偶然的要求，不要生硬地、简单地拒绝，而应及时请示或在符合企业服务宗旨、服务观念的大原则下临机妥善处置，以维护公司信誉形象。

(七) 维修工的十四点要求

(1) 平时更多地熟悉所服务地区的地图、地名、地形等，保证一听顾客电话就明白，保证能更快地找到。

(2) 不管风雨黑夜，不管骄阳烈日，闻令即动，使用各种方法，以最快的速度赶到第一线。

(3) 具有不怕苦、不怕累、不怕疲劳、连续作战的意志和能力。

(4) 个人衣着、举止、言谈等，不能有任何"脏乱差"的现象出现。

(5) 维修上门时带上统一设计的美观大方的专用维修工具箱、里面有漂亮整洁的维修工具（不要小看这一点在顾客眼中引起的好感）。

(6) 敲门声要轻，问话声要亲切柔和，进门先递上自己的服务名片，注意对顾客称谓得当，特别是对小姐、女士的称谓更要得当。

(7) 平时苦练维修技能，对燃气具的毛病能一下子就诊断出并以最快的速度解决。

(8) 格外爱护顾客家庭的清洁卫生，带上一块遮地的大布（布上写着银冶的服务宗旨），将被维修的燃气具放在上面维修。另外带有数块小布，是擦拭顾客机器用和自己维修完洗手后用的。

(9) 维修过程中顾客不愿说话就不要多言，顾客愿意多说就耐心地听，顾客需要咨询就认真地回答，包括咨询其他有关的商品使用知识。

(10) 热天自带一瓶饮料，若可能要加班延时可自备一点干粮，总之，不准吃、用、借、拿顾客家里的任何东西。

(11) 在维修过程中，顺便做一些公司新产品、新服务、新促销措施的宣传。

(12) 请顾客认真填写维修工单（不要揉得皱巴巴的），并为之备一支好笔供顾客填写。

(13) 维修完后，适时进行电话追访。

(14) 将观察了解到的顾客家中的某些信息向公司信息员反映。

(八) 服务常用语

"欢迎您的光临"、"早安"、"您好"、"给你添麻烦了"、"谢谢您的帮助"、"打扰您了"、"实在很抱歉"、"请原谅"、"没关系"、"不要紧"、"别客气"、"对不起"、"再见"、"一路顺风"、"一路平安"、"欢迎您下次再来"……

"我能为您做些什么吗？"、"这是我应该做的"、"非常感谢"、"对不起"、"谢谢您的提醒"、"您还需要点别的东西吗"、"我们立即采取措施使您满意"、"请留下你的电话或联络方式"、"我们马上帮你查询"，等等。

（九）服务忌用语

一定要杜绝四种对营业有害的语言，即蔑视语、烦躁语、否定语、斗气语等。

具体说来要减少与杜绝以下一些语言："不知道"，"你去问××部"，"这件事与我们无关"，"你有完没完"，"你到底想不想买"，"你又有什么了不起"，"就不卖给你"，"也不差你一个顾客"，等等。

（十）处理顾客投诉的四点要求

顾客向专卖店经理或公司有关部门投诉是顾客对公司信任的一种表现，应该说是一件好事，但好事也必须处置得好。处理顾客投诉的当事人对以下四点要求必须做到：

（1）不管当时客人态度如何，你都必须以礼相待。不管客人情绪多么激动，你都必须保持冷静，以自己谦和的态度感染客人，这有利于客人也渐趋平静，当客人前来投诉时，你如果当时是坐着的，就应该站起来相迎，请客人就座后，你方可坐下。如果客人执意就是要站着说话，那么你也应该站着，不能出现你舒服地坐在那里，甚至跷着二郎腿去和站着的客人说话的场面，那无疑是火上浇油。

（2）面对前来投诉的客人，必须要精力集中，排除干扰，以慎重、富有同情心的态度注意倾听。不要一面听着客人的投诉，一面还在抓紧时间干与此无关的事情。

（3）对于客人投诉所反映的问题，要详细询问，并当面记录下来，以示郑重。如果当场能够答复或解决的，就不要含糊其辞或有意拖延。可在自己的职权范围内，提供解决问题的多种办法，供客人选择参考，如果一时解决不了，或是超过了自己的职权范围，也不要扯皮推诿，而应采取措施，或是向主管上司汇报，或是通知有关部门及时采取行之有效的措施。不要因客人讲述不清而抱怨，应安慰客人不要着急，请他再讲一遍。

（4）处理客人投诉时，要持热情和积极的态度。对客人的诉说要耐着性子听完；对待过分吵嚷的客人，也不可对其失礼，不访请他把话讲完，同样征求他对问题应如何解决所持有的意见，满足他的讲话欲望，使他的自尊不受到伤害。

（十一）处理顾客抱怨的八项步骤

顾客的抱怨也是免不了会产生一些的，处置得好，可化干戈为玉帛；处置不当，小事也会闹成大事，弄不好还会闹上报纸、电视甚至法庭，那企业形象的损失就太大了。所以，处理顾客抱怨必须慎之又慎。以下八项步骤是必须认真实行。

（1）谢谢您。

（2）因为……（解释为何谢谢他的原因。）

（3）为错误抱歉。

(4) 承诺将立即处理。
(5) 耐心听取抱怨，了解真实的情况。
(6) 快速地更正错误。
(7) 检查顾客的满意程度。
(8) 向领导或有关人员汇报，提出改进方法，以防患于未然。

六、服务信息

（一）说明

（1）信息已成为一种战略性的企业资源，没有准确的、丰富的信息，服务将是盲目的，服务将是费力不讨好的。

（2）开辟新客源不光依赖营业员的活动能力，它必须是以整个企业的营业战略为基础的有效行动。为此要从战略上决定对象市场，并尽可能地对该市场上的对象顾客做情况登记，掌握更多的信息。

（3）对银冶来说，有必要立即着手创建三座服务信息库，并尽快通过电脑使之联网，实现信息的快速收集、分析与处理。

（4）银冶服务信息库的建立，不只是为了目前的利益，更是为了将来的发展。

（二）内容

（1）顾客信息库。信息库的内容包括：①姓名，性别，年龄，婚否，职业，学历，单位，职务，住址，邮编，电话，手机，网址，信用程度，账户号码，开户日期，家庭成员，家庭经济，个人性格，文化水平，兴趣爱好，要求，建议，意见，等等。②所购的本公司产品名称，规格，型号，价格，数量，购买过程的长短，为什么选择在本店购买，等等。

（2）经销商信息库。信息库内容包括：①负责人姓名，性别，年龄，婚否，职业，学历，单位，职务，住址，邮编，电话，手机，网址，信用程度，账户号码，开户日期，家庭成员，家庭经济，个人性格，文化水平，兴趣爱好，等等。②所销售的本公司产品名称、规格、型号、价格、数量、退货数量、库存数量，等等。

（3）市场信息库。信息库内容包括：①现有燃气具品牌，最新燃气具品牌，直接竞争对手，潜在竞争对手，大众消费心理，新的消费趋势，等等。②最新的服务动态，服务典范，等等。

（统一设计成信息登记卡，有的交给专卖店，有的由公司服务信息库掌管；信息的内容还可适时增加。）

（三）来源

（1）信息来源是询问顾客"何时、何地买了什么？"等信息。这类信息是记录了最可靠的事实的资料，也是最重要的顾客信息，它能用于制定销售的促销策略。

（2）信息来源于顾客自己填写（在"银冶服务信誉卡"上填写）和营业员现场的

观察和记录。

（3）信息来源于公司老总、员工和亲友的推荐。

（4）信息来源于报纸、杂志、书籍、电视信息的摘录与收集。

（5）信息来源于现实商业竞争环境中的观察和记录。

（四）实践

（1）专卖店营业员必须是双向的信息提供者，一方面从顾客身上捕捉信息，与此同时又把恰当的信息提供给顾客。

（2）公司设一名或一名以上的服务信息员，专职负责此事（负责银治服务信息库的建立和管理），利用电脑数据软件，分别建档输入，使查询、分析、整理非常方便快捷。

（3）每一个专卖店有一名员工负责与他进行服务信息方面的联系，先可通过信函、传真，尽快过渡到电脑上进行相互的联系。

（4）每过一段时期便有一个分类信息汇报，内容主要为眼下畅销商品是哪些，是什么地方，什么性质的商品对于什么样的顾客畅销，等等。

（5）紧急的服务信息应立即上报公司领导，能把最新信息抢在其他公司前面向企业领导反馈是决定性因素。

七、服务培训

（一）说明

（1）员工缺乏足够的技能，服务过程的技术质量就会受到损害。正因为如此，企业集中力量狠抓员工的技能培训，乃是一箭双雕之策，既能提高服务质量，又能提高生产效率。

（2）对服务技能的追求同对服务质量的追求一样，是没有彼岸的，是企业永恒的课题之一。

（二）内容

服务培训大致可分为三种：

（1）树立全局观念，让员工全面理解企业的服务战略如何发挥作用、个人所发挥的作用、和其他人有什么关系、企业各个职能部门的运作情况，以及企业顾客构成情况，等等。

（2）技能培训，让员工不断提高交际、推销和服务技能，指导员工懂得如何完成各种任务。

（3）特殊信息交流技能与服务技能培训。

（三）实现

（1）必须提供各种各样的资料，讲解企业理念、服务宗旨、服务观念、服务准则等等，广泛散发给企业员工，供其阅读和学习。

（2）定期或不定期组织服务技能培训，包括参观学习优秀商场服务，请一流服务明星传授经验。

（3）组织服务技能竞赛，如燃气具拆装速度竞赛（包括蒙上眼睛拆装的比赛）、所售商品型号、价格、功能等知识竞赛等等。

（4）鼓励员工自我学习服务技能，每个员工都可以提出自我学习的计划，经公司审议后，由公司给予一定范围内的帮助。

（5）在扎实的本职技能的基础上，鼓励员工更多地学习一些家庭厨卫、小家电方面的知识学识、掌握更多的服务技能，以求成为服务多面手，为某些情况下提供超值服务做好充分的准备。

八、服务管理

（一）顾客服务中心

（1）在公司内成立顾客服务中心（或名顾客服务部）是必要的，它将把顾客服务当成一个独立的课题来进行研究，当成一个极为重要的任务来完成，并以此为中心调动公司各方力量进行全力的配合。

（2）由于该中心特殊的地位和作用，必须配备得力的干部任负责人。

（3）该负责人必须有很强的操作实施能力，他应该在公司总经理的指导下，独立地承担起将"顾客满意战略"的策划在一定的时期内转化为公司现实这一光荣而艰巨的任务。

（二）全员服务

在新的服务战略的指引下，为顾客服务就不再仅仅是第一线员工的事了，它已经成为银冶全体员工关注、投入的事了，也只有这样，银冶新的服务战略才能得到最完美的实施。以下四点是不可或缺的：

（1）处于与顾客发生接触的环境中的一线员工，要密切注视市场上的需求动向，随时针对顾客需求的变化调整自己的服务。

（2）一线员工的根本任务，是要积极主动地与顾客发生接触，争取顾客的友好合作，生产和提供优质服务，即将服务的技术质量转移到顾客身上。同时，要特别注重生产和提供技术质量的方式方法，力争投顾客所好，让顾客在轻松、舒适、愉快的状态下消费。

（3）公司的所有干部都有责任指导、协助、支援第一线员工，使其做好顾客服务工作；更有责任在具体的细节上关怀、爱护第一线员工，绝对不允许高高在上，对他们冷淡傲慢、漠不关心。这是一条"铁冶公司铁律"，违者必受重处。

（4）全体员工，不论其承担的工作任务有什么区别，都要完全认可狠抓服务质量的奋斗目标，都要能够主动积极地按具体措施办理；要向公司积极提供最新的服务信息、新闻、动态、资料，提出新的服务的创意构想、建议、设计、意见（设立员工服务创意箱、创意热线——电话费由公司支付）。只有全员关注顾客服务，才能使企业的理念最终得到完全的实现。

（三）激励机制

只要生产出了某种符合质量要求的可感知的服务，不论是顾客认可的服务，还是顾客赞赏的服务，都应该给予一定的表扬和奖励。

主要奖项为：

（1）年度奖。主要奖励那些一年中受到顾客表扬最多的营业员、维修工等，一般在年终或春节前的公司联欢大会上颁发。

（2）特别奖。对有重大的（特别是超值的）顾客服务贡献者及时给予奖励，要将这一奖励和奖励的原因及时通报给公司的每一位员工。

（3）创意奖，也可称为创新奖。为鼓励全体员工经常性地、积极地提出改进服务的大大小小的各种意见、建议、构想。该奖分为两类：一类为数量奖，奖励提出创意的次数或数量最多的员工；一类为质量奖，奖励创意被采用了的员工（如效益特好的还应追加奖励）。

（4）明星奖。每年可评上一两位，评选严格、公正，坚持少而精。要重奖，并对其服务事迹在报纸或电视上公开宣传，也算公司的一项公关广告活动。

（四）服务纪律

没有严格纪律的企业，将是一盘散沙似的企业，莫说创名牌，连自生的生计都将无法维持下去。应对违纪行为制定相应的处罚标准，直至辞退。

（1）专卖店员工服务纪律。不准对顾客冷漠生硬，不准对顾客讲粗话脏话等。

（2）维修部员工服务纪律。不准仪容不整地出现在顾客家中等。

（这里只能提出一些原则性的意见，没有必要也不大可能提得太具体。总之，要针对具体服务中易犯的一些毛病来有重点地制定服务纪律，一般以不超过十条为佳，同时制定相应的处罚标准。）

本章小结

"顾客"是一个相对广义的概念，有两类基本的顾客群，即外部顾客与内部顾客。

顾客满意（CS）是英文 Customer Satisfaction 的缩写，是指企业为了使顾客确实满意自己的产品或服务，综合而客观的测定满意度，并且根据调查结果，通过企业一体化来改善产品、服务及文化的一种经营战略。

顾客满意是针对 CI 战略中存在的问题，并试图解决问题而形成的。因此，可以说顾客满意战略是对 CI 战略的根本性修正，二者之间有着根本的区别。

建立顾客满意度指标体系有四个步骤，即提出问题、采集数据、建立行业顾客满意因素体系和企业顾客满意指标体系。

满意度的战略管理要在顾客满意的基础上追求顾客忠诚，防止客户流失。

服务可以区分为服务产品和功能服务两大类，与此相一致，服务营销的研究形成了两大领域，即服务产品的营销和顾客服务营销。无论是服务产品营销，还是顾客服务营销，服务营销的核心理念都是顾客满意和顾客忠诚，通过取得顾客的满意和忠诚来促进相互有利的交换，最终实现营销绩效的改进和企业的长期成长。

服务营销策划，首先要服务细分与目标市场定位，其次在制定服务营销组合策略的过程中，必须考虑七个 P。除传统的营销 4P 外，还包括人（people）、过程（process）及有形展示（physical evidence）。

关键概念

顾客　顾客满意　服务营销

思考题

(1) 如何策划才能提高顾客的满意度？
(2) 试析服务营销策划在现代企业运营中的重要作用。

第十二章　网络营销策划

本章学习目标

通过本章的学习，要求学生掌握以下内容：①了解网络营销的内涵及工具；②了解网络营销策划的概念、原则、步骤和策略。

目前信息技术的发展，特别是通讯技术的发展，促使互联网络形成一个辐射面更广、交互性更强的新型媒体，它不再局限于传统的广播电视等媒体的单向性传播，而且还可以与媒体的接受者进行实时的交互式沟通和联系。互联网的普及，为企业进行现代营销开辟了新途径，使传统营销面临着一次革命。

第一节　网络营销概述

一、网络营销内涵

（一）网络营销的概念

所谓网络营销，是指将企业、供应商、客户和合作伙伴以及其他商业和贸易所需的环节用互联网技术连接，利用互联网系统，方便、快速地提供商品的宣传、销售及服务等各种商务活动的营销方式和手段。网络营销是对传统营销在观念、战略、手段上的挑战与革新。网络营销的实质是对市场的控制方式和控制程度的调整与掌控，关键在于拥有顾客，互联网只是网络营销的手段之一；网络营销只不过是把营销平台换成了互联网，厂家在互联网上做营销做广告来宣传自己的品牌、产品和服务，然后让客户直接进入自己的购物网站或去传统的地面终端购买自己的产品而已，所以营销的本质没有变。

（二）网络营销的特征

1. 网络营销的优势

（1）提高营销效率。在网络上，服务器的存储成本低，信息内容大，传送速度快，网上信息不断更新且易于搜寻。利用这一交流渠道，企业的市场信息、销售信息的获取处理能力将大幅度提高。

（2）降低营销预算。网络营销的初建成本较高，但维护费用的减少和有效的开发利用可以把它抵消掉。企业有关产品制造、存储、分销的信息收集、处理、存储、检索的成本将随营销效率提高而降低。文字材料电子化之后，营销摆脱了纸张限制，材料直接进网，省去了印刷、存储、邮寄等层层工序，通讯、劳动力成本大幅度节省。

（3）延伸营销市场。网络广泛的涉及面创造了一个便利的即时全球社区，使企业用最少的投入拓展最广阔的市场，区域市场可迅速延伸至全球。它消除了国际营销的诸多壁垒，使先前由于空间、时间、消费习惯等障碍无法涉及的市场触手可及。

（4）改进直销环境。在网络空间里，年龄、种族、宗教信仰、企业规模等对营销的制约大大减少，企业可以充分加入自由市场体系中。在某种意义上，联机世界是个了不起的平等世界。

（5）创新营销方式。客户的需求在增多，对欲购产品需要更多的分析资料，对产品本身要求更多的发言权和售后服务。营销人员可以鼓励客户参与产品决策，如让他们选择颜色、装运方式、自己下订单等，在定制销售过程中，顾客参与越多，售出产品的机会就越大。

2. 网络营销的劣势

（1）缺乏信任感。人们往往相信"眼见为实"的观念，在网上人们看不到真实的产品，总有一些不踏实的感觉。网络营销有它的市场需求和市场定位，但并不是任何产品和服务都能在网上进行交易的。

（2）广告效果的局限性。虽然网页广告具有多媒体的效果，但其声音效果明显不如电视和电台。同时，广告的效果就是要提高企业的知名度，广告的受众受到很大的限制，很少有人会主动付网费后专门去找广告看的。

（3）缺乏安全性。随着计算机的普及，不断出现的黑客（Hacker）和众多病毒，对网络安全构成了极大的威胁。如果不认真解决这些问题，那么电子网络营销不可能真正发展起来。

二、网络营销对传统营销的冲击

（一）对传统营销策略的影响

1. 对传统产品品牌策略的冲击

首先，是对传统的标准化产品的冲击。通过互联网，厂商可以迅速获得关于产品概念和广告效果测试的反馈信息，也可以测试顾客的不同认同水平，更加容易地对消费者行为方式和偏好进行跟踪，从而对不同的消费者提供不同的商品。怎样更有效地满足各种个性化的需求，是每个上网公司面临的一大挑战。

其次，对上网公司的一个主要挑战是如何对全球品牌和共同的名称或标志识别进行管理。是实行统一形象品牌策略还是实行有本地特点的区域品牌策略，以及如何加强区域管理是上网公司面临的现实问题。

2. 对定价策略的影响

相对于目前的各种媒体来说，互联网的先进的网络浏览和服务器会使变化不定的且存在差异的价格水平趋于一致。这对于执行差别化定价策略的公司来说是一个严重问题。网络营销市场面对的是开放和全球化的市场，用户可以在世界各地直接通过网站进行购买，而不用考虑网站是属于哪个国家或者地区的。这种目标市场从过去受地理位置限制的局部市场，一下子拓展到范围广泛的全球市场，这使得网络营销产品定价时必须考虑目标市场范围变化带来的影响，必须采用全球化和本地化相结合的原则进行网络营销。

3. 对传统营销渠道的冲击

传统的营销渠道为：供应商→批发商→零售者→消费者。

网络营销渠道如图 12-1 所示。

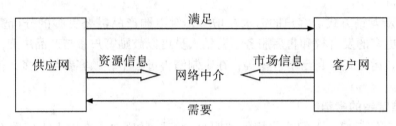

图 12-1 网络营销渠道

通过互联网，生产商可与最终用户直接联系，中间商的重要性因此有所降低。这造成两种后果：一是由跨国公司所建立的传统的国际分销网络对小竞争者造成的进入障碍将明显降低；二是对于目前直接通过互联网进行产品销售的生产商来说，其售后服务工作由各分销商承担，但随着他们代理销售利润的消失，分销商将很有可能不愿意承担这些工作。

4. 对传统广告障碍的消除

首先，相对于传统媒体来说，由于网络空间具有无限扩展性，因此在网络上做广告可以较少地受到空间篇幅的局限，尽可能地将必要的信息一一罗列。其次，迅速提高的广告效率也为网上企业创造了便利条件。

（二）对营销战略的影响

1. 对营销竞争战略的影响

网络营销的企业竞争是一种以顾客为焦点的竞争形态，如何与散布在全球各地的顾客群保持紧密的关系并能掌握顾客的特性，建立顾客对于虚拟企业与网络营销的信任感，是网络营销成功的关键。互联网具有的平等、自由等特性，使得网络营销将降低跨国公司所拥有的规模经济的竞争优势，从而使小企业更易于在全球范围内参与竞争。另一方面，由于人人都能掌握竞争对手的产品信息与营销作为，因此胜负的关键在于如何适时获取、分析、运用这些自网络上获得的信息，来研究并采用极具优势的竞争策略。同时，策略联盟将是网络时代的主要竞争形态，如何运用网络来组成合作联盟，并以联盟所形成的资源规模创造竞争优势，将是未来企业经营的重要手段。

2. 对企业跨国经营战略的影响

网络营销使得企业的跨国经营战略积极调整。企业要着眼于全球营销，全球各地借助于因特网能容易地了解到企业的产品与营销状况，因此消费者的口碑好坏对企业的产品销售具有非凡的影响。万一企业印象不好，想重塑的难度也很大。为此以货真价实、优质服务与情感沟通为重要内容的关系营销必将会被跨国企业竞相采用。也就是说，广大从事全球营销的企业将会重视顾客关系的处理和企业形象的塑造，哪怕损失一些短期利益也要优先确保良好的顾客"口碑"，以便大大减少开发新顾客或挽回老顾客所投入的成本，即求得培育市场所带来的丰厚回报。

（三）对营销组织的影响

在网络营销时代，人员营销、市场调查、广告促销、经销代理等传统营销方法将与网络营销相结合，并充分运用网上的各项资源，形成以最低成本投入，获得最大市场量的新型营销模式。互联网（Internet）相继带动企业内部网（Intranet）的蓬勃发展，也使得企业内外部沟通与经营管理均需要依赖网络作为主要的渠道与信息源。企业原有的封闭式和垂直整合的组织结构已不能完全适应网络时代的要求，渠道缩短，直销员和组织层次都要减少，而虚拟的商场和经销商将会盛行，企业内部作业方式也会发生改变，个人的独立性和专业性要求进一步加强，这些都迫使企业进行组织结构的调整。在网络营销为主流的时代，传统营销组织与运作方式势必进行大幅度的转型调整，未来的营销方式，将依赖网络作为顾客联系与产品促销渠道。

三、网络营销常用工具

（一）搜索引擎注册与排名

这是最经典、也是最常用的网络营销方法之一。现在，虽然搜索引擎的效果已经不像几年前那样有效，但它仍然是人们发现新网站的基本方法。在主要的搜索引擎上注册并获得最理想的排名，是网站设计过程中就要考虑的问题之一，网站正式发布后尽快提交到主要的搜索引擎，是网络营销的基本任务。

（二）病毒性营销

病毒性营销并非真的以传播病毒的方式开展营销，而是通过用户的口碑宣传网络，信息像病毒一样快速传播和扩散，利用快速复制的方式传向数以千计、数以百万计的受众。病毒性营销的经典范例是 Hotmail.com。

（三）网络广告

在所有与品牌推广有关的网络营销手段中，网络广告的作用最为直接。新型广告由于克服了标准条幅广告条承载信息量有限、交互性差等弱点，因此获得了相对比较高一些的点击率。

（四）信息发布

信息发布既是网络营销的基本职能，又是一种实用的操作手段，通过互联网，不仅可以浏览到大量商业信息，同时还可以自己发布信息。最重要的是将有价值的信息及时发布在自己的网站上，以充分发挥网站的功能，如新产品信息、优惠促销信息等。

(五) 许可电子邮件营销

基于用户许可的电子邮件营销比传统的推广方式或未经许可的电子邮件营销具有明显的优势，比如可以减少广告对用户的滋扰、增加潜在客户定位的准确度、增强与客户的关系、提高品牌忠诚度等。开展电子邮件营销的前提是拥有潜在用户的电子邮件地址，这些地址可以是企业从用户、潜在用户资料中自行收集整理，也可以利用第三方的潜在用户资源。

(六) 邮件列表

邮件列表实际上也是一种电子邮件营销形式，基于用户许可的原则，用户自愿加入、自由退出，稍微不同的是，电子邮件营销直接向用户发送促销信息，而邮件列表是通过为用户提供有价值的信息，在邮件内容中加入适量促销信息，从而实现营销的目的。

(七) 个性化营销

个性化营销的主要内容包括：用户定制自己感兴趣的信息内容、选择自己喜欢的网页设计形式、根据自己的需要设置信息的接收方式和接受时间等等。为了获得某些个性化服务，在个人信息可以得到保护的情况下，用户才愿意提供有限的个人信息，这是开展个性化营销的前提。

(八) 会员制营销

会员制营销已经被证实为电子商务网站的有效营销手段。国外许多网上零售型网站都实施了会员制计划，几乎已经覆盖了所有行业，国内的会员制营销还处在发展初期，不过已经看出电子商务企业对此表现出的浓厚兴趣和旺盛的发展势头，一度是中国电子商务旗帜的时代珠峰公司（My8848.net）于2001年3月初推出的"My8848网上连锁店（U-Shop）"就是一种会员制营销的形式。现在，西单电子商务公司网上商场同样采用了这种营销思想，不过在表现形式上有一定的差别。

(九) 网上商店

建立在第三方提供的电子商务平台上、由商家自行经营网上商店，如同在大型商场中租用场地开设商家的专卖店一样，是一种比较简单的电子商务形式。网上商店除了通过网络直接销售产品这一基本功能之外，还是一种有效的网络营销手段。

第二节 网络营销策划理论

一、网络营销策划的概念与目标战略

(一) 网络营销策划的概念

网络营销策划，是指企业在特定的网络营销环境和条件下，为达到一定的网络营销

目标而制定具体的网络营销策略和活动计划。

网络营销策划是一项复杂的系统工程，它属于思维活动，但它是以谋略、计策、计划等理性形式表现出来的思维运动，是直接用于指导企业网络营销实践的；它包括对网站页面设计的修改和完善，以及搜索引擎优化、付费排名、与客户的互动等诸多方面的整合，是网络技术和市场营销经验协调作用的结果。它也是一个相对长期的工程，期待网站的营销在一夜之间有巨大的转变是不现实的。一个成功的网络营销方案的实施需要通过细致的规划设计。

根据不同的网络营销活动以及要解决的问题，网络营销策划方案也会有很大区别，应根据目前国际流行的电子商务和网络营销观念制定行之有效的以及符合企业自身的网络营销方案。但从网络营销策划活动的一般规律来看，有些基本内容和编制格式具有共同性或相似性。

（二）网络营销策划的目标战略

网络营销整体策划就是要首先找出该企业在这个时期的网络营销目标。具体目标设置主要涉及销售目标、增强服务目标、品牌型网络营销目标、提升型网络营销目标以及混合型网络营销目标。确定目标之后，就要考虑企业要达到其目标应采取什么样的网络营销战略。

当今网络营销战略主要包括：①顾客关系的再造战略。即网络营销能否成功的关键是如何跨越地域、文化和时空差距，再造顾客关系。②顾客网络战略。即发掘网络顾客、吸引顾客、留住顾客，了解顾客的愿望以及利用个人互动服务与顾客维持关系；企业如何建立自己的顾客网络，如何巩固自己的顾客网络。③定制化营销战略。即利用网络优势，一对一地向顾客提供独特化、个人化的产品或服务。④建立企业的网上营销伙伴战略。即如何运用网络组成合作联盟，并以网络合作伙伴所形成的资源规模创造竞争优势，将企业自己的网站与他人的网站关联起来，以吸引更多的网络顾客。当企业管理者对网络营销的目标和战略已经有了一定认识时，需预先做好网络营销管理设置，同时这也是保证企业营销效果的关键。

二、网络营销策划的目标类型

各类型网络营销策划的目标主要涉及以下五类。

（一）销售型网络营销策划目标

销售型网络营销策划目标是指为企业拓宽网络销售，借助网上的交互性、直接性、实时性和全球性为顾客提供方便快捷的网上售点。

（二）服务型网络营销策划目标

服务型网络营销策划目标是指主要为顾客提供网上联机服务，顾客通过网上服务人员可以远距离进行咨询和售后服务（大部分信息技术型公司都建立了此类站点）。

(三) 品牌型网络营销策划目标

品牌型网络营销策划目标是指主要在网上建立企业的品牌形象，加强与顾客的直接联系和沟通，增加顾客的品牌忠诚度，配合企业现行营销目标的实现，并为企业的后续发展打下基础（大部分企业站点属于此类型）。

(四) 提升型网络营销策划目标

提升型网络营销策划目标是指主要通过网络营销替代传统营销手段，全面降低营销费用，提高营销效率，促进营销管理和提高企业竞争力（如戴尔、海尔等站点属于此类型）。

(五) 混合型网络营销策划目标

混合型网络营销策划目标是指力图同时达到上面目标中的若干种。如亚马逊通过设立网上书店作为其主要销售业务站点，同时创立世界著名的网站品牌，并利用新型营销方式提升企业竞争力。它既是销售型，又是品牌型，同时还属于提升型。

三、网络营销策划的分类

网络营销策划是一个大概念，它其实需要分解成很多模块和内容的。一般来说，网络营销策划可分成下述几大类。

(一) 网络营销赢利模式策划

网络营销赢利模式策划主要解决通过什么途径来赚钱的问题。

(二) 网络营销项目策划

网络营销项目策划加上赢利模式策划就相当于一份商业计划书，主要解决我们是谁、我们做什么、我们的核心优势、我们靠什么赚钱、我们的目标是什么、我们应该怎样实现目标等宏观层面的问题。同时需要将具体的行动编制成甘特图，也就是行进路线和进度控制。

(三) 网络营销平台策划

网络营销平台策划是指策划建设网站，还是借助第三方平台来做，这个和模式需要相匹配。网站怎么规划？从结构逻辑、视觉、功能、内容、技术等方面怎么去规划。

(四) 网络推广策划

网络推广策划是指网站怎么推广，品牌产品怎么推广，怎么广而告之，怎么吸引目标客户，通过什么手段来传播推广，有什么具体的操作细节和技巧，怎么去执行，等等。

（五）网络营销运营系统策划

从网络营销运营系统来说，网络营销策划就是上面提及的几大类，在具体网络营销运营过程中要动态平衡、专题策划。例如，某网站的销售力差、转化率低，那就形成了以转化率为核心的网站销售力策划，但是这其实在网站平台策划中就包含了。网络推广策划可以形成以单一传播形式的策划，如博客营销策划、软文策划、网络广告策划、SEO策划、论坛推广策划；也可形成以主题为核心的阶段性整合传播策划，将各种网络传播管道集中利用。另外，在网络营销运营过程中，网络营销数据分析是网络营销运营系统策划中的一个非常重要的模块，可提升公司网络营销效率的目标。

四、网络营销策划的层次

（一）信息应用层策划

这是最简单、最基本的一层。在这个层次上，企业主要通过利用因特网来发布信息，并充分利用网络优势，与外界进行双向沟通。在这个应用层中，不需要企业对信息技术有太高的要求，只是最基本的使用。例如，通过发电子邮件与消费者进行沟通、交流，定期给客户发各种产品信息邮件、产品推荐邮件、电子刊物等，加强与顾客的联系；建立企业主页，将一些有关企业及其产品、服务的介绍放在上面，辅之以精美的图文，供访问者浏览；通过专用数据专线上网。

（二）战术营销层策划

1. 网络营销调研

利用互联网在线调研可以轻松地完成有关信息调研工作，能够充分满足各种统计数据的要求，提高营销调研的质量。由于它使用网络，大大减少了数据输入工作，缩短了调研时间。

2. 网上销售

网上销售是目前网络营销最具诱惑力的地方之一，大量的产品在网上安营扎寨，销售产品种类繁多。而在实际中，这个企业也许仅仅就是一台电脑，没有员工，没有办公大楼。他们是网上的"虚拟巨商"，却又是如此的真实，是一种信息时代的营销手段。

3. 营销战术系统

营销战术系统主要包括一些用于管理库存的子系统。能连接网站的子系统及用于答复用户意见与反馈信息的子系统。决策者们利用网上的这一系统分析工具，进行着各种各样的决策活动。

（三）战略营销层策划

战略营销层策划层次建立在战术营销层基础上，将整个企业营销组织、营销理念等完全融入网络，依靠网络指定方针，开展战略部署，实行战略转移，缔结战略决策。

五、网络营销策划的原则

（一）系统性原则

网络营销是以网络为工具的系统性的企业经营活动，它是在网络环境下对市场营销的"六流"即信息流、商流、制造流、物流、资金流和服务流进行管理的。因此，网络营销方案的策划是一项复杂的系统工程，策划人员必须以系统论为指导，对企业网络营销活动的各种要素进行整合和优化，使"六流"皆备，相得益彰。

（二）创新性原则

网络为顾客购物和服务带来极大的便利。在个性化消费需求日益明显的网络营销环境中，创造和顾客的个性化需求相适应的产品特色和服务特色，是提高效用和价值的关键。创新带来特色，特色不仅意味着与众不同，而且意味着额外的价值。在网络营销方案的策划过程中，必须在深入了解网络营销环境尤其是在顾客需求和竞争者动向的基础上，努力营造旨在增加顾客价值和效用、为顾客提供所欢迎的产品特色和服务特色。

（三）可操作性原则

网络营销策划方案必须具有可操作性，否则毫无价值可言。这种可操作性，表现为在网络营销方案中，策划者根据企业网络营销的目标和环境条件，就企业在未来的网络营销活动中做什么、何时做、何地做、何人做、如何做的问题进行了周密的部署、详细的阐述和具体的安排。也就是说，网络营销方案是一系列具体的、明确的、直接的、相互联系的行动计划的指令，一旦付诸实施，企业的每一个部门、每一个员工都能明确自己的目标、任务、责任以及完成任务的途径和方法，并懂得如何与其他部门或员工相互协作。

互联网发展到今天，越来越多的人已认识到网络给我们带来的种种方便和利益，而企业也在寻求如何深入互联网进行全方位的发展。所谓兵马未动粮草先行，企业进行网络营销时最重要的是需要进行相应的准备和策划，继而稳健地走好网络营销的每一步。

（四）经济性原则

网络营销策划必须以经济效益为核心。网络营销策划不仅本身消耗一定的资源，而且通过网络营销方案的实施，改变企业经营资源的配置状态和利用效率。网络营销策划的经济效益，是策划所带来的经济收益与策划和方案实施成本之间的比率。成功的网络营销策划，应当是在策划和方案实施成本既定的情况下取得最大的经济收益，或花费最小的策划和方案实施成本取得目标经济收益。

（五）协同性原则

网络营销策划应该是各种营销手段的应用，而不是方法的孤立使用。诸如论坛、博客、社区、网媒等资源要协同应用，才能真正达到网络营销的效果。

六、网络营销策划的基本步骤

（一）明确组织任务和远景

要设计网络营销方案，首先就要明确或界定企业的任务和远景。任务和远景对企业的决策行为和经营活动起着鼓舞和指导作用。

企业的任务是企业所特有的，也包括了公司的总体目标、经营范围以及关于未来管理行动的总的指导方针。区别于其他公司的基本目的，它通常以任务报告书的形式确定下来。

（二）确定组织的网络营销目标

任务和远景界定了企业的基本目标，而网络营销目标和计划的制定将以这些基本目标为指导。表述合理的网络营销目标，应当对具体的营销目的进行陈述，如利润比上年增长12%、品牌知名度达到50%等等。网络营销目标还应详细说明达到这些成就的时间期限。

（三）SWOT 分析

除了企业的任务、远景和目标之外，企业的资源和网络营销环境是影响网络营销策划的两大因素。作为一种战略策划工具，SWOT分析有助于公司经理以批评的眼光审时度势，正确评估公司完成其基本任务的可能性和现实性，而且有助于正确地设置网络营销目标并制定旨在充分利用网络营销机会、实现这些目标的网络营销计划。

（四）市场调研

通过市场调研的手段，对市场做一个真正的了解，主要是了解客户群体，以及客户群体的日常行为和思维方式。知道了自己的客户是谁、客户在哪儿、客户的需求量等情况，才可能会真正地利用网络资源成交业务。

（五）市场定位

市场定位就是根据市场调研进行判断，是否能通过网络进行营销，网络空间虽然很大，但是也并不是所有的公司都适合通过网络来成交业务，所以一定要根据自身的情况去考虑。

（六）网络营销平台的设计

所谓平台，是指由人、设备、程序和活动规则的相互作用形成的能够完成一定功能的系统。完整的网络营销活动需要信息平台、制造平台、交易平台、物流平台和服务平台五种。

（七）网络营销组合策略

网络营销策划中的主题部分，它主要包括4P策略（产品策略、价格策略、渠道策略、促销策略）的设计等。

（八）网络营销策划书与方案的执行

根据以上制定的方案，形成网络营销策划书面形式。按步骤去推进完成。

（九）效果评估及策略调整

对方案执行情况进行一个科学的定位，以及时调整方案，这主要评估的标准是客户关注度和客户咨询量，以及客户咨询量与客户成交量的对比，从而找出在网络营销中提升效果的方法并实行之。

第三节 网络营销策划实务

网络营销作为新的营销方式和营销手段，它的内容非常丰富。一方面，网络营销要针对新兴的网上虚拟市场，及时了解和把握网上虚拟市场的消费者特征和消费者行为模式的变化，为企业在网上虚拟市场进行营销活动提供可靠的数据分析和营销依据；另一方面，网络营销需要在网上开展许多实际的营销活动来实现企业目标。

一、营销网站策划

营销网站是企业网络营销体系的心脏，要想获得成功，必须精心策划。

（一）构建实用有效的企业营销网站

策划企业网站的思路与做法主要是：

1. 站点应提供必要的资源和工具

网站页面可以提供现存的数据库，如互联网的指南、图像库和文件库等有价值的工具和资源供查询者使用。工具和资源的设计取决于潜在访问者的兴趣。比如，运动鞋店为访问者提供介绍运动知识的数据库，并提供与著名球员和球队的网页的超文本链接。如果这个问题解决得好，就可以吸引顾客反复访问自己的网站。

2. 站点提供的信息一定要有新鲜感

站点既是橱窗又是广告，同时还是公关和主要促销活动的场所。网上冲浪者停留在你的站点的重要原因，常常是为了满足好奇心理。满足好奇心理，是网站吸引网民的重要手段。

3. 站点设计要有个性

因为网上的站点实在太多，缺乏个性的网站在网民的冲浪过程中一带而过，很难留住网民。

4. 站点的内容要经常更新

站点应保证其页面内容经常处于变化之中。让顾客每次访问时都有新鲜的感觉。要使访问者见到的网页能反映公司每天的变化；呆板和重复的网页是多数顾客所讨厌的，这也是我国很多企业的常见毛病——很多企业都有了自己的网址，半年之后再去访问还是老面孔，提供的信息大都已经过时了。

5. 开展站点活动

在站点上开展各种竞赛、有奖活动，或者提供一些知识解答，请有关专家回答公众关心的热点问题，都可以提高公众对本企业站点的兴趣，这些活动可以通过电子邮件的方式进行，也可以在线进行。

6. 使站点实现超值服务

实现站点超值服务也是吸引网上公众的重要方式之一。超值服务的范围很广，应用较普遍的服务内容有：免费软件下载、虚报图书馆、天气预报、金融信息、旅游指导、电影等。各个站点的超值服务五花八门，目的只有一个——吸引公众上网。

7. 设计自己与同业的链接

顾客买东西往往要货比三家，特别是网上购物更为认真。想通过信息不对称来赚取超额利润相对较难，因为顾客通过查询软件很容易做到信息对称，而且会造成企业形象上的不良后果。在站点上提供同业链接，方便了顾客，效果反而更好。

8. 在传统媒体上宣传自己的站点

在信息传播中，传统媒体依然是不可替代的重要的信息传播渠道。企业应在一切可能的传统场合，向公众告知自己的站点地址，宣传自己的超值站点服务。

9. 及时、认真地回复电子邮件

由于电子商务是一个虚拟的过程，大多数人并不习惯，往往在访问后出于好奇而留下电子邮件，就像商场的顾客看一下商品，问一下价钱一样，企业一定要给予及时的答复，这是发信人下次上网时访问你的站点的前提。这方面的常见问题是：有的商家信件不多时集中起来一起回，或者信件太多时回复特别慢或者根本不回。

（二）建立网络营销站点的三大准备步骤

目前绝大部分企业所面临的和要解决的，还只是电子商务的第一阶段，即建立网站、发布信息及简单的网上订货机制。这一阶段实现的步骤主要由三步构成：

1. 第一步：申请域名

域名像商标一样也有国别之分，我国用户通常情况下都选择注册两种域名，即国内域名和国际域名。

2. 第二步：租用磁盘空间和选用配套服务

此步骤是让用户能够有足够的空间来放置自己的信息，并有充足的配套服务可供使用，如是否培训，是否提供电子信箱、网页及拨号，等等。

3. 第三步：发布信息

要发布的信息做成网页放在租用的空间上，或将供查询的数据放入网上数据库。

这三步工作均完成时，网站也就建立起来了。但是，这并不意味着工作的结束。建立网站是一个长期性的工作，需要经常地维护和更新。另外，企业网络营销是否得当，还基于网站营销策略与方法的策划。

二、市场调研策略策划

网络的互动功能（即双向或多通道信息交流）为企业提供了一个高效率、低成本的市场调研途径。它包括直接在网上通过问卷进行调查，还可以通过网络来收集市场调查中需要的一些二手资料。利用网上调查工具，可以提高调查效率和调查效果。在利用互联网进行市场调研时，重点是如何利用有效工具和手段实施调查和收集整理资料，关键是如何在信息海洋中获取想要的资料信息和分析出有用的信息。

市场调研策略策划主要有以下方面。

（一）通过电子邮件或来客登记簿询问访问者

互联网能在营销人员和顾客之间搭起一座友谊的桥梁，起关键作用的是电子邮件和来客登记簿（guestbook）。电子邮件可以附有 HTML 表单，顾客能在表单界面上点击相关主题并且填写附有收件人电子邮件地址的有关信息，然后回发给公司。来客登记簿是让顾客填写并回发给公司的表单。如果公司营销人员愿意的话，所有的顾客都能读到有关公司情况的内容。营销人员通过电子邮件和来客登记簿能获得有关访问者的详细信息。如果有相当人数的访问者回应，营销人员就能统计分析出公司的销售情况。

（二）想要确定地区平均收入只须询问邮编

营销状况在不同地区是有差别的，因此营销策略也应因地而异。营销人员应了解某一地区的平均收入情况，以便采取适当的营销策略。在互联网上，营销人员确定访问者的邮编后，就能查询到访问者所在的地区，从而对该地区的平均收入情况作出估计。

（三）奖品或者免费商品能准确获得访问者的信息

如果访问者被告知能获得一份奖品或者免费商品，他们肯定会告诉你该把这些东西寄到何处。你可以很容易地得知他们的姓名、住址和电子邮件地址。这种策略被证明是有效可行的。它能减少因访问者担心个人站点被侵犯而发出不准确信息的数量，从而使营销人员提高调研的工作效率。

（四）要求访问者注册从而进入访问者个人主页

如果你用大量有价值的信息和免费使用软件来诱惑访问者，他们可能会很愿意告诉你有关个人的详细情况。Industry Net（www.industry.net）是专门登载工业贸易信息的站点，这个站点提供大量的免费信息，允许访问者下载软件，同时鼓励访问者提供包含个人姓名、职位、所在公司、所在行业的有关信息。这种策略同样适用于互联网上的其他直销站点。

（五）向访问者承诺物质奖励

互联网上有为数不多的站点能给访问者购买商品打折或给予奖金，但这需要访问者填写一份包括个人习惯、兴趣、假期、特长、收入等个人情况的调查问卷。因为有物质奖励，许多访问者都会完成由这些站点提供的调查问卷。

（六）用软件来检测访问者是否完成了调查问卷

访问者经常会无意或者有意地遗漏一些信息。营销人员能通过一些软件程序来确定他们是否正确地填写了调查问卷。如果访问者遗漏了调查问卷中的一些内容，调查问卷会重新发送给访问者要求补填，如果访问者按要求完成了调查问卷，他们会在个人计算机上收到证实完成的公告牌，但是，这种策略不能保证调查问卷上所反映信息的真实可靠性。营销人员在电话调查和商业展示会发出的调查问卷中面临着同样的问题。

三、产品策略策划

网络作为信息有效的沟通渠道，它可以成为一些无形产品（如软件和远程服务）的载体。作为网上产品，必须结合网络特点重新考虑产品的设计、开发、包装和品牌的传统产品策略，传统的优势品牌在网上市场并不一定是优势品牌。一般而言，目前适合在互联网上销售的产品通常具有以下特性：

（一）产品性质

由于网上用户在初期对技术有一定要求，因此用户上网大多与网络等技术相关，因此网上销售的产品最好是与高技术或与电脑、网络有关。一些信息类产品如图书、音乐等也比较适合网上销售。还有一些无形产品如服务也可以借助网络的作用实现远程销售，如远程医疗。

（二）产品质量

网络的虚拟性使得顾客可以突破时间和空间的限制，实现远程购物和在网上直接订购，这使得网络购买者在购买前无法尝试或只能通过网络来尝试产品。

（三）产品式样

通过互联网对全世界的国家和地区进行营销的产品要符合该国家或地区的风俗习惯、宗教信仰和教育水平。同时，由于网上消费者的个性化需求，网络营销产品的式样还必须满足购买者的个性化需求。

（四）产品品牌

在网络营销中，生产商与经营商的品牌同样重要，一方面，要在网络浩如烟海的信息中获得浏览者的注意，必须拥有明确、醒目的品牌；另一方面，由于网上购买者可以面对很多选择，同时网上的销售无法进行购物体验，因此，购买者对品牌也比较关注。

（五）产品包装

作为通过互联网经营的针对全球市场的产品，其包装必须适合网络营销的要求。

（六）目标市场

网上市场是以网络用户为主要目标的市场，在网上销售的产品要适合覆盖广大的地理范围。如果产品的目标市场比较狭窄，可以采用传统营销策略。

（七）产品价格

一方面，互联网作为信息传递工具，在发展初期是采用共享和免费策略发展而来的，网上用户比较认同网上产品的低廉特性；另一方面，由于通过互联网络经营销售的成本低于其他渠道的产品，在网上销售产品一般采用低价位定价。

四、价格策略策划

网络交易导致支付方式更加简便、灵活，数字货币、电子支票的发展更使商业信用达到极致，企业应不断改进技术，提高网络支付方式和财务结算的安全性、简便性、灵活性。因此，安全的结算系统显得尤为重要。

网络营销中产品和服务的定价策略策划要考虑以下因素。

（一）国际化

由于互联网营造的全球市场环境，企业在制定产品和服务的价格时，要考虑国际化因素，针对国际市场的需求状况和产品价格情况，确定本企业的价格对策。

（二）趋低化

由于网络营销使企业的产品开发和促销等成本降低，企业可以进一步降低产品价格。同时由于互联网的开放性和互动性，市场是开放和透明的，消费者可以就产品及价格进行充分的比较、选择，因此，要求企业以尽可能低的价格向消费者提供产品和服务。

（三）弹性化

由于网络营销的互动性，顾客可以和企业就产品价格进行协商，也就是可以议价。另外，企业也可以根据每个顾客对产品和服务提出的不同要求，来制定相应的价格。

（四）价格解释体系

企业通过互联网，向顾客提供有关产品定价的资料，如产品的生产成本、销售成本等，建立价格解释体系，为产品定价提供理由，并答复消费者的询问，使消费者认可产品价格。

此外，网络营销中提供产品和服务的价格依然要根据产品和服务的需求弹性来指定，同时又要考虑网络营销的特点。企业在网上可以向顾客提供价格更低的产品和服务，但向顾客提供更多的方便和闲暇时间是不可忽视的重要因素。

五、渠道策略策划

如果说互联网对企业营销影响最大的是什么,那应该是对企业营销渠道影响最大。国际交互网络对在线定购、采购订单、存货、送货跟踪等电子贸易活动提供支持,因此,企业应将更多兴趣投向直销产品,推行电子函购销售,建设高效的物流系统。

网络渠道策略策划主要体现在以下方面。

(一)会员网络

网络营销中一个最重要的渠道就是会员网络。会员网络是在企业建立虚拟组织的基础上形成的网络团体,通过会员制,促进顾客相互间的联系和交流,以及顾客与企业的联系和交流,培养顾客对企业的忠诚,并把顾客融入企业的整个营销过程,使会员网络的每一个成员都能互惠互利、共同发展。

(二)分销网络

根据企业提供的产品和服务的不同,分销渠道不一样。如果企业提供的是信息产品,企业就可以直接在网上进行销售,需要较少的分销商,甚至不需要分销商。如果企业提供的是有形产品,企业就需要分销商。企业要想达到较大规模的营销,就要有较大规模的分销渠道,建立大范围的分销网络。

(三)快递网络

对于提供有形产品的企业,要把产品及时送到顾客手中,就需要通过快递公司的送货网络来实现。规模大、效率高的快递公司建立的全国甚至全球范围的快递网络,是企业开展网络营销的重要条件。

(四)服务网络

如果企业提供的是无形服务,企业可以直接通过互联网实现服务功能。如果企业提供的是有形服务,需要对顾客进行现场服务,企业就需要建立服务网络,为不同区域的顾客提供及时的服务。企业可以自己建立服务网络,也可以通过专业性服务公司的网络实现顾客服务目的。

(五)生产网络

为了实现及时供货,以及降低生产、运输等成本,企业要在一些目标市场区域建立生产中心或配送中心,形成企业的生产网络,并同供应商的供货网络及快递公司的送货网络相结合。企业在进行网络营销中,根据顾客的订货情况,通过互联网和企业内部网对生产网络、供货网络和送货网络进行最优组合调度,可以把低成本、高速度的网络营销方式发挥到极限。

六、促销策略策划

网络促销策略策划主要有以下方面。

（一）网上折价促销

折价亦称打折、折扣，是目前网上最常用的一种促销方式。因为目前网民在网上购物的热情远低于商场、超市等传统购物场所，因此网上商品的价格一般都要比传统方式销售时略低，以吸引人们购买。由于网上销售商品不能给人全面、直观的印象，也不可试用、触摸等原因，再加上配送成本和付款方式的复杂性，造成网上购物和订货的积极性下降。而幅度比较大的折扣可以促使消费者进行网上购物的尝试并作出购买决定。目前，大部分网上销售商品都有不同程度的价格折扣。

（二）网上赠品促销

赠品促销目前在网上的应用不算太多，一般情况下，在新产品推出试用、产品更新、对抗竞争品牌、开辟新市场情况下，利用赠品促销可以达到比较好的促销效果。赠品促销的优点是：①可以提升品牌和网站的知名度；②鼓励人们经常访问网站以获得更多的优惠信息；③能根据消费者索取赠品的热情程度而总结分析营销效果和产品质量情况等。

（三）网上抽奖促销

抽奖促销是网上应用较广泛的促销形式之一，是大部分网站乐意采用的促销方式。抽奖促销是以一个人或数人获得超出参加活动成本的奖品为手段进行商品或服务的促销，网上抽奖活动主要附加于调查、产品销售、扩大用户群、庆典、推广某项活动等。消费者或访问者通过填写问卷、注册、购买产品或参加网上活动等方式获得抽奖机会。

（四）积分促销

积分促销在网络上的应用比起传统营销方式要简单和易操作。网上积分活动很容易通过编程和数据库等来实现，并且结果可信度很高，操作起来相对较为简便。积分促销一般设置价值较高的奖品，消费者通过多次购买或多次参加某项活动来增加积分以获得奖品。积分促销可以增加上网者访问网站和参加某项活动的次数，可以增加上网者对网站的忠诚度，可以提高活动的知名度，等等。

七、服务策略策划

网络营销的顾客服务通过实施交互式营销策略，提供满意的顾客服务，正是许多企业网络营销成功的关键所在。网上顾客服务的主要工具有电子邮件、电子论坛、常见问题解答等。

目前许可邮件营销已占据主流，它可以广泛应用于会议培训、机票、鲜花、酒店、旅游线路等产品与服务的营销上。在网站个性化服务中，电脑系统可以跟踪记录用户的操作习惯、常去的站点和网页类型、选择倾向、需求信息以及需求与需求之间的隐性关联，据此更有针对性地提供用户所希望的信息，形成良性循环，满足客户的个性化需求。

案例一　网络营销——破茧成蝶之麦包包

麦包包诞生于 2007 年 9 月，由意大利近百年历史的箱包家族集团 VISCONTI DIFFUSIONE SNC 提供天使基金设立而成。麦包包致力于打造箱包快速时尚新模式，为中国的消费者提供高性价比的多品牌时尚箱包产品。

麦包包网络营销全攻略如下。

一、搜索引擎

在百度搜索"淘宝"，你会发现麦包包网站排在第三名，这不难让人对它的搜索引擎营销策略产生好奇。麦包包网站 URL 静态化，用户体验做得非常到位，网站访问速度也很快。麦包包排名非常好，最重要的还是靠的外链。除了 SEO（搜索引擎优化），麦包包还借助百度的推广，购买了关键词。

二、博客营销

麦包包开设了官方博客，其官方博客包含的内容如下：

秀场直击——销售对象多为女性并找到客户感兴趣点。

麦时尚——打造快速时尚新模式，通过媒体提高品牌宣传度。

三、事件营销

事件背景：有过大网站工作经历的副总裁建议，搞一次周年庆，对企业文化建设有好处，又能促进和客户的关系，增加销售额。

麦包包的创意为：让客户写贺词，让客户上传与麦包包的合影秀，麦包包展示了三年来的销售款，将三年来麦包包客服对客户所做的各种回复公布出来，在许多社交论坛或者网站同时组织周年庆活动。

四、口碑营销

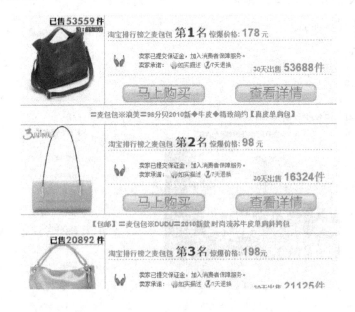

五、邮件营销

邮件操作流程如下。

（1）订阅窗口。麦包包的订阅窗口在麦包包主页右下角位置，这个位置的下方就是"新手指南""如何付款""配送方式""常见问题""售后服务"内容，用户进入一个网站，不会一开始去了解这些内容的。

（2）输入电子邮箱地址，点击订阅之后会进入一个页面。大多数电商网站订阅后弹出一个弹窗，告诉用户订阅成功。

（3）调查页面。简单的三道题，用户只需花几秒的时间就可以填写完毕。

（4）优惠券发放。提交完问卷之后，麦包包给用户发送现金券，这无疑给用户另外一重惊喜，在该页面可以将优惠券直接发送到用户自己的邮箱。

六、视频营销

目前，麦包包在北京、上海、广州、深圳、杭州、南京、宁波等20多个城市投放视频广告，锁定了城市白领工作、生活及通勤的必经路线，覆盖楼宇电视、地铁电视、公交电视，形成立体包围的态势。

此外，在优酷、酷六、土豆、搜狐等大型网站，都有麦包包的视频。

七、软文营销以及图片营销

麦包包对不同层次、不同年龄的女性做推广。

麦包包精品皮包软文创意设计

麦包包精品皮包软文创意设计

八、总结：麦包包的整合营销

（1）麦包包早已不再是单纯用来装物品的功能性产品，它不断向装饰性领域拓展，与服饰、鞋子一起成为消费者张扬个性、表达时尚的载体。

（2）为满足不同层次的消费需求，麦包包分别从年龄、品类、地域和风格上做市场细分，采用的多品牌战略基本覆盖不同目标消费者对箱包的全部需求。麦包包的多个团队，分别负责不同品牌的研发。例如，强调"可爱"元素的"飞扬空间"主要吸引25岁以下的小女生；走经典风格路线的"阿尔法"则主打30～40岁的熟女市场。

（3）官方渠道与淘宝渠道并不存在主次之分，麦包包淘宝旗舰店依然吸引着大批量的淘宝买家，它们发挥着同等重要的出货功能。

（4）麦包包还整合了大量资源做品牌推广。首先是返利网站。

（5）麦包包活用网络传播工具，开通了官方博客和麦芽糖时尚论坛。

（6）对致力于打造"快时尚"箱包的麦包包而言，供应链的建设依然以"快"为核心。

案例二 澳大利亚昆士兰旅游局网络营销策划"世界上最好的工作"

一、背景资料

为宣传澳大利亚大堡礁,推动当地旅游业的发展,澳大利亚昆士兰旅游局希望向全球推广宣传大堡礁,通过什么方式又节约成本而且效果最好呢?澳大利亚昆士兰旅游局"策划了"通过互联网向全球招聘大堡礁岛屿看护员。

澳大利亚昆士兰旅游局推出"世界上最好的工作"的图片

2009年1月9日澳大利亚昆士兰旅游局网站发布招聘通告,并为此专门搭建了一个名为"世界上最好的工作"的招聘网站(www.islandreefjob.com),网站提供了多个国家语言版本,短短几天时间吸引了超过30万人访问,导致网站瘫痪,官方不得不临时增加数十台服务器。

澳大利亚昆士兰当地时间2009年2月23日上午9时59分,"世界上最好的工作"全球招聘活动正式报名截止。昆士兰旅游局提供的数据显示,截至当地时间23日上午9时59分,"世界上最好的工作"共吸引来自全球200个国家和地区的近3.5万人竞聘,包括11565名美国人、2791名加拿大人、2262名英国人和2064名澳大利亚人,来自中国的申请者就有503位。这样一次招聘活动吸引了全球的目光,据昆士兰旅游局称,目前,公关价值已经超过7000万美元。

二、"世界上最好的工作"大堡礁岛屿看护员是做什么工作的

(以下工作内容部分摘自招聘网站)

(1)探索和汇报。看护员工作时间比较有弹性,其主要职责是探索大堡礁的群岛,以更加深入地了解大堡礁。看护员必须通过每周的博客、相簿日记、上传视频及接受媒

体的跟踪访问等方式,向昆士兰旅游局(以及全世界)报告其探奇历程。这将是一个最难得的机会致力宣扬大堡礁美妙的群岛。

(2) 喂鱼。大堡礁水域有超过1500种鱼类。试想像各式各样珍贵鱼类蜂拥而上的场景会是多么震撼!

(3) 清洗泳池。泳池虽然装有自动过滤器,如果你发现水面上有一片飘落的树叶,那么,下水清洗泳池绝对是畅泳的好借口。

(4) 兼职信差。探险旅程期间,你可参与航空邮递服务,这是在高空俯览大堡礁美景的绝佳机会。

三、看护员将获得的报酬

在大堡礁上居住本身已相当吸引人,更何况成功的申请者在六个月合同期内可获取150000澳元的薪金。

此外,往返经济舱机票(距申请人所在国首都最近的机场)、住宿、在哈密尔顿岛上的交通费、合同期内的旅游保险、电脑、上网服务、具录影功能的数码相机、往来大堡礁岛屿间的交通均由昆士兰旅游局提供。

四、看护员获得工作的条件与途径

不同方面的经验均会获考虑,但成功的申请者须有:
(1) 良好的沟通技巧。
(2) 良好的英语听写能力。
(3) 喜欢探索、冒险的态度。
(4) 乐意尝试新鲜事物及热爱大自然。
(5) 良好的游泳技巧及热爱浮潜或潜水。
(6) 至少有一年以上相关经验。

获得这份工作的途径很简单,全世界任何人都可通过官方网站报名,并提交60秒的视频即可。

五、"世界上最好的工作"事件营销的几个策划要点

(一) 正确的时间做正确的事

2008年美国金融风暴快速席卷全球,大量工厂裁员,工人失业,在这个人心惶惶的时刻,能够拥有一份稳定、高薪的工作,真的是很惬意的事情,澳大利亚昆士兰旅游局恰当其时推出以惬意的工作环境和工作内容,以每小时1400美元的超高待遇全球招聘,仅仅"岛屿看护员""半年10万美元工资"就够吸引眼球了!

试想想,这个时候再来个城市选美、选秀,能有这个效果么?而看看国内那些旅游城市与央视一直合作的颇具盛世的营销活动,什么这个歌那个啥的,真的是一点创意都没有,看了就揪心,失业、裁员、降薪,那边还歌舞升平,呵呵。营销就是如此奇妙。

（二）向目标客户通过合适的传播渠道进行传播

当澳大利亚昆士兰旅游局这份面向全世界招聘的工作一经发布，在全球迅速刮起了应聘热潮。美国《纽约时报》、英国《独立报》等都对这份令人难以置信的工作进行了报道。就连遥远的中国电视媒体、网络媒体、报纸媒体也大篇幅进行介绍，更重要的是跟踪报道！

我第一次看到这则招聘广告是在大巴车上的移动电视上，很受吸引。一是被画面上那非常景色所吸引，二是在如此美丽的小岛当看护员，住海景别墅，拿每小时1400美元的报酬，拍拍视频写写博客，简直是太美妙的事情了。

澳大利亚的这份招聘新闻会引起我国央视等大媒体的关注，中国有503名报名应聘这个工作，入选50强的达到了3人。

中国是旅游大国，更是出国游的大国，澳大利亚昆士兰旅游局一定会非常重视在中国的宣传和营销，中国在2008年全球经济危机中受到的影响可能是最小的，广大人民的钱袋还是鼓鼓的，内需一直刺激拉动中，澳大利亚昆士兰旅游局怎能不重视这样一个具有庞大消费能力的客户群！

（三）事件营销要的不是一时吸引眼球

"世界上最好的工作"招聘活动还在继续。2009年3月3日面向全球公布了入围50强的名单，这些佼佼者还将接受一系列在线心理测试，最终选出11人前往大堡礁哈密尔顿岛进行最后的PK。值得关注的是，11人中有一人将是"外卡"候选人，何谓"外卡"候选人，简单说就是在网站上获得投票数最高的一名，直接获得最终面试机会。

中国拥有全世界数量最多的网民，昆士兰旅游局代理局长沈俐说："对于这名由网民投票产生的选手，我觉得中国选手胜出的可能性很大。因为中国网民数量庞大，我希望有中国选手去澳大利亚进行最后的面试。"

招聘还在继续，营销还在继续，相信进入50强的选手的国家和地区的网民在关注，全世界200多个国家和地区的网民也都在关注。

一般来说，事件营销都存在一个时间的问题，都会在不长时间就快速淡出人们视线。昆士兰旅游局在策划本次事件营销的时候，在候选人本职工作中尤其突出了一条："他/她须通过每周的博客、相簿日记、上传视频及接受媒体的跟踪访问等方式"，这可能也是所有工作职责内最重要的一条，喂鱼、清洁那都是随便玩玩，而这个持续的对大堡礁的宣传，并能够每次都吸引全世界网民的眼球与关注，才是最重要的工作内容！

2009年7月1日，获得"世界上最好的工作"的幸运儿上岗后，估计新一轮的营销更加"壮观"，我自己可能都会经常去看看她（他）的博客、视频，让那些可能去不了大堡礁的人士也能够随时随地感受大堡礁、体验大堡礁，还可以与"岛主"进行互动。

(四)营销事件是一种价值的传递

通过"世界上最好的工作"之事件营销,最基本的层面是让原来即便不了解澳大利亚大堡礁的人这次也有了较多了解,更让我们在了解澳大利亚风景之外的体验,即事件营销的价值。旅游不是看热闹,也不是仅仅去欣赏风景,更需要的是一种完全融入人与自然的和谐共处。

(资料来源:营销顾问网)

本章小结

网络营销的定义是:网络营销是企业整体营销战略的一个组成部分,是建立在互联网基础之上,借助于互联网的渠道、技术和资源来实现营销目标的一种市场营销方式,是企业以互联网为营销工具,开展营销活动的过程。

网络营销是一种新兴的营销渠道,是利用信息技术的发展来创新与重组营销渠道。不论是传统营销还是网络营销,营销的目标是使顾客的需要和欲望得到满足和满意,网络营销只不过是借助互联网络、电脑通讯和数字交互式媒体的威力来实现这一目标。

网络营销和传统营销两者之间既有区别又有联系。

网络营销的基本职能表现在网络品牌、网址推广、信息发布、销售促进、销售渠道、顾客服务、顾客关系、网上调研八个方面。

网络营销的职能的实现需要通过一种或多种网络营销手段,常用的网络营销方法除了搜索引擎注册之外,还有关键词搜索、网络广告、交换链接、信息发布、邮件列表、许可电子邮件营销、个性化营销、会员制营销、病毒性营销等等。按照一个企业是否拥有自己的网站来划分,企业的网络营销可以分为无站点网络营销和基于企业网站的网络营销两类。有些方法在两种情况下都适用,但更多方法需要以建立网站为基础,基于企业网站的网络营销显得更有优势。

网络营销策划,是指企业在特定的网络营销环境和条件下,为达到一定的营销目标而制定具体的网络营销策略和活动计划。

我国企业的网络营销策划大致可分为信息应用层策划、战术营销层策划和战略营销层策划三层。

网络营销策划基本原则是系统性原则、创新性原则、可操作性原则、经济性原则。

网络营销策划程序一般包括:明确组织任务和远景、确定组织的网络营销目标、SWOT分析、市场调研、市场定位、网络营销平台的设计、网络营销组合策略、网络营销策划书与方案执行、效果评估及策略调整等步骤。

传统营销受到网络营销的冲击,必须要在市场调研、产品、价格、渠道、促销、服务等策略方面进行创新组合。

关键概念

网络营销　搜索引擎　网络广告　网上商店　网络营销工具

思考题

（1）网络营销具有哪些优势？
（2）网络营销对传统营销的冲击体现在哪些方面？
（3）如何开展网络营销组合工作？

第十三章　营销策划书及其编制

本章学习目标

通过本章的学习，要求学生掌握以下内容：①了解营销策划书的构成因素及内容；②了解营销策划书的编制原则及格式要求；③了解营销策划书的撰写技巧。

第一节　营销策划书概述

一、营销策划书及其构成因素

营销策划书，也叫营销企划书，是指对创意后形成的方案加以充实、编辑，并用文字和图表等形式表达出来所形成的系统性、科学性的书面策划文件。

营销策划书大体上包括以下构成因素（5W2H1E）。

(1) What（什么）——企划的内容。
(2) Who（谁）——企划相关人员。
(3) Where（何处）——企划实施场所。
(4) When（何时）——企划的时间。
(5) Why（为什么）——企划缘由、前景。
(6) How（如何）——企划的方法和运转实施。
(7) How much（多少）——企划预算。
(8) Effect（效果）——预测企划结果、效果。

二、营销策划书的基本内容及要求

（一）营销策划书的基本内容

营销策划书一般包括策划基础部分和行动方案两部分内容。

1. 策划基础部分

策划基础主要指对企业营销背景、市场环境进行分析。具体视策划内容而异，具有共性的内容有以下方面：

(1) 宏观环境分析。宏观环境分析包括政策法律因素分析、经济因素分析、技术因素分析、社会文化因素分析等。

(2) 微观环境分析。微观环境分析包括竞争对手营销战略及状态分析、企业内部优劣势分析等。

(3) 企业概况分析。企业概况分析包括企业的历史情况、现实生存状况及未来发展设想等。

(4) 对调查材料的分析。对调查材料的分析包括企业目标市场需求行为调查、购买者购买力调查、购买行为方式调查、企业适应市场需要状况的调查、企业的影响力和知名度的调查等。

2. 行动方案部分

行动方案主要指对企业营销活动的范围、目标、战略、策略、步骤、实施程序和安排等的设计。就策划的指导思想而言，主要有以下两个方面的内容：

(1) 如何确定目标市场。如何确定目标市场包括市场细分、市场定位（含对产品的市场定位和对企业的市场定位）、目标市场的选择与确定等。

(2) 如何占领目标市场。如何占领目标市场包括产品策略（新产品开发、产品改良、品牌包装等）、价格策略（价格制定、价格变动）、渠道策略（分销渠道的选择）、促销策略（商业广告、人员推广、营业推广、公关活动等）。

营销策划书的上述两个部分是相辅相成、前因后果的关系。基础部分为行动方案部分作铺垫，行动方案的内容不能脱离基础部分提供的前提，否则就成了无源之水、无本之木。

(二) 营销策划书的要求

(1) 对营销策划书基础部分的要求是：分析要准确，材料要厚实。对原始材料的处理必须实事求是，钉是钉，铆是铆，不能随意胡诌，不能任意编造或夸大、缩小。同时，选用的素材要充分，要为行动方案的形成提供充足的、必要的条件。

(2) 对营销策划书行动方案部分的要求是：明确的针对性，强烈的创新意识，切实的可行性。没有针对性或针对性不强的行动方案都是无益的。任何方案的提出必须根据不同企业的不同情况，不论企业情况如何而一味用固有的、陈腐的、唯一的套路去套用的"策划"，只不过是在制造信息垃圾，不仅不利于企业的发展，有的还会带来负面效应。企业应拒绝这类"策划"。

策划成果的价值贵在创新，只有体现创新意识，具有创新精神的成果才最可贵。策划的创新重在策划人思路的创新、运用的知识创新、营销的内容与技巧、手段的创新。成功的策划文书要给人耳目一新、眼前一亮的感觉，给人智慧的启迪和精神的振奋。

策划书的可行性主要是体现在适合企业的营销实际，策划书的目标一定是通过努力可以达到的，其措施一定是企业可以且有能力实施的。

第二节　营销策划书的编制

一、营销策划书的编制原则

（一）实事求是原则

由于策划书是一份执行手册，如果说策划书还能运用高深的理论和各种模型去深入论述的话，策划书就必须务实，使方案更符合企业条件的实际、员工操作能力的实际、环境变化和竞争格局的实际等。这就要求在设计策划书时一定要坚持实事求是的科学态度，在制定指标、选择方法及划分步骤的时候，都要从主客观条件出发，尊重员工和他人的意见，克服设计中自以为是和先入为主的主观主义，用全面的、本质的、发展的观点观察认识事物。

（二）严肃规范原则

严肃规范原则就是要求人们在设计策划书时一定要严格地按照策划书的意图和科学程序办事。策划书是为策划的开发利用寻找方法、安排步骤、制定规划的。它的出台，是策划人依据策划的内在规律，遵循操作的必然程序，严肃认真、一丝不苟、精心编制而成的。严肃规范原则还表现在，一个科学合理的策划书被采纳之后，在实际操作过程中，任何人不得违背或擅自更改。

（三）简单易行原则

简单易原则就是要求人们在设计策划书时一定要做到简单明了、通俗易懂、便于推广、便于操作。任何一个方案的提出，都是为了能够在现实中能够容易操作，并通过操作过程达到预定的目的。为此，我们在策划书各要素的安排和操作程序的编制上，要依据主客观条件，尽量化繁为简、化难为易，做到既简便易行，又不失其效用。

（四）灵活弹性原则

灵活弹性原则就是要求人们在设计策划书时一定要留有回旋余地，不可定得太死。当今是高速发展的时代，策划书虽然具有科学预见性的特点，但它毕竟与现实和未来存有较大的差距，所以，它在实施过程中难免会遇到突如其来的矛盾、意想不到的困难，如资金未到位、人员没配齐、物资不齐全、时间更改、地点转移、环境变化等。这些因素我们必须估计到，提出应变措施，并能浸透到方案的各环节之中。一旦预想不到的情况出现，便可及时对已定方案进行修改、调整。这样，既保证了原有意图在不同程度上得以实现，又避免了因策划书的夭折而造成重大损失。

（五）逻辑思维原则

商品企划目的在于解决企业营销中出现的问题，制定解决方案，按照逻辑性思维的构思来编制企划书。首先是了解企业的现实状况，描述进行该企划的背景，分析当前市场状况以及目标市场，再把企划中心目的全盘托出；其次详细阐述企划内容；再次明确提出解决问题的对策；最后预测实施该企划方案的效果。

（六）创意新颖原则

商品企划方案应该是一个"金点子"，也就是说，要求企划的"点子"（创意）要与众不同、内容新颖别致，表现手段也要别出心裁，给人以全新的感受。新颖、奇特、与众不同的创意是商品企划书的核心内容。

二、营销策划书的格式

营销策划书没有一成不变的格式，它依据产品或营销活动的不同要求，在策划的内容与编制格式上也有变化。但是，从营销策划活动一般规律来看，其中有些要素是共同的。营销策划书的基本结构可分为以下十项。

（一）封面

封面是营销策划书的脸面，会影响阅读者对营销策划书的第一印象，因此不能草率从事。好的封面，要与策划书的内容相适应，既不要过于奢华，给人一种华而不实的感觉；又不要粗制滥造，让人觉得整个策划书出于草台班子之手。规范的封面，一般应该提供以下信息：①策划书的名称；②被策划的客户；③策划机构或策划人的名称；④策划完成日期及本策划适用时间段；⑤编号。

（二）前言

前言或序言是策划书正式内容前的情况说明部分，内容应简明扼要，最多不要超过500字，让人一目了然。其内容主要是：①接受委托的情况，如×公司接受×公司的委托，就××年度的广告宣传计划进行具体策划；②本次策划的重要性与必要性；③策划的概况，即策划的过程及达到的目的。

（三）目录

目录的内容也是策划书的重要部分。封面引人注目，前言使人开始感兴趣，那么，目录就务必让人读后了解策划书的全貌。目录具有与标题相同的作用，同时也应使阅读者能方便地查寻营销策划书的内容。

（四）概要提示

阅读者应能够通过概要提示大致理解策划内容的要点。概要提示的撰写同样要求简明扼要，篇幅不能过长，一般控制在一页纸内。另外，概要提示不是简单地把策划内容予以列举，而是要单独成一个系统，因此其遣词造句等都要仔细斟酌，要起到一滴水见大海的效果。

（五）正文

正文是营销策划书中最重要的部分，具体包括以下几方面内容：

1. 营销策划的目的

营销策划目的部分主要是对本次营销策划所要实现的目标进行全面描述，它是本次营销策划活动的原因和动力。

2. 市场状况分析

（1）宏观环境分析。着重对与本次营销活动相关的宏观环境进行分析，包括政治、经济、文化、法律、科技等。

（2）产品分析。主要分析本产品的优势、劣势、在同类产品中的竞争力、在消费者心目中的地位、在市场上的销售力等。

（3）竞争者分析。分析本企业主要竞争者的有关情况，包括竞争产品的优势、劣势，竞争产品营销状况，竞争企业整体情况，等等。

（4）消费者分析。对产品消费对象的年龄、性别、职业、消费习惯、文化层次等进行分析。

以上市场状况的分析是在市场调研取得第一手资料的基础上进行的。

3. 市场机会与问题分析

营销方案是对市场机会的把握和策略的运用，因此分析市场机会就成了营销策划的关键。只要找准了市场机会，策划就成功了一半。

（1）营销现状分析。对企业产品的现行营销状况进行具体分析，找出营销中存在的具体问题点，并深入分析其原因。

（2）市场机会分析。根据前面提出的问题，分析企业及产品在市场中的机会点，为营销方案的出台做准备。

4. 确定具体营销方案

针对营销中问题点和机会点的分析，提出达到营销目标的具体营销方案。营销方案主要由市场定位和 4P's 组合两部分组成，具体体现两个主要问题：

（1）本产品的市场定位是什么？

（2）本产品的 4P's 组合具体是怎样的？具体的产品方案、价格方案、分销方案和促销方案是怎样的？

（六）预算

这一部分记载的是整个营销方案推进过程中的费用投入，包括营销过程中的总费用、阶段费用、项目费用等，其原则是以较少投入获得最优效果。用列表的方法标出营销费用也是经常被运用的，其优点是醒目易读。

（七）进度表

把策划活动起止全部过程拟成时间表，具体到何日何时要做什么都标注清楚，作为策划进行过程中的控制与检查。进度表应尽量简化，在一张纸上拟出。

（八）人员分配及场地

此项内容应说明具体营销策划活动中各个人员负责的具体事项及所需物品和场地的落实情况。

（九）结束语

结束语在整个策划书中可有可无，主要起到与前言的呼应作用，使策划书有一个圆满的结束，不至于使人感到太突然。

（十）附录

附录的作用在于提供策划客观性的证明。因此，凡是有助于阅读者对策划内容理解、信任的资料都可以考虑列入附录。但是，可列可不列的资料还是以不列为宜，这样可以更加突出重点。附录的另一种形式是提供原始资料，如消费者问卷的样本、座谈会原始照片等图像资料。附录也要标明顺序，以便阅读者查找。

第三节　营销策划书的撰写技巧

营销策划书和一般的报告文章有所不同，它对可信性、可操作性以及说服力的要求特别高，因此，需要运用撰写技巧提高可信性、可操作性以及说服力。

营销策划书的撰写技巧主要有如下方面。

一、寻找理论依据

欲提高策划内容的可信性并使阅读者接受，就要为策划者的观点寻找理论依据。事实证明，这是一个事半功倍的有效办法。值得注意的是，理论依据要有对应关系，纯粹的理论堆砌不仅不能提高可信性，反而会给人脱离实际的感觉。

二、适当举例

营销策划书中的举例是指通过正反两方面的例子来证明自己的观点。在策划报告书中，适当地加入成功与失败的例子，既能起调节结构的作用，又能增强说服力，可谓一举两得。这里要指出的是，举例以多举成功的例子为宜，选择一些国外先进的经验与做法，以印证自己的观点是非常有效的。

三、利用数字说明问题

策划报告书是一份指导企业实践的文件，其可靠程度如何是决策者首先要考虑的。报告书的内容不能留下查无凭据之嫌，任何一个论点均要有依据，而数字就是最好的依据。在报告书中利用各种绝对数和相对数来进行比照是绝对不可少的。要注意的是，数字需有出处，以证明其可靠性。

四、运用图表帮助理解

运用图表的优点有二：一是能有助于阅读者理解策划的内容，同时，图表还能提高页面的美观性。图表的主要优点在于有着强烈的直观效果，因此，用其进行比较分析、概括归纳、辅助说明等非常有效。二是能调节阅读者的情绪，从而有利于对策划书的深刻理解。

五、合理利用版面安排

策划书的视觉效果的优劣在一定程度上影响着策划效果的发挥。有效利用版面安排也是策划书撰写的技巧之一。版面安排包括打印的字体、字号、字距、行距以及插图和颜色等。如果整篇策划书的字体、字号完全一样，没有层次、主辅，那么，这份策划书就会显得呆板、缺少生气。总之，美观的版面可以使策划书重点突出，层次分明。

应该说，随着文字处理的电脑化，这些工作是不难完成的。策划者可以先设计几种版面安排，通过比较分析，确定一种最好效果的设计，然后再正式打印。

六、注意细节，消灭差错

细节往往会被人忽视，但是对于策划报告来说却是十分重要的。可以想象得出一份策划书中错字、漏字连续出现的话，读者怎么可能会对策划者抱有好的印象呢？因此，对打印好的策划书要反复仔细地检查，特别是对于企业的名称、专业术语等更应仔细检查。另外，纸张的好坏、打印的质量等都会对策划书本身产生影响，所以也绝不能掉以轻心。

案例一　某公司空调自控产品湖南市场营销策划书
（本公司市场营销策划书的编制与执行时间为 2008 年）

一、营销状况

空调自控产品属于中央空调等行业配套产品，受上游产品消费市场牵制，但需求总量还是比较可观。随着城市建设和人民生活水平的不断提高以及产品更新换代时期的到来带动了市场的持续增长幅度，从而带动了整体市场容量的扩张。湖南地处中国的中南部，空调自控产品需求量比较大。随着湖南兴建工业园区和各种基础工程建设，以及人们对自身生活要求的提高。空调自控产品特别是高档空调自控产品在湖南的发展潜力很大。

从营销方式来说，空调自控产品销售的方式不外乎三种：工程招标、房产团购和私人项目。工程招标渠道占据的份额很大，但是房产团购和私人项目两种渠道发展迅速，已经呈现出多元发展局面。

从各企业的销售渠道来看，大部分公司采用办事处加经销商的模式，国内空调自控产品企业 2007 年都加大力度进行全国营销网络的部署和传统渠道的巩固，加强与设计院以及管理部门的公关合作。对于进入时间相对较晚的空调自控产品企业来说，由于市场积累时间相对较短，而又急于快速打开市场，因此基本上都采用了办事处加经销商的渠道模式。为了快速对市场进行反应，凡进入湖南市场的自控产品在湖南都有库存。湖南空调自控产品市场容量比较大而且还有很大的潜力，发展趋势普遍看好，因此对还未进入湖南市场的品牌存在很大的市场机会，只要采用比较得当的市场策略，就可以挤进湖南市场。目前我公司在湖南空调自控产品市场上基础比较薄弱，团队还比较年轻，品牌影响力还需要巩固与拓展。在销售过程中必须要非常清楚我公司的优势，并加以发挥使之达到极致；并要找出我公司的弱项并及时提出，加以克服实现最大的价值；提高服务水平和质量，将服务意识渗透到与客户交流的每个环节中，注重售前售中售后回访等各项服务。

二、营销目标

（1）空调自控产品应以长远发展为目的，力求扎根湖南。2008 年以建立完善的销售网络和样板工程为主，销售目标为 600 万元。
（2）跻身于一流的空调自控产品供应商；成为快速成长的成功品牌。
（3）以空调自控产品带动整个空调产品的销售和发展。
（4）市场销售近期目标：在很短的时间内使营销业绩快速成长，到年底使自身产品成为行业内知名品牌，取代省内同水平产品的一部分市场。
（5）致力于发展分销市场，到 2008 年年底发展到 50 家分销业务合作伙伴。
（6）无论精神、体力都要全力投入工作，使工作有高效率、高收益、高薪资发展。

三、营销策略

如果空调自控产品要快速增长并要取得竞争优势，最佳的选择必然是采取"目标集中"的总体竞争战略。围绕"目标集中"总体竞争战略，我们需要将湖南市场划分为以下四种：①战略核心型市场——长沙、株洲、湘潭、岳阳；②重点发展型市场——郴州、常德、张家界、怀化；③培育型市场——娄底、衡阳、邵阳；④等待开发型市场——吉首、永州、益阳。

营销策略如下：

（一）目标市场

遍地开花，中心城市和中小城市同时突破，重点发展行业样板工程，大力发展重点区域和重点代理商，迅速促进产品的销量及销售额的提高。

（二）产品策略

用整体的解决方案带动整体的销售：要求我们的产品能形成完整的解决方案并有成功的案例，由此带动全线产品的销售。大小互动：以空调自控产品的销售带动阀门及其他产品的销售,以阀门及其他产品的项目促进空调自控产品的销售。

(三) 价格策略

高品质、高价格、高利润空间为原则。制订较现实的价格表:价格表分为两层,媒体公开报价、市场销售的最底价。制订较高的月返点和季返点政策,以控制营销体系。严格控制价格体系,确保一级分销商、二级分销商、项目工程商及最终用户之间的价格距离级利润空间。为了适应市场,价格政策又要有一定的灵活性。

(四) 渠道策略

(1) 分销合作伙伴分为两类。一是分销客户,是我们的重点合作伙伴;二是工程商客户,是我们的基础客户。

(2) 渠道的建立模式。

第一,采取逐步深入的方式,先草签协议,再做销售预测表,然后正式签订协议,订购第一批货。如不进货则不能签订代理协议。

第二,采取寻找重要客户的办法,通过谈判将货压到分销商手中,然后我们的销售和市场支持跟上。

第三,在代理之间挑取竞争心态,在谈判中因有当地的一个潜在客户而使我们掌握主动和高姿态。不能以低姿态进入市场。

第四,草签协议后,在我们的广告中就可以出现草签代理商的名字,挑起分销商和原厂商的矛盾,我们乘机进入市场。

第五,在当地的区域市场上,随时保证有一个当地的可以成为一级代理的二级代理,以对一级代理造成威胁和起到促进作用。

(3) 市场上有推、拉的力量。要快速的增长,就要采用推动力量。拉需要长时间的培养。为此,我们将主要精力放在开拓渠道分销上,另外,负责大客户的人员和工程商的人员主攻行业市场和工程市场,力争在三个月内完成4~5项样板工程,给内部人员和分销商树立信心。到年底为止,完成自己的营销定额。

(五) 人员策略

(1) 营销团队的基本理念:①开放心胸;②战胜自我;③专业精神。

(2) 业务团队的垂直联系,保持高效沟通,才能作出快速反应。团队建设扁平化。

(3) 内部人员的报告制度和销售奖励制度。

(4) 以专业的精神来销售产品,价值 = 价格 + 技术支持 + 服务 + 品牌。实际销售的是一个解决方案。

(5) 编制销售手册,其中包括代理的游戏规则、技术支持、市场部的工作范围和职能、所能解决的问题和提供的支持等说明。

四、营销方案

(1) 公司应好好利用上海品牌,走品牌发展战略。

(2) 整合湖南本地各种资源，建立完善的销售网络。
(3) 培养一批好客户，建立良好的社会关系网。
(4) 建设一支好的营销团队。
(5) 选择一套适合公司的市场运作模式。
(6) 抓住公司产品的特点，寻找公司的卖点。
(7) 公司在湖南宜采用直销和经销相结合的市场运作模式；直销做样板工程并带动经销网络的发展，经销做销量并作为公司利润增长点。
(8) 直销采用人员推广和部分媒体宣传相结合的方式拓展市场，针对空调自控产品，我们可以采用小区推广法和重点工程机项目样板工程说服法。
(9) 为了尽快进入市场和有利于公司的长期发展，应以长沙为中心，向省内各大城市进军，其中以长沙为核心，以地市为利润增长点。
(10) 湖南的渠道宜采用扁平化模式并作好渠道建设和管理，在渠道建设方面可以不设省级总经销商，而是以地市为基本单位划分；每个地级市设两个一级经销商，并把营销触角一直延伸到具有市场价值的县级市场，改变目前湖南其他空调自控产品品牌在地级市场长期以来的游击战方式。要采用阵地战，建立与经销商长期利益关系的品牌化运作模式，对每个地区市场都精耕细作、稳扎稳打。
(11) 为了确保上述战术的实现，特别是为了加强渠道建设和管理，必须组建一支能征善战的营销队伍。确保营销队伍的相对稳定性和合理流动性，全年合格的营销人员不少于3人；务必做好招聘、培训工作；将试用表现良好的营销员分派到各区担任地区主管。
(12) 加强销售队伍的管理，实行三A管理制度；采用竞争和激励因子；定期召开销售会议；树立长期发展思想，使用和培养相结合。
(13) 销售业绩。公司下达的年销任务，根据市场具体情况进行分解。主要手段是：提高团队素质，加强团队管理，开展各种促销活动，制定奖罚制度及激励方案。
(14) 工程商、代理商管理及关系维护。针对现有的工程商客户、代理商或将拓展的工程商及代理商进行有效管理及关系维护，对各个工程商客户及代理商建立客户档案，了解前期销售情况及实力情况，进行公司的企业文化传播和公司2008年度的新产品传播。此项工作在2008年6月末完成。在旺季结束后和旺季来临前不定时的进行传播。了解各工程商及代理商负责人的基本情况进行定期拜访，进行有效沟通。
(15) 品牌及产品推广。品牌及产品推广在2008年执行公司的定期品牌宣传及产品推广活动，并策划一些投入成本较低的公共关系宣传活动，提升品牌形象。在有可能的情况下与各个工程商及代理商联合进行推广，不但可以扩大影响力，还可以建立良好的客情关系。产品推广主要进行一些"路演"或户外静态展示进行一些产品推广和正常营业推广。
(16) 终端布置，渠道拓展。根据公司2008年度的销售目标，渠道网点普及会大量的增加，根据此种情况随时、随地积极配合业务部门的工作，积极配合经销商的形象建设。
(17) 促销活动的策划与执行。根据市场情况和竞争对手的销售促进活动，灵活策划一些销售促进活动。主题思路以避其优势、攻其劣势，根据公司的产品优势及资源优势，突出重点进行策划与执行。

（18）团队建设、团队管理、团队培训。

五、配备和预算

（1）营销队伍：全年合格的营销人员不少于3人。

（2）所有工作重心都向提高销售倾斜，要建立长期用人制度，并确保营销人员的各项后勤工作按时按量到位。

（3）为适应市场，公司在湖南必须有一定量的库存，保证货源充足及时，比例协调，达到库存最优化，尽量避免断货或缺货现象。

（4）实时进行市场调研、市场动态分析及信息反馈，做好企业与市场的传递员。全力打造一个快速反应的机制。

（5）协调好代理商及经销商等各环节的关系。根据技术与人员支持，全力以赴完成终端任务。

（6）拓宽公司产品带，增加利润点。

（7）必须确立营业预算与经费预算，经费预算的决定通常随营业实绩做上下调节。

（8）为加强机构的敏捷、迅速化，本公司将大幅委让权限，使人员得以果断速决，但不得对任何外来人员泄露公司价格等机密，在与客户交流中，如遇价格难以决定时，须请示公司领导。

（9）为达到责任目的及确定责任体制，公司可以贯彻重奖重罚政策。

（案例来源：百度文库，http://wenku.baidu.com/view/35e62a4c852458fb770b5631.html）

案例二 法兰西浴室柜市场营销策划书

一、建材行业状况

21世纪的中国建材市场发展空间巨大，数十万家本土企业激烈厮杀，一大批实力强劲的国际知名建材企业也垂涎中国市场的巨大蛋糕，开始纷纷进入中国，竞争异常激烈，情况较为复杂。

首先，整个建材营销总体上处于十分混乱的局面。和其他行业相比，中国的建材市场和建材营销品牌林立，市场集中度极低，行业龙头往往也占据不了10%的市场份额，这和家电、汽车、快速消费品等行业市场份额高度集中于少数几个领导品牌形成鲜明对比，反映建材行业整体营销水平偏低，企业普遍缺乏经济规模，缺少能引领、左右市场的强势企业与领导品牌。

其次，流通与渠道模式错综复杂。建材批发市场、建材商城、品牌专卖店、超级终端、房地产公司、工程与装饰公司直供、小区拦截等如何选择协调成了建材企业的心头之痛，特别是伴随着国外的百安居、欧倍德及本土的东方家园、好美家等建材零售巨头的出现与迅猛发展，建材传统流通模式面临严峻考验；消费行为受设计、施工等中间人员的极大影响，沟通与传播策略难以作出有效安排，品牌建设存在极大障碍。

最后，建材产品的特殊性。建材产品是一类消费计划性强，购买、消费周期长，单次购买金额高，受中间人员（设计、施工人员等）的影响大的特殊产品，其消费行为特征既不同于日用消费品，又不同于工业品。所以，应通过对品牌、产品、营销组织、沟通传播、渠道及销售终端等的系统整合，全面提升企业的营销管理与策略水平，打造更多的建材行业知名企业与强势领导品牌。

二、浴室柜市场背景与竞争分析

浴室柜源于欧洲，流行于欧美，20世纪90年代中叶才在国内发展起来。以往，卫浴间和潮湿是紧密相连的，所以它一直是瓷砖和洁具的天下，木制用品是不敢踏进半步的。但随着人们对卫浴空间的重视，希望把它装扮得温馨、有品位、更时尚、更有个性的愿望刺激了设计师们的灵感，玲珑精巧的浴室柜便吸引了人们的视线和进入人们的生活。浴室文化引导着人们未来的生活方式，浴室柜引领家居消费的时尚。

（1）专业资料显示，未来5年，中国厨卫市场有3000亿元的厨卫市场空间，厨房、卫浴产品几乎每年都以20%的比例高速增长，整体卫浴的增长率达26%，浴室柜增长率将高达40%以上，发展空间大、潜力大。

（2）浴室柜行业生产方式有两种：一种是一些知名品牌委托加工即OEM；另一种为自行开发自主生产。

（3）浴室柜制作材料有人造板（包括胶合板、刨花板、纤维板、中密度纤维板、防潮板、细木工板等）、PVC板、实木，外加烤漆或贴面（包括木皮、水晶板等）。

（4）相对于洁具行业来说，浴室柜是新兴行业，进入门槛低、发展快、利润高，市场还没有出现全国性知名度的品牌。由于利润的驱使，许多陶瓷洁具大公司瞄准了浴室柜行业，利用已有品牌资源进行品牌延伸，生产浴室柜配套其产品；更多的并无实力的企业也一哄而上、盲目介入，行市一度被搅得如浑水一般，到2006年时浴室柜行业竞争开始变得更加激烈，且不断有新的厂家介入。由于许多厂家的盲目介入，为寻求利润的最大化，不惜采用劣质材料等来降低生产成本，以达到用很低的价格来进行销售，使得产品质量参差不齐，市场的竞争显得杂乱无章。

目前，浴室柜市场大品牌除"和成""路易斯""TOTO""松下""箭牌""英皇""法国丹丽""美标""乐家""杜拉维特""科勒"外，还有专业生产浴室柜的品牌，诸如"爱家""佳晴""摩乐舒""佳美""澳金""豪洁""班尼卡""天堂""横岗""美乐佳""星牌""金迪""铭康""法尼尼""广洋""奥美加"等，共几百个品牌。

（5）产品同质化现象最为严重。目前国内的厂家及产品类型相互间也未形成各自的独特品类和特征优势，而是极其相似，更多的是重复模仿，特别是对浴室柜市场消费者类型、层次、特征、心理缺乏了解。

（6）各厂家、品牌对市场运营及经销商、工程商、终端用户使用的营销策略、手段陈旧。营销策略只是固执于价格策略上，且各厂家的扣点、返利大致相近，鲜有突破性的营销策略去切入市场。

（7）目前市场上知名陶瓷洁具品牌对浴室柜的品牌延伸多不成功。其原因在于知名陶瓷洁具品牌对浴室柜的营销主要是为其他陶瓷洁具产品配套，产品线拉得过长，不能针对这一细分市场进行专项营销，而且生产主要为委托加工；不能保证产品的质量和售后服务，反而模糊了原品牌的定位，伤害了原品牌。自主开发的浴室柜品牌具有一个共同点：品牌众多，但与众不同的品牌寥寥无几，定位模糊，缺少个性和推广策划；生产规模小。

三、法兰西品牌规划

现代广告十分强调树立企业的品牌形象，在众多的市场竞争中，能否成为品牌，不仅取决于内在质量，还取决于能否通过广告宣传及企业视觉形象建立起独一无二的品牌形象。为此，我们对法兰西品牌形象、定位等进行以下设计。

（一）品牌的定位

1. 品牌名称

"法兰西"是一个易读易记，且易于传播的名字，给人传达了企业以"国际化"为使命的企业精神，给人以信心的标志，很具有品牌的亲和力；而法文和中文化的品牌名称都具有想象空间，能与时尚、高档、品位、艺术联系，有发展延伸的弹性，简单易读，具有国际品牌大气风范。

2. 品牌视觉

品牌视觉不是坐在办公室里设计出来的，而必须由外而内的进行消费者形象期望测试与调查，形象力的整合首先要研究竞争者的形象力与目标消费者的形象期望。而不是单纯的美术设计，目前行业里的产品视觉形象普遍较差，五花八门，没有独特有力的视觉的效果。

通过长时间的市场调查及测试发现，在众多的色彩中间，最为夺目的应为深紫色、深灰色，它可以给人以现代、高贵的感觉，可以夺人眼球，以达到引起消费者的注意力与联想度、关注度；同时，深紫色、深灰色象征时尚、品位、高贵、丰富的艺术想象力，与法兰西品牌定位相吻合。

3. 品牌核心竞争力

技术创新、设计创新赶超国际水准是法兰西的核心竞争力。时代在不断地进步，人们的生活水平不断提高，建材产品亦需跟随时代和生活的脚步而提升，技术创新、设计创新便成为产业升级重要的一环。法兰西将致力于浴室柜产品的时尚化、艺术化、国际化，成立设计和研发中心聘请出色设计师主持产品设计研发工作，使产品推陈出新，始终保持产品创新，不断应用新材料以技术领跑，提高产品换代能力，拉开与竞争者、新进入者的差距，领先国内外市场。

4. 品牌定位

法兰西在品牌的定位上，将锁定高档形象的策略，直接与众多厂商争夺市场，确立法兰西高档品牌的强势形象。经销商和消费者都有一个直观的印象："法兰西浴室柜是好，可是价格有点高！"这个观感有两层含义：一是产品价格对于消费者的购买力偏高，更重要的是从性价比的角度，法兰西作为尖端品牌可以承担高价位。二是这个价格体系成功地实现和维护着法兰西的品牌定位。法兰西同时也推出中、低产品来抢夺大的市场份额，从而达到"经典艺术，国际品质"的品牌定位。

5. 品牌形象定位

时尚、高品位、艺术化、品质卓越、尊贵和价值感的国际化品牌。

6. 品牌广告词（广告语、宣传口号）

法兰西，快乐演绎新生活。

7. 公司目标

创建卫浴建材一流企业。

8. 公司宗旨

创造美好生活空间。

9. 目标消费者

（1）一般消费群。这一消费群体的认牌率很低，基本在终端市场中，促销人员向消费者推荐产品及体验式的感受，使消费者临时性决定选择何种品牌。

（2）特殊消费群体。年龄在25～40岁的成功人士，他们凡事都会讲究品牌，有较少的一部分有顽固的指牌购买习惯，但相当一部分主要靠促销员的主推荐的产品和体验式的感受。

（二）品牌的目标

1. 长远目标

（1）三年时间成为浴室柜行业一流品牌。

（2）拥有高度的品牌知名度、美誉度和消费者满意度。

2. 近期目标

（1）为实现当年销售目标作品牌支持。

（2）达到一定阶段的知名度。

（3）达到一定阶段的美誉度。

四、产品策略

（一）产品的包装

产品包装关系到产品的档次。在包装设计方案方面，在考虑成本的同时，更要体现我们产品的高品质和高品位的内涵。

（二）产品线

根据不同的细分市场和不同的产品细分。考虑设计不同的规格、不同的材质、不同系列的产品，形成产品的个性化、差别化和系列化，这是引导顾客并取得竞争优势的重要手段。所以，我们将产品线划分为四类：第一类是创新系列，定位为市场"占位"

产品，树立法兰西未来的高端产品形象。创新系列为法兰西的"明星产品"，通过推广创新系列来带动法兰西的整个产品线，作为企业追求利润的重点"占利"产品。第二类是时尚系列，为法兰西的核心产品，确立为"占量"的角色。第三类是现代系列，定位于市场阻击竞争对手的防御性产品。第四类是自己设计系列，真正以消费者为中心的个性化消费将成为未来市场的主流，定位于占领未来市场。

（三）产品的名称

尽管浴室柜的购买形态偏重于理性，但浴室柜的使用情景却是极感性的。法兰西的品牌形象彰显的是时尚、高品位、艺术化、品质卓越、尊贵、价值感的国际化品牌。要获得消费者对法兰西这一品牌形象的认同，法兰西要做的努力还很多。法兰西人认为浴室柜每块材料都有故事，是风中摇曳的精灵，每一个浴室柜都有生命，是法兰西人精神和理念的延伸，所以我们为每一个浴室柜起一个名字或典故，让冰冷的静物具有丰富生动的形象去感染客户。

法兰西"高端品牌"的发展战略，决定了其清晰的产品组合思路，致力于创造一个独特的浴室柜高端品牌，实现成为浴室柜行业领跑者的目标。

（四）产品服务

（1）关心经销商想法，寻求有思想、有开发能力、有发展的优秀企业。
（2）在质量保证期内，提供配件决不拖泥带水。
（3）客户不必担心运输破损。
（4）新产品开发处于高速状态。
（5）产品没有仿造，只有创造。
（6）上乘的品质，轻松的价格。
（7）先进的生产设备加上员工强劲的凝聚力，赋予产品旺盛的生命力。

公司拥有优良的设备、相关专业的优秀人才和上海得天独厚的管理机制，选择国内有较强知名度的配套供应商，公司现有美国科拉斯公司自动化设备六套，厂房座落在上海市嘉定区黄渡工业园区，总投资近1500万人民币。

五、价格策略

（一）价格定位

在价格方面，法兰西浴室柜高档产品与同等的国外陶瓷洁具品牌旗鼓相当，相差并不大（价格比国外品牌低10%～20%）；法兰西中低档产品价格与一般品牌的价格相当，极具价格竞争力。

（二）价格体系

价格体系有区域总经销价、分销价、终端零售价、终端零售限价、首次工程报价和实际工程报价、出口价。每一个级别都有价差，在实际操作过程中应严格执行"价差体系"。实行统一的报价表。

六、渠道策略

主推经销制,以省级市场为一个战略单位,以各省级市为各区域市场的中心,网络要达到地级市的市场。

(一)渠道的形式和体系

1. 进入终端零售市场

终端零售市场包括专业的建材店、大型建材超市、品牌洁具专卖店,以专卖店、专营区的形式,以适宜的终端拉动方式调动终端市场积极主推法兰西产品,形成品牌的张力。

2. 打入工程市场

工程市场包括装饰装修广告公司、建筑公司、房地产公司、设计院等,由于各地的市场状况都有所不同,法兰西将采取直接建设和产品总经销的形式共同开发进入市场:①可以利用自营店树立品牌形象,开发、带动和服务区域市场;②可以促进法兰西与总经销的资源的整合,以达到强势品牌的目的;③法兰西将总经销作为企业持久发展的战略伙伴,法兰西与经销商是息息相关的利益共同体,共同分享品牌带来的丰厚利润,法兰西将专注于品牌的管理经营。

3. 采取四种分销体系

(1)省级总经销。负责和法兰西联手开发全省的产品招商、销售及品牌推广工作。

(2)地级总经销。负责和法兰西一起开发该地区的产品销售及品牌推广工作。

(3)特约经销。主要是针对有一定资源和优势的装饰公司、贸易公司、设计院、房地产公司等。在市场开发初期,可直接从厂商进货,后期从当地总经销处进货,销售力很大的情况下也可直接与厂商合作。

(4)建材超市。

(二)分销网络目标

1. 目标网络管理基础

(1)合理分布一定数量的经销商群。

(2)符合"经销商资格"的经销商群。

2. 经营思路

在全国主要目标城市开发经销商,建立自己掌控的销售网络,提高品牌知名度,扩大销售额、市场占有率。

3. 网络目标设定

(1)根据公司管理体系,将全国市场暂划分为若干个区域。

(2)每个区域设一名区域销售经理负责开拓管理。

(3)各市场进入次序。首先,进入直辖市、省会城市、地级城市;其次,先进入富裕城市,然后进入一线城市;最后,先进入人口多的城市,然后进入次一线城市。

4. 经销商的选择

根据法兰西的企业理念、品牌定位和品牌形象，我们在经销商选择上优先考虑各区域国际知名品牌洁具的经销商、代理商，争取同他们合作，这也是法兰西品牌将走与国际知名品牌洁具配套的路线。

七、推广策略

由于产品特点、企业现状、资金投入方面的限制，我们不可能预算太多的传播费用，因此，针对洁具购买地点集中的特点，以建材市场周边的户外广告为主，辅之以车体、报纸等广告形式，个别区域投放电视广告。推广费用分自己承担和经销合作两种方式。而对经销商、设计院、房地产公司、装修公司的拉动主要采取参加建材展览会或销售人员直接开拓等形式。

（一）广告的主要形式与特点

我国地域辽阔，生活习俗、地域文化、消费水平等有很大差异，所以洁具广告的形式在各地有不同的侧重。

1. 户外广告

这是一种被普遍运用的形式，也是陶瓷洁具类广告的主流媒体，主要集中于建材市场周边及建材市场内部。个别有实力的厂家，在城市的交通要道设置巨型户外广告牌，气势较为宏大。户外形式因为露出时间上具有长期性，而受到厂商的青睐，尤其是集中于建材市场内外的广告牌，有吸引顾客到售点的作用，因而厂商都非常重视，舍得投资，形成户外广告牌林立的热闹场面。户外广告牌从规格上分为巨型、大型和小型，厂家一般根据经销商的销售业绩给予广告支持，有资金实力的厂家则可以自己投入。

流动的车体广告也是户外广告的一种。公交车穿行于城市的交通要道，有较高的注目率，展露频次高，有利于提高品牌的知名度。车体广告形式受到地处中小城市经销商的欢迎，往往是广告一上，满城皆知，而且价格比较便宜。

2. 电视广告

由于电视广告的特点是转瞬即逝，且投放费用昂贵，这种形式只在局部市场出现，如在上海，陶瓷洁具类广告比较密集，竞争激烈，这是因为上海的电视广告对购买产生的作用比较大，厂家与经销商对此都比较看重；而根据有关资料显示在山东市场对消费者进行调查时，消费者的第一反应则是：陶瓷洁具这种东西还需要做电视广告？在当地消费者的心目中有一个固定的看法，买陶瓷洁具就去建材市场，这是约定俗成的东西，其实也没必要做电视广告。但这些受访者又表示，如果有电视广告当然更好，头脑中有这个品牌的印象，去建材市场可能就去找这个品牌的产品。陶瓷洁具厂家做电视广告，一方面是局部市场竞争的需求，另一方面是展现企业实力、提升知名度与企业形象。在电视媒体的载具选择上，既有CF片，又有栏目冠名、赞助、角标等。

从中国最权威的中央电视台来看，除个别国外陶瓷洁具品牌、瓷砖厂家上广告之外，有一个值得注意的动向，广东几家企业以联合推荐的形式推出形象广告，可以看出行业联合的一些迹象，在下一轮的竞争中，企业在行业协会的协调下进行联合将是一种趋势。当然，由于费用方面的限制，电视广告在短时间内不能成为陶瓷洁具广告的主流媒体，厂家都掂得出电视广告的分量，但面对现实，不得不说那是"富人的游戏"。

3. 印刷品广告

此类形式主要是精美的产品画册，内容一般包括企业介绍、产品种类展示、装饰效果等，是在销售点促成购买的一种重要媒介，画册的编排、印刷质量、表现风格等会对顾客的即时购买产生有效影响。有的则向顾客赠送印有企业、产品名称和标识的手提袋等。

4. 店面展示

陶瓷洁具产品属于耐用消费品，重复购买的可能性不大，普通消费者对产品认识很有限，所以店面展示非常重要，将现场展示的形象设计得温馨而又极富感染力，通过视觉的重复冲击与情感的召唤达到促使消费者选择产品的目的。现场展示通过POP贴画、灯箱、小标签、挂旗、彩色气球、门口落地式广告牌、产品画册、背景音乐、产品摆设的不同组合等渲染不同的格调与气氛，从而满足大多数消费者的心理要求。

5. 报刊广告

一方面是针对专业人士，主要集中于专业报刊，旨在提升企业形象，同时把产品信息及时传递给装潢公司、房地产公司、建筑公司等目标受众，引起关注。另一方面是针对个体顾客的，一般选择生活类报纸的家居、房产、装饰等媒体载具。

（二）传播工具的整合

明确陶瓷洁具广告的主要形式与特点之后，我们将进入法兰西传播工具的整合阶段。在所选择的工具中，以终端助成物为首选工具，以户外广告为第二工具，以电视广告为第三工具，并根据市场需要进行产品促销活动。

1. 终端助成物

我们将为终端展示设计《法兰西浴室柜产品画册》，以使顾客对法兰西浴室装修效果有一个最直观的认识，对顾客来讲，也是一个选购的参考标准；设计不同规格的产品标贴，要求所有的法兰西浴室上必须有统一标准的产品标贴；在专卖区的布置上，将设计制作了背板、灯箱、挂旗、门贴、海报、门头招牌等。为规范经销商推介法兰西浴室柜产品，我们将设计制作精美、生动通俗的《法兰西浴室柜宝典》，对法兰西浴室柜的基本知识、如何向顾客推介、如何回答顾客的疑问等进行详细列举，该册子的使命有两个：一是对经销商起到指导性、规范性的作用；二是在终端上可以让感兴趣的顾客带走，以便对法兰西浴室柜有更深、更全面的认知，达到影响其购买、进行口碑传播的目的。另外，还可以赠送给顾客的手提袋、精美小礼品等，也将起到了很好的作用。

2. 户外广告

户外广告以大型为主，以达到脱颖而出的目的。作为一个全国销售的浴室柜品牌，传播上必须保持一致性。因此，法兰西浴室柜所有的户外广告，无论规格大小，都采用统一的设计稿。

3. 电视广告

由于各地消费者媒体接触偏好的差异，各地经销商对电视广告的要求也存有较大差异。作为一套整合的传播策略,电视广告是不可或缺的。

4. 促销活动和展览会

通过各种活动促销:①"海南岛,天涯海角休闲游"——为庆祝法兰西浴室柜产品全面上市,凡在×月×日—×月×日期间购买法兰西浴室柜,将"法兰西浴室柜顾客档案卡"填好并寄回的顾客,将有机会赢取到海南岛一游的好运气。②我们还将根据市场的需要做各种促销活动,以提高品牌的曝光度和销售量。③参加大型建材展览会以提高品牌在行业内的知名度,达到招商的目的。

八、终端制胜

眼下不少企业采取广告轰炸或终端强力促销的方式进行新品推广,广告轰炸与强力促销固然来得快,但这种"烧钱"的方式并非所有企业都"玩"得起的。"烧钱"广告的方式与强力促销只适合于中国部分行业中的大型企业,对于大部分企业而言都是不合适的,对于建材行业而言则更加不合适。由于消费者行为谨慎、计划性强、重复购买率低,产品的日常关注度低,就不适合用广告轰炸或强力促销来推广新品,而合适的企业也未必具有足够的新品推广费用预算。

通过调查,发现浴室柜市场的竞争形态为"哑铃型",一端是为数众多的杂牌产品,低质、低价、以量取利;一端是处于市场高端的名牌,高质、高价、专卖、高利润。部分品牌虽产品质量不错,但形象暗弱,同时价格又高于同档次产品,处于"夹在中间"的状态。消费者在购买浴室柜时,价格成为第一敏感因素,在同等价格下,浴室柜款式又成为第一敏感因素,在价格相差不大的情况下,他们愿意为中意的款式而承受部分购买成本的增加。当消费者来到建材市场时,往往在同质化的产品面前变得无所适从,经过反复比较,进入"临界购买"状态,售点产品展示与销售人员的专业推介,能起到"临门一脚"促成交易的作用。并且,在品牌众多的市场上,知名度一般的品牌在终端上很难突显,最好的形式仍然是专卖店、专营区。因此,我们认为,根据浴室柜市场的竞争形态、消费心理、购买地点的特性等,法兰西浴室柜营销行之有效的策略是"终端辐射、终端制胜"。

(一)终端规划

根据销量与辐射影响力,可将终端店头分为A、B、C三类,须采用不同的出样和支持方式。浴室柜的终端按照建材市场的情况来区分,主要标准是其展示面积、地理位置和人流量、成交量、影响力等。

1. A类终端规划

专卖店。我们将对A类终端专卖店建设管理、终端户外广告、促销、人员、服务、终端展示品上给予最大支持。

2. B类终端规划

专营区。专营区的展示面积、装修和样品展示的数量应按照公司的要求。我们将对B类终端专营区管理、终端户外广告、促销、服务、终端展示品上给予一定支持。

3. C 类终端规划

展示面积、样品展示的数量达不到公司要求，但属于地理位置好和人流量大、成交量多、有一定的影响力的终端。

各区域应首先做好 A 类售点的终端布置，随后逐步扩展至其他类别的售点。终端布置和产品出样的原则是统一风格，争取最佳展示效果、提供便捷的购买地点、维护并提升品牌形象。出样的要求是争取建材市场的最佳陈列处。

在成熟的地区，我们将对销售终端 A、B 类店进行 5S 概念店的建立，构建终端标准平台。5S，即 Show（展示）、Sale（销售）、Service（服务）、System of information（信息）、Solar culture（浴室柜文化）。几大必要部分包括消费误区教育体验、使用体验、明星产品性能体验、个性化增值体验、品牌文化震撼体验、服务力体验等等。5S 概念店，具体到店面形象、售前、售中、售后等每一个细节都有具体而明确的规范。5S 概念店的目的在于提升法兰西终端的产品形象和品牌形象，真正让法兰西浴室柜动起来、亮起来。

（二）终端展示规范

1. 店面装修要求

产品展示区的装修必须按照公司的装修设计和符合 VI 手册要求。

2. 产品展示要求

当前主推产品展示在最醒目处；产品按照统一规格系列摆放，同一系列的产品摆放在一起；样品展示注意规模效应。

3. 终端标识的要求

每个法兰西浴室柜上必须有品牌标签；保证有本品牌浴室柜样品的店头有品牌的明显识别；保证有本品牌浴室柜样品店头的宣传单页；保证本品牌浴室柜展示区的店头都有授权书、品牌的各种荣誉与专利证件展示等宣传资料。

4. 终端推荐的要求

终端人员要主动推介本品牌浴室柜；能对本品牌浴室柜比较了解，特别是产品优势、特性和主推产品系列；能对前来咨询购买者主动散发本品牌浴室柜的宣传单页。

5. 法兰西营销人员操作终端的要求

如无意外情况，每次出差到该地区都要对终端进行拜访和对经销商销售员、导购员进行培训指导，提高终端销售能力，保证终端助成品的摆放无误，保证所需的物品充足，保证产品出样、装修符合标准。终端信息及时反馈。

6. 终端考核

制定终端考核制度，每月由公司上级到各区域进行市场巡视和终端检查，按照标准进行考核打分。

（资料来源：豆丁网，http://www.docin.com/p-532120554.html）

本章小结

营销策划书，是指对创意后形成的概要方案加以充实、编辑，用文字和图表等形式表达出来所形成的系统性、科学性的书面策划文件。任何一种企划书的构成都必须有 5W2H1E，共 8 个基本要素。

营销策划书一般包括策划基础部分和行动方案部分。策划基础部分主要是对企业营销背景、市场环境进行分析。行动方案部分主要对企业营销活动的范围、目标、战略、策略、步骤、实施程序和安排等的设计。对营销策划文案基础部分的要求是分析要准确，材料要厚实。对营销策划文案行动方案部分的要求是明确的针对性、强烈的创新意识和切实的可行性。

为了提高策划书撰写的准确性与科学性，应把握其编制的实事求是原则、严肃规范原则、简单易行原则、灵活弹性原则、逻辑思维原则和创意新颖原则。

营销策划书的基本格式从结构上可分为封面、前言、目录、概要提示、正文、预算、进度表、人员分配及场地、结束语和附录十项。

营销策划书的撰写有一定技巧，即寻找一定的理论依据、适当举例、利用数字说明问题、运用图表帮助理解、合理利用版面安排、注意细节和消灭差错。

关键概念

营销策划书　构成因子

思考题

（1）营销策划书的基本内容及要求是什么？
（2）营销策划书的基本格式包括哪几项？

主要参考文献

[1] 穆虹等．广告案例教程［M］．2版．北京：机械工业出版社，2012
[2] 吴柏林．广告策划实务与案例［M］．2版．北京：机械工业出版社，2013
[3] 何修猛．现代广告学［M］．7版．上海：复旦大学出版社，2011
[4] 庄贵军．企业营销策划［M］．2版．北京：清华大学出版社，2012
[5] 张鸿．营销策划学［M］．广州：中山大学出版社，2009
[6] 曹献存．营销策划［M］．郑州：中原传媒出版集团，2008
[7] 颜炳荣．世界著名企业的品牌攻略［M］．北京：中国纺织出版社，2006
[8] 张昊民．营销策划［M］．北京：电子工业出版社，2005
[9] 梁宏．现代市场营销策划案例及点评［M］．武汉：中国地质大学出版社，2005
[10] Kotler P. *Marketing Management*（10*th* Ed.）［M］．Beijing：Tsinghua University Press, 2000
[11] 龚正伟，张璇，刘海荣，张雅丽．企业形象（CI）设计［M］．北京：清华大学出版社，2009
[12] 叶万春．企业形象策划——CIS导入［M］．大连：东北财经大学出版社，2006
[13] 菲利普·科特勒．市场营销原理［M］．洪瑞云，等，译，北京：中国人民大学出版社，2005
[14] 菲利普·科特勒，凯文·莱恩·凯勒．营销管理［M］．北京：中国人民大学出版社，2009
[15] 施春来．企业营销策划［M］．北京：中国经济出版社，2008
[16] 杨毅，付莹．市场营销策划［M］．成都：电子科技大学出版社，2009
[17] 徐育斐．市场营销策划［M］．大连：东北财经大学出版社，2002
[18] 秦宗槐．营销策划［M］．合肥：安徽人民出版社，2008
[19] 甘波，曲保智．超越顾客期望［M］．北京：企业管理出版社，1997
[20] 彭艳君．顾客参与及其对顾客满意的影响［M］．北京：知识产权出版社，2008
[21] 崔迅．顾客价值链与顾客满意［M］．北京：经济管理出版社，2004
[22] 吴必达．顾客满意学［M］．北京：企业管理出版社，2003
[23] 徐碚．顾客满意战略的理论与实践［M］．武汉：华中科技大学出版社，2007
[24] 李本辉，邓德胜．企业营销策划实务［M］．北京：中国经济出版社，2008
[25] 胡善珍．市场营销策划［M］．北京：中国财政经济出版社，2005
[26] 胡其辉．市场营销策划［M］．大连：东北财经大学出版社，1999
[27] 钱永贵，梁弘秀．营销策划［M］．成都：电子科技大学出版社，2006
[28] 李春丽．顾客满意度指数测评研究［D］．呼和浩特：内蒙古工业大学，2005
[29] 杨鹏．顾客满意及其影响因素分析［D］．北京：北京邮电大学，2008

[30] 王金松. 顾客满意模型及顾客满意管理研究 [D]. 福州：福州大学, 2005

[31] 刘研. 企业顾客满意度测评体系研究 [D]. 南京：东南大学, 2006

[32] 郑兵. B2C 网络商店物流服务质量及其与顾客忠诚的关系研究 [D]. 大连：大连理工大学, 2008

[33] 刘清峰. 顾客满意和顾客忠诚中的消费情感因素研究 [D]. 天津：天津大学, 2006

[34] 冯欢. 顾客满意与顾客忠诚关系实证研究 [D]. 南京：南京理工大学, 2007

[35] 李勇. 顾客满意度指数模型及其测评方法研究 [D]. 徐州：中国矿业大学, 2008

[36] 林盛. 基于 PLS 结构方程模型的服务产业顾客满意度测评方法及应用研究 [D]. 天津：天津大学, 2002

[37] 罗晓光. 基于顾客购后行为的顾客满意度评价研究 [D]. 哈尔滨：哈尔滨工程大学, 2006

[38] 康键. 顾客抱怨行为与顾客满意度、顾客忠诚的关联性研究 [D]. 天津：天津大学, 2007

[39] 马云峰. 论顾客满意度 [D]. 武汉：武汉科技大学, 2002

[40] 肖红军. 顾客满意研究 [D]. 厦门：厦门大学, 2002

[41] 徐志伟. 顾客满意度改进研究 [D]. 天津：天津财经学院, 2003

[42] 严浩仁. 顾客忠诚的影响因素及其作用机制 [D]. 杭州：浙江大学, 2004

[43] 马继华. 顾客满意度测评方法和实例 [EB/OL]. 调研在线，www.easymr.com, 2005

[44] 全洪臣. 对顾客满意度测量的思考 [J]. 现代商贸企业, 2008（2）：134 – 135

[45] 田月华, 陈玲玲. 顾客满意度述评 [J]. 东南大学学报（哲学社会科学版), 2006（6）：59 – 61

[46] 梁燕. 顾客满意度研究述评 [J]. 北京工商大学学报（社会科学版). 2007（2）：75 – 80

[47] 余峻峰. 顾客满意度发展及模型综述 [J]. 经济论坛, 2009（9）：104 – 105

[48] 白雪, 李文. 顾客满意指数测评基本模型的改进 [J]. 情报科学, 2008（5）：704 – 707

[49] 王菲. 顾客概念在 CS 理论中的另一层含义 [J]. 经济师, 2002（8）：140 – 141

[50] 吴朝辉. 顾客满意的误区 [J]. 湖北财经高等专科学校学报, 2005（8）：24 – 25

[51] 苏胜强, 谷永春. 双因素理论在顾客满意中的应用 [J]. 商业研究, 2006（22）：181 – 182

[52] 侯俊华, 李俊毅, 汤作华. 21 世纪营销核心：顾客 [J]. 江西社会科学, 2000（9）：82 – 83

[53] 张新安, 田澎, 等. CSI 理论与实践 [J]. 系统工程理论与实践, 2004（6）：14 – 19

[54] 姜彩芬. 从顾客满意到顾客忠诚 [J]. 经济师, 2004（3）：260 – 261

[55] 顾平, 宁宣熙. 从顾客满意到顾客忠诚 [J]. 商业研究, 2002（11）：129 – 131

[56] 马锁生. 从员工忠诚的塑造到顾客忠诚的培养 [J]. 甘肃科技纵横, 2008（3）：

103-104

[57] 金立印. 服务保证对顾客满意预期及行为倾向的影响 [J]. 管理世界, 2007 (8): 104-115

[58] 段跃芳. 服务补救: 提高顾客满意度的新视角 [J]. 江苏商论, 2004 (3): 26-28

[59] 薄湘平, 周琴. 服务补救: 重建顾客满意的重要手段 [J]. 湖南大学学报 (社会科学版), 2005 (1): 58-61

[60] 李永鑫, 许绍康, 等. 服务提供者交际活动与顾客忠诚: 消费情绪的中介作用 [J]. 心理科学, 2009, 32 (2): 449-452

[61] 郑孝庭, 徐薇, 等. 服务营销创造顾客满意 [J]. 江苏商论, 2005 (3): 66-67

[62] 孙明贵, 刘建新, 等. 顾客满意的形成机理与提升策略 [J]. 科技管理研究, 2005 (3): 129-133

[63] 刘炼, 张莹. 基于顾客满意的服务补救策略研究 [J]. 现代商贸企业, 2007 (11): 15-16

[64] 马青梅. 基于顾客满意理论的现代企业战略研究 [J]. 生产力研究, 2004 (8): 154-156

[65] 马力, 齐善鸿. 基于激励-保健理论的顾客满意理论及服务系统的研究 [J]. 科研管理, 2005 (2): 152-157

[66] 王恒久, 张磊. 基于企业文化的员工满意度和顾客满意度 [J]. 科技与管理, 2005 (2): 64-65

[67] 南剑飞, 熊志坚, 等. 论顾客满意度的内涵、特征、功能及度量 [J]. 世界标准化与质量管理, 2003 (9): 11-14

[68] Oliver Richard L. A Cognitive Model of the Antecedents and Consequence of Satisfaction Decisions [J]. *Journal of Marketing Research*. No. 17, 1980 (17): 462-465

[69] Fornell Claes. The Science of Satisfaction [J]. *Harvard Business Review*, 2001 (3): 120-121

[70] Dick and Basu. Customer Loyalty: Toward and Integrated Framework [J]. *Journal of the Academy of Marketing Science*, 1994, 22 (2): 99-113

[71] Singh Jagdip. Consumer Complaint Intentions and Behavior: Definitional and Taxonomical Issues [J]. *Journal of Marketing*, 1998 (52): 93-107

[72] Dominque Crie. Consumers Complaint Behavior, Taxonomy, Typology and Determinants: Towards a Unified Ontology [J]. *Journal of Database Marketing and Customer Strategy Management*, 2003 (11): 60-79

[73] Day Ralph L. Modeling Choice among Alternative Responses to Dissatisfaction, In Advances in Consumer Research. ED. Thomas Kinner, Ann Arbor, MI: Association for Consumer Research, 1984 (11): 496-499

[74] Jin Li Yin. The Effects of Service Guarantee on Employees' Service Involvement and Customer Orientation: Mediating Effects of Perceived Role Ambiguity and Responsibility (in Korean) [J]. *The Academy of Cusstomer Satisfaction Management*, 2006, 8

(1)：73-88

[75] 智库百科，http：//wiki. mbalib. com/

[76] 百度百科，http：//baike. baidu. com/

[77] 中华英才网，http：//blog. chinahr. com/blog/karsenter/post/49864

[78] 中文天下下载站，http：//down. zwsky. cn/office/52243. html

[79] 袁武林. 企业绿色营销策略探析［J］. 商场现代化，2008（12）

[80] 胡善珍. 市场营销策划［M］. 北京：中国财政经济出版社，2005

[81] 吴健安. 市场营销学［M］. 修订版. 合肥：安徽人民出版社，2002

[82] 郭国庆. 市场营销学［M］. 3版. 北京：中国人民大学出版社，2005

[83] 和讯商学院，http：//bschool. hexun. com/2007-11-30/101904174. html

[84] 张鸿. 陕西移动通信公司GPRS市场推广策划报告［R］. 西安邮电学院，2002

[85] 张鸿，张春莹. 西安高校宽带市场发展报告［R］. 西安邮电学院，2003

[86] 世界经理人网站，http：//mkt. icxo. com/htmlnews/2004/07/12/261167. htm）

[87] 和讯商学院，http：//bschool. hexun. com/2007-11-30/101904174. html

[88] 营销策划书超级范文，http：//wenku. baidu. com/view/35e62a4c852458fb770b5631. html

[89] 法兰西浴室柜营销策划书，http：//www. docin. com/p-532120554. html

后　记

编者于2009年7月在中山大学出版社出版了《营销策划学》一书。

近年来，随着经济全球化的不断推进，以信息经济和知识经济为代表的新经济的快速发展，当今时代的营销环境发生了巨大的变化，营销策划也正在进行不断的创新和突破，以更好地适应经济社会的发展。为了更好地体现当前营销策划理论和实践创新成果，体现学术界研究最新进展，满足高校教学需要，编者对《营销策划学》进行了修订，并将书名变更为《营销策划学教程》。本书与《营销策划学》相比，主要做了两个方面的修改：一是对所有章节的案例全部更新，且案例数量略有增加；二是对某些章节涉及的概念、理论进行更新，用最新的概念、理论替代，以更好地反映本学科最新理论及实践经验。

本书由西安邮电大学经济与管理学院张鸿教授任主编，西安邮电大学张超副教授、西安美术学院常春副教授、西安科技大学张秋会副教授任副主编。各章撰写分工为：张鸿撰写第一章，张超撰写第二章、第三章，常春撰写第四章，王群撰写第五章、第十章，欧晓华、张成芬撰写第六章、第七章，王红亮撰写第八章，张秋会撰写第九章，李晓鸿、张秋会撰写第十一章，李晓鸿撰写第十二章，张超、韩黛娜撰写第十三章。在分工撰写的基础上，由主编张鸿进行总纂定稿。

本书在编写过程中，参考、引用和吸收了有关学者和专家的观点或作品内容，在此编者向他们表示最诚挚的感谢。本书的出版与西安交通大学经济与金融学院郝渊晓教授对编写工作的指导、中山大学出版社蔡浩然编审的支持密不可分，在此一并表示感谢。

由于编者水平有限，书中难免存在错误与不足，敬请各位专家、学者和读者批评指正，以便今后修改完善。

主编　张　鸿
2015年10月于古城西安